现代管理学基础

主编：陈英武　李孟军
编写：张学礼　周中朝　杨克巍

国防科技大学出版社
·长沙·

图书在版编目(CIP)数据

现代管理学基础/陈英武，李孟军主编；张学礼，周中朝，杨克巍编写．—长沙：国防科技大学出版社，2007.4(2022.9 重印)
ISBN 978-7-81099-411-8

Ⅰ．现…　Ⅱ．①陈…②李…③张…④周…⑤杨…　Ⅲ．管理学
Ⅳ．C93

中国版本图书馆 CIP 数据核字(2007)第 045545 号

国防科技大学出版社出版发行
电话:(0731)87027729　邮政编码:410073
责任编辑:徐 飞　责任校对:肖 滨
新华书店总店北京发行所经销
国防科技大学印刷厂印装

*

开本:787×960　1/16　印张:24　字数:444 千字
2007 年 4 月第 1 版第 1 次印刷 2022 年 9 月第 8 次印刷　印数:15801-17000 册

*

ISBN 978-7-81099-411-8
定价:54.00 元

序 言

军委胡锦涛主席指出："世界新军事变革不仅是一场军事技术和军队组织体制的革命，也是一场军事管理的革命。科学高效的管理，对于降低军队建设成本、提高军事系统运行效率、增强部队战斗力，具有非常重要的作用。"胡主席关于军队科学管理的论断和指示高瞻远瞩、寓意深刻、影响深远，对我军履行新的历史使命和推进新军事变革有着十分重要的现实意义。

军队建设迫切需要一批掌握现代管理知识的新型高素质军事人才，为了适应我军新型军事人才培养的需要，我们为本科学员开设了《现代管理学基础》公共基础课程。尽管目前出版的管理学方面的教材很多，但是我们迫切需要一本针对军事院校本科学员的管理学教材，本书就是为此而编写的。我们试图以管理学基本理论为核心，紧密结合军队管理实践的需要组织本书内容，旨在使学员了解管理学发展历史，掌握管理学的基本理念和基本原理，运用计划与决策理论、组织理论、激励理论、领导理论、控制与协调理论考察分析军队管理现象，正确认识并解决军队管理问题。我们期待本书能够为我军新型军事人才更新管理观念、提高管理能力、积极探索具有我军特色的科学管理模式起到积极的促进作用。

本书由国防科技大学信息系统与管理学院管理系主任、博士生导师陈英武教授编写第一章、第三章，李孟军教授编写第二章、第九章，张学礼副教授编写第五章、第六章，周中朝副教授编写第四章、第十章，杨克巍博士编写第七章、第八章。全书由陈英武负责统稿、定稿，李孟军负责内容的组织与协调。

在书稿的撰写过程中，参考了许多书籍、学术论文和网络资料，我们尽量列在参考文献中，但仍然有个别材料由于相关信息不完整而未列出，在此谨对专家学者们表示衷心感谢！由于时间仓促，本书一定还存在错误和疏漏之处，敬请读者提出宝贵意见，以便我们在尽可能短的时间内进一步改进和提高！

编写组

2007 年 4 月

目　　录

第一章 绪 论

管理是人类社会活动中最重要的一项活动。当人们知道有些活动必须依靠团队而不是个人才能完成的时候，管理活动也就产生了。管理活动或者叫管理工作就是协调不同个人、不同部门的活动，从而实现整个组织的目标。军队组织是一种重要的组织形式，它有着一般组织的共同的特点，但无论是组织形式与性质，还是管理的目标、模式以及手段，都有着自己的特点和规律。本书将着重以军队组织为对象，以军队管理问题为出发点，系统介绍管理学的基础知识。

本章重点

- 管理的定义
- 管理者的角色与技能
- 管理的职能
- 管理的基本原理

第一节 管理的概念

通过互联网上几个搜索引擎，我们输入关键字“管理”，就可以搜索到相关网页：在 Google 找到约877 000 000项，在 Sogou 上找到226 328 459项，在百度搜索到82 100 000项①。管理是当今我们日常生活和工作中最频繁使用的词汇之一。那么，管理到底是什么呢？

要回答这个问题，我们需要先看一看身边一些的组织的情况：国家设有总

① 2007 年 1 月 25 日 20 时的数据。

统、总理、部长，大学设有校长、院长，军队设有司令、军长、师长，还有参谋、干事等等。这些人尽管称呼、职务、工作性质等都各不相同，但是却有一个共同因素可以使他们联系在一起，那就是他们都从事管理工作。在从事自己的管理工作时，他们可能都要面对各自不同的任务、不同的事物、不同的人员，但是他们却必须面对一个共同的基本事实与矛盾，即把有限的资源，包括人力、物力、财力（资金）等，分配给众多的、相互竞争的目标。

为了寻求科学的理论、原理和方法来解决上述资源合理分配与有效利用的问题，人们进行了近二百年的管理研究与实践。尽管如此，由于角度的不同、时机的不同以及国度的不同，中外管理研究者还是对管理的概念作出了不同的解释。

有“一般管理理论之父”之称的法国著名管理学家法约尔（H. Fayol）认为：“管理就是计划、组织、指挥、协调和控制。”

美国管理学家西蒙（H. A. Simon）认为：“管理就是决策。”

美国管理学家孔茨（H. Koontz）等认为：“管理是引导人力和物质资源进入动态的组织，以达到这些组织的目标，亦即使服务对象获得满意，并且使服务的提供者亦获得一种高度的士气和成就感。”

著名的管理大师德鲁克（P. Drucker）通过管理者的工作来解释管理，他说：“管理者的职责就是指挥他们的公司，实施领导，并决定如何运用组织资源去实现目标。”

我国学者也给管理下了各种定义，比如：

周三多等学者认为：“管理是社会组织中，为了实现预期的目标，以人为中心进行的协调活动。”

吴照云等学者认为：“所谓管理，就是对组织所拥有的资源进行有效的计划、组织、领导和控制，以便达到既定的组织目标的过程。”

杨文士等将管理定义为：“组织中的管理者，通过实施计划、组织、人员配备、指导与领导、控制等职能来协调他人的活动，使别人同自己一起实现既定目标的活动过程。’该定义与前一定义没有本质上的区别，只不过它只强调人的作用，而对其他资源的作用有所忽视。

徐国华等将管理定义为：“通过计划、组织、控制、激励和领导等环节来协调人力、物力和财力资源，以期更好地达成组织目标的过程。”这一定义应该说从不同层面上较好地说明了管理的内容。

为此，本书给出的管理的定义是：管理是管理者通过计划、组织、领导、控制等活动来协调组织所拥有的人、财、物、信息、技术等资源，以高效的方式达成组织目标的过程。

这一定义有三层含义：第一层含义说明，管理的基本措施（或职能）有计划、组织、控制、激励和领导等。第二层含义是第一层含义的目的，即通过采取上述措施来协调组织的人力、物力、财力、信息和技术等资源。第三层含义又是第二层含义的目的，即通过协调人力、物力、财力、信息和技术资源，以讲效益和高效率的方式来达成组织目标。特别需要说明的是，组织的效益（effectiveness）是指组织实现其既定目标的程度，如军队完成军事作战训练任务、军工企业研制武器装备、工厂生产产品等的数量和质量，而效率（efficiency）是指用来实现组织目标所需要的资源的数量，可以看成是完成任务或者是生产产品所消耗的人力、设备、资金等，因此“高效的方式”就是按要求的数量和质量尽可能地完成任务并且耗费尽可能少的资源，管理者在实现组织目标的过程中充分考虑了效益和效率的平衡与统一。

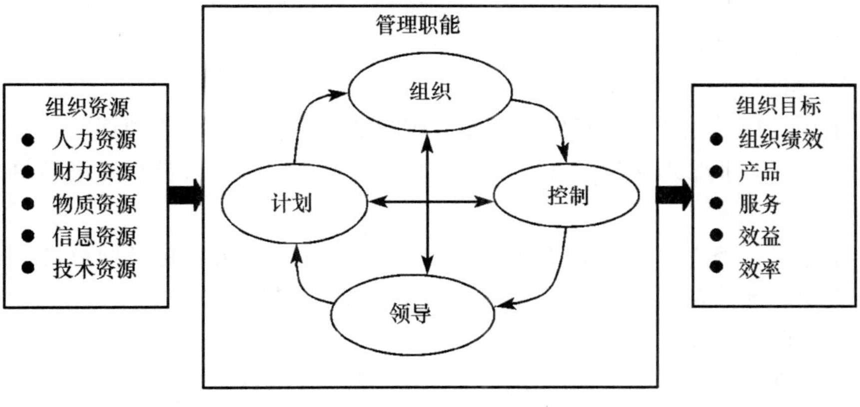

图 1-1 管理的概念

第二节 管理的职能

管理的职能是管理者为实现特定的目标而进行的管理活动及其功能。最早对管理职能做出概括的是法国的实业家法约尔，他于 1916 年提出了管理的五职能说，即管理者都要履行以下五种管理职能：计划、组织、指挥、协调和控制。此后陆续有学者探讨管理的职能。20 世纪 30 年代，戴维斯等提出了三职能说，认为管理的职能是计划、组织、控制；古利克则提出了七职能说，认为管理职能包括计划、组织、指挥、控制、协调、人事、沟通等。20 世纪 90 年代，孔茨又提出管理的五职能说，认为管理的职能包括计划、组织、人员配备、指导和领导、控制五个职能。

20 世纪 70 年代以后，学术界通常把管理职能概括为计划、组织、领导和控制四个职能。本书认为管理的基本职能就是计划、组织、领导和控制。

1. 计划

计划工作是各级管理人员的首要职能，它领先于其他管理职能，并为它们奠定了基础。它预先限定目标，根据目标及发展战略，确定达成目标的行动方案，以及派生出一系列子计划，为组织、部门和个人勾画出年度、月度和每日的行动路线。

计划工作通过下列过程来达到上述目的：（1）决定需要什么资源；（2）明确组织所需资源的类型和数量；（3）提出计划工作的前提条件；（4）确定比照标准，使其在实现目标的过程中，能对进展加以衡量，并对照标准，必要时可采取纠偏措施。

2. 组织

组织工作是创建一个有助于目标达成的结构，包括各级管理部门和支持管理部门的所有非管理岗位。在实施组织职能过程中，管理人员要确定必须完成的任务。

把这些任务组合成各工作岗位，配之合适的人选，并确定各岗位之间的关系。组织职能涉及：(1)对所需的资源加以组合，以达成组织的目标；（2）建立组织的活动与职权间的关系。

对实现目标所需的各项活动，可以组合成工作分部、部门或单元，最后形成一个各单元互相联系的网络。每一个单元以及各单元中的每一个个人都应明确限定其职权、责任，以及向谁报告。组织工作绝非是一劳永逸的。当组织的目标发生了变化，组织关系和管理结构就会受其影响。在工作中有一件事是肯定的，即组织内外发生的变化都将要求组织有新的方法、新的计划和新的组织单元。

组织工作中一件特别重要的工作是人员配备，即为各岗位配备适当的职工人选，具体包括为特定的工作招聘有潜质的人选；检查应聘者的资格背景材料；设法使能力符合职务的要求；在入选决定聘用后，还需对新职工进行上岗教育，使其熟悉组织环境；对新人进行岗位培训，使每个雇员胜任其工作；建立考核制度，对职工进行考核并提供改进绩效的反馈；为各项工作确定合理的报酬与福利。

3．领导

领导工作是一门影响人们自愿并热情地为实现组织和群体目标而努力奋斗的艺术。它涉及做人的工作，调动人的积极性。所以，它包括了激励、领导的方式方法、与他人沟通、帮助勾画能实现的组织前景等问题。领导工作是要指挥和影响他人按照领导者愿望去工作，通过指挥创造一种良好的工作氛围，并提供领导力量和激励机会。每位领导者都必须安排并监察其下属的工作。好的领导者能激励和引导他人为实现组织的目标而努力工作。领导职能也包括了鼓励必要的变革和创新。

4．控制

控制工作的目的是规范组织的活动，以使实际的绩效与预期的标准和目标一致。控制涉及建立绩效标准，对照所建立的标准衡量绩效，并在出现偏差的情况下进行纠偏活动。控制试图预防问题、测定什么时候问题确定存在，并能及时有效地解决所发生的问题。控制工作离不开精确、可靠、切合实际的标准。此外，它也取决于人、机器及过程对绩效的监察。控制职能和人力资源的唯一联系是严格的纪律。为了纠正不尽如人意的活动，必须进行从口头警告到完全解雇等各种不同的处分。最佳的控制是确保工作按计划标准去实施。

上述的各项管理职能是带有普遍性的。所有管理人员不论其什么头衔，在何岗位，处于哪一管理层次，都要执行这些基本管理职能。

第三节 管理者的角色与技能

一、管理者

（一）管理者的概念

顾名思义，“管理者”就是“干管理工作的人”。如果从“管理”的定义来看，“管理者”就是组织中干“计划、组织、领导、控制”工作的人，为了保证组织业务活动有效运行和组织目标实现而从事管理活动的管理人员。实际上，组织中有另一类人员，或者说是非管理者，也叫作业人员、操作人员等，他们通常指直接从事组织业务活动的作业人员，如工厂的工人、学校的教师、医院的医生、军队中的士兵等。那么，是不是说有一部分人不接触管理工作呢？麦克盖尔说过："那些不从事任何管理的人，或者是年纪太小，或者是年纪太大，要不就是那些在单位里被认为是无能的人。"因此，作业人员与管理者的划分只是相对的，不是绝对的。管理者也会承担一些作业人员的工作。比如，学校的校长、院长在从事学校管理工作之外，可能会承担指导学生、授课的任务；医院的院长在管理医院的行政工作之外，可能会承担给病人会诊、手术等工作，这都是在做作业人员的工作。

管理者通常关注的是其他人的工作，因此，管理者的工作有两个方面，一个方面是协调下属工作的一切活动，即"工作方面的活动"，另一个方面是管理者与下属人员本身相关的一切活动，即"人事方面的活动"。彼得·德鲁克认为管理有五项基本活动，即管理者主要从事：（1）确定目标（工作方面的活动）；（2）组织下属人员的工作（工作方面的活动）；（3）评价工作成绩（工作方面的活动）；（4）激励和沟通联系（人事方面的活动）；（5）培养人才（人事方面的活动）。

（二）管理者的类型

依据不同的分类标准，管理者可分为不同的类型。通常以管理者在组织中所处的层次或按管理的领域作为分类标准。

1. 管理者的层次分类

组织中的管理者依据其所处的管理层次的高低，可分为高层管理者、中层管理者和基层管理者。

高层管理者指对组织的管理负有全面责任的人。他们的主要职责是制定组织的目标和发展战略，掌握组织的大政方针和评价组织的绩效。在对外交往中，他们往往代表组织，以"官方"的身份出现。高层管理者一般被冠以董事长、首席执行官或总裁、总经理及高校的校长、医院的院长等名衔。在军队中，大军区的司令、政委等高级领导，集团军的军长、政委等，都是高层管理者。

中层管理者指介于高层管理者与基层管理者之间的一个或若干个层次的管理人员。他们的主要职责是贯彻执行高层管理者的决策和意图，督促基层管理者的工作。中层管理者可能会被冠以部门或办事处主任、单位主管、事业部经理等头衔。军队中的师、旅、团级的岗位可以认为是中层管理者。

基层管理者是处于最底层的管理者。基层管理者通常称为监工，他们的主要职责是向作业人员布置工作任务，监督各项任务的有效完成。在制造工厂中，他们可能被冠以领班的头衔；在建筑公司，他们可能被称为工头或工段长；在出版社或报社，他们被称为编辑室主任；在学校，他们则被称为系主任、教研室主任等。在军队中，排、连、营长或相当职务者可以认为是基层管理者。

这三个层次的管理者虽然处于不同的管理层次，但行使的管理职能是相同或相似的，只是程度和重点存在一定差别而已。

2. 管理者的领域分类

依照管理者从事管理工作的领域宽度及专业性质的标准，管理者可以划分为综合管理者与专业管理者两大类。

综合管理者是指负责管理、协调整个组织或组织中某个事业部的全部活动的管理者。对于小型组织（如一个小厂）来说，可能只有一个综合管理者，而对于一个拥有若干分部的大型组织（如跨国公司）来说，可能会有多个综合管理者。专业管理者是指仅承担组织管理的某一类职能的管理者，在某企业组织中，依据管理领域性质的不同，可以将专业管理者划分为生产、营销、人事、财务以及研究开发部门的管理者。专业管理者多存在于大型组织之中，并且随着组织规模的扩大和环境的复杂多变而变得越来越重要。在军队组织中，有相应的办公室、综合计划部（处）、计划调配局（处）、综合局等部门的管理者，就是综合管理者。而军队中的作战部（处）、军事训练局、干部部（处）、宣传部（处）、组织部（处）、炮兵处、工程兵处等都是专业管理部门。

二、管理者的角色

（一）德鲁克提出的概念

“管理者的角色”一词是由美国管理学者德鲁克在1955年提出的。德鲁克认为，管理者所扮演的角色大体上分为三类：

1. 管理一个组织，求得组织的生存和发展

首先，管理者需要确定组织存在的目的、组织要达到的目标并制定实现组织目标的途径；其次，管理者需要使组织通过各种管理活动获取最大利益；最后，管理者要保证组织“为社会服务”和为自身发展“创造顾客”。

2. 管理管理者

由于组织工作的任务有抽象和具体之别，加之管理者的能力和精力等因素的限制，组织设计分为不同的层次，最基本的管理层次可以划分为上层、中层和下层三个层次，处于每个层次上的人都是组织的管理者，同时，高层次的管理者又是低层次管理者的管理者。不管是哪个层次的管理者，都负有这样的职责：主导和影响被管理者，使之为了组织目标的实现积极工作和努力奋斗；构建适合的组织结构；培养被管理者的团体合作精神；培训下一层管理者，使其管理工作的技能得到提高。

3. **管理员工和工作**

管理员工和工作是管理者的基本职责。管理者需要认识两个趋势：一是管理的工作性质是不断变化的，工作的承担者既有体力劳动者，也有脑力劳动者，而且随着科学技术的发展，后者的数量大大增加，因而管理的方式需要探索；二是处理好与各级各类人员之间关系已经变得越来越重要，这要求管理者能正确认识人的特性。人是复杂的且具有个体差异，因此，在管理过程中，管理者对员工和工作要有正确的认识，处理好各种人际关系。

（二）明茨伯格的理论

明茨伯格把管理者的特定的管理行为定义为管理者的角色，提出了管理者扮演的三大类型、十种角色的理论。

1. **人际关系角色**

人际关系角色这种类型具体表现为三种角色，即挂名首脑、领导者和联络者。挂名首脑要履行组织与外界交往如主持签约、接待来访等许多法律性或社会性的例行义务；领导者角色是与下属沟通和建立关系，激励和培训员工，具体从事所有的有下级参与的活动；联络者的角色是保持同外界的接触并维持与外界的联系网络，例如发感谢信、组织外部委员会工作和参与有外部人员参加的活动。

2. **信息传递角色**

信息传递角色属于接收和传递信息，以便管理者充当所在组织的神经中枢的角色，它具体表现为三个角色，即监察者角色、传播者角色、发言人角色。监察者角色是寻求和收集影响组织发展的内外信息的角色，传播者角色是要把组织的内外信息传达给组织有关成员的角色，发言人角色是把组织的某些信息向外界宣布的角色。

3. **决策制定角色**

决策制定角色即做出事关组织生存发展的重大决策的角色，它具体表现为四个角色，即发起者角色、麻烦处理者角色、资源分配者角色和谈判者角色。发起者角色是充当改革和创新的发起者、设计者和鼓动者的角色，麻烦处理者是当组织遇到重大的难以预料的困难时采取纠正行动的角色，资源分配者角色是充当分配组织各种资源的角色，谈判者角色是作为组织的代表负责对外谈判事宜的角色。

明茨伯格指出管理者要扮演的这十种角色是不同的，但却是高度相关的。管理者要扮演这么多角色的原因是由管理的环境决定的。管理面临着竞争者、供应者、顾客、雇员、政府等复杂的环境，要适应环境，就必须与它们打交道，扮演诸多角色。这些角色之间存在着密切的关联，从系统论的观点看，管理者角色的三大类型之间构成一个投入与产出系统。由权威和地位决定管理者要担当人际关系角色，这个角色决定了投入（信息传递角色），投入又导致产出（决策角色）。明茨伯格提出的角色，基本上可以归入一个或几个职能中，比如资源分配角色就是计划的一个部分，企业家角色也属于计划职能，所有人际关系的三种角色都是领导职能的组成部分，而其他大多数角色也与四个职能中的一个或多个相吻合。管理者角色与职能理论是分别从不同的角度对管理者从事的工作进行的分析，二者并不矛盾，不一定肯定一个就要否定另一个。两种理论对管理活动的分析可以说相得益彰，相互补充，因而具有积极的意义。

三、管理者的基本技能

不论属于何种类型、处于什么层次的管理者，都需要具备一些管理技能。究竟需要具备哪些技能，管理学家们提出了许多说法，其中以美国学者卡茨（R. L. Katz）提出的观点最具代表性。他认为管理者要具备三种技能：即技术技能、人际技能和概念技能。

1. 技术技能

技术技能是指使用某一专业领域内有关的工作程序、技术和知识完成组织任务的能力。对于管理者来说，虽然不一定要成为精通某一行业、某一领域的专家，但却不能是所从事工作的门外汉，否则不能胜任管理工作。

2. 人际技能

人际技能是指处理人际关系的能力。对一个组织的管理者来说，不可避免地要处理与上级、同级和下级的关系。因此，管理者要具有说服上级、团结同级、带动下级工作的能力。同时，还要能够协调组织与外界的关系，形成人际关系网。

3. 概念技能

概念技能是能够洞察组织及组织所处环境的复杂性，并能根据环境的变化迅速作出对某种客观事物的发展规律的抽象概括和思维能力。管理者在面对复杂的环境变化时，要能够认清组织的优势和劣势，准确地把握机会，迅速作出有利于组织发展的决策。因而，这种思维能力和决断能力十分重要。

以上三种技能是任何层次的管理者都要具备的。只是随着管理者的管理层次的变化而各有侧重而已。一般来说，对高层管理者的技能要求是：概念技能最高，人际技能稍次，技术技能最低；对中层管理者的技能要求是：人际技能最高，概念技能居次，技术技能最低；对基层管理者的技能要求是：技术技能最高，人际技能居次，概念技能最低。这其中，人际技能对任何层次的管理者都至关重要。

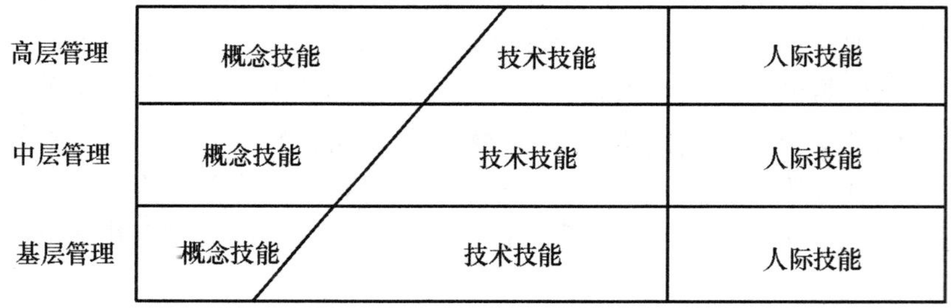

图 1－2　各种层次管理所需要的管理技能比例

第四节　管理的基本原理

所谓原理是指某种客观事物的实质及其客观规律的表述。管理的原理就是指在管理活动中应当遵循的基本规律。现代管理的基本原理有：

一、系统原理

任何组织都可以看成是一个系统。按照系统的定义，系统是由相互作用和相互依赖的若干组成部分结合而成的具有特定功能的有机整体，而且这个系统本身又是它所从属的一个更大系统的组成部分。系统具有整体性、相关性、层次性、目的性（自组织）、开放性、适应性、动态性、随机性和非线性等基本特征。因此，系统原理认为现代管理就是系统管理。

随着科学技术的发展，社会生产力的提高，构成现实世界的三个基本要素——物质、能量和信息不断地丰富。由此导致的结果是事物之间的相互联系日益增强，使得本来毫不相干的事情彼此之间发生了联系，整个世界朝着复杂性不断增加的方向发展。正如一般系统论创始人贝塔朗菲所指出的，“无论如何，我们将被迫在知识的一切领域中运用‘整体’或者‘系统’来处理复杂性问题，这将是对科学思维的一个根本改造。”

1．整体性原理

整体性原理指系统要素之间的相互关系及要素与系统之间的关系要以整体为主体进行协调，局部服从整体，使整体效果为最优。

从系统目的的整体性来说，局部与整体存在着复杂的联系和交叉效应。大多数情况下，局部与整体是一致的。但有时当局部和整体发生矛盾时，局部利益必须服从整体利益。

从系统功能的整体性来说，系统的功能不等于要素功能的简单相加，而是往往要大于各个部分功能的总和，即“整体大于各个孤立部分的总和”。这里的“大于”，不仅指数量上大，而是指在各部分组成一个系统后，产生了总体的功能，即系统的功能。这种总体功能的产生是一种质变，它的功能大大超过了各个部分功能的总和。因此，系统要素的功能必须服从系统整体的功能，否则，就会削弱整体功能，从而也就失去了系统功能的作用。

在现实情形中，经常可以看到在同一个系统中，重局部，轻全局，特别是局部之间不协调，互相扯皮，从而损害了全局的利益。在这种情况下，子系统的功能虽好，但不利于达到整体的目的，效果当然不会好；相反，有时候子系统的效益虽然低一些，但有利于实现系统的功能，有利于达到整体的目的，其效果自然一定是好的。

2．动态性原理

系统作为一个运动着的有机体，其稳定状态是相对的，运动状态则是绝对的。系统不仅作为一个功能实体而存在，而且作为一种运动而存在。系统内部的联系就是一种运动，系统与环境的相互作用也是一种运动。系统的功能是时间的函数，因为不论是系统要素的状态和功能，还是环境的状态或联系的状态都是在变化的。

掌握系统动态性原理、研究系统的动态规律，可以使我们预见系统的发展趋势，树立起超前观念，减少偏差，掌握主动，使系统向期望的目标顺利发展。

3．开放性原理

封闭系统因受热力学第二定律作用，其熵将逐渐增大，活力逐步减少。严格地说，完全封闭系统是不可能存在的。实际上，不存在一个与外部环境完全没有物质、能量、信息交换的系统。任何有机系统都是耗散结构系统，系统与外界不断交流物质、能量和信息，才能维持其生命。并且只有当系统从外部获得的能量大于系统内部消耗散失的能量时，系统才能克服熵而不断发展壮大。所以，对外开放是系统的生命。例如，企业系统必须通过投入和产出与外部社会进行交流，从而获取盈利，盈利则是企业生存发展的必要条件。在管理工作中，任何试图把本系统封闭起来与外界隔绝的做法，都只会导致失败。明智的管理者应当从开放性原理出发，充分估计到外部对本系统的种种影响，努力从开放中扩大本系统从外部吸入的物质、能量和信息。

4. 环境适应性原理

系统不是孤立存在的，它要与周围事物发生各种联系。这些与系统发生联系的周围事物的全体，就是系统的环境，环境也是一个更高级的大系统。如果系统与环境进行物质、能量和信息的交流，能够保持最佳适应状态，则说明这是一个有活力的理想系统。否则，一个不能适应环境的系统则是无生命力的。

系统对环境的适应并不都是被动的，也有能动的，那就是改善环境。环境可以施加作用和影响于系统，系统也可施加作用和影响于环境。如构成社会系统的人类具有改造环境的能力，没有条件可以创造条件，没有良好的环境可以改造环境。这种能动地适应和改造环境的可能性，受到一定时期人类掌握的科学技术（包括组织管理）知识和经济力量的限制。作为管理者既要有勇气看到能动地改变环境的可能，又要冷静地看到自己的局限，才能实事求是地作出科学的决策。

5. 综合性原理

所谓综合性就是把系统的各部分各方面和各种因素联系起来，考察其中的共同性和规律性。任何一个系统都可以看作是由许多要素为特定的目的而组成的综合体，如世界、社会、国家、企业、学校、医院以及大型工程项目几乎都是非常复杂的综合体。

系统的综合性原理包括的含义，一方面是系统目标的多样性与综合性。由于大系统涉及一系列的复杂因素，如果对这些因素在分析的基础上能够综合得好，系统目标确定得恰当，各种关系能够协调一致，就能大大发挥系统的效益。反之，如果综合得不好、不适当地忽略了其中的某一个目标或因素，有时会造成极为严重的后果。如环境污染，就是一个易被忽略的目标和因素，甚至会引起工程的报废。综合性原理的另一方面是系统实施方案选择的多样性和综合性，就是说同一个问题，可以有不同的处理方案，为了达到同样一个目标，有各种各样的途径和方法。对方案的多样性，必须进行综合研究，选出满意方案。

系统的综合性原理的又一重要方面是由集成而创造。现在一切重大尖端科学技术，无不具有高度的综合性，世界上没有什么新的东西不是通过综合而得到的。如有史以来第一次把人类送上月球的阿波罗登月计划，就是综合运用各学科、各领域成就的产物。阿波罗飞船登月舱上的每件东西都是原来已有的，而把它们综合在一起形成的登月舱却是前所未有的。

二、人本原理

该原理的本质含义是，人是管理系统中最积极、最活跃、最有主观能动作用的因素，因而也是首要的因素。管理应“以人为本”，充分发挥人的聪明才智，最大限度地调动人的积极性和创造性，这是科学发展观的重要内容和构建社会主义和谐社会的基本要求。人本原理就是以人为中心的管理思想。这是管理理论发展到20世纪末的主要特点。

人本原理主要包括下述主要观点：员工是组织的主体；员工参与是有效管理的关键，使人性得到最完美发展是现代管理的核心；服务于人是管理的根本目的。

1. 员工（职工）是组织的主体

劳动是企业经营的基本要素之一。人们对提供劳动服务的劳动者在企业生产经营中的作用是逐步认识的。实际上，对企业劳动者作用的认识过程，也就反映了各种组织中对人的因素认识的过程。

20世纪70年代以后，随着日本经济的崛起，人们通过对日本成功企业的经验剖析，进一步认识到职工在企业生产经营活动中的重要作用，逐渐形成了以人为中心的管理思想。根据这种观点，职工是企业的主体，而非客体；企业管理既是对人的管理，也是为人的管理；企业经营的目的，绝不是单纯的商品的生产，而是为了包括企业职工在内的人的社会发展而服务的。

2. 有效管理的关键是员工参与

影响组织发展的因素固然很多，但归纳起来无非是天时、地利、人和。其中“人和”最为宝贵。有了“人和”才能去争取和利用“天时”（客观环境和机遇），有了“人和”才有可能去逐步完善和充分发挥“地利”（本组织的资源优势）。如果没有人和，经营者与劳动者纠纷不断，组织领导班子内部、上下级之间、各部门之间遇事互相扯皮、遇责互相推诿、遇权或利互相争夺，则再好的外部环境也将错过，再好的内部条件也将耗尽，失败将是组织经营的必然结果。

正是由于组织中全体员工的共同努力，才使组织各项资源（包括劳动力本身）得到最合理的利用，才使组织生产经营活动得以正常进行，才创造出了产品、利润和财富。所以，组织中的全体员工都有权参与组织管理。组织员工中的一部分（经营者和管理人员）其职业就是管理。所以要特别重视非专职管理的职工（普通工人、职员和技术人员）参与企业组织管理的问题。具体的途径和形式是多种多样的。

但有三种形式应当是最基本的。

（1）通过职工代表大会选举代表参加企业的最高决策机构——管理委员会或董事会。职工代表在管委会和董事会中应当占有一定比例，并享有与其他代表同等的权利和义务。

（2）由职工代表大会选举代表参加企业的最高监督机构——监事会。职工代表在监事会中应当占有较多名额，并与其他监事一样，享有监督企业生产经营活动的职权。

（3）广泛参加日常生产管理活动（如质量管理、设备管理、成本管理、现场管理等）。由于劳动者最了解自己直接参与的那部分生产经营活动的实际情况，因此在参与日常生产管理活动时应有更大的发言权，并且一定能取得更好的效果。

3．现代管理的核心是使人性得到最完美的发展

人之初，性本善，还是性本恶？这个问题已经争论了许多世纪。这个争论，不论在古今中外的伦理思想中，还是在现代管理学的研究中，都得到了不同程度的反映。这两种相互对立的观点都可在社会生活中找到支持或反对的论据与事例。这个事实本身就表明，世界上并不存在绝对善或恶的人性。人性是受后天环境影响而形成的，因而也是可以塑造和改变的。

事实上，任何管理者都会在管理过程中影响下属人性的发展。同时，管理者行为本身又是管理者人性的反映。只有管理者的人性达到比较完美的境界，才能使企业职工的人性得到完美的发展，而职工队伍的状况又是企业成功的关键。社会主义精神文明建设实质上是社会主义人性的塑造。这绝不是靠喋喋不休的说教能够完成的，而是靠管理的实践。在实施每一项管理措施、制度、办法时，不仅要看到实施取得的经济效果，同时要考虑对人精神状态的影响，要分析是促使员工的精神状态更加健康、人性更加完美，还是起到相反的作用。

4．管理是为人服务的

我们说管理是以人为中心的，是为人服务的，是为了实现人的发展。这个

“人”当然包括组织内部参与组织的生产、运行的人，在大多情况下，这类人是管理学研究的主要对象。而且也包括存在于组织外部的通过提供产品、为之服务的用户或服务对象。因而，为用户服务，满足用户的需要，是组织实现其社会存在的基本条件。

综上所述，尊重人、依靠人、发展人、为了人是人本原理的基本内容和特点。

三、责任原理

管理是追求效率和效益的过程。在这个过程中，要挖掘人的潜能，就必须在合理分工的基础上明确规定这些部门和个人必须完成的工作任务和必须承担的与此相应的责任。

（一）每个人的职责要明确

挖掘人的潜能的最好的办法是明确每个人的职责。

分工，是生产力发展的必然要求。在合理分工的基础上确定每个人的职位，明确规定各职位应担负的任务，这就是职责。所以，职责是整体赋予个体的任务，也是维护整体正常秩序的一种约束力。它是以行政性规定来体现的客观规律的要求，绝不是随心所欲的产物。

职责不是抽象的概念，而是在数量、质量、时间、效益等方面有严格规定的行动规范。表达职责的形式主要有各种规程、条例、范围、目标、计划等等。

一般说来，分工明确，职责也会明确。但是实际上两者的对应关系并不这样简单。这是因为分工一般只是对工作范围作了形式上的划分，至于工作的数量、质量、完成时间、效益等要求，分工本身还不能完全体现出来。所以，必须在分工的基础上，通过适当方式把每个人的职责，作出明确规定。首先，职责界限要清楚。在实际工作中，工作职位离实体成果越近，职责越容易明确；工作职位离实体成果越远，职责越容易模糊，应按照与实体成果联系的密切程度，划分出直接责任与间接责任，实时责任和事后责任。例如，在生产第一线的，应负直接责任和实时责任，而在后方部门和管理部门的，主要负间接责任和事后责任。其次，职责内容要具体，并要作出明文规定。只有这样，才便于执行与检查、考核。再次，职责中要包括横向联系的内容。在规定某个岗位工作职责的同时，必须规定同其他单位、个人协同配合的要求，只有这样，才能提高组织整体的功效。最后，职责一定要落实到每个人，只有这样，才能做到事事有人负责，没有分工的共同负责，实际上是职责不清，无人负责，其结果必然导致管理上的混乱和效率的降低。

（二）职位设计和权限委授要合理

一定的人对所管的一定的工作能否做到完全负责，基本上取决于以下三个因素。

1. **权限**

明确了职责，就要授予相应的权力。实行任何管理都要借助于一定的权力。管理总离不开人、财、物的使用。如果没有一定的人权、物权、财权，任何人都不可能对任何工作实行真正的管理。职责和权限虽然很难从数量上划等号，但有责无权，责大权小，许多事情都得请示上级，由上级决策、上级批准，当上级过多地对下级分内的工作发指示、作批示的时候，实际上等于宣告此事下级不必完全负责。所以，明智的上级必须克制自己的权力欲，要把下级完成职责所必需的权限全部委授给下级，由他去独立决策，自己只在必要时给予适当的帮助和支持。只有这样，才可能使下级具备履行职务责任的条件。

2. **利益**

权限的合理委授，只是完全负责所需的必要条件之一。完全负责就意味着责任者要承担全部的风险。而任何管理者在承担风险时，都自觉不自觉地要对风险和收益进行权衡，然后才决定是否值得去承担这种风险。

3. **能力**

这是完全负责的关键因素。管理是一门科学，也是一门艺术。管理者既要有生产、技术、经济、社会、管理、心理等各方面的科学知识，又需要处理人际关系的组织才能，还要有一定的实践经验。科学知识、组织才能和实践经验这三者构成管理能力。

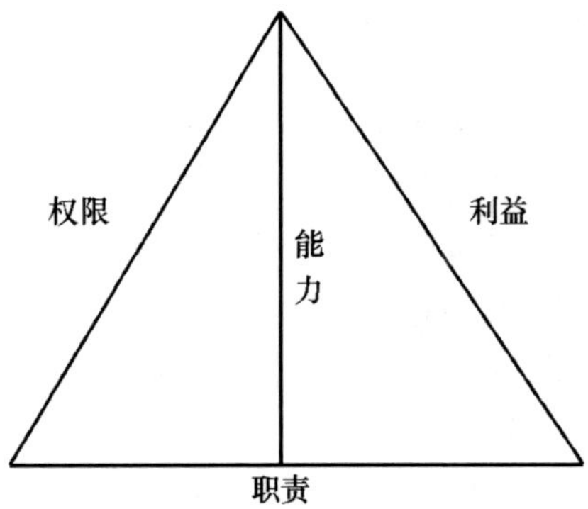

图 1－3　责权利三角定理

职责、权限、利益、能力之间的关系遵守等边三角形定理，如图 1－3 所示。职责、权限、利益是三角形的三个边，它们是相等的，能力是等边三角形的高，根据具体情况，它可以略小于职责。这样，就使得工作富有挑战性。管理者的能力与其所承担的职责相比，总是感到能力不够。这种压力能促使管理者自觉地学习新知识，注意发挥智囊的作用，使用权限也会慎重些，获得利益时还会产生更大的动力，努力把自己的工作做得更好。但是，能力也不可过小，以免形成“挑不起”职责的后果。

（三）奖惩要分明、公正而及时

人无完人，但人总是向上的。对每个人的工作表现及其绩效给予公正而及时的奖惩，有助于提高人的积极性，挖掘每个人的潜力，从而不断提高管理成效。只有这样，才能使每个人知道自己干得怎样，干好干坏对自己和组织有什么后果。从而才能及时引导每个人的行为朝向符合组织需要的方向变化。

对每个人进行公正的奖惩，要求以准确的考核为前提。若考核不细致或不准确，奖惩就难以做到恰如其分。因此，首先要明确工作绩效的考核标准。

对有成绩有贡献的人员，要及时予以肯定和奖励，使他们的积极行为维持下去。奖励有物质奖励和精神奖励，二者都是必需的。如果长期埋没人们的工作成果，就会挫伤人们的积极性。过时的奖赏将失去其本身的作用和意义。

及时而公正的惩罚也是必不可缺的，惩罚是利用令人不喜欢的东西或取消某些为人所喜爱的东西，改变人们的工作行为。惩罚可能引致挫折感，从而可能在一定程度上影响人的工作热情，但惩罚的真正意义在于杀一儆百，利用人们害怕惩罚的心理，通过惩罚少数人来教育多数人，从而强化管理的权威。惩罚也可以及时制止有些人的不良行为，以免给组织造成更大损失。

严格奖惩，使每个人都积极而有效地工作，要建立健全组织的奖惩制度，使奖惩工作尽可能地规范化、制度化，是实现奖惩公正而及时的可靠保证。胡萝卜加大棒是有效实施责任原理不可或缺的工具。

四、效益原理

效益是管理的永恒主题。任何组织的管理都是为了获得某种效益。效益的高低直接影响着组织的生存和发展。

（一）效益的概念

效益是与效果和效率既相互联系、又相互区别的概念。

效果，是指由投入经过转换而产出的有用成果，其中有的是有效益的，有的是无效益的。例如，有的企业生产的产品虽然质量合格，但它不符合社会需要，在市场上卖不出去，积压在仓库里，最后甚至会变成废弃物资。这些产品是不具有效益的。所以，只有那些为社会所接受的效果，才是有效益的。

效率是指单位时间内所取得的效果的数量，反映了劳动时间的利用状况，与效益有一定的联系。但在实践中，效益与效率并不一定是一致的。例如，企业花费巨额投资增添技术设备来提高生产率，如果实际结果使单位产品生产的物化劳动消耗的增量超过了活劳动的减量，从而导致生产成本增加，就会出现效率提高而效益降低的现象。

效益是有效产出与其投入之间的一种比例，可从社会和经济这两个不同角度去考察，有社会效益和经济效益。两者既有联系，又有区别。经济效益是讲求社会效益的基础，而讲求社会效益又是促进经济效益提高的重要条件。两者的区别主要表现在，经济效益较社会效益直接、显见；经济效益可以运用若干个经济指标来计算和考核，而社会效益则难以计量，必须借助于其他形式来间接考核。管理应把讲求经济效益和社会效益有机结合起来。

（二）效益的评价

效益的评价，可由不同主体（如首长、群众、专家、市场等），从多个不同角度去进行，因此没有一个绝对的标准。不同的评价标准和方法，得出的结论也会不同，甚至相反。有效的管理首先要求对效益的评价尽可能公正和客观，因为评价的结果直接影响组织对效益的追求和获得，结果越是公正和客观，组织对效益追求的积极性就越高，动力也越大，客观上产生的效益也就越多。一般说来，首长评价有一定的权威性，全局性掌握得较好，其结果对组织的影响也较大，但可能不够细致和具体；群众评价，一般比较公正和客观，但可能要花费较多的时间和费用，才能获得最后的评价结果；专家评价，一般比较细致，技术性强，但可能只注重直接效益而忽视间接效益；市场评价，其结果与市场发育程度有很大的关系，越是成熟、规范的市场，其评价结果就越客观公正，越是发育不成熟或扭曲的市场，其评价结果就越不客观、不公正，甚至具有很强的欺骗性。市场评价体现的主要是经济效益。显然，不同的评价都有它自身的长处和不足，应配合运用，以求获得客观公正的评价结果。

（三）效益的追求

效益是管理的根本目的，管理就是对效益的不断追求，这种追求是有规律可循的。

1. **管理效益的形态**

实际工作中，管理效益的直接形态是通过经济效益而得到表现的。这是因为由于管理系统是一人造系统，它基本是通过管理主体的劳动所形成的按一定顺序排列的多方面多层次的有机系统。尽管其中有繁复众多的因素相交织，而每一种因素均通过管理主体的劳动而活化，并对整个管理活动发生着影响。综合评价管理效益，当然必须首先从管理主体的劳动效益及所创造的价值考虑。

2. **正确的主体管理思想**

影响管理效益的因素很多，其中主体管理思想正确与否占有相当重要的地位。在现代管理中，采用先进的科学方法和手段，建立合理的管理机构和规章制度无疑是必要的。但更重要的是一个管理系统高级主管所采取的战略。这是更加带有全局性的问题。实际上，管理只解决如何“正确地做事”，战略才是告诉我们怎样“做正确的事”。比如一个企业不管有多好的管理方法，不管基础有多好，如果经营战略错了，局部的东西再好，到头来，产品不适销对路，质量再好，价格再低，也毫无意义。实际上，管理效益总是与管理主体的战略联系在一起的。

3. **追求局部效益必须与追求全局效益协调一致**

全局效益是一个比局部效益更为重要的问题。如果全局效益很差，局部效益提高就难以持久。当然，局部效益也是全局效益的基础，没有局部效益的提高，全局效益的提高也是难以实现的。局部效益与全局效益是统一的，有时又是矛盾的。因此，当局部效益与整体效益发生冲突时，管理者必须把全局效益放在首位，做到局部服从整体。比如，企业不能用随意提高产品价格或降低产品质量等损害消费者利益的办法来谋取高利。

4. **管理应追求长期稳定的高效益**

企业每时每刻都处于激烈的竞争中，如果企业只满足于眼前的经济效益水平，而不以新品种、高质量、低成本迎接新的挑战，就会随时有落伍甚至被淘汰的危险。所以，企业经营者必须有远见卓识和改革创新的精神，随时想着明天。不能只追求当前经济效益，不惜竭泽而渔，寅吃卯粮，不保持必要的储备，不及时地维护修理设备，不进行必要的技术改造，不爱护劳动力，这样的话，必然损害今后的经济效益。只有不断增强企业发展的后劲，积极进行企业的技术改造、技术开发、产品开发和人才开发，才能保证企业有长期稳定的较高经济效益，才能使企业持久地兴旺发达。

5. **确立管理活动的效益观**

管理活动要以提高效益为核心，追求效益的不断提高，应该成为管理活动的中心和一切管理工作的出发点。要克服传统体制下“以生产为中心”的管理思想。因为这种管理思想必然导致片面追求产值、盲目增加产量的倾向，从而可能造成产品大量积压、效益普遍低下的状况。同样，在军队管理活动中，无论是军事训练、装备研制与采办、还是后勤保障、军事工程建设等，都需要我们根据科学管理的思想和原理，充分考虑投入产出比，不断提高管理的效益与效率。因此效益原理是现代军队管理的重要问题。

第五节　管理的环境

管理研究传统上强调组织内部的因素，比如领导、激励和控制员工。这是一种封闭的系统观。根据管理的系统原理的开放性要求，组织建设、发展的过程就是从外界不断进行物质、能量、信息交换的过程。因此，任何组织都不可能脱离其所处的环境而封闭、孤立地存在。组织从外界不断引进新的成员、购得新的设备、材料，获得新的市场信息，生产并向市场提供新的产品、新的服务，同时也要进行人员的更替、设备淘汰、报废处置等等。这样，组织的管理活动必然要受到它的环境因素的影响，管理者的管理行为也要受到环境的各种限制。要使管理工作卓有成效，管理者必须控制环境和对环境做出反应——这是一种开放的系统观。

一、组织环境的概念

组织环境是指一切存在于组织内外并对实现组织的管理目标有现实和潜在影响力的因素。组织环境总的可以分为内部环境和外部环境两大部分。组织内部环境（Internal Environment）包括位于组织边界以内的所有环境要素。内部环境由当前员工、管理层和组织文化组成，它最主要的方面就是组织文化。企业文化是由外部环境决定的，它也是管理者从事管理工作的环境的一个重要组成部分。它由组织内部所共享的价值观、规章制度、规范条例、风格特征等内容构成。而组织的外部环境则是存在于组织之外，并影响组织的所有因素。组织的外部环境可以进一步从概念上进行分析，它包括两个层次：一般环境（General Environment）和任务环境（Task Environment）（如图 1 –4 所示）。

本节主要探讨外部环境的组成要素及其对组织的影响方式，组织的内部环境将在第九章详细讨论。

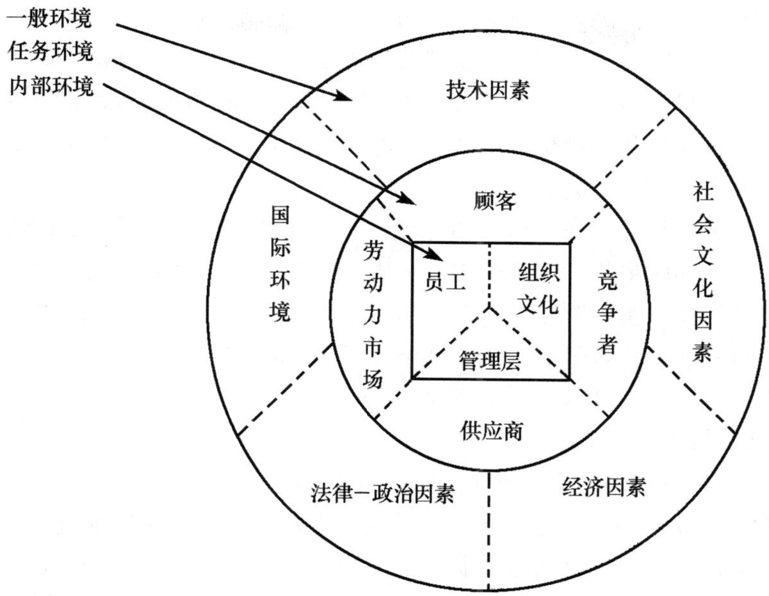

图 1-4 管理环境

二、一般环境

一般环境是环境的外层，它分布广泛，并对组织产生间接影响。一般环境通常包括对所有组织几乎都有同等影响的经济因素、技术因素、社会文化因素、政治法律、国际因素。通货膨胀率上升，或者劳动力队伍中双职工夫妻的比例增加，就是组织一般环境的一部分。这些事件不会直接影响日常经营，但最终会影响到所有的组织。

1. 经济因素

经济因素（economic dimension）反映组织所在的国家或地区整体的经济状况。作为影响组织活动的重要环境因素，经济环境主要可以从宏观环境和微观环境来分析。宏观环境主要指国家或地区的经济总量、发展速度和趋势，如国内生产总值（GDP）及增长速度、财政收入、物价水平、人口数量等。微观环境则是组织所在地区的收入水平、消费习惯、就业情况等因素。

这些环境因素将对企业组织的发展战略、市场开拓、投资战略、原材料采购、产品开发与营销等管理活动产生影响。同样，军队的建设和发展受到宏观经济的影响，改革开放初期，我国经济发展水平比较低，军队在军事训练、武器装备发展、后勤保障等方面的建设都受到很大制约。随着我国经济快速发展，经济环境不断改善，国家的军费开支逐步增加，使得我军军事训练的力度不断加强、手段不断改进、水平不断提高。同时，武器装备的建设和发展规模、水平以及质量都得到了大幅提高。军队后勤保障的质量和水平也随着国家经济的发展，达到了新的高度。

现在，由于组织是在全球化的环境中开展经营活动，所以经济因素已经变得极度复杂，同时也给管理者带来了更大的不确定性。世界各国的经济比以往任何时候都更加紧密地联系在一起。例如，美国“911”恐怖袭击事件发生之后的经济衰退和消费者信心削弱也影响了世界各国的经济和组织。同样，亚洲的“金融风暴”也给美国的公司和股票市场造成了重大的影响。

2. 技术因素

技术因素（technological dimension）不但包括全社会的、而且还包括特定行业的科学和技术进步。近年来，技术因素为各行各业的组织都带来了大规模的、意义深远的变革，同时技术因素对组织中管理活动的影响也再明显不过了。信息技术的快速发展，如因特网接入、视频会议系统、移动电话、笔记本电脑等事实上极大地改变了组织的管理方式，同时也成为了当今各种组织，包括企业、政府、军队、学校等各行各业进行业务处理的最基本的设备。技术进步使得几乎每个人都可以接触因特网，这就改变了竞争的性质，只有通过不断的技术开发与技术创新，组织才能在日益激烈的竞争中取得优势地位，否则就有可能被淘汰。信息技术的发展也改变了组织与其服务对象顾客的关系的性质。许多公司都在采用技术领先的电子商务方法，利用私人网络或者因特网来处理所有的业务。无线技术和新软件的开发应用使得移动电话和其他任何手持设备器械都可以很容易地接入因特网。通信和技术设备越来越小型化，同时功能却越来越强大，成本也日益低廉、处理速度也越来越快。

其他的技术进步同样会影响到组织及其管理者，近年来对人类基因组的破译会为医药发展带来革命性的变化。克隆技术和干细胞研究的发展引起了人们对于科学和伦理的思考。在原子层面上解释物质的奥秘的科学家，能够制造出令人惊奇不已的新材料，高科技的组件之中嵌入了具备思维功能的传感器，这样的组件正用来使桥梁和公路具备抗震性能，也用于建造性能较优良的飞机和有轨车。

技术的不断发展，对军队的发展和建设的影响更加突出，信息技术完全改变了军队的指挥管理方式，一大批高技术的应用，也完全改变了战争的模式。

3．社会文化因素

一般环境中的社会文化因素（social-cultural dimension）不但反映大众的规范、习惯和价值观，而且，还反映人口特征。重要的社会文化因素是指地理分布、人口密度、年龄及教育水平。今天的人口概貌是明天的劳动力和顾客的基础。预言家看到了消费者市场和劳动力供应与日俱增的全球化，组织内部和消费者市场都在变得越来越多样化。例如，当2006年美国零售业巨头沃尔玛（WalMart）准备进军世界最后一块零售业市场——印度的时候，遇到了来自当地零售业企业的强烈反对，迫使沃尔玛的总裁斯科特（L. Scott）让其副总裁杜克（M. DuRe）于2007年2月亲自到印度进行考察访问，并对沃尔玛在印度开店的方式、步骤作出重大改变。同样，像麦当劳在中国进行销售时，它的口味、包装、服务都进行了修改。这些都是因为当地的规范、消费习惯、甚至人文条件等社会文化因素对企业的销售及管理活动产生了重要影响。

军队的管理活动中同样受到各种文化因素的影响。如军队的伙食安排，必须要考虑少数民族官兵的习惯，军事训练以及军队的其他活动也要考虑当地民族习俗，不同部队单位各项日常活动必须考虑部队驻地的人文环境与条件。

4．政治法律因素

政治法律因素（political-legal dimension）对组织管理活动的影响是显而易见的。政治法律因素包括组织所在地区的政治局势、国际关系以及影响组织的法律、法规等。国家或地区政局的稳定、和谐，对企业、政府、部门、学校等各种组织，都有利于他们的长期、稳定发展，有利于制定长远的发展目标、计划；反之，政局的动荡不安，则会使组织的管理活动缺乏长期发展的信心，而造成关注眼前利益的短期行为。国际关系同样会影响组织的发展，特别是对组织管理活动的范围、层次以及规模产生实质性的影响。组织的管理活动不可避免地要受到各种法律、法规的约束，这些包括一个国家的法律、法规，也包括地方性的法律、法规，同时还要受到国际性法律、法规的约束。

军队是为政治服务的，军队的管理活动更是要在国家、地方的法律、法规允许的情况下进行，同时也要遵守考虑国际上的法律。例如军队干部的管理，如服役年限、年龄，必须按照《现役军官法》执行。军队的军事训练、作战行动必须遵守国际法的原则。

5．国际因素

国际因素（international dimension）代表影响外部环境所有其他方面的一种环境。国际环境为我们提供新的竞争者、客户和供应商，并决定社会、技术和经济走势。经济的全球化、信息的网络化以及技术的扩散化趋势，使组织的活动范围日益扩展、组织之间技术经济联系更加紧密，为组织的国际化发展创造了更多的新的机遇，从而使得各种组织的管理活动日益受到国际因素的影响。像波音、IBM、百事可乐等跨国企业，充分利用全球资源优化配置的优势，形成了国际化的研发、生产、加工、销售的多种模式。因此，国际上的市场、文化、经济等因素也就必然对这些企业的管理活动产生重要影响。国际性的非赢利组织如国际红十字会、联合国、世界贸易组织、世界卫生组织等更是时时刻刻受到各种国际因素的影响，它们的管理活动更和各个国家的政府、民众、地方组织等紧密联系在一起。即使是那些未走出国门的组织，如地方的企业、偏远的地方政府，他们使用的商品的价格、消耗的产品的技术程度等也要受到国际性因素的影响。

军队的管理活动也日益受到国际因素的影响。从大的方面说，国家军事战略的制定很大部分依赖于国际安全形势的变化，受到来自国际上的、威胁国家政治、经济利益安全的因素的影响。从具体的一些方面来看，国际武器装备的建设要采用国际上先进的技术，反恐战争需要国际之间的紧密联系与合作，军队官兵素质的提高、技术水平的提高，要利用国际上先进经验等等。这些都对新形势下军队的管理活动提出了新的挑战，军队管理无疑同企业、政府等其他组织的管理一样受到国际因素的影响。

三、任务环境

任务环境是指对组织构成直接影响的某些具体部分。主要是顾客、竞争者、供应商和劳动力市场。

1. 顾客

在组织所处的环境中，从组织获取产品或者服务的那些个人和组织就是顾客（customer）。组织是以满足顾客的需求而存在的，顾客作为组织产出的接受者是至关重要的，因为他们决定着组织的成败兴衰。病人是医院的顾客，学生是学校的顾客，旅客是航空公司的顾客。服装公司必须与市场保持紧密联系，以把握不断变化的顾客偏好。作为军队组织，其“顾客”就是国家、企业、全体百姓，“为人民服务”是我们的宗旨。

2. 竞争者

在同样行业或同类业务中向同一顾客群体提供产品或服务的其他组织叫做竞争者。每个行业都有其特定的竞争问题。唱片业的竞争不同于钢铁业和制药业。对于军队组织，它的竞争者就是威胁方，对我们的国家安全利益构成现实或潜在威胁的组织或成员。

3. **供应商**

供应商首先就是那些为组织提供原材料、设备的单位，例如为钢铁厂提供铁矿、机器的部门和企业；为学校供应纸张、文具、食品、计算机、燃料、电力和教材的组织和个人；为军队提供武器装备、后勤资源的军工企业以及社会经济组织。其次，供应商也包括为组织提供资金和服务的单位，如为企业提供资金的银行、提供保险业务的保险公司、为军队提供维修保障的地方机构等。另外，供应商还包括为组织提供人力资源和劳动力的单位，如职业中介公司、劳动力市场等。

思 考 题

1. 什么是管理，管理定义有哪三层含义？
2. 如何理解组织的效率与效益？
3. 管理的基本职能是什么？
4. 管理人员与业务人员的工作有什么差别？举例说明。
5. 管理者的主要活动有哪些？
6. 管理者可分为哪几个层次？他们的工作性质有什么差别？
7. 管理者的角色有哪几类？哪几种？
8. 管理者的三种基本技能是什么？不同层次管理者对技能的要求有什么差异？
9. 管理的系统原理的基本思想是什么？举例说明。
10. 管理的人本原理的实质是什么？有哪些主要观点？
11. 管理的责任原理是什么？职责、权限、利益、能力之间的关系应怎样处理？
12. 管理的效益原理是什么？
13. 什么是组织环境、一般环境、任务环境？
14. 组织的一般环境包括哪几个方面？
15. 你认为一般环境和任务环境，哪一个对组织成功更起关键作用？
16. 举例说明军队实施科学管理的意义和作用。

第二章 管理思想与理论发展史

管理思想随着人类文明的产生而产生，管理实践的历史和人类文明的历史一样悠久。人类社会的发展历史是生产力发展的历史，也是管理思想发展的历史。人类管理思想的演进始终和人类对自然的认识水平、工具的使用水平以及生产方式的组织水平伴结在一起的，这三个方面中任何一个方面的巨大进步都会使得管理思想得到重要发展，同时管理思想的每次发展又会极大地促进生产力的发展，使之成为人类社会发展的基本动力之一。人类从个体独立活动发展到群体劳动，从维持生存的群体劳动发展到富裕的有组织文明社会，任何一项重大成就都凝结着人类的智慧，人类管理思想的演进实际上起源于人类社会初期为求生存而产生的自觉意识，这种自觉意识经过无数次成功与失败的考验，管理思想的积累最终成为人类社会前进的动力。本章主要讲述中国古代管理思想的精华，讲述西方早期管理思想的发展过程以及西方古典管理理论和现代管理理论的主要代表人物、基本理论要点。

本章重点

- 中国古代主流管理思想及其代表人物
- 西方早期管理思想
- 西方古典管理理论
- 西方现代管理理论及其主要流派

第一节　古代管理思想

中国在几千年的文明史上形成了丰富多彩的管理思想，这些管理思想的形成来源于社会生产实践，同时也指导和促进了社会的发展。中国传统的管理思想分为宏观管理的治国学和微观管理的治生学两个方面。治国学主要是为了适应中央集权封建国家的需要，包括财政赋税管理、人口田制管理、市场管理、货币管理、漕运驿递管理、国家行政管理等方面的思想。治生学则是在生产发展和经济运行的基础上通过官、民的实践逐步积累起来，包括农副业、手工业、运输、建筑工程、市场经营等方面的思想。由于受生产力发展水平的限制，这些管理思想零星分散，未能形成独立而完整的科学体系，但中国管理思想的精华对现代管理理论的形成起到了重要的作用，对现代管理实践具有非常重要的借鉴价值。

一、古代中国主流管理思想和管理原则

中国古代的管理思想主要来源于五大思想学派：儒家、法家、道家、墨家和兵家。这五大学派都产生于中国古代思想最活跃的春秋战国时代，他们各自提出对人的基本看法，并进而提出自己的管理方式，形成了较为系统的治国与治生的管理思想。

（一）古代中国主流管理思想

1. 儒家的管理思想

儒家思想的代表人物是孔子和孟子。在管理思想上，儒家主张“王者之道，仁政德治”，其核心是“修己安人、举贤任能”。其中修己是治人的前提和条件，治人是修己的目标和归宿。

孔子认为领导人的思想道德素养是实现有效管理的关键，无论在宏观管理还是在微观管理方面，都要以“仁”为手段、以“礼”为准则、以“和”为目标。

儒家思想认为，执政者要通过“仁”才能治理好国家，“修己”是实现“仁”的途径。孔子认为，在执政者与臣民之间，执政者的作用是主要的，执政者的好坏决定了社会治理的好坏。因此，作为“仁”的内容之一，他对执

政者提出了“正”的政治道德要求，即执政者必须从端正自身开始，通过其人格魅力和道德感召力去治理民众，这样才能造就一个良好的秩序社会，这就是古代的所谓“典范政治”的基本要求。孔子还对以执政者为主体的社会各阶层提出了“克己”的要求，“克己”的一种方式是“约”，即约束，另一种方式是“自戒”。孝悌是“仁”的又一基本内容，孝指尊敬顺从父母，悌指尊重兄长，是中国古代处理家族内部两大关系的基本要求。由于当时的家族组织与行政组织关系密切，“出则事公卿，入则事父兄”，孔子认为，“其为人也孝弟，而好犯上者，鲜矣。”即在家能孝悌者，在政治上必定能敬重君主、公卿。为了在管理民众时做到“仁”，孔子提倡对民众“惠而不费，劳而不怨，欲而不贪，泰而不骄，威而不猛”，意即既要施惠于民，又不过度耗费；既要役使百姓，又不使产生抱怨；既有欲求，又不贪心；既庄重又不傲慢；既威严又不凶猛。在人才任用方面，主张“举贤才与任而能信”。

在选拔人才方面，孔子认为“举直错诸枉，则民服；举枉错诸直，则民不服”，要选拔正直的、有真才实学的人居于高位，则民众就会悦服，反之，则民众就不会悦服。这反映了孔子的任人唯贤的人才管理思想。在使用人才方面，孔子认为要“任而能信”，他认为，对于考查合格已被任用的人，应在工作上给予充分的信任和支持，这是用好人才、发挥其才干的重要条件。孟子发展了孔子的儒家思想，他认为应当将“选贤与能”与“任而能信”作为推行仁政的保证，他认为，国君选用贤能的人要听取多方面的意见，如果身边的人说贤能，不能相信；大夫们说贤能，也不能相信；全国的人都说贤能，并且考查之后发现他真的贤能，才可任用。身边的人说不行，不要听信；大夫们说不行，也不要听信；全国的人都说不行，并且考查之后发现他真的不行，才可罢免。孔子认为，管理者得到被管理者的信任程度以及由此产生的被管理者的信心的高低，对于管理工作的成败，具有根本性的重要意义。孔子这种以人为本的伦理思想，应用于现代组织管理中，要求组织管理工作以做好“人”的工作为核心，通过伦理规范和道德教化，培养组织内人们共同的信念和价值观，增强向心力和凝聚力，实现和谐有序发展的目标。

儒家思想认为 执政者要通过“礼”的准则控制人的行为，礼是治国之本，形成了以礼乐教化治国安邦的总体思路。孔子在创造性地提出了“仁”的思想之后，使之与“礼”配合，在修己的同时治人，在人的伦理道德完善的基础上实现社会的良好秩序，提出了“德化”、“礼治”的治国思想。他提出“为国以礼”，集中表达了他对礼在政治中的地位和作用的认识。除了重视德、礼，孔子也没有忽视政、刑在治国理民过程中的重要性，他指出：“道之以政，齐之以刑，民免而无耻；道之以德，齐之以礼，有耻且格。”可见，孔子认为在治国理民过程中，德、礼与政、刑都是不可缺少的，德、礼为先，政、刑为后，在政治与经济关系上，他主张先经济后政治，也就是先富后教。为政首先要解决的问题是使民富起来，把足食放在首位，而后再进行教化。在惠与使的关系上，他主张“惠则足以使人”，使民是必然的，但不能无条件地使，应该是先惠而后使。在教与杀的关系上，孔子提出以直正枉，先教而后杀。“礼”的精神主要体现为“仁”、“恭”、“敬”、“让”、“情”等方面。“仁”是礼的最根本的精神内容，“恭”是对人的庄重和顺而不是过分做作的恭顺，“敬”是对人严肃、真诚，以礼相待，要敬父母、敬上，“让”是指谦让，“情”是指行礼必须灌注以真情。要实现以礼治国，落实在政治上，就是要做到上下级之间相互尊重各自的权力与地位，各种社会关系都要以既已存在的规章制度为准则。

儒家思想认为，“和”是执政者和臣民共同的追求，也是国家强盛的标志。“礼”的一个主要功能就是“辨异”，即区分贵贱尊卑社会等级，但是，如果过分强调“礼”的辨异功能，就可能使社会中各方面粘合力不强，容易产生一种结构性的离散，因此，很有必要引进一个平衡性原则，这就是“和为贵”。“和”是指不同的事物汇聚、结合在一起，得其平衡、协调，相济而相成，这样才能生机盎然。“礼”的终极目的是要实现社会和谐，即在各类社会关系中来把握并规定人的本质，并求得关系平衡基础上的社会和谐。儒家思想实事求是地对待“和而不同”，崇尚和谐的同时尊重差异和多元化。孔子认为要实现“和”，必须“隐恶而扬善，执其两端，有用其中于民”，“执其两端而用其中于民”便是求“和”的途径。

2. 法家的管理思想

法家思想的代表人物有管仲、李悝、商鞅、申不害、慎到、韩非等。在管理思想上，法家重视法律，主张“法制刑治”。法家认为人的本性都是追求利益的，没有什么道德的标准可言，要用利益、荣誉来诱导人完成工作，所以就要“以刑去刑”，用重刑来治理国家。

战国时期法家分为三派：以商鞅为代表的重法派，认为“仁义不足以治天下”，法令是人民的生命、治国的根本，因而圣明的君王不贵义而贵法，法必明，令必行，只有法令昭彰，刑罚严格，法令面前人人平等，才能稳定社会秩序，使政策得以贯彻，达到“民安”、“国治”。以申不害为代表的重术派，认为“术”即权术，其主要作用在于辨别群臣的忠奸，考核其能力，衡量其功过，以加强法制和君主专制，君主必须执掌权术，以驾驭群臣。以慎到为代表的重势派认为，“势”即权势，贤人之所以屈服于不肖者，是因为“权轻”，不肖者之所以服于贤者，是因为贤者“位尊”，正因为如此，君主只有拥有绝对的权势，才能治理好天下。韩非比较了前期“法”、“术”、“势”三派的得失，认为必须综合采用三派的长处，才能治理好国家。

3．道家的管理思想

道家思想的代表人物是老子。在管理思想上，道家认为“人法地、地法天、天法道，道法自然”，这意味着在管理上应当以环境条件为约束，作为管理者要遵循规律。道家主张“无为而治”，通过“无为”实现“无不为”。

道家认为，“道”既是自然规律，也是社会、组织协调运行的准则、法则，是先于天、地、人而生的一种独立不改、周行不殆的力量，这种力量受制于“自然”，所以“道”要以客观规律为法则。从天道是自然无为的这一思想出发，老子认为“道”以“朴”为心，“朴”的原意指树皮或未经加工的木材，喻一种原始状态。“朴”虽小于“道”，但却以“无”为心，即最无偏见的心、最淳朴的认识，因此，“无为”是最理想的组织管理理念，是治国的最好原则，以“无为”的理念而达到“无不为”的效果，“我无为而民自化，我好静而民自正，我无事而民自富，我无欲而民自朴”。老子还从人类和草木的生存现象中，总结出社会组织和自然生物具有的共同特性，即成长着的事物都是处于柔样的状态，而趋于死亡的东西都是处于坚强的状态，“坚强者死之徒，柔弱者生之徒”，柔弱的东西充满了生机，而坚强的东西则已经失去了生机，柔弱能战胜刚强。

4．墨家的管理思想

墨家思想的代表人物是墨子。在管理思想上，墨家主张“兼相爱，交相利”，认为整个社会要人人平等互助互爱、互利互助，要无差别地爱社会上所有的人。墨家还主张“尚贤使能”，认为贤人政治与中央集权是实现高效管理的关键。

墨子认为，“兼相爱”是一种社会道德规范，也是基本的管理准则，凡符合“兼相爱、交相利”的行为，就是“义”，否则就是“不义”。“利”与“义”一样，是同一事物的不可分割的另外一个方面，在处理相互的利益方面，不要只考虑自身，重要的是要考虑到别人，这种建立在“爱”的基础上的利益关系才能持久，所以“交相利”是“兼相爱”这一观念的具体反映。社会组织的各个层次，上自国君，下至众民，不能只知“自爱”，而要“相爱”，以此实现组织内部以及组织与环境的和谐，这样的组织才能长久维持和发展。

在人才任用方面，墨子提倡“尚贤使能”。墨子选贤才有三个基本的原则，第一，“听其言，迹其行，察其所能”。人才要在实践中选拔，不仅要对被选拔者的言语态度进行考察，衡量其“思虑”，还要观察其处事行为，衡量其“德义”，客观评价人才的长处，才能全面衡量出一个人是否真是贤者。这样选拔的贤者，其德才可以“昭于天下，若天之高，若地之普”；第二，“良剑期乎利，不期乎莫邪”，人不可能都是完美无缺的完人，对人才不能过于苛求；第三，“有能则举之，无能则下之”，要能上能下，不搞终身制。在用人方面，墨子主张“可使治国者使治国，可使长官者使长官，可使治邑者治邑”，即要科学合理使用人才。墨子提出了管理过程中关于权力的三个基本问题及其解决办法，即“爵位不高，则民不敬也；蓄禄不厚，则民不信也；政令不断，则民不畏也”，第一，要给贤者高的爵位，否则，人民就不尊敬他；第二，要给贤者丰厚的俸禄，否则，人民就不信任他；第三，要给他决断政务的权力，否则，人民就不惧怕他，所以对于真正贤能之人，必须“高予之爵，重予之禄，任之以事，断之以令”，这些优厚的待遇和管理权力，不仅仅是领导者对贤者工作的回报，而是“欲其事之成也”。可见，使管理者拥有管理所需的资源，不只是激励管理人员的一项重要措施，重要的是保证其管理工作获得成功的关键，也是“尚贤使能”的一个重要的标志。

5. 兵家的管理思想

兵家思想的代表人物是孙子，主要研究解决战争和军队管理的相关问题。在关于战争的理论中，孙子主张“慎战”、“先知”、“先胜”、“主动”。在军队管理方面，兵家主张以法治军，重将治兵，德教为先，爱威并下。

孙子认为，战争是国家的大事，要详加体察。不是对国家有利，就不用兵；不是非常危险，就不作战。孙子举出了“道、天、地、将、法”五个战争制胜条件。“道者，令民与上同意也，故可以与之死，可以与之生，而不畏危”，“道”是指政治而言，必须上下统一认识，“道”是制胜的首要因素；“天”是指“天时”；“地”是指“地利”；“将”是指将帅；“法”指的是法规制度。善于用兵者，要从治道、天时、地利、将领、法制这五个方面来比较、计算各项细节。

孙子特别强调战争对经济的依赖性，认为经济是进行战争的物质基础，“军无辎重则亡，无粮食则亡，无委积则亡”。为了解决战争与经济的矛盾，孙子认为“善用兵者，役不再籍，粮不三载。取用于国，因粮于敌，故军食可足也”，即善于用兵的人，劳役不一再征集，粮秣不多次运输，武器装备从国内取用，粮食在敌国解决，这些军事后勤思想在当时的社会经济条件下起到了很大的指导作用。孙子也指出军事后勤问题的根本解决办法是战前预测，

“地生度，度生量，量生数，数生称，称生胜”，要根据土地幅员的大小，来判断物质资源的多少，进而推算出所能动员和保持兵力的众寡，再从双方军事力量的对比中，预见战争的胜负，即先知。

因为战争会造成伤亡和损失，无论胜利的一方或战败的一方，都不会有任何好处，所以孙子提倡“先胜而后求战”，反对“先战而求胜”，而“先胜”原理的最高境界是“不战而屈人之兵”，“故上兵伐谋，其次伐交，其次伐兵，其下攻城”，政治某略、外交手段和军事斗争是战争中进攻的一个整体，都是国家间斗争的重要手段，要分清形势理智地选择，战略上的争取主动重于战术、战斗争胜，最佳策略是以谋略制敌，其次是采取外交手段胜敌，再次是武力败敌，不得已才去攻打敌人的城邑，反映了“慎战”的思想。在战争进行中和战争的军事行动之前，谁能争取主动，谁就有操胜券的可能，这就是“主动”原理。孙子还提出了武力威慑的思想，指出“无恃其不来，恃吾有以待也；无恃其不攻，恃吾有所不可攻也”，不要寄希望于敌人不会来，而要依靠自己充分准备，严阵以待，不要幻想敌人不会进攻，而要凭借自己造成敌人无法攻破的力量。

孙子提倡重将治兵，他认为“将”非常重要，既要贯彻国君的政治意图，又是连接君民之间的桥梁，军队全靠“将”的治理，治理得好就可以实现“道”的宗旨，治理得不好就达不到“道”的目的。选拔“将”必须从“智、信、仁、勇、严”等五个方面的素质严格考察，要提拔的将才必须是那些知识丰富、具有赏罚有信和爱抚士卒的人格品质、具有良好的军事素养和作战经验的人。孙子特别提醒“将”有五种性格上的弱点应十分注意，即“必死，可杀也；必生，可虏也；忿速，可悔也；廉洁，可辱也；爱民，可烦也”，这五个方面的弱点是“用兵之灾”。有勇无谋，只知死拼，就容易中计，可能被敌诱杀；临阵畏怯，贪生怕死，就可能贻误战机，被敌俘虏；刚怒偏激，一触即跳，就可能受敌凌辱而轻举妄动；高傲自恃，过于自尊，就可能被污辱而失去理智；过于仁爱，无微不救，无远不援，就可能疲于奔命而陷于被动。如果不克服这些弱点，必然会带来“覆军杀将”的后果，因此必须高度警惕。

孙子认为，“将”应不受任何权势的束缚，他指出“将能而君不御者胜”，如果国君事事干预就会丧失机会和威严，因此“将在外，君命有所不受”。孙子认为，要充分发挥士卒的作用，就要加强对士卒的治理，“不知三军之事而同三军之致者，则军士惑矣。不知三军之权而同三军之任，则军士疑矣。三军既惑且疑，则诸侯之难至矣，是谓乱军引胜”。孙子指出了组织编制的方法，他说，“凡治众如治寡，分数是也”，“分”是指军队基层编制，“数”是指其军队整体，要把庞大的军队严密组织，逐级协同，层层节制，条理井然，使其犹如一个整体。孙子认为在“治兵”上要采取严爱相兼，赏罚并重的方法，“视卒如婴儿，故可与之赴深溪；视卒如爱子，故可与之俱死”，将帅要像对待“婴儿”、“爱子”那样关心爱护士卒，但是“厚而不能使，爱而不能令，乱而不能治，譬若骄子，不可用也”，对士卒如果过分的宽厚而不使用，一味溺爱而不严格执行指令，出现混乱局面而不使其平定，那就如同骄子一样是不能用来作战的，为了防止这种“骄子”的出现，要“令之以文，齐之以武”，用政治道义去教育士卒，用军纪法规去统一步调。要使士卒自觉地“可与之生”，“可与之死”，就离不开赏罚，赏罚要有度，“卒未亲附而罚之则不服，不服则难用也；卒已亲附而罚不行，则不可用也”，在爱护士卒的基础上教育先行，严格管束，赏罚分明。

（二）古代中国管理的原则

中国古代管理思想中，无论是治国学还是治生学，都强调以下主要原则：

1. 顺道原则

“道”又称为“则”、“常”，具有多种含义。属于自然范畴的“道”是指客观的自然规律，总结归纳后成为“天文”、“地理”等自然科学。属于社会经济范畴的“道”是指客观的社会经济规律，总结归纳后成为治国的理论。这里的“顺道”是指管理要顺应客观规律。

《管子》认为自然界和人类社会都有自身运动规律，“天不变其常，地不易其则，春秋冬夏，不更其节”。社会活动的开展，如人事、农业生产、市场，都有“轨”可循，无论治理农村和城市，“不通于轨数而欲为国，不可”。万物按自身之“轨”运行，对于人毫不讲情面，“万物之于人也，无私近也，无私远也”，人的行为顺应“轨”，它必“助之”，“虽小必大”；反之，人的行为如果与“轨”相违逆，它也必“违之”，结果只能是“虽成必败”，“不可复振也”。司马迁把社会经济活动视为由个人为了满足自身的欲望而进行的自然过程，认为社会活动受客观规律自然检验，例如，商品交换中价格贵贱的变化也与自然界一样有规律可循。在社会运行过程中，人为了求得自身利益而“任其张，竭其力”，“若水之趋下，日夜无休时，不召而民自来，不求而民出之”，国家要认识到社会活动的这种客观规律，“善者因之”，基于人性的“欲求”而符合其“道”，顺其自然，少加干预。

2. 法治原则

我国的法治思想起源于先秦法家和《管子》，后来逐渐演变成一整套法制体系，包括田土法制，财税法制，军事法制，人才法制，行政管理法制，市场法制等等。

韩非在论证法治优于人治时，举传说中舜的例子，舜事必躬亲，亲自解决民间的田界纠纷和捕鱼纠纷，花了三年时间纠正三个错误。韩非说这个办法不可取，“舜有尽，寿有尽，天下过无已者。以有尽逐无已，所止者寡矣”，如果制定法规公之于众，违者以法纠正，治理国家就方便了。他还主张法应有公开性和平等性，即实行“明法”、“一法”原则。“明法”，就是“著之于版图，布之于百姓”，使全国皆知。“一法”，即人人都得守法，在法律面前人人平等，“刑过不避大臣，赏善不遗匹夫”，各级政府官员不能游离法外，“能去私曲就公法者，民安而国治”。

3. **重人原则**

重视人的因素是中国传统管理的重要方面，“重人”包括两个方面的内容，一方面要重视人心向背，另一方面要重视人才选拔与任用。

得到民众拥护是治国之本，要做到这一点必须先为民众谋利益，从管理的角度就是重视对被管理者需求的满足。先秦儒家提倡“行仁德之政”，“因民之所利而利之”，国家的管理者应当“从民所欲，去民所恶”，只有这样，才能“天下大悦而将归己”。西汉贾谊认为，“国家的安危、存亡、兴衰，定之于民；君之威侮、昏明、强弱，系之于民；吏之贵贱、贤不肖、能不能，辨之于民；战争的胜败，亦以能否得民之力以为准”，这些思想逐步成为管理国家的准则。《管子》把从事变革事业，注重经济建设，为人民办实事，视为聚拢优秀人才的先决条件，所以要“德以合人”，“人以德使”。

能否得贤能人才的辅助关系到国家的兴衰和事业的成败，因此“得贤人，国无不安广”，“失贤人，国无不危”。诸葛亮总结汉史经验，提出“亲贤臣，远小人，此先汉之所以兴隆也；亲小人，远贤臣，此后汉之所以倾颓也”。《晏子春秋》则把对人才“贤而不知”，“知而不用”、“用而不任”视为国家的“三不祥”，其害无穷。

4. **“和”原则**

“和”就是调和人际关系以及社会运行状态，对治国来说“和”能兴邦，对治生来说“和”能生财，故我国历来把天时、地利、人和当作事业成功的三要素。

我国传统的管理思想认为，“和”的关键在于当权者，只有当权者严于律己，严禁宗派，不任私人，公正无私，才能团结大多数。《管子》提出“无私者容众”，要求君主切不可有“独举”、“约束”、“结纽”等宗派行为，不可

“以爵禄私有爱”，要严禁“党而成群者”。李觏说国家的统治者必须“无偏无党”，“循公而灭私”，“天子无私人”，从国家机构中清除那些嫉贤妒能，钻营利禄，大搞宗派，戕害民生的“恶吏”，以改善官民关系。

5. **守信原则**

“信”是指信誉，信誉是人与人之间建立稳定关系的基础，是国家兴旺和事业成功的保证，所以治国要守信，处理人际关系的关键也是要守信。

《管子》十分强调取信于民，提出国家行政应遵循的一条重要原则就是讲信誉，认为“不行不可复”，人们只能被欺骗一次，“言而不可复者，君不言也；行而不可再者，君不行也。凡言而不可复，行而不可再者，有国者之大禁也”，所以中国传统管理思想认为，治理国家，政策多变，出尔反尔，从来是大忌。从微观经济运行体制上看，中国传统管理思想也特别重视信誉的基础作用，商品质量、价格、交货期以至借贷往来，都强调讲究信誉。

6. **利器原则**

“器”指人类活动所借助的工具，泛指支持人类活动的所有科学技术成果。中国古代十分重视科学技术发展对提高管理效率的重要作用，中国古代四大发明极大地推动了社会经济、文化和世界文明的发展，并使“利器”成为中国管理思想的重要内容。“工欲善其事，必先利其器”，“利器”可达到“其用日半，其功可使倍”的效果。

在近代，一再出现机器兴邦说，如郑观应主张维护民族独立要靠“商战”，商战必然依赖于现代化的机器设备，与手工劳作相比，机器生产“工省价廉”、“精巧绝伦”，可与外货竞争，因此必须研制生产各种机器。魏源提出“师夷长技以制夷”的口号。孙中山实业救国的核心是技术革命，实现现代化，提倡用机器去制造货物，把国家变富庶，只有这样才能超越英美日等国。

7. **求实原则**

“实”是指客观事实及自然规律。儒家提出“守正”原则，看问题不要偏激，办事不要过头，也不要不及，“过犹不及”，过了头超越客观形势，犯冒进错误，不及于形势又错过时机，流于保守，两种偏向都会坏事，应该防止。

凡事要实事求是，量力而行，“动必量力，举必量技”，“不为不可成，不求不可得”。指挥作战，要知道自己兵力、装备的承受能力，“量力而知攻”，“不知任，不知器，不可”，不顾主观条件的“妄行”、“强进”最终将归于失败，“妄行则群卒困，强进则锐士挫”。用人也应注意因材施用，扬其所长，避其所短，不可求全责备，“毋与不可，毋强不能”。办事要注意时机和地点等客观条件，“事以时举”，“动静”、“开阖”、“取予……必因于时也，时而动，不时而静”，治国和治生，不顾时间的变化，用老一套的办法，不注意“视时而立仪”，‘审时以举事”，必然招致失败。空间不同，政策措施也应有异，不可将一套办法到处运用，治家、治乡（农村）、治国（城市）各有特殊性，“以家为乡，乡不可为也；以乡为国，国不可为也；以国为天下，天下不可为也”。

8. **对策原则**

我国有一句名言“运筹帷幄之中，决胜于千里之外”，说明在治军、治国、治生等一切竞争和对抗的活动中，都必须统筹谋划，正确研究对策，以智取胜。研究对策包含有两个要点，一方面是预测，另一方面是运筹。

《管子》主张“以备待时”，“事无备则废”，治国须有预见性。范蠡认为经营也要有预见性，经营和打仗一样，“知斗则修备”，要善于“时断”和“智断”，比如要预测年景变化的规律，推知粮食供求变化趋势，及时决断收购和发售。他提出“旱则资舟，水则资车”的“待乏”原则。要观察市场物价变动，按“贵上极则反贱，贱下极则反贵”的规律，采取“贵出如粪土”，“贱取如珠玉”的购销决策。

中国古代有许多系统运筹成功的实例。战国时期，田忌和齐王赛马屡败，后来他按照谋士的筹划，按马力的强弱，以己之下马对彼之上马，己之上马对彼之中马，己之中马对彼之下马，结果二胜一负，转败为胜。宋朝丁谓奉命修复焚毁的皇宫，需从远处运土和建材，他挖开大路取土，引水成河，船运各种建材，宫室修好后又以建筑垃圾填河恢复道路。一项正确决策使取土、运料、处理垃圾结合起来，“一举而三役济，计省贯以亿万计”。在军事上通过运筹对策，以计谋取胜者更是不胜枚举。历史上的著名战役，如三国时代孙权、刘备对曹操的赤壁之战，诸葛亮的空城计，孙膑的“减灶骄敌”，都是运用战略策略以弱胜强的典范。

9. **节俭原则**

从宏观治国和微观理财方面，我国传统管理思想提倡开源节流，崇尚勤俭反对奢侈。节用思想源于孔子和墨子，孔子主张“节用而爱人，使民以时”。墨子指出“其财用节，其自养俭，民富国治”，荀子“臣下职，莫游食，务本节用财无极”，“强本（生产）而节用，则天不能贫，……本荒而用侈，则天不能使之富”，陆贽说：“桀用天下而不足，汤用七十里而有余，是乃用之盈虚，在节与不节耳。不节则虽盈乃竭，能节则虽虚必盈。”纵观历史，凡国用有度，为政清廉，不伤财害民，则会国泰民安。反之，凡国用无度，荒淫奢费，横征暴敛，必滋生贪官污吏，戕害民生，招致天下大乱。这是中国国家管理历史提供的一条真理。

在治生方面，节俭则是企业家致富的要素。司马迁提倡“薄饮食，忍嗜欲，节衣服”，“纤啬筋力，治生之正道也”。汉初有个经营农业的任氏，一反当时“富人争奢侈”之风气，力行“家约”，“折节为俭”，以致“富者数世”，成为闾里的表率，受人赞颂。

二、古代埃及与巴比伦的管理思想

公元前5000年左右，古代埃及人动用了10万人力、费时20年建造了世界七大奇迹之一的大金字塔，古代埃及兴修水利系统的技术与修建金字塔一样，也都成为人类历史上不可思议的壮举。在没有先进运输工具的条件下开展如此大规模的工程活动，与古埃及先进的管理思想和极强的组织能力是分不开的。埃及人很早就懂得了分权，法老作为“众神之子”享有神权，直接掌管军权。而辅助法老的宰相则集“最高法官、宰相、档案大臣、工部大臣”等职衔于一身，掌管着全国的司法、行政和经济事务。埃及人是首先意识到“管理跨度”的实践者，在法老的陪葬品中，人们大致可以了解到每一个监督者大约管理十名奴仆，后来的希伯来人在《圣经》里提出的以十为限的管理思想即源于此。

大约公元前2000年，阿摩利人统一两河流域（西亚的底格里斯河和幼发拉底河）以后，建立了古代巴比伦王国。此后，国王汉谟拉比建立起强大的中央集权国家，任命各种官吏，管辖着各城市和各地区的行政、税收和水利灌溉。国王总揽国家全部司法、行政和军事权力，官吏是贯彻国王政令的工具。为了巩固其统治，汉谟拉比编制了《汉谟拉比法典》，作为国家行为的准绳。该法典全文共3500行，二百八十二条，分为引言、法典本文和结语三部分，涉及财产、借贷、租赁、转让、抵押、遗产、婚姻、家庭、奴隶等各个方面内容，对各种职业、各个层面上人员的责、权、利关系给予了明确的规定。

三、古代希腊的管理思想

古希腊是欧洲文明的摇篮，也是管理思想的重要发源地。希腊历史上从公元前11世纪到公元前8世纪因荷马史诗而习称“荷马时代”。荷马时代国家还没有产生，氏族部落管理实行以“一长两会制”为基础的军事民主管理体制。“一长”就是军事首领，是公举出来的部落领袖，称为“巴西列斯”，平时管理宗教神务与裁决争讼，在战时则是全体成年男子的统帅。“两会”即长老会和民众会，长老会由部落的各氏族的长老组成，有广泛的权利，而民众会则由成年男子亦即全体参战战士组成，对重大问题如作战、媾和、移徙、推举领袖等作出表决，原则上拥有全部落的最高权力。长老会成员和军事首领同是出身于氏族贵族，利益一致。而民众会与军事首领和氏族长老贫富日益悬殊，军事首领和氏族长老的权利越来越大，由普通成员组成的民众会也就越来越失去了其原先的作用，每当需要作重大决定时，军事首领便首先召开长老会议讨论决定，民众会表决成为形式。从古希腊的部落管理体制里我们看到了类似现代西方国家“议会制”的某些起源。

在古希腊物质文明发展的推动下，很多思想家应运而生，他们的管理思想极大促进了社会文明的发展。

古希腊的苏格拉底（Sokrates，公元前469—前399）是雅典人，出身于一个中产家庭。他认为管理具有普遍性，“管理私人事务和管理公共事务仅仅是在量上的不同”。一个人不能管理他的私人事务，肯定也不能管理公共事务，因为公共事务的管理技术和私人事务的管理技术是可以相互通用的。

色诺芬（Xenophon，约公元前430—前350）出生于雅典，富人家庭，是苏格拉底的门生，他根据自己亲自经营和管理庄园的实践经验写成《家庭管理》（又称《经济论》）一书。这部著作首先提出了经济管理的研究对象，他认为“家庭管理”研究的是优秀的主人如何管理好自己的财产，在古希腊，奴隶主拥有对生产资料和奴隶的私有权，生产活动是以家庭为单位，由奴隶去完成，因此，“家庭管理”是奴隶主阶级对生产资料和劳动力（奴隶）的各种组织与管理问题。这部著作首先提出了管理水平优劣的判别标准问题，他认为管理的目标是得到更多的财富，检验管理水平高低的标准是财富是否得到增加。这部著作还首先提出了“管理的中心任务是加强人的管理”这一重要思想，他提出了区别对待不同劳动者、实行技能培训、劳动分工的管理思想，认为对奴隶的管理应该严厉，对驯从的奴隶应该给予较好的待遇，提出了训练奴隶的办法，他认为一个人不可能精通一切技艺，分工可以提高产品的质量。

柏拉图（Plato，公元前427—前342）出身于雅典的贵族家庭，苏格拉底的学生。其最主要的著作是《理想国》（又称《国家篇》）。柏拉图的管理思想主要是研究了国家范围内的分工，他认为，如果一个人根据自己的天生才能，在适当的时间内不做别的工作，而只做一件事，那么他就能做得更多，更出色，更容易，由此他得出结论说“每个人必须在国家里面执行一种最适合于他的天性的职务。”在《理想国》中，他把人分为三等：第一等人是治国贤哲，即管理国家的哲学家，其职能是以其智慧来管理国家。柏拉图认为，只有哲学家才能洞察真理，具有美德，富于知识，能够以正义治国。第二等人是卫国的武士，是天生有军事才能的人，其职能是以其勇敢来帮助统治者实施暴力和防御，以保障从事各种行业人们的生活需要。第三等人是民间艺工，由手工业者、农民、商人等组成，他们的职能是通过其劳动供给国家物质财富并接受上面两个等级的统治。在理想国内，各个阶层的人应该像人的各部分的器官一样，相互协调，各执其事，各尽其职，不可擅越。

亚里士多德（Aristotle，公元前 384—前 322 年）古希腊最伟大的思想家之一，柏拉图著名的弟子。亚里士多德在他的著作《政治学》中阐述了管理者和被管理者的关系。他认为“从来不知道服从的人不可能是一位好的指挥官。”他关于“天赋人性”的思想和我国的孟子所宣扬的“劳心者治人，劳力者治于人；治于人者食人，治人者食于人，天下之通义也”具有同样的性质，他认为管理者和被管理者的关系是天赋的。

四、古代罗马的管理思想

古罗马最初是意大利北部的一个奴隶制城邦，到公元前 3 世纪逐渐强大起来而统一了意大利。罗马帝国的建立过程中使其具有了集权、分权到再集权的实践经验，建立了相应的管理机构和政治体制。罗马自公元前 510 年左右成立了共和国，共和国由百人团会议从贵族中选举执政官二人，协商处理国家政治事务，遇紧急事变则以其中某一人为独裁官，为期半年，执政官有随从十二人，肩荷棒一束，中插战斧，象征国家最高长官的权力，这种棒被称“法西斯”。元老院由氏族长和退任执政官组成，有决定内外政策亦即审查和批准法案之权，并监督执政官，这些对后来国家管理机构与政治体制影响很大。罗马奴隶主思想家贾图、瓦罗等对管理人员的选择标准的论述，丰富了古代经济管理思想。

贾图（M. P. Cato，公元前 234—前 149）是古罗马政治家和作家，贵族保守派的代表，历任执政官、监督官等职。贾图的主要著作《论农业》提出了挑选管家的九条守则：①维护纪律；②尊重别人的权利；③负责调解奴隶的纠纷，对有错一方应予惩罚；④监工举止应当谦恭有礼；⑤保证使农场奴隶整天忙于工作；⑥重视农奴主推荐的奴隶，同时注意同两三个其他的农场保持联系，必要时交换必需物品；⑦认真同农场主核对账目；⑧对爱护牲口的奴隶应当奖励；⑨事先要用充分的时间安排各项工作。

瓦罗（M. T. Varro，公元前116—前27）是古罗马奴隶主思想家。瓦罗也同样著有《论农业》一书，提出了选择农庄人员的基本原则：要选择那些能够从事劳动并有农业习性的农庄员工，可以用几种工作对他们进行测验，并询问他们在以前的主人那里做些什么；对于监工，应该受到一点教育、性情好、有节约的习惯，在农业工作方面应该很有经验，以便使员工尊重他，最好比员工年纪大些，因为婚姻使人更为稳定，所以选择结过婚的奴隶作监工较为明智。在管理手段方面，只要监工能用语言来达到目的，就无权用鞭子来强制执行纪律，如果对监工付给报酬，他就会工作的更愉快。

第二节　西方早期的管理思想

近代西方管理思想的发展主要发生在18世纪下半叶到19世纪末期的工业革命时期及其后期的英国和美国等西方发达国家。

从18世纪下半叶开始，伴随着科学技术的发展，英国爆发了工业革命。工业革命是指资本主义的机器大工业代替以手工技术为基础的工场手工业的革命。英国工业革命包括了三个重要方面：纺织机等机器的发明是工具上的革命，蒸汽机的发明是动力上的革命，工厂制度的建立是生产组织方式的革命。生产工具和动力的革命促进了生产力的大发展，引起了生产组织方式的变化，工业企业的效率问题、控制问题、对企业中人的管理问题更加突出，使人们不得不深入思考，如何通过努力来获得高效率和最大的利润，古典管理思想开始萌芽了。

英国古典经济学理论体系的建立者亚当·斯密于1776年出版了他的最重要的著作《国富论》。亚当·斯密的著作涉及到许多现代管理的核心问题。他以大头针的制造为例，论述了劳动分工及其经济效果，认为分工在管理上对于提高劳动生产率有三个好处：第一，分工可以使劳动者技术熟练程度很快地提高；第二，分工可以使某个人专门从事某种作业，可以减少从一项工种转到另一项工种所失去的时间；第三，分工可以使专门从事某项作业的劳动者经常改革劳动工具和发明机器。

英国工业革命以后，管理思想得到了更好的发展，出现了一批研究企业管理规律并将管理思想付诸实践的著名人物。

欧文（R. Owen，1771—1858）是英国空想社会主义的代表人物，也是企业管理改革家，被人誉为现代人力资源管理的先驱。欧文有感于早期资本主义的罪恶，试图探索一条阶级和解的道路，并在如何处理雇主与员工的关系上作了探索性的改革。他于1800年至1828年在英国新拉那克工厂任经理。在任职期间，欧文完全放弃了那种物质引诱加纪律制裁的管理方式，即通常所说的"胡萝卜加大棒"的方式，而是力求建立一种人道的、关心员工的工厂制度，主张工厂主与员工的通力合作。在工厂里，欧文善待员工并给他们以培训，他全力改善工厂的工作条件，给员工提供了两居室一套的住房，并以成本价格提供生活必需品，员工受到较好的对待，即使做错了也不加惩罚，只是在员工操作的机器旁边挂一个小木块，上面涂有四种不同的颜色，由木块的不同颜色来显示员工的工作情况，靠启发员工的良知来维持工厂的高效率生产，以此使工厂获得很高的利润，员工大受感动，取得了他预想的结果。

巴贝奇（C. Babbage，1792—1871）是英国的数学家、发明家和科学管理的先驱者。巴贝奇于1832年出版了《论机器和制造业的节约》，制定了一种"观察制造业的方法"，观察者利用一种事先印好的标准提问表，表中的内容包括：生产所用的材料、正常的耗费、工具、价格、最终市场、员工工资、工作周期等。经过严密调查而获得数据，并用来管理企业。巴贝奇进一步发展了亚当·斯密关于劳动分工的思想，分析了分工能提高效率的原因，他认为分工节省了学习所需要的时间，节省了学习中所耗费的材料，节省了一道工序转变到另一道工序所耗费的时间，肌肉得到了锻炼就更不容易疲劳，节省了改变工具所耗费的时间，由于经常重复同一操作，技术熟练员工工作速度加快，促进了工具和机器的改进，从而提高了劳动生产率。巴贝奇还指出脑力劳动和体力劳动一样可以进行劳动分工。在劳资关系方面，巴贝奇在科学分析制造业的特点后，认为必须为争取员工的合作提供新的刺激，他努力寻求在管理人员和员工之间建立新的和谐关系，提出了一种固定工资和利润分享的制度，使每个员工的利益同工厂的发展和利润的多少直接挂钩，这样每个员工都会关心浪费和管理不善的问题，因此每个部门都有改进工作的物质动力。与此同时，巴贝奇还鼓励员工提高技术和品德，表现不好者减少分享的利润。由于员工和雇主的利益是一致的，能够消除隔阂共同繁荣。

美国的工业革命晚于英国半个世纪。独立战争后，美国建立了资产阶级共和制度，为工业革命创造了必要的政治前提，工业化问题很快提上议事日程。外国移民源源不断地涌进，为美国工业革命提供了大量的自由劳动力。由于极为有利的自然条件和经济社会条件，美国的工业革命进展得特别迅速，同时也出现了早期的科学管理思想。19世纪初，在美国工业革命初期，美国是英国机器出口的主要市场，但是美国在引进英国先进技术和设备时，加以创造性的改进，迅速研制出更为先进的机器，很快建立了自己的机器制造业。由于国家参与制造业的标准规范制定和技术管理，美国的产品不仅比其他国家的性能优越，而且最先采用和推广了机器零部件的标准化生产方法，使一些机器零件可以通用互换，从而降低了机器的生产成本，推动了美国机器制造业的迅速发展，管理思想和管理制度也随着制造业的发展而进一步成熟。

麦卡勒姆（D. C. McCallum，1815—1878）出生于苏格兰，1822 年来到美国，先后担任纽约伊利铁路公司分公司的监工和伊利公司总监。麦卡勒姆的管理经验主要体现在严密的管理制度和严密的组织细则的制定两个方面。麦卡勒姆认为制定管理制度的原则应当是：①适当地划分职责，实行明确的分工负责制；②授予充分的权力以便能够充分地执行责任；③要有能够了解是否切实承担起责任的手段；④快捷的报告制度，对于一切情况能够及时反馈，如果出现疏忽和偏差，能及时得到纠正；⑤通过每日的检查和报告来反映上述各种情况。这种制度的一个前提条件是不应给主要负责人增加麻烦，也不应该减少主要负责人对下属的影响力，而要使他不仅能及时发现情况，又能找出失职者。麦卡勒姆制定了十分严密的组织细则来贯彻这些原则：①把员工按其职务要求分为各个等级，并要求员工穿上表示其等级的制服；②为员工拟订了职务说明书，并规定员工必须按职务说明书工作，不得自行其是；③制定了一种表示各部门之间的分工和报告控制系统的组织图，这是最早的组织图，是一种树状结构图，树根代表董事会，树枝代表 5 个业务部门，以此来表示组织内部的相互关系。麦卡勒姆认为他制定的规章制度和组织措施体现了授权原则、责任制、报告控制系统。

普尔（H. Poor　1812—1905）的一生正值美国铁路事业从无到有并走向成熟的重要时代，他在 1849—1862 年间长期担任《美国铁路杂志》的主编。普尔是麦卡勒姆在伊利公司进行改革的最有力的支持者，麦卡勒姆的成果之所以取得巨大的影响也应归功于普尔和他的杂志。普尔认为，要建立一种管理体系来管理企业，这种体系不能依靠企业的创办人和资助者来管理，而是通过培养专业管理人员来进行。他从麦卡勒姆的成果中发现了建立健全的管理体系的三个原则：第一，组织原则，这是一切管理的基础，从总经理到普通员工都必须有细致的劳动分工，每个人都有具体的职责和责任，并直接对他的上司负责。第二，沟通交往原则，这是在组织中设计出的一种报告制度，使企业的最高管理层能不断地和准确地了解业务的进展情况。第三，信息原则，信息就是“沟通交往的记录”，普尔认为必须编制和保存一套有关成本、收入、定额测定等方面的系统资料，并对这些资料进行分析，以便改进业务。普尔注意到企业中人的因素，提出改变僵化的领导作风。普尔在英国和伊利铁路公司都观察到，员工对系统管理所要求的纪律的抵触情绪在加剧，他开始寻求一些更广泛的原则来消除“把人看成仅仅是机器”的危险，“如果把人看成是机器，那么只要支付工资就能使一个人具有做一名听话的仆人所需要的全部品德。但是，对任务不能总是做出硬性规定，最宝贵的东西常常是自觉自愿”。普尔提出要用集体精神来克服只强调严格管理的官僚化作风，要在不影响个人激励和尊严的情况下，从混乱中寻求秩序。他认为领导失败的原因有二：第一，不是根据能力和教育情况而是根据其他因素来挑选人才；第二，未能建立一个可以查明管理人员情况的系统。因此普尔呼吁要培养并广泛使用有能力妥善管理别人财产的职业管理人员。

汤（H. Towne，1844—1924）是美国的工程师和管理学家，也是一位杰出的企业家，是科学管理运动的重要先驱者之一。他于 1868 年与人合伙创办耶尔—汤制造公司，并担任总经理达 48 年。汤的主要贡献有：①强调管理的重要性，认为管理是一门独立的学科。当时美国的企业界不重视管理，否认管理是一门独立的学科，工程师一般局限于自己的专业领域，只用纯技术的观点来考察问题。1886 年，汤发表了《作为经济学家的工程师》一文，大声疾呼工程师们承认并努力来发展管理的科学。他认为“为了高效率地指挥一个企业，工厂管理与工程技术有着同样的重要性”。②支持并推广科学管理运动。汤从 1870 年开始就系统地应用高效率的管理方法，1884—1890 年，他先后担任过美国机械工程师学会的副会长和会长，他运用自己的影响力支持科学管理运动，促进了该学会成员对科学管理运动的兴趣和支持。③提出了一种激励员工的收益分享制度。在他之前也有人提出用利润分享的办法来缓和劳资矛盾，但他认为利润分享既不是一种公正的措施，也不是一种正确解决问题的方法。因为一个部门员工努力节省下来的利润，会被另一些部门员工的失误所抵消，使得整个企业的利润减少或没有利润。他在著名论文《利益分享》中提议，为每一个工作单元或部门确定生产成本和定额，然后根据他们自己的表现，把赢利返还给他们。汤的收益分享制度，实际上是对作为刺激生产的物质手段（工资问题）这个重要课题进行了开创性实验，其重要性不亚于泰罗的时间和动作研究及成本分析等课题。

梅特卡夫（H. Metcalfe，1847—1917）是从事军工企业管理的美国军官，他对工作要求严格，在管理上取得了较大的成就。1885 年，梅特卡夫出版了代表作《制造业的成本和公营及私营工厂的管理》，该书被人誉为管理科学领域中具有开创性的著作。他在接管了法兰克福兵工厂后，发现该厂采用的传统的组织和管理方法效率很低，并造成巨大浪费，于是在1881年实行了一套新的控制制度，即使用卡片把劳动控制、成本控制和工厂管理紧密地结合起来，加强车间内各个工种的协调和控制，取得了很好的效果。

哈尔西（F. A. Halsey，1856—1935）是美国的机械工程师，在工资和奖金制度上有重要的贡献。1891年，哈尔西在美国机械工程师学会上宣读了论文《劳动报酬的奖金方案》，提出了一种新的奖金方案：以员工目前的产量作为标准产量，以员工目前所花费的生产时间作为标准时间，员工如果提前完成了工作，则把所节省时间的收益按一定比率发给员工作为奖金，其余归雇主。哈尔西认为自己的方案简单易行，员工基本工资有了保证，消除了平均主义，促进了劳资双方的积极性，减少了劳资纠纷。哈尔西的奖金方案在英、美等国曾经广泛采用，被当时誉为工资报酬制度的一种创新，它同泰罗的计件工资制一起成为以后多种工资方案的参考模式。

史密斯（O. Smith，1840—1926）是美国的工程师和企业家，他是美国机械工程师学会最早的成员之一，并于1890年担任了该学会的第九任主席。史密斯与亨利·汤一起促使美国机械工程师学会的成员研究管理问题，对美国的管理思想和科学管理制度的发展起了重要的作用，泰罗认为他是科学管理运动的先驱者之一。史密斯在管理方面的主要贡献是提出了一套有关机械零件的术语和记忆符号的系统及其有关原则。1881年，史密斯出版了《机械零件术语》一书，提出了建立一个良好的符合系统的三条原则：第一，区别性——同一工厂中的各种机器的零件能相互区别；第二，记忆性——术语和符号应使人便于想起所表示的是机器中的哪一种零件；第三，简明性——术语和符号应简单明确。这三条原则对以后的所有术语系统都产生了较大影响。

第三节　古典管理理论

通过人类社会几千年管理实践经验的积累，工业革命带来了管理理论形成的重要机遇。在19世纪末期到20世纪20年代是管理理论最初形成阶段，西方国家如美国、法国、德国等国家分别活跃着具有奠基人地位的管理大师，出现了理论体系比较完整的管理理论，主要包括泰罗的科学管理理论、法约尔的一般管理理论和韦伯的行政组织理论。

一、泰罗的科学管理理论

泰罗（F. W. Taylor，1856—1915）出生于美国宾夕法尼亚州一个富裕的律师家庭，1878年到米德维尔钢铁工厂工作，从一名学徒工开始，先后被提拔为车间管理员、技师、小组长、工长、设计室主任和总工程师。泰罗在这家工厂的经历使他了解了员工们普遍怠工的原因，他认为缺乏有效的管理手段是妨碍生产率提高的主要因素，因此有必要探索科学的管理方法和理论。泰罗不断在工厂实地进行管理试验，系统地研究和分析员工的操作方法和动作所花费的时间，于1911年撰写了《科学管理原理》一书，提出了科学管理理论，被管理界誉为科学管理之父。

泰罗对科学管理作了定义，他认为“诸种要素——不是个别要素的结合，构成了科学管理”，“科学，不是单凭经验的方法。协调，不是不和别人合作，不是个人主义。最高的产量，取代有限的产量。发挥每个人最高的效率，实现最大的富裕。”泰罗认为，科学管理的根本目的就是谋求最高劳动生产率，工作效率的提高应当成为雇主和雇员达到共同富裕的一种共同的追求。要达到最高的工作效率，一方面要用科学化的、标准化的管理方法代替经验管理，通过科学制定劳动定额标准实现员工们智力与体力的最大程度发挥，另一方面要建立一种全新的报酬制度作为回报，以维持、提高员工们的积极性。

（一）科学管理的基本原理

泰罗提出的科学管理理论要点具体包括：

1. 工作定额原理

泰罗认为管理的中心问题是提高劳动生产率。为了改善工作表现，必须要改变过去那种以估计和经验为依据的方法，通过科学手段制定合理的劳动定额。为此，泰罗提出要设立一个专门制定定额的部门或机构，这个部门的主要任务是工作日写实、测时和动作研究，记录分析员工工作时动作的合理性，去掉多余的动作，改善必要动作，进行科学的测量和计算，规定出完成每一个单位操作的标准时间，制定出工作定额，他认为这样的工作定额应当以“第一流的员工在不损害其健康的情况下，维护较长年限的速度”为标准，“在这些实验中，我们并不想去探索一个人在一次短促突击或三两天中最多能干多少活，我们所研究的是在一个整劳动日里，一个头等员工工作的实际构成是什么；一个员工能年复一年地正常地完成一个劳动日的最佳工作量，下班后仍然精神旺盛。”这才是有科学依据的员工的“合理日工作量”。工作定额是与这些人在工作中使用的基本操作或动作的精确序列为依据的，将最快最好的动作和最佳工具组合在一起，成为一个序列。

2. **能力与工作相适应原理**

泰罗认为，管理者应当对员工进行科学的选择、培训和晋升，应当选择合适的员工安排在合适的岗位上，并培训员工使用标准的操作方法，使之在工作中逐步成长。

泰罗指出，健全的人事管理的基本原则是使员工的能力同工作相适应，管理当局的责任在于选择有工作意愿并且体力、脑力、经验和技能与工作相适应的员工，培训他们成为第一流的员工，同时还要激励他们尽最大的力量来工作，最大限度地挖掘最适宜于这项工作的人的最大潜力，才有可能达到最高效率。因此对任何一项工作必须要挑选出“第一流的员工”即头等员工，然后再对第一流的人利用作业原理和时间原理进行动作优化，以使其达到最高效率。

对于如何使员工成为第一流员工，泰罗不同意传统的由员工挑选工作，并根据各自的可能进行自我培训的方法，而是提出管理人员要主动承担这一责任，科学选择并不断地培训员工。泰罗指出，管理人员的责任是细致地研究每一个员工的性格、脾气和工作表现，找出他们的能力，更重要的是发现每一个员工向前发展的可能性，并且逐步系统地训练，帮助和指导每个员工，为他们提供上进的机会。这样才能使员工担任最高、最有兴趣、最有利、最适合他们能力的工作。这和科学地选择与培训员工并不是一次性的行动，而是每年要进行的长期性工作。

3. **标准化原理**

泰罗认为，科学管理是过去曾存在的多种要素的结合。员工提高劳动生产率的潜力是非常大的，要最大限度地挖掘这种潜力，就必须用科学知识代替个人经验，一个很重要的措施就是实行工具标准化、操作标准化、劳动动作标准化、劳动环境标准化等标准化管理，用文件形式固定下来，只有实现标准化，才能使员工在标准设备、标准条件下工作，才能对其工作成绩进行公正合理的衡量。

泰罗不仅提出了实行标准化的主张，而且也为标准化的制定进行了积极的试验。在搬运生铁的试验中，泰罗得出的结论是，一个适合做搬运工作的员工，在正常情况下，一天至少可搬 47.5 吨铁块；在铲具试验中，他得出的结论是，铁锹每次铲物在重 21 磅时，劳动效率最高；在长达 26 年的金属切削试验中，他得出了影响切割速度的 12 个变量以及反映它们之间相关关系的数学公式，为工作标准化、工具标准化和操作标准化的制定提供了科学的依据。

泰罗认为标准化对劳资双方都是有利的，实行标准化之后，不仅每个员工的产量将大大增加，工作质量大为提高，得到的工资更高，而且使员工建立一种用科学的工作方法，使公司获得更多的利润。

4. 差别计件工资制

泰罗认为提高并维持员工们的积极性的关键手段是实行具有激励性的计件工资报酬制度，对完成和超额完成工作定额的员工以较高的工资率计件支付工资，对完不成定额的员工，则按较低的工资率支付工资。

在提出差别计件工资制之前，泰罗详细研究了当时资本主义企业中所推行的工资制度，例如日工资制和一般计件工资制等，其中也包括对在他之前由美国管理学家亨利·汤提出的劳资双方收益共享制度和弗雷德里克·哈尔西提出的工资加超产奖金的制度。经过分析，泰罗认为，已有的工资制度所存在的共同缺陷，就是不能充分调动员工的积极性，不能满足效率最高的原则。

泰罗提出的差别计件工资制方案主要有两点：

（1）制定差别工资率

即按照员工是否完成定额而采用不同的工资率。如果员工能够保质保量地完成定额，就按高的工资率付酬，以资鼓励；如果员工的生产没有达到定额就将全部工作量按低的工资率付给，并给以警告，如不改进，就要被解雇。

（2）按照员工的业绩支付工资而不是根据职位和工种支付工资

也就是说，每个人的工资尽可能地按他的技能和工作所付出的劳动来计算，而不是按他的职位来计算。其目的是克服员工"磨洋工"现象，同时也是为了调动员工的积极性。要对每个人在准时上班、出勤率、诚实、快捷、技能及准确程度方面做出系统和细微的记录，然后根据这些记录不断调整他的工资。

5. 计划和执行相分离原理

泰罗认为应当建立专门计划层承担计划一类的工作，这类工作必须单独从一般的生产劳动中分离出来。

泰罗指出，"在老体制下，所有工作程序都由员工凭他个人或师傅的经验去干，工作效率由员工自己决定"，由于这与员工的熟练程度和个人的心态有关，即使员工能十分适应科学数据的使用，但要他同时在机器和写字台上工作，实际是不可能的。泰罗深信这不是最高效率，必须用科学的方法来改变。为此，泰罗主张，"由资方按科学规律去办事，要均分资方和员工之间的工作和职责"，把计划职能与执行职能分开，并在企业设立专门的计划机构。

泰罗在《工厂管理》一书中为专门设立的计划部门规定了17项主要负责的工作，包括生产管理、设备管理、库存管理、成本管理、安全管理、技术管理、劳动管理、营销管理等各个方面。具体说来，计划部门的主要任务是：

（1）进行调查研究并以此作为确定定额和操作方法的依据；

（2）制定有科学依据的定额和标准化的操作方法和工具；

（3）拟订计划并发布指令和命令；

（4）把标准和实际情况进行比较，以便进行有效的控制等工作。

员工或工头从事现场的执行职能，按照计划部门制定的操作方法的指示，使用规定的标准工具，从事实际操作，不能自作主张或自行其是。

泰罗的这种管理方法改变了凭经验工作的传统做法，而代之以科学的工作方法，即找出标准，制定标准，然后按标准办事，将分工理论进一步拓展到管理领域，使管理思想的发展向前迈出了一大步。所以，泰罗所谓计划职能与执行职能分开，实际是把管理职能与执行职能分开，所谓设置专门的计划部门，实际是设置专门的管理部门，所谓“均分资方和员工之间的工作和职责”，实际是说让资方承担管理职责，让员工承担执行职责。这也就进一步明确工厂资方与员工之间、管理者与被管理者之间的关系。

泰罗的科学管理基本原理提出来之后，又提出了实施科学管理的核心问题——精神革命。在生产效率低下的情况下，雇主和雇员双方通过对抗和斗争追求各自利益的最大化，双方总是处于一种对立状态。泰罗认为，没有劳资双方的密切合作，任何科学管理的制度和方法都难以实施，难以发挥作用。通过科学管理手段获得的工作效率提高，可使总的利润得到增加，在新的利益分配机制下，只要雇主和雇员关注于生产效率就都可以得到利益的增加，雇主可以通过事业的发展追求更高的利润，由此给雇员带来更加丰厚的工资，这样就将雇主和雇员的利益相互联系在一起，实现双方的友好合作，互相帮助也就代替了对抗和斗争。因此，科学管理的实质是一切企业或机构中的员工们的一次完全的思想革命，是员工们对工作责任、同事、雇主态度的一次完全的思想革命，同时也是管理方面的工长、厂长、雇主、董事会对他们的同事、员工和对所有的日常工作问题责任上的一次完全的思想革命。没有双方的这种全面的心理革命，科学管理就不能存在。

（二）对科学管理的评价分析

泰罗科学管理理论的意图是解决当时企业管理中普遍存在的低效率以及由此产生的劳资关系恶化问题，试图通过实施科学管理提高效率，进行劳资双方的精神革命，进而达到劳资双方互利而缓和阶级矛盾的目的。

泰罗自己从来不主张把他的思想称之为泰罗制，而是坚持用“科学管理”这一称呼。泰罗自己把科学管理称作是一场思想革命，这一思想革命最基本的东西就是用阶级合作取代阶级对抗。无论是用科学取代经验，还是用普遍原理取代个人风格，都是为了提高劳动生产率，而提高劳动生产率必须建立在阶级合作的基础上。在生产领域的劳资合作问题上，他继承并发展了巴贝奇的工业效率主义。在社会领域的劳资合作问题上，他继承并发展了欧文的工业人道主义。自从科学管理理论提出以后，其思想对企业界影响非常广泛，在美国、欧洲大受欢迎，甚至其主要思想在社会主义国家也得到推广实施，至今仍然发挥着巨大的作用。尽管泰罗科学管理理论的实施并没有达到泰罗预想的效果，“精神革命”也没有在企业中广泛出现，但总的来说，科学管理理论提倡的管理手段变革和思想变革带来的影响是良好的。

泰罗的科学管理论，其优点主要体现在：

科学管理理论坚持了竞争原则和以人为本原则。竞争原则体现为给每一个生产过程中的动作建立一个评价标准，并以此作为对员工奖惩的标准，使每个员工都必须达到一个标准并不断超越这个标准，而且超过越多越好。于是，随着标准的不断提高，员工的进取心就永不会停止，生产效率必然也跟着提高；以人为本原则体现为这个理论是适用于每个人的，它不是空泛的教条，是实实在在的，是以员工在实际工作中的较高水平为衡量标准的，因此既可使员工不断进取，又不会让他们认为标准太高或太低。以人为本是科学发展的一个趋势，呆板或愚昧最终会被淘汰。

科学管理理论是一种综合化的系统管理。它不仅仅是一种思想，一种观念，也是一种具体的操作规程，是对具体操作的指导。首先，科学管理以工作的每个元素的科学划分方法代替陈旧的经验管理工作法；其次，员工选拔、培训和开发的科学方法代替先前实行的那种自己选择工作和想怎样就怎样的训练做法；再次，与员工经常沟通以保证其所做的全部工作与科学管理原理相一致；最后，管理者与员工应有基本平等的工作和责任范围，管理者将担负起其恰当的责任，而不是如过去那样所有的工作和大部分责任都压在了员工身上。

泰罗的科学管理理论也有其一定的局限性，主要体现在以下两个方面：

（1）泰罗研究的范围偏向于微观生产作业管理，关注具体工作的效率问题，对于现代企业的经营管理、市场、营销、财务等都没有涉及，这无疑限制了泰罗科学管理理论的视野和高度。

（2）泰罗的科学管理理论认为，人仅仅是一种经济人，这种人性假设存在局限性。泰罗主张的科学管理原理认为员工最关心的是提高自己的收入，在刺激性工资体制的引导下科学合理的工作过程就可以理所当然的执行，因此科学管理原理越来越强调严格控制和服从，差别计件工资制被称为“血汗工资制”，带有阶级剥削的残酷性质。

尽管科学管理理论中有阶级合作的进步思想，但科学管理在实践上的阻力反映了其理论上的局限性，这些也正是需要泰罗之后的管理大师们创建新的管理理论来加以补充的地方。

泰罗的科学管理理论已经有了近百年历史，其对管理学理论和管理实践的影响是深远的，科学管理作为管理理论的起源，使人们开始真正认识到管理学是一门建立在明确的法规、条文和原则之上的科学，它适用于人类的各种活动，从最简单的个人行为到经过充分组织安排的大型组织的业务活动。直到今天，科学管理理论中的许多思想和做法至今仍被许多国家参照采用。

二、法约尔的一般管理理论

法约尔是欧洲杰出的经营管理思想家。法约尔在一个煤矿公司当了三十多年的总经理，创办过一个管理研究中心，于 1916 年撰写了《工业管理与一般管理》著作，标志着一般管理理论的形成，被称为一般管理理论之父。法约尔的主要贡献是归纳了企业经营的六大基本活动，提出了管理的五大基本职能，提出了一般管理的十四条原则。

（一）企业经营的基本活动

法约尔区别了经营和管理，他认为这是两个不同的概念，管理包括在经营之中。通过对企业全部活动的分析，法约尔将管理活动从经营职能中提炼处理，将企业的全部活动概括为以下 6 种职能：

（1）技术活动——指生产方面的系列活动，有生产、制造和加工 3 种具体活动；

（2）商业活动——指流通方面的系列活动，比如购买、销售、交换等；

（3）财务活动——指如何积累资本和利用资本，实现最少投入、最大产出；

（4）安全活动——指如何确保财产安全和企业员工的人身安全；

（5）会计活动——指清理财产、计算成本、编制资产负债表、统计各种经营数据等方面的活动；

（6）管理活动——指计划、组织、指挥、协调和控制等方面的活动。

不论企业大还是小、复杂还是简单，这 6 种活动总是存在的。这些职能并不是相互割裂的，它们之间实际上相互联系、相互配合，共同组成一个有机系统来完成企业生存与发展的目的。由于各个层次的员工是上述 6 种职能的具体执行者，各种职能都需要具有相关方面的才能，所以他们必须具备这些能力才能胜任上述职能。

（二）管理的基本职能

法约尔将管理活动从其他 5 种活动分离出来，明确指出组织活动中至关重要的职能，如总经营计划制定、资源组织、各方面的力量和行动的协调等，应属于管理。

1．计划职能

法约尔认为，计划就是探索未来、制定行动方案，他强调“管理应当预见未来”。如果说预见性不是管理的全部的话，至少也是其中一个基本的部分。

计划工作表现的场合有许多，并且有不同的方法。它的主要表现、明显标志和最有效的工具就是行动计划。行动计划既反映出了所要达到的结果，又指出了所遵循的行动路线、通过的阶段和所使用的手段。拟订行动计划的依据是：①企业的资源，如厂房、工具、原料、资本、人员、生产能力、销售渠道、公众关系等；②目前正在进行的工作的性质和重要性；③企业的未来发展趋势，它部分地取决于技术的、商业的、财政的及其他的条件。这些条件都在变化，所以计划是每个企业最重要、也是最困难的工作之一。它涉及所有的部门和所有的活动——特别是管理活动。在制定计划时，要考虑到下级管理人员以至一般员工的意见，这样才能使所有的资源不致被遗漏，从而有利于企业的发展。法约尔的这种想法事实上是以后盛行的“参与管理”思想的萌芽。

2．组织职能

法约尔指出好的计划需要有好的组织。组织是对企业计划执行的分工。组织一个企业就是建立企业的物质和社会的双重结构，为企业的经营提供所有必要的原料、设备、资本、人员。

组织大体可以分为物质组织和社会组织两大部分。在配备了必要的物质资源以后，人员或社会组织就应该能够完成它的 6 项基本职能，即进行企业所有的经营活动。

3．指挥职能

指挥就是使其人员发挥作用，是一种以某些员工品质和对管理一般原则的了解为基础的艺术。

法约尔要求指挥人员透彻了解自己的手下人员，明白对每个人可寄予什么期望，给予多大信任，淘汰没有工作能力的人，在员工面前维护企业的利益，在厂主面前维护员工的利益。法约尔指出，领导做出榜样是使员工对领导者的管理心悦诚服的最有效的方法之一，领导者不要在工作细节上耗费大量时间，不应因关心小事情而忽视了重大的事情。

4. 协调职能

协调就是连接、联合、调和所有的活动及力量，使企业的一切工作和谐地配合，以便于企业经营的顺利进行，并且有利于企业取得成功。协调的另一种功能就是使职能组织机构和物资设备机构之间保持一定的比例，这个比例是每个机构高效、保质保量完成任务的保证。

5. 控制职能

控制就是运用各种手段使一切都按已制定的规章和下达的命令进行。控制要证实一下是否各项工作都与已定计划相符合，是否与下达的指标及已定规则相符合。控制的目的在于指出工作中的缺点和错误，以便纠正并避免重犯。

对物、对人、对计划都可以进行控制。从管理的角度来看，应确保企业有计划并且确实执行，而且更要及时地加以修正。法约尔认为，由于控制作用于各种性质的工作和各级工作人员，所以控制有许多不同的方法，像管理的预测、组织指挥和协调一样，控制这一要素在执行时总是需要有持久的专心工作精神和较高的艺术。

（三）管理的一般原则

为了使管理者能很好地履行各种管理职能，法约尔提出了管理的 14 项一般原则。

1. 劳动分工原则

法约尔认为，劳动分工属于自然规律。劳动分工不只适用于技术工作，而且也适用于管理工作。应该通过分工来提高管理工作的效率。但是，法约尔又认为：“劳动分工有一定的限度，经验与尺度感告诉我们不应超越这些限度。”

2. 权力与责任原则

有权力的地方，就有责任。责任是权力的孪生物，是权力的当然结果和必要补充。这就是著名的权力与责任相符的原则。法约尔认为，要贯彻权力与责任相符的原则，就应该有有效地奖励和惩罚制度，即“应该鼓励有益的行动而制止与其相反行动”。实际上，这就是现在我们讲的权、责、利相结合的原则。

3．纪律原则

法约尔认为纪律应包括两个方面，即企业与下属人员之间的协定和人们对这个协定的态度及其对协定遵守的情况。法约尔认为纪律是一个企业兴旺发达的关键，没有纪律，任何一个企业都不能兴旺繁荣。他认为制定和维持纪律最有效的办法是：（1）各级好的领导；（2）尽可能明确而又公平的协定；（3）合理执行惩罚。因为“纪律是领导人造就的……无论哪个社会组织，其纪律状况都主要取决于其领导人的道德状况”。

4．统一指挥原则

统一指挥是一个重要的管理原则，按照这个原则的要求，一个下级人员只能接受一个上级的命令。如果两个领导人同时对同一个人或同一件事行使他们的权力，就会出现混乱。在任何情况下，都不会有适应双重指挥的社会组织。与统一指挥原则有关的还有下一个原则，即统一领导原则。

5．统一领导原则

统一领导原则是指：“对于力求达到同一目的的全部活动，只能有一个领导人和一项计划。……人类社会和动物界一样，一个身体有两个脑袋，就是个怪物，就难以生存。”统一领导原则讲的是，一个下级只能有一个直接上级。它与统一指挥原则不同，统一指挥原则讲的是，一个下级只能接受一个上级的指令。这两个原则之间既有区别又有联系。统一领导原则讲的是组织机构设置的问题，即在设置组织机构的时候，一个下级不能有两个直接上级。而统一指挥原则讲的是组织机构设置以后运转的问题，即当组织机构建立起来以后，在运转的过程中，一个下级不能同时接受两个上级的指令。

6．个人利益服从整体利益的原则

对于这个原则，法约尔认为这是一些人们都十分明白清楚的原则，但是，往往“无知、贪婪、自私、懒惰以及人类的一切冲动总是使人为了个人利益而忘掉整体利益”。为了能坚持这个原则，法约尔认为，成功的办法是：“（1）领导人的坚定性和好的榜样；（2）尽可能签订公平的协定；（3）认真的监督。”

7．人员的报酬原则

法约尔认为，人员报酬首先“取决于不受雇主的意愿和所属人员的才能影响的一些情况，如生活费用的高低、可雇人员的多少、业务的一般状况、企业的经济地位等，然后再看人员的才能，最后看采用的报酬方式”。人员的报酬首先要考虑的是维持员工的最低生活消费和企业的基本经营状况，这是确定人员报酬的一个基本出发点。在此基础上，再考虑根据员工的劳动贡献来决定采用适当的报酬方式。对于各种报酬方式，法约尔认为不管采用什么报酬方式，都应该能做到以下几点：（1）它能保证报酬公平；（2）它能奖励有益的努力和激发热情；（3）它不应导致超过合理限度的过多的报酬。

8．集中的原则

法约尔指的是组织的权力的集中与分散的问题。法约尔认为，集中或分散的问题是一个简单的尺度问题，问题在于找到适合于该企业的最适度。在小型企业，可以由上级领导者直接把命令传到下层人员，所以权力就相对比较集中；而在大型企业里，在高层领导者与基层人员之间，还有许多中间环节，因此，权力就比较分散。按照法约尔的观点，影响一个企业是集中还是分散的因素有两个：一个是领导者的权力；另一个是领导者对发挥下级人员的积极性态度。“如果领导人的才能、精力、智慧、经验、理解速度……允许他扩大活动范围，他则可以大大加强集中，把其助手作用降低为普通执行人的作用。相反，如果他愿意一方面保留全面领导的特权，一方面更多地采用协作者的经验、意见和建议，那么可以实行广泛的权力分散。……所有提高部下作用的重要性的做法就是分散，降低这种作用的重要性的做法则是集中。”

9．等级制度与跳板原则

等级制度就是从最高权力机构直到低层管理人员的领导系列。而贯彻等级制度原则就是要在组织中建立这样一个不中断的等级链，这个等级链说明了两个方面的问题：一是它表明了组织中各个环节之间的权力关系，通过这个等级链，组织中的成员就可以明确谁可以对谁下指令，谁应该对谁负责。二是这个等级链表明了组织中信息传递的路线，即在一个正式组织中，信息是按照组织的等级系列来传递的。贯彻等级制度原则，有利于组织加强统一指挥原则，保证组织内信息联系的畅通。

但是，一个组织如果严格地按照等级系列进行信息的沟通，则可能由于信息沟通的路线太长而使得信息联系的时间长，同时容易造成信息在传递的过程中失真。因此，法约尔提出了“跳板”原则。

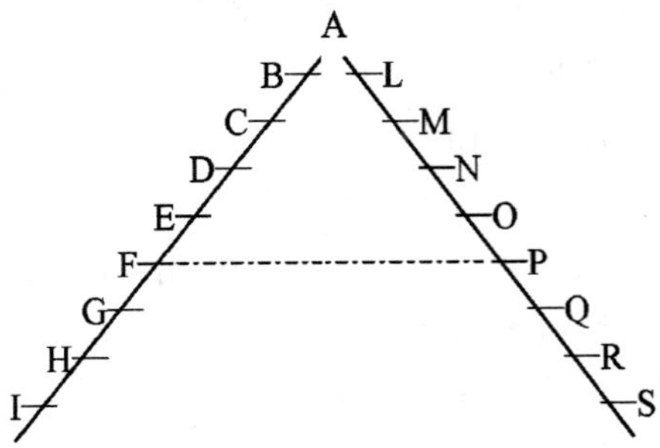

图 2－1　跳板原则的解释

法约尔用图 2－1 来解释跳板原则：在一个等级制度表现为 I－A－S 双梯形式的企业里，假设要使它的 F 部门与 P 部门发生联系，这就需要沿着等级路线攀登从 F 到 A 的阶梯，然后再从 A 下到 P。这之间，在每一级都要停下来。然后，再从 P 上升到 A，从A下降到F，回到原出发点。非常明显，如果通过F-P这一“跳板”，直接从F到P，问题就简单多了，速度也快多了。如果领导人E与O允许他们各自的下属F与P直接联系，等级制度就得到了捍卫；如果F与P立即向他们各自的领导人汇报他们所共同商定的事情，那么，整个情况都完全合乎规则。只要F与P双方意见一致，而且他们的活动都得到了他们直接领导人的同意，这种直接关系就可以继续下去，而他们的协作一旦中止，或他们的直接领导人不再同意了，这种直接关系就中断，而等级路线又恢复了原样。

法约尔认为，“跳板”原则简单、迅速，而且可靠，它减少了信息失真和时间延误，既维护了统一指挥原则，又大大地提高了组织的工作效率。但是，必须事先请示，事后汇报。在实际工作当中，违反“跳板”原则的现象屡见不鲜，而怕负责任是这种现象的主要原因，换句话说，领导人管理能力不够是违反“跳板”原则的主要原因。

10. 秩序原则

法约尔所指的秩序原则包括物品的秩序原则和人的社会秩序原则。对于物品的秩序原则，他认为，每一件物品都有一个最适合它存放的地方，坚持物品的秩序原则就是要使每一件物品都在它应该放的地方。贯彻物品的秩序原则就是要使每件物品都在它应该放的位置上。

对于人的社会秩序原则，他认为，每个人都有他的长处和短处，贯彻社会秩序原则就是要确定最适合每个人的能力发挥的工作岗位，然后使每个人都在最能使自己的能力得到发挥的岗位上工作。为了能贯彻社会的秩序原则，法约尔认为首先要对企业的社会需要与资源有确切的了解，并保持两者之间经常的平衡；同时，要注意消除任人唯亲、偏爱徇私、野心奢望和无知等弊病。

11. 公平原则

法约尔把公平与公道区分开来。他说：“公道是实现已订立的协定。但这些协定不能什么都预测到，要经常地说明它，补充其不足之处。为了鼓励其所属人员能全心全意和无限忠诚地执行他的职责，应该以善意来对待他。公平就是由善意与公道产生的。”也就是说，贯彻公道原则就是要按已定的协定办。但是在未来的执行过程中可能会因为各种因素的变化使得原来制定的“公道”的协定变成“不公道”的协定，这样一来，即使严格地贯彻“公道”原则，也会使员工的努力得不到公平的体现，从而不能充分地调动员工的劳动积极性。因此，在管理中要贯彻“公平”原则。所谓“公平”原则就是“公道”原则加上善意地对待员工。也就是说在贯彻“公道”原则的基础上，还要根据实际情况对员工的劳动表现进行“善意”的评价。当然，在贯彻“公平”

原则时，还要求管理者不能忽视任何原则，忘掉总体利益。

12. 人员的稳定原则

法约尔认为，一个人要适应他的新职位，并做到能很好地完成他的工作，这需要时间。要使一个人的能力得到充分的发挥，就要使他在一个工作岗位上相对稳定地工作一段时间，使他能有一段时间来熟悉自己的工作，了解自己的工作环境，并取得别人对自己的信任。但是人员的稳定是相对的而不是绝对的，年老、疾病、退休、死亡等都会造成企业中人员的流动。对于企业来说，就要掌握人员的稳定和流动的合适的度，以利于企业中成员能力得到充分的发挥。“像其他所有的原则一样，稳定的原则也是一个尺度问题”。

13. 首创精神

法约尔认为，想出一个计划并保证其成功是一个聪明人最大的快乐之一，这也是人类活动最有力的刺激物之一，这种发明与执行的可能性就是人们所说的首创精神，建议与执行的自主性也都属于首创精神。法约尔认为，人的自我实现需求的满足是激励人们的工作热情和工作积极性的最有力的刺激因素，对于领导者来说，需要极有分寸地，并要有某种勇气来激发和支持大家的首创精神。

当然，纪律原则、统一指挥原则和统一领导原则等的贯彻，会使得组织中人们的首创精神的发挥受到限制。

14. 人员的团结原则

人们往往由于管理能力的不足，或者由于自私自利，或者由于追求个人的利益等而忘记了组织的团结。为了加强组织的团结，法约尔特别提出在组织中要禁止滥用书面联系。他认为在处理一个业务问题时，用当面口述要比书面快，并且简单得多。另外，一些冲突、误会可以在交谈中得到解决。

（四）对一般管理理论的评价分析

法约尔的一般管理理论以组织整体作为研究对象，认为管理理论是指有关管理的、得到普遍承认的理论，是经过普遍经验并得到论证的一套有关原则、标准、方法、程序等内容的完整体系，有关管理的理论和方法不仅适用于公私企业，也适用于军政机关和社会团体。

法约尔的一般管理理论中提出的企业职能、管理职能至今认为是对企业活动的科学归纳，他提出的管理原则经过多年的实践也证明是正确的，给管理人员带来了巨大的帮助，也得到了管理学界的普遍接受。一般管理理论的主要不足之处是管理原则缺乏弹性，以至于在实际管理过程中无法遵守。

法约尔的一般管理理论对管理学的发展产生了巨大的影响，后来成为管理过程学派的理论基础。因此，继泰罗的科学管理理论之后，一般管理理论被誉为管理学史上的第二座丰碑。

三、韦伯的行政组织理论

韦伯（M. Weber，1864—1920）出生在德国爱尔福特的一个中产阶级家庭，是德国著名社会学家和哲学家。韦伯 1882 年进入海德堡大学攻读经济学和法律，之后又就读于柏林大学。韦伯还曾入军队服役，1888 年参与波森的军事演习，因而对德国的军事生活和组织制度有相当的了解，这对他今后建立组织理论有相当的影响。韦伯不仅考察了组织的行政管理，而且广泛地分析了社会、经济和政治结构，深入地研究了工业化对组织结构的影响。

韦伯的思想体现在其著作《社会和经济理论》之中，他提出了理想的行政组织体系理论，主张建立一种正式的、高度结构化的、非人格化的理想的行政组织体系，通过职务或职位来管理组织的所有活动。他认为这种行政组织体系是对个人进行强制控制的最合理手段，是达到目标、提高劳动生产率的最有效形式，在精确性、稳定性、纪律性和可靠性方面优于其他组织。他的理论是对泰罗和法约尔理论的一种补充，对后世的管理学家，尤其是组织理论学家有重大影响，因而在管理思想发展史上被人们称之为“组织理论之父”。

（一）权力的分类

韦伯指出，任何一种组织都必须以某种形式的权力为基础，只有权力才可以消除组织的混乱，使得组织的运行有秩序地进行，才能实现其目标。

韦伯把权力划分为三种类型。第一种是理性的、法定的权力，也称为合法权力，指的是依法任命、并赋予行政命令的权力，组织内部的服从是对职务或职位的服从，依赖于依法建立的一套等级制度，其依据是对标准规则的“合法性”的信念，或对那些按照标准规则被提升到有权指挥的人所具有的权力的信念。第二种是传统的权力，它是古老的、传统的、不可侵犯的权利，以这种权力的执行者的地位的正统性为依据。第三种是超凡的权力，是建立在对个人的崇拜和迷信的基础上的，其依据是对个别人的超凡的神圣、英雄主义或模范品质的崇拜。

韦伯认为，这三种纯粹形态的权力中，传统的权力的效率较差，因为其领导人不是按能力来挑选的，仅是单纯为了保存过去的传统而行事。超凡的权力感情色彩过于浓厚并且是非理性的，不是依据规章制度而是依据神秘或神圣的启示。所以传统的权力和超凡的权力都不宜作为行政组织体系的基础，只有理性和法律的权力才能作为行政组织的基础。因为理性的合法权力具有明确的职权领域、执行等级系列，可避免职权的滥用和权力行使的多样性，能保证经营管理的连续性和合理性，能按照才干来选拔人才，并按照法定的程序来行使权力，因而是保证组织健康发展的最好的权力形式。

（二）理想的行政组织体系

行政组织体系又被称为官僚政治或官僚主义，并不带有贬义。韦伯的原意是通过职务或职位而不是通过个人或世袭地位来管理的组织体系。要使行政组织发挥作用，管理应以知识为依据进行控制，管理者应有胜任工作的能力，应该依据客观事实而不是凭主观意志来领导。

韦伯的理想行政组织结构可分为三层，其中最高领导层相当于组织的高级管理阶层，行政官员相当于中级管理阶层，一般工作人员相当于基层管理阶层。无论采用何种组织结构，都具有这三层基本的原始框架。

在实际生活中，可能出现各种组织形态的结合或混合，但为了进行理论分析，需要描绘出一种理想的形态。所以，韦伯提出的理想行政组织体系中，“理想”并不是指最合乎需要，而是指组织的“纯粹”形态。理想行政组织体系具有如下特征：

1．确定的目标

组织是根据明文规定的规章制度组成的，并具有确定的目标，人员的一切活动，都必须遵守一定的程序，其目的是为了实现组织的目标。

2．明确的分工

组织为了达到目标，把实现目标的全部活动进行划分，然后落实到组织中的每一个成员。在组织中的每一个职位都有明文规定的权利和义务，这种权利和义务是合法化的。在组织工作的每个环节上，都是由专家来负责的。

3．完整的等级制度与指挥链

组织内部井然有序，具有完整的权责相互对应关系，各种职务和职位按等级制度的体系来进行划分，每一级的人员都必须接受其上级的控制和监督，下级服从上级。组织成员必须为自己的行动负责，作为上级来说必须对自己的下级拥有权力，发出下级必须服从的命令。

4．服从授予明确职位的人的权威

在人员关系上，成员之间是一种指挥和服从的关系，这种关系不是由个人决定，而是由职位所赋予的权力所决定的，个人之间的关系不能影响到工作关系。

5. 按职位的需要选拔人才

承担每一个职位的人都是经过挑选的，也就是说必须经过考试和培训，接受一定的教育获得一定的资格，由需要的职位来确定需要什么样的人来承担。人员必须是称职的，同时也是不能随便免职的。

6. 实行委任制

该人员实行委任制，所有的管理人员都是委任的，而不是选举的（有一些特殊的职位必须通过选举的除外）。

7. 管理权与所有权分离

管理人员管理企业或其他组织，但他们不是这些企业或组织的所有者。

8. 一套完整的薪金制度和升迁制度

管理人员有固定的薪金作为报酬，绝大多数有权享受养老金，工资等级基本上是按等级系列中的级别来确定的。管理人员有明文规定的升迁制度，有严格的考核制度，升迁是完全由他的上级来决定的，以防止破坏上下级的指挥系统。

9. 执行法规和纪律不受感情的支配

管理人员行使职务时受到严格而系统的纪律的约束和控制，不受个人感情的影响，适用于一切情况。组织对每个成员的职权和协作范围都有明文规定，使其能正确地行使职权，从而减少内部的冲突和矛盾。

（三）对行政组织理论的评价分析

韦伯提出的理想行政组织是一种以技能和效率为基础的高度结构化的组织体系，能使组织内人们的行为理性化、具有一致性和可预测性。从纯技术的角度看，理想行政组织强调知识化、专业化、制度化、标准化、正式化和权力集中化，能给组织带来高的效率。今天各种各样的组织，不管是工厂、学校、机关、医院或是军队，都或多或少地具有理想行政组织的某些特征。但理想行政组织理论也存在一些不足，主要有以下几个方面：

1. 诸多假设的有效性问题

比如说，理想行政组织理论强调建立等级系统，认为它有助于促进纪律和加强统一指挥原则，而且是以技术为根据来选择候选人的，这就隐含着这样一个假设前提：当上级与下级之间出现不协调时，上级的判断必然比下级的判断正确。这个假设显然不完全符合客观事实，因为上级并不是总是比下级正确。

又比如说理想行政组织理论强调人际关系的非人格化，决策者决策时考虑的只能是规章和程序、合理性和效率，这也隐含着的一个假设前提：组织中只存在正式组织的框架，否认人的感情等非正式组织方面的因素对管理者决策的影响，显然这个假设前提也是不能完全成立的。

2. 过分地强调执行规章制度，抑制组织成员的创造力和革新精神

任何一个组织都要有一定的规章制度来规范组织和组织成员的行为。但是，过分强调规章制度也会使得组织成员在遵守规章制度的借口下不做与现实不相关问题的决策、不过早地做决策、不做其他人会做的决策。对于管理者来说，只要按章办事就不会犯错误，至于如何才能提高组织的效率，则不是他们所要考虑的事情。因此组织中的管理者就形成了这样的行为规范：稳定和坚持原则对个人成功是至为重要的，宁可把冒险的决策推给别人也不愿意自己冒可能犯错误的风险，否定一个建议比肯定一个建议更安全，慢慢研究比马上决定更为稳妥。其结果，就形成了效率低下的“官僚主义”和“官僚作风”，使组织缺乏创造和革新的动力。

第四节　行为科学理论

20 世纪 20 年代末到 30 年代初，尽管古典管理理论在西方国家得到了广泛的接受和推广，对提高管理效率起到了积极的作用，但是，企业和社会问题并没有因此而得到解决，泰罗等管理学家们所期望看到的“精神革命”并没有如期出现，这使得管理学者们重新开始探索造成组织效率下降的其他影响因素。最先对古典管理理论提出挑战的是以心理学家为主的专家，他们重视研究人的心理、行为等对实现组织目标的影响作用，取得了很多著名的理论成果，并使管理理论逐步从古典管理理论阶段发展到行为科学管理理论阶段。

一、霍桑试验和梅奥的人际关系学说

梅奥（G. E. Mayo，1880—1949）出生在澳大利亚的阿得雷德，20 岁时在澳大利亚阿福雷德大学取得逻辑学和哲学硕士学位，应聘至昆士兰大学讲授逻辑学、伦理学和哲学。后赴苏格兰爱丁堡研究精神病理学，对精神上的不正常现象进行分析，从而成为澳大利亚心理疗法的创始人。1922 年在洛克菲勒基金会的资助下，梅奥移居美国，在宾夕法尼亚大学沃顿管理学院任教。其间，

梅奥曾从心理学角度解释企业员工的行为，认为影响因素是多重的，没有一个单独的要素能够起决定性作用，这成为他后来将组织归纳为社会系统的理论基础。1923 年，梅奥在费城附近一家纺织厂就车间工作条件对员工的流动率、生产率的影响进行实验研究。1926 年，梅奥进入哈佛大学工商管理学院专事工业研究，以后一直在哈佛大学工作直到退休。

梅奥最重要的贡献是主持了霍桑实验，并在其专著《工业文明中的人的问题》中阐述了霍桑实验的结果，为解决当时资本主义的社会问题提供了一条较好的思路，标志着人际关系学说的建立。

（一）霍桑实验

霍桑实验是一项以科学管理的逻辑为基础的实验。从 1924 年开始到 1932 年结束，在将近 8 年的时间内，前后共进行过两个回合：第一个回合是从 1924 年 11 月至 1927 年 5 月，是在美国国家科学委员会赞助下进行的；第二个回合是从 1927 年至 1932 年，由梅奥主持进行。整个实验前后经过了四个阶段。

1. 工作条件实验——照明实验

照明实验的目的是为了研究工作条件对生产效率的影响，前后共进行了两年半的时间。这项实验有两个实验小组，一个小组的车间照明不变，另一个小组的车间照明做各种变化。结果两个小组的生产量都持续上升，看不出什么差异。究其原因发现，照明度仅仅是影响产量的因素之一，还有其他许多因素对实验结果产生了影响，因素过多难以定量测量照明对产量产生的影响。然而照明实验的结果令人感到困惑，两个小组产量持续上升的现象得到了研究人员的注意，认为是参与实验的人员对实验本身产生的兴趣使他们士气得到了很大提高，因而情绪高涨导致生产积极性提高。

2. 福利实验——继电器装配实验

1927 年梅奥接受了邀请，并组织了一批哈佛大学的教授成立了一个新的研究小组，开始了霍桑的第二阶段的“福利实验”。“福利实验”的目的是为了能够找到更有效地控制影响员工积极性的因素，包括工作条件、工作方法、作息时间、工资制度等等。梅奥他们对实验结果进行归纳，排除了四种假设：①在实验中改进物质条件和工作方法，可导致产量增加；②安排工间休息和缩短工作日，可以解除或减轻疲劳；③工间休息可减少工作的单调性；④个人计件工资能促进产量的增加。

通过逐一排除各种影响因素，最后的实验结果表明，改变监督与控制的方法能改善人际关系，能改进员工的工作态度，促进产量的提高。

3. 访谈实验——大规模的访谈计划

既然实验表明管理方式与员工的士气和劳动生产率有密切的关系，那么就应该了解员工对现有的管理方式有什么意见，为改进管理方式提供依据。于是梅奥等人制定了一个征询员工意见的访谈计划，在 1928 年 9 月到 1930 年 5 月不到两年的时间内，研究人员对工厂中两万名左右的员工进行了访谈。

在访谈计划的执行过程中，研究人员对员工在交谈中的怨言进行分析，发现引起他们不满的事实与他们所埋怨的事实并不是一回事，员工在表述自己的不满与隐藏在心理深层的不满情绪并不一致。比如，有位员工表现出对计件工资率过低不满意，但深入地了解以后发现，这位员工是在为支付妻子的医药费而担心。

访谈试验的结果表明，员工由于关心自己个人问题而会影响到工作的效率，员工的工作绩效、职位以及在组织中的地位不仅取决于自身，还取决于与其一起工作的群体成员，因此，管理人员应该了解员工内心的真实想法。为此，需要对管理人员，特别是要对基层的管理人员进行训练，使他们成为能够倾听并理解员工的访谈者，能够重视人的因素，在与员工相处时更为热情、更为关心他们，这样能够促进人际关系的改善和士气的提高。

4. 群体实验——继电器绕线组的工作室实验

以上三个阶段的实验使研究人员似乎感觉到在员工当中存在着一种非正式的组织，而且这种非正式的组织对员工的态度有着极其重要的影响。

在员工的群体实验中，实验者为了系统地观察在实验群体中员工之间的相互影响，在车间中挑选了 14 名男员工，其中有 9 名是绕线工，3 名是焊接工，2 名是检验工，让他们在一个单独的房间内工作。

实验开始时，研究人员向员工说明，他们可以尽力地工作，因为在这里实行的是计件工资制。研究人员原以为，实行了这一套办法会使得员工更为努力地工作，然而结果却是出乎意料的。事实上，员工实际完成的产量只是保持在中等水平上，而且每个员工的日产量都是差不多的。根据动作和时间分析，每个员工应该完成标准的定额为 7312 个焊接点，但是每天只完成了 6000 ~ 6600 个焊接点就不干了，即使离下班还有较为宽裕的时间，他们也自行停工不干了。这是什么原因呢？研究者通过观察，了解到员工们自动限制产量的理由是：如果他们过分努力地工作，就可能造成其他同伴的失业，或者公司会制定出更高的生产定额来。

研究者为了了解他们之间能力的差别，还对实验组的每个人进行了灵敏度和智力测验，发现 3 名生产最慢的绕线工在灵敏度的测验中得分是最高的。其中 1 名最慢的员工在智力测验上是排行第一，灵敏度测验排行第三。测验的结果和实际产量之间的这种关系使研究者联想到群体对这些员工的重要性。1 名员工可以因为提高他的产量而得到小组工资总额中较大的份额，而且减少失业的可能性，然而这些物质上的报酬却会带来群体非难的惩罚，因此每天只要完成群体认可的工作量就可以相安无事了。即使在一些小的事情上也能发现员工之间有着不同的派别。绕线工就一个窗户的开关问题常常发生争论，久而久之，就可以看出他们之间不同的派别了。

群体实验的结果表明，在正式组织中一起工作的人员会自然形成一些非正式组织（群体），这种非正式组织对内控制其成员的行为，对外则保护其成员免受来自管理阶层的干预。这种非正式的组织一般都存在着自然形成的领袖人物。非正式组织形成的原因，并不完全取决于经济的发展，主要是与更大的社会组织相联系。

（二）人际关系学说的建立

通过霍桑实验，人们终于发现组织成员作为组织中一分子具有的社会性会对组织的运行效率产生影响，这些影响存在一些内部规律。1933 年，梅奥正式发表《工业文明中的人的问题》，阐述霍桑实验的结果，标志着人际关系学说的建立。

霍桑实验的研究结果否定了传统管理理论对于人的假设，表明了员工不是被动、孤立的个体，他们的行为不仅仅受工资的刺激，影响生产效率的最重要因素不是待遇和工作条件，而是工作中的人际关系。据此，梅奥提出了自己的观点：

1. 人是“社会人”而不是“经济人”

梅奥认为，人们的行为并不单纯出自追求金钱的动机，还有社会方面的、心理方面的需要，即追求人与人之间的友情、安全感、归属感和受人尊敬等，而后者更为重要。因此，重要的是人与人之间的合作，而不是人们在无组织的人群中互相竞争。个人主要是为保护自己在集团中的地位而不是为自我的利益而行动，个体的观点和个性都会影响个人对上级命令的反应和工作的表现，因此，不应将个人视作无差别的机器或机器的一部分。人的思想和行动更多的是由感情而不是由逻辑来引导的，不能单纯从技术和物质条件着眼，而必须首先从社会心理方面考虑合理的组织与管理。

2. 组织中存在着非正式组织

组织中除了存在着为了实现企业目标而明确规定各成员相互关系和职责范

围的正式组织之外，还存在着非正式组织。这种非正式组织的作用在于维护其成员的共同利益，使之免受其内部个别成员的疏忽或外部人员的干涉所造成的损失。为此非正式组织中有自己的核心人物和领袖，有大家共同遵循的观念、价值标准、行为准则和道德规范等。

非正式群体是组织成员在共同工作的过程中，由于抱有共同的社会感情而形成的非正式团体。譬如在一家企业里，在同一车间的同事之间，或者在兴趣相同的人们之间，或者因职务关系接触较多的人们之间，有各种各样的来往，从而会形成各种各样的群体，这是很自然的事。这些人的往来，不是按照正常的隶属关系进行的，这是非正式组织的重要特征。

梅奥认为任何一个组织里，在正式的法定关系掩盖下都存在着大量非正式组织构成的更为复杂的社会关系体系。非正式组织对于生产效率，工作满意度都具有强大的影响。无论正式的还是非正式的组织系统，对于一个团体的活动都是不可或缺的。

梅奥指出，非正式组织与正式组织有重大差别，在正式组织中，以效率逻辑为其行为规范，而在非正式组织中，则以感情逻辑为其行为规范，如果管理人员只是根据效率逻辑来管理，而忽略员工的感情逻辑，必然会引起冲突，影响企业生产率的提高和目标的实现。因此，管理当局必须重视非正式组织的作用，注意在正式组织效率逻辑与非正式组织的感情逻辑之间保持平衡，以便管理人员与员工之间能够充分协作。

梅奥根据霍桑实验的材料指出，非正式组织的存在尽管带来种种弊端，但也可以为雇员和组织带来许多好处。首先，非正式组织构成一个有效能的总体组织系统，官方正式的计划与对策缺乏灵活性，在瞬息万变的情况下不可能随机制宜地解决纷至沓来的具体问题，恰恰是这些可以灵活应变的非正式组织能够满足这些需要。其次，非正式组织对管理人员的支持和配合很可能导致更融洽的协调配合和更高的生产效率，有助于工作任务的圆满完成，可以导致管理者放手委托并实行分权，因而可以减轻管理工作的负担。第三，非正式组织还具有一种为管理人员拾遗补缺、取长补短的作用。如果管理者不擅长制定计划，就会有人以非正式的方式在计划工作中帮助他，从而即使在这方面有弱点的管理人员也能制定出详实的计划。

对于管理者来说，怎样正确对待非正式组织呢？首先，要正视和重视非正式组织的存在。非正式组织的存在是一种客观现象，又是一种普遍现象，管理当局对于正式组织中存在的各种非正式组织，只能重视和正视它的存在，而不能忽视和否认它的存在。其次，应对非正式组织及其成员的行为加以正确的引导，使之有利于正式组织目标的实现。如果管理人员懂得了工作中的社会力量，他在设计自己的正式组织及在进行计划、领导和控制的过程中就能做得更为巧妙些。第三，应当在工作中考虑非正式组织的社会作用，修正正式组织的结构，或者在实际工作中考虑组织内部的群体社会行为，恰如其分地选择和配备任务小组，或者当他在考虑变革已分配好的职责时，关注新的社会关系中的各种阻力和推动力。

3. 新的领导能力在于提高员工的满意度

在决定劳动生产率的诸因素中，置于首位的因素是员工的满意度，而生产条件、工资报酬只是第二位的。员工的满意度越高，其士气就越高，从而产生的效率就越高。高的满意度来源于员工个人需求的有效满足，不仅包括物质需求，还包括精神需求。

（三）对人际关系学说的评价分析

梅奥所建立的人际关系学说，提出了与当时流行的泰罗科学管理思想不同的一些新观点，完全地改变了管理理论发展的进程。科学管理认为生产效率主要取决于作业方法、工作条件和工资制度。因此，只要采用恰当的工资制度、改善工作条件、制定科学的作业方法，就可以提高员工的劳动生产率。人际关系学说的观点正好与泰罗的“科学管理理论”对人的本性的基本认识相反，认为生产效率的高低主要取决于员工士气，而员工士气则取决于他们感受到各种需要的满足程度。在这些需要中，金钱与物质方面的需要只占很少的一部分，更多的是获取友谊、得到尊重或保证安全等方面的社会需要。所以，新型的管理人员应该认真地分析员工的需要，才能采取相应的措施适时、充分地激励员工，达到提高劳动生产率的目的。

随着时间的推移，霍桑实验及其结论的影响也逐步扩大。一些大学也开始设立相应的课程，人际关系学说及其观点逐步地进入了企业。1949 年该学科被定名为行为科学以后，福特基金会成立了科学部，次年建立行为科学高级研究中心，并在 1953 年拨款委托哈佛大学、斯坦福大学等高等学府从事行为科学的研究。然后，洛克菲勒基金会、卡耐基基金会也相继拨款支持行为科学的研究。1956 年美国出版了第一期《行为科学》杂志。许多的管理学家、社会学家和心理学家从行为的特点、行为和环境、行为的过程以及行为的原因等多种角度开展了对人的行为的研究，形成了一系列的理论，使行为科学成为现代西方管理理论的一个重要流派。理论的研究和发展反过来促进了管理人员重视人的因素，强调人力资源的开发，注意改善企业的人际关系，注意使组织的需要和成员的需要协调一致。

二、行为科学管理理论的兴起

霍桑实验以及梅奥对霍桑实验结果的分析，对西方管理理论的发展产生了重大而久远的影响，使西方管理思想在经历过早期管理思想和古典管理理论阶段之后，进入到行为科学管理理论阶段。行为科学管理理论时期具有代表性的、到今天依然非常著名的理论成果包括：

1. 马斯洛（A. H. Maslow）的需求层次理论

需求层次理论认为，人的需求分为生理的需求、安定或安全的需求、社交和爱情的需求、自尊与受人尊重的需求以及自我实现的需求等五个层次，当某一层次的需求满足之后，该需求就不再具有激励作用。在任何时候，主管人员都必须随机制宜地对待人们的各种需求。

2. 赫茨伯格（F. Herzberg）的双因素理论

双因素理论把影响人员行为绩效的因素分为保健因素与激励因素，前者指得到后则没有不满，得不到则产生不满的因素；后者指得到后则感到满意，得不到则没有不满的因素。主管人员必须抓住能促使员工满意的因素。

3. 麦克利兰（D. C. Macleland）的激励需求理论

激励需求理论指出，任何一个组织及每个人都代表了实现某种目标而集合在一起的工作群体，不同层次的人具有不同的需求，因此，主管人员要根据不同人的不同需求来激励，尤其应设法提高人们的成就需要。

4. 麦格雷戈（D. McGregor）的 X－Y 理论

X－Y 理论是专门研究企业中人的特性问题的理论。X 理论是对经济人假设的概括，而 Y 理论是根据社会人、自我实现人的假设，并归纳了马斯洛与其他类似观点后提出的，是行为科学理论中较有代表性的观点。随着对人的假设发展至复杂人，又有人提出了超 Y 理论。

5. 弗罗姆（V. Vroom）的期望理论

期望理论认为：人们从事各项活动能够得到的满足，与自己能否胜任这项工作和对这项工作的评价有极大的关系。人们工作的积极性或者努力的程度是目标效价与期望值的积，当行为者对某项活动及其结果的效用评价很高，而且估计自己获得这种效用的可能性很大，则积极性也会相应很高。

这些理论将在以后的章节详细介绍。

第五节　管理理论丛林

20 世纪 40 年代到 60 年代，美国以及西方资本主义国家的经济水平得到了大幅度的提高，对管理理论研究提出了更多的课题，也极大地促进了管理理论的发展。最早的一批著作都是由一些富有实际经验的管理人员总结出来的。到了 20 世纪 60 年代初期，各类科学家对管理理论的兴趣有了极大的增长，管理理论的学术论著如雨后春笋般出现，出现了百花争艳的时期，由于研究条件、掌握材料、观察角度及研究方法的不同，必然产生并形成不同的管理思路，带来了众说纷纭、莫衷一是的乱局。

孔茨在 1961 年 12 月发表的《管理理论的丛林》一文中把对管理理论的研究划分为六个主要学派：管理过程学派，以法约尔为代表；经验学派，以德鲁克为代表；人类行为学派，以梅奥为代表；社会系统学派，以巴纳德（C. Barnard）为代表；决策理论学派，以西蒙为代表；数理学派，以泰罗为代表。到 1980 年，孔茨又在《管理学会评论》上发表《再论管理理论的丛林》一文，指出经过近二十年的时间之后，管理学派已不止 6 个学派所能概括，故又在原有 6 大学派的基础上增至 11 个学派，分别是：管理过程学派、人际关系学派、群体行为学派、经验（或案例）学派、社会协作系统学派、社会技术系统学派、系统学派、决策理论学派、数理学派（管理科学学派）、权变理论学派、经理角色学派。孔茨认为，尽管各个学派的发展对管理理论的发展起到了很大的促进作用，但是如果人们不将管理的二重属性分开认识，那么管理学永远也无法从“丛林状态”变成一棵有根有干的参天大树。

一、各个管理学派的观点

1. 管理过程学派

管理过程学派把管理看作是在组织中通过别人或同别人一起完成工作的过程。应该分析这一过程，从理论上加以概括，确定一些基础性的原理，并由此形成一种管理理论。有了管理理论，就可以通过研究，通过对原理的实验，通过传授管理过程中包含的基本原则，改进管理的实践。管理过程学派的创始人是法约尔。这个学派把它的管理理论建立在以下 7 条基本信念的基础上：

（1）管理是一个过程，可以通过分析管理人员的职能，从理性上很好地加以剖析。

（2）可以从管理经验中总结出一些基本道理或规律，这些就是管理原理，它们对认识和改进管理工作能起一种说明和启示的作用。

（3）可以围绕这些基本原理开展有益的研究，以确定其实际效用，增大其在实际中的作用和适用范围。

（4）这些原理只要还没有被证明为不正确或被修正，就可以为形成一种有用的管理理论提供若干要素。

（5）就像医学和工程学那样，管理是一种可以依靠原理的启发而加以改进的技能。

（6）即使在实际应用中，由于背离了管理原理而造成损失，但管理学中的原理，如同生物学和物理学中的原理一样，仍然是可靠的。

（7）尽管管理人员的环境和任务受到文化、物理、生物等方面的影响，但管理理论并不需要把所有的知识都包括进来，才能起一种科学基础或理论基础的作用。

2．人际关系学派

人际关系学派是从20世纪60年代的人类行为学派演变来的。这个学派认为，既然管理是通过别人或同别人一起去完成工作，那么，对管理学的研究就必须围绕人际关系这个核心来进行。这个学派把有关的社会科学原有的或新近提出的理论、方法和技术用来研究人与人之间和人群内部的各种现象，从个人的品性动态一直到文化关系，无所不涉及。这个学派注重管理中“人”的因素，认为在人们为实现其目标而结成团体一起工作时，他们应该互相了解。

3．群体行为学派

群体行为学派是从人类行为学派中分化出来的，因此同人际关系学派关系密切，甚至易于混同。这一学派关心的主要是群体中人的行为而不是人际关系，它以社会学、人类学和社会心理学为基础，而不以个人心理学为基础，它着重研究各种群体行为方式。从小群体的文化和行为方式，到大群体的行为特点，都在它研究之列，因此这一学派的理论常被叫做“组织行为学”。“组织”一词在这里可以表示公司、政府机构、医院、军队或其他任何一种体系和类型，有时可以用来表示人们间的协作关系。而所谓正式组织则指一种有着自觉的精心筹划的共同目的的组织。

4．经验（或案例）学派

经验（或案例）学派通过分析经验（常常就是案例）来研究管理。其依据是，管理学者和实际管理工作者通过研究各色各样的成功和失败的管理案例，就能理解管理问题，自然地学会有效地进行管理。这个学派有时也想得出一般性的结论，但往往只不过是把它当成一种向实际管理工作者和管理学者传授经验的手段。典型的情况是，他们把管理学或管理“策略”看成是对案例进行分析研究的手段。

5．社会协作系统学派

社会协作系统学派与行为学派关系密切而且常常互相混同。有些人，如马奇和西蒙，把社会系统（即一种文化的相互关系系统）只限于正式组织，把“组织”这个词同企业等同起来，而不是指管理学中最常用的那项职权活动概念。另外一些人则不区分正式组织和非正式组织，而把所有人类关系的各种系统都包括进来。这个学派对管理学作出过许多值得注意的贡献。把有组织的企业看成是一个受文化环境的压力和冲突支配的社会有机体，这对管理的理论和实际工作人员都是有帮助的。而在另外一些方面，如对组织职权的制度基础的认识，对非正式组织的影响的认识，以及对一些社会因素的认识，则帮助更大。

6．社会技术系统学派

社会技术系统学派的研究发现，企业中的技术系统（如机器设备和采掘方法）对社会系统有很大的影响。个人态度和群体行为都受到人们在其中工作的技术系统的重大影响。因此，他们认为，必须把企业中的社会系统同技术系统结合起来考虑，而管理者的一项主要任务就是要确保这两个系统相互协调。

7．系统学派

许多管理学家都强调管理学研究与分析中的系统方法，他们认为系统方法是形成、表述和理解管理思想最有效的手段。所谓系统，实质上就是由相互联系或相互依存的一组事物或其组合所形成的复杂统一体。这些事物可以像汽车发动机上的零件那样是实物，也可以像人体诸组成部分那样是生物的，还可以像完整综合起来的管理概念、原则、理论和方法那样是理论上的。尽管我们给理论规定出界限，以便更清楚地观察和分析它们，但是所有的系统都同它们的环境在相互起作用，因而都受到其环境的影响。

8．决策理论学派

决策理论学派的人数正在增加，而且都是些学者。他们的基本观点是，由于决策是管理的主要任务，因而应集中研究决策问题。他们认为，管理是以决策为特征的，所以管理理论应围绕决策这个核心来建立。

9．数理学派

数理学派也被称为管理科学学派。尽管各种管理理论学派都在一定程度上应用数学方法，但只有数理学派把管理看成是一个数学模型和程序的系统。这个学派认为，只要管理是一个逻辑过程，就能用数学符号和运算关系来予以表示，所以管理的主要方法就是模型，借助于模型可以把问题用它的基本关系和选定目标表示出来。一些知名的运筹学家或运筹分析家就属于这个学派。由于数学方法被大量应用于最优化问题，所以它同决策理论学派有着很密切的关系。

10. 权变理论学派

权变理论学派强调，管理者的实际工作取决于所处的环境条件，认为环境变化同管理对策之间存在着一种积极的相互关系。按权变的观点，管理者可以针对一条装配线的具体情况来确定一种适应于它的高度规范化的组织形式，并考虑二者之间的相互作用。

11. 管理者角色学派

管理者角色学派主要通过观察管理者的实际活动来明确其角色。从总经理到领班都是管理者。对管理者实际工作进行研究的人早就有，但把这种研究发展成为一个众所周知的学派的却是明茨伯格（H. Mintzberg）。明茨伯格系统地研究了不同组织中5位总经理的活动，得出结论说，总经理们并不按人们通常认为的那种职能分工行事，并非只从事计划、组织、协调和控制工作，而是还进行许多别的工作。明茨伯格根据他自己和别人对经理实际活动的研究，认为经理扮演着10种角色：

（1）人际关系方面

人际关系方面的角色有3种：①挂名首脑角色（作为一个组织的代表执行礼仪和社会方面的职责）；②领导者角色；③联系人角色（特别是同外界联系）。

（2）信息方面

信息方面的角色有3种：①信息接受者角色（接受有关企业经营管理的信息）；②信息传播者角色（向下级传达信息）；③发言人角色（向组织外部传递信息）。

（3）决策方面

决策方面的角色有4种：①领导者角色；②故障排除者角色；③资源分配者角色；④谈判者角色（与各种人和组织打交道）。

管理学术界还有其他划分方法，但纵观主要观点，国内外多数学者同意把诸家观点归纳为八大学派：管理过程学派、权变理论学派、经验主义学派、行为科学学派、系统管理学派、决策理论学派、管理科学学派、企业战略学派。

学派的划分主要便于理论上的归纳和研究，事实上各个学派在内容上都相互影响，彼此交叉融合，并非意味着彼此独立。

二、管理学派理论的共性

纵观管理学各学派，虽各有所长、各有不同，但不难寻求其共性。管理学的共性实质上也就是现代管理学的特点，可概括如下：

1. 强调系统化

这就是运用系统思想和系统分析方法来指导管理的实践活动，解决和处理管理的实际问题。系统化就是要求人们要认识到一个组织就是一个系统，同时也是另一个更大系统中的子系统。所以，应用系统分析的方法，就是从整体角度来认识问题，以防止片面性和受局部的影响。

2. 重视人的因素

由于管理的主要内容是管人，由于人生活在客观环境中，他们在其思想、行为等诸方面，可能与组织不一致。重视人的因素，就是要注意人的社会性，对人的需要予以研究和探索，在一定的环境条件下，尽最大可能满足人们的需要，以保证组织中全体成员齐心协力地为完成组织目标作出贡献。

3. 重视“非正式组织”的作用

重视“非正式组织”的作用，即注意“非正式组织”在正式组织中的作用。非正式组织是人们以感情为基础而结成的集体，这个集体有约定俗成的信念，人们彼此感情融洽。利用非正式组织，就是在不违背组织原则的前提下，发挥非正式群体在组织中的积极作用，从而有助于组织目标的实现。

4. 广泛地运用先进的管理理论和方法

随着社会的发展和科学技术水平的迅速提高，先进的科学技术和方法在管理中的应用愈来愈显得重要。所以，各级主管人员必须利用现代的科学技术与方法，促进管理水平的提高。

5. 加强信息工作

由于普遍强调通讯设备和控制系统在管理中的作用，所以对信息的采集、分析、反馈等的要求愈来愈高，强调信息的及时和准确。主管人员必须利用现代技术建立信息系统，以便有效、及时、准确地传递信息和使用信息，促进管理的现代化。

6. 把“效率”（Efficiency）和“效果”（Effectiveness）结合起来

作为一个组织，管理工作不仅仅是追求效率，当然也不是不讲效率，更重要的是要从整个组织的角度来考虑组织的整体效果以及对社会的贡献。因此，要把效率和效果有机地结合起来，从而使管理的目的体现在效率和效果之中，也即通常所说的绩效（Performance）。

7. 重视理论联系实际

管理学在理论上的研究和发展，必须进行管理实践，并善于把实践归纳总结，找出规律性的东西，所有这些是每个主管人员应尽的责任。现代管理理论来自众多的人的实践，并将不断发展，主管人员要乐于接受新思想、新技术，并运用于自己的管理实践，把诸如质量管理、目标管理、价值分析、项目管理等新成果用于实践，并在实践中创造出新的方法，形成新的理论，促进管理学的发展。

8. 强调“预见”能力

社会是迅速发展的，客观环境在不断变化，这就要求管理者以组织目标为基点，用科学的方法进行预测，从而保证管理活动的顺利进行。

9. 强调不断创新

管理就意味着创新，就是在保证组织相对稳定的状态下，不满足于现状，利用一切可能的机会进行变革，从而使组织更加适应社会条件的变化。

思　考　题

1. 有人认为泰罗的科学管理思想是“胡萝卜加大棒”，强调理性，忽视人性；而行为科学思想是最好的管理思想。针对军队管理（或者军队院校）的人员管理，谈谈你的观点。

2. 儒家认为应通过伦理规范和道德教化实施管理，实现组织和谐有序发展的目标。而法家认为“仁义不足以治天下”，其代表人物之一韩非举例说，舜事必躬亲，亲自解决民间的田界纠纷和捕鱼纠纷，花了三年时间纠正三个错误，因此认为儒家的管理方法不可取，“舜有尽，寿有尽，天下过无已者。以有尽逐无已，所止者寡矣”，认为只有法令昭彰，刑罚严格，法令面前人人平等，才能稳定社会秩序使政策得以贯彻，实现“民安”、“国治”。西方管理理论发展过程中有没有与孔子、韩非思想类似的理论或者学派？

3. 简述泰罗的科学管理理论的主要贡献和不足。

4. 法约尔提出的管理原则对于军队基层管理是否适应？

5. 梅奥的人际关系学说对管理理论的发展起到了什么样的作用？

6. 举例说明你所在的组织中是否存在非正式组织，它们对正式组织的管理产生的作用如何？应当如何对待？

7. 由于研究条件、掌握材料、观察角度及研究方法的不同，出现了不同的管理思路。观察目前我国现实社会存在的管理现实，探讨哪些管理思想、做法与西方管理学派的理论比较接近。

第三章　计划与决策

计划是指根据决策目标规定实现目标的途径和方法的管理活动，它在管理的职能中处于首要地位。计划职能为组织职能提供目标和要求，组织职能为实现规划和计划提供组织保证；计划与控制职能是不能分割的，计划是控制的前提，为控制提供目标与标准，控制是实现规划、计划的手段，没有控制计划就难以实现。决策是管理过程中的一项重要活动，它是为达到某种目标，从若干个问题解决方案中选出一个最优或最合理方案的过程。因此，决策是人们在各项管理工作包括计划工作中的一种重要选择行为。

本章重点

- 计划的概念
- 计划工作的步骤
- 计划的方法
- 目标管理
- 决策问题及其模型
- 决策过程和方法

第一节　计划的性质

一、计划的含义

什么是计划？对计划的理解既有广义和狭义之分，也有动态和静态之分。从广义上讲，计划包括计划的制定、执行、检查过程。从狭义上讲，是指计划的制定（主要涉及目标及途径）。从动态角度看，它是指计划工作，是一种预测未来、设立目标、决定政策、选择方案的连续程序，目的在于经济地使用现有的资源，有效地把握未来的发展，获得最大的组织成效。从静态角度看，是指计划工作的结果，是制定好的计划，是对未来行动方案的一种说明，其内容可以概括为“5W1H”。What——要明确具体任务和要求；Why——明确活动的宗旨、目标和战略意图，并论证可行性；Who——明确活动实施的主体和职责；When——规定活动应该启动和结束的时间；Where——规定活动实施的地点和场所，合理安排活动实施的空间组织与布局；How——明确活动遵循的政策、程序与规则。

阿考夫（Ackoff）把计划定义为：对所追求的目标及实现该目标的有效途径进行设计。我们可以把计划定义为：对行动的预先设计，它是在决策目标的指导下，以预测工作为基础，对实现目标的途径作出具体安排的一项活动。计划工作主要与未来有关，是行动的前提。它需要对过去的信息情报加以科学的分析，进行系统的思考，并对潜在的问题进行研究，对未来进行准确的预测。在此基础上，设立组织的未来目标，确定达到目标的一系列政策和方法，做后形成一个完整的计划。

由于计划工作要求人们实现做好系统的思考，因而有利于更好地协调工作；它树立了明确的工作标准，便于事后控制目标、战略和政策的落实，对突发事件比较有准备；它使参与工作的管理人员明确彼此的责任。因此，计划工作相对于计划来说更为重要。

二、计划工作的性质

计划工作的性质可以表现为以下几个方面：目的性、首位性、普遍性、效率性、创造性和灵活性。

1. 计划工作的目的性

任何组织或个人制定计划都是为了能够有效地达到预先设计的某种目标。计划的有效制订能对组织行为的执行产生积极的指导作用，从而确保组织的生存与发展沿着既定的方向和目标前进。正如高茨（Goetz）所强调的：“管理的计划工作是针对所需要实现的目标去设法取得一种始终如一的、协调的经营结构。如果没有计划，行动就必然成为纯粹杂乱无章的行为，只能产生混乱。”在计划工作的初始阶段，首要任务就是制定明确具体的目标。这种目标不是凭主观愿望就能确定的，它要建立在系统的分析和科学的预测基础上。并且今后的行动要紧紧围绕目标而展开。目标是计划的全部内容的核心，实现目标是计划的出发点和归宿，没有目标就不成其为计划。因此，计划工作具有强烈的目的性。

2．计划工作的首位性

计划工作在管理的职能中处于首要地位。虽然，管理的各项职能是作为一个系统而交织在一起的，但是其他的职能只有在计划工作确定目标以后才能进行，并且都是为了支持和保证目标的实现。任何组织只有在明确目标以后才能确定合适的组织层次与结构，采用什么样的人员配备，制定什么样的方针、政策来实施有效的领导，采取什么样的方式控制组织和个人的行为不偏离计划。没有计划，其他工作无从谈起。计划为控制提供标准，离开了计划的指导，控制也就失去了意义和方向。在某些情况下，计划职能很有可能是唯一需要执行的职能。在现实生活中，科学准确地计划工作有可能会得出没有必要采取进一步的行动的结论。此时，管理的其他职能也就无从谈起。

3．计划工作的普遍性

计划工作的普遍性体现在组织的各个管理阶层或多或少都有某些制定计划的权力和责任。通常有一种狭隘的理解认为计划工作仅仅是高层管理者的事，与其他中下层管理者无多大关系。这种看法是极其片面的。高层管理者不可能也没有必要对组织内的所有活动做出明确的要求。人的能力是有限的，在现代组织尤其是大中型组织中，即使是再聪明能干的领导者，也不可能完成所有的繁杂的计划工作。所谓面面俱到，也就会面面俱不到。实际上，适当授予下级某些制定计划的权力，有助于调动下级的积极性，发挥集体的智慧和潜能，这对于高效的完成组织的目标是有利的。

在一个高效的组织中，所有的管理人员都要参与到计划工作中。高层管理者负责制订组织的战略计划，把握组织的全局和总体目标。中层管理者负责制订部门战术计划，如营销计划、财务计划、人力资源计划等，确定能保证组织总体目标实现的各部门的具体目标。基层管理者则制定具体的作业计划，以保证组织战略计划和部门计划的完成。计划的制定，既可以由上而下层层分解制订，也可以自下而上层层草拟，最后由高层管理者整合出组织的整体目标，并自上而下的确认。或者两种方式混合进行。

4．计划工作的效率性

计划工作的效率是指实现组织目标所获得的利益，与制订和执行计划过程中所有的损耗之比。也就是说制订和执行计划过程中所有的产出和投入之比。若某一计划虽然能够达到目标，但它需要的花费太高，那么这个计划就是低效或者是无效的。计划的效率并不局限于经济方面的利益与损耗，它还应包括诸如个人或群体满意度等类型的非经济因素。因此，在高效的组织中，管理者必须确保组织中的每一个人都能理解组织的宗旨和目标以及实现的方法。这样才能确保群体的努力有效。

5. 计划工作的创造性

计划与未来有关，它不是过去的总结，也不是现状的描述，而是要面向未来，考虑未来的机遇和可能遇到的问题，指导组织未来的活动，为实现未来的目标创造条件。因此，计划工作是一个创造性的管理过程。

6. 计划工作的灵活性

计划虽然不能消除变化，但可以积极地预测变化，并根据预测变化采取更有效的应变措施。由于这些计划是经过精心推敲，并将目的与措施逻辑性地连接在一起，因此，它比只存在于高级管理者脑子里的一套模糊的假设更容易修改。在市场经济的条件下，组织的环境变得更具动态性和不确定性，这就迫使组织必须制定更加灵活的计划，以适应环境的变化。可以通过制定备用计划，或者定时检查修改计划的方法（如滚动计划法），提高计划的灵活性。

三、计划工作的重要作用

计划工作在管理实践中具有非常重要的作用。计划工作能保证决策目标的实现，有利于各种资源的合理配置，预防意外情况对行动造成的干扰，为实施控制提供依据。计划是关于组织未来的蓝图，是对组织在未来一段时间内的目标和实现目标途径的策划与安排。近年来，随着科学技术的不断发展，生产规模不断扩大，分工与协作的程度越来越高，组织所面临的内部和外部环境的影响因素也越来越复杂。只有通过制订科学合理的计划，才能保证组织的生存和发展。计划工作的重要作用主要体现在以下几个方面。

1. 为落实和协调组织活动提供保证

计划工作为落实和协调组织活动提供了保证。它为组织成员指明了方向，使他们知道组织发展的方向和目标。同时，也明确了自己所应承担的职责，组织成员之间相互合作，协调各自的活动，确保目标的有效达成。计划是管理者进行管理决策的依据。

2. 通过预计变化降低了不确定性

各类组织随时都面临着国家政策、科学技术、法律法规、社会文化、消费观念、行业竞争等多方面的变化，如果没有预先估计到这些变化，就可能导致组织的失败。计划工作是预期变化并且尽可能地消除变化对组织造成的不良影响的一种有效手段。计划工作根据过去的和现在的信息，推测未来可能产生的变化，这些变化将对组织目标的达成产生什么影响，应该采取什么措施来应对，从而有效降低了变化带来的冲击和风险。

3. 是减少浪费、提高效益的有效方法

计划工作明确了组织中每一部门应做些什么，为什么要做，怎样去做，什么时候去做。它明确了目的和手段，能够选择最适当有效的行动方案，消除不必要的活动所带来的损耗，提高了效率和效能，减少了浪费和冗余。计划工作能使组织未来的各项活动均衡发展，组织中的各种资源能被充分利用，组织中各成员的努力形成一种组织效应，从而大大提高了工作效率和经济效益。

4. 为检查与控制组织活动奠定基础

计划工作建立了目标与一些指标，他们提供一种标准，可以用来实施控制。计划职能与控制职能有着不可分割的关系。在计划的实施过程中，通过实际的业绩与控制的标准（来源于计划）相对照，通过修订计划来纠正偏差。

四、对计划工作的认识

在实践中，存在着不少对计划工作的误解：如计划关系组织发展大计，和中基层管理者无关；计划是计划部门的事情，和其他管理人员无关；环境不断变化，计划要不断调整，计划意义不大；不准确的计划是在浪费管理当局的时间等。对此，我们有必要澄清误解，正确认识计划工作的地位和作用。

1. 计划工作不是预测

人类是无法预言和控制未来的，我们所能决定的是为了实现将来的目标应当采取什么样的行动。

2. 计划工作不是决策

计划与决策是相互区别的，因为这两项工作解决的问题不同。计划涉及的是当前决策对未来事件的影响，而计划工作的决策是现在就做出的。计划和决策又是相互联系的，因为：第一，决策是计划的前提，计划是决策的逻辑延续。第二，在实际工作中，计划与决策相互渗透，有时甚至是不可分割地交织在一起。

3. 计划并不消除变化

管理人员不管怎么做，变化总是客观存在的，但不能因此就否认计划工作的作用。计划工作作用之一，就是要预测各种可能的变化和变化所带来的对组织的影响，应该采取哪些有效措施来应对。计划并不能消除变化，但它能有效的应对变化，降低变化的冲击。

（4）计划并不降低灵活性

计划工作不是一次性行动，它是一种持续的活动。在清晰明确的计划的基础上，根据变化和实际情况进行修改要容易得多。并且科学的计划可以人为的增加其灵活性和适应性。

第二节　计划的类型

计划的种类具有多样性和复杂性。在具体的实践中，可以根据不同的背景和需要，编制出各种各样的计划。为了研究和分析的需要，可以根据不同的原则和依据进行分类。任何一种计划都可能具有其他分类原则下某种计划类型的特征。如综合计划同时又可能是中期计划，政策又可能是长期计划。计划的分类不是绝对的，必须根据实际工作的需要选择计划的类型。常见的计划分类见表 3－1。

表 3－1　计划的类型

分类原则	计划工作的类型
计划的广度	战略计划、战术计划、作业计划
计划的时间	长期计划、中期计划、短期计划
计划的对象	综合计划、局部计划、项目计划
计划的范围	政策、程序、方法
计划的表现形式	正式计划、非正式计划
计划的约束力	指令性计划、指导性计划
计划的职能	销售计划、生产计划、供应计划、劳资计划、技改计划、新品开发、财务计划等

一、战略、战术和作业计划

按计划的广度，可把计划分为战略计划，战术计划和作业计划。

1. 战略计划

战略计划是关于组织整体在未来较长时期内的行动计划，它为组织设立总体目标和寻求组织在环境中的地位，一般由上层管理者制订。战略计划的基本特点：

（1）计划所包含的时间比较长，覆盖的领域比较宽。

（2）计划内容抽象、概括，不要求直接的可操作性。

（3）不具有既定的目标框架作为计划的着眼点和依据，因而设立目标本身成为计划工作的一项主要任务。

（4）计划方案往往是一次性的，很少能在将来得到再次或重复的使用。

（5）计划的前提条件多是不确定的，计划执行结果也往往带有高程度不确定性。

因此，战略计划的制定者必须有较高的风险意识，能在不确定的环境中选择组织未来的行动目标和经营方向，规定组织经营活动的任务。战略计划的这些特点决定了它对战术计划和作业计划的指导性。

2. 战术计划

战术计划是有关组织活动具体如何运作的计划，一般由中层管理部门制定实施。战术计划的三要特点是：

（1）计划所涉及的时间比较短，覆盖的范围也较窄。

（2）计划内容具体、明确，并通常要求具有可操作性。

（3）计划的任务主要是规定如何在已知条件下实现根据组织总体目标分解而提出的具体行动目标，这样计划制定的依据就比较明确。

（4）战术计划的风险程度也远比战略计划低。战术计划是实现战略计划的手段。

3. 作业计划

作业计划是由基层管理者制订的，它规定总体目标如何实现的细节。作业计划只涉及较短的时期和较小的范围，它根据战术计划确定计划期间的预算、利润、销售量、产量等更为具体的目标，确定所需的工作流程和工作进度，分配人员、任务和资源。在作业计划中不仅要有目标，而且要提供实现目标的方法。

二、长期、中期和短期计划

根据计划跨越的时间长短可以把计划分为长期计划、中期计划和短期计划。

长期计划描绘了组织在一段较长时期（通常为五年以上）的发展蓝图，

它规定在这段较长时间内组织以及组织的各部分从事的活动应该达到什么样的状态和目标。长期计划为组织发展确定远景目标和方向，它会有力地促进组织活动的长期行为。长期计划一般为解决战略目标服务。

中期计划规定了组织总体和各部分在间隔相对较短的时段（通常为1～5年）从事的各种活动应该达到的目标和水平。中期计划在长、中、短期计划中，起着承上启下的作用。它是长期计划的具体化，也是短期计划的指导和前提。中期计划一般比长期计划使用得更广。

短期计划具体规定了组织总体和各部分在目前到未来的各个相对较短的时段（通常为一年或一年以内），特别是最近的时段中所应该从事的各种活动及从事该种活动所应达到的水平。短期计划是中期计划的具体化。

计划的这种划分不是绝对的。有的大组织可能要以10年甚至10年以上作为长期计划，而对于有的中小型组织来说，2～3年作为长期计划可能已经足够。对于不同组织的计划期限的确定，应该根据组织的特点以及计划本身的任务具体情况具体分析，千万不可一概而论。对于一项计划而言，计划期限的长度以制定者对未来认识的可能性，以及实现计划任务的可能为限。如果对未来无从想像、判断和预测，就应该缩短期限。确定计划期限的法则简称为承诺法则，即计划其限的长短取决于计划任务能被有效实现，或应足以实现或可能实现今日决策（指今天做的计划）所承诺的任务。因此，如果组织的本身业务以及所处的环境变化较大，则计划的灵活性应加大，期限就应相应缩短。反之则相反。在一定时期内，由于各类工作的特点不尽相同，组织内部的各种计划的期限也不一定相等。

三、政策、程序和规则

按计划的范围可分为政策、程序和规则。一般来说，政策的应用范围最大，其次为程序，规则的应用范围最小。

政策是组织对成员做决策或处理问题而制定的行动方针，是指导和沟通决策思想的规定，可以用文字描述，也可以结合数字进行描述。政策是用来指导决策的，一般由组织的最高管理层制订。政策给管理人员一个原则性方向和要求，鼓励（而不是约束）下级自由处置（在一定范围内），越是高层，自由处置权越大。制定政策有助于授权，政策应保持稳定性和连续性，否则会使下级在决策中导致短期行为。

程序也是一种应用广泛的计划，它规定了一个具体问题应该按照怎样的时间顺序来进行处理。程序处理例行问题的步骤、方法、标准，是组织成员直接采取行动的指导方针。政策的实施往往要有相应的程序，程序必须服从政策的指导。科学的制定程序，有助于提高管理工作的效率和质量。在编制程序时，要充分考虑所要处理业务的实际情况，在保持稳定性的基础上要具有一定的灵活性。在条件变化时，要及时对程序进行检查，发现和纠正存在的问题，保证程序的有效性。组织中的反复出现的问题和活动都应有相应的程序。

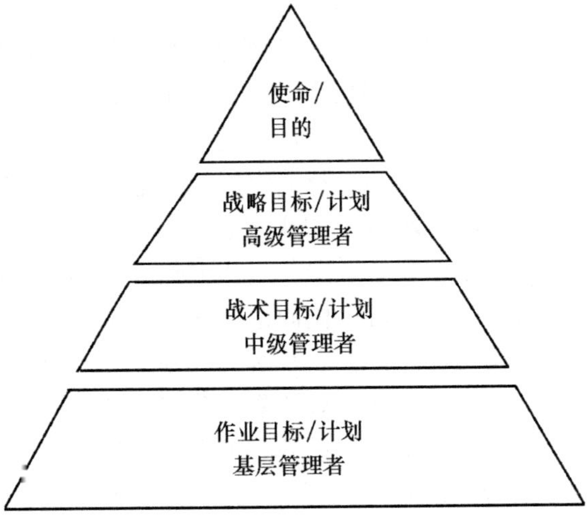

图 3－1　计划的层次体系

规则就是执行程序中的每一个步骤工作时所应遵循的原则和规章。它是一种最简单的计划，是控制人们在工作中的行为和态度的特定的常规计划。规则用允许或不允许，必须或不必须等建立行动指导准则，提高管理的效能。规则与程序的区别：规则不规定时间顺序，而程序则强调时间先后；规则往往是程序的组成部分。规则、程序与政策的区别：规则和程序一样，是政策的结果，二者都需要人们忠实执行，不具有自由处置权。规则也同样接受政策的指导。

第三节　计划工作的步骤

计划工作不是一次性的活动，它是一个持续的过程。因为组织经营的环境持续变化，需要对计划进行修改与更新。一个完整的计划包含估量机会、选定目标、确定计划前提、拟定可行方案、评估方案、选定方案、编制辅助计划、编制预算等八个步骤组成。这几个步骤不一定都是必需的，也不一定按此顺序。在工作实践中，可根据实际情况进行适当的裁减。

1．估量机会

估量机会是在实际的计划工作开始之前就着手进行的一项工作，虽然不是计划的一个组成部分，但却是计划工作的真正起点。要制定切实可行的目标，就必须对未来可能的机会进行初步的了解并进一步清楚全面地掌握。管理人员需要清楚了解自己的优势和不足以及自己所处的地位，明白自己希望解决什么问题，为什么要解决这些问题以及能够从中获得什么。计划工作要求对机会做出切合实际的分析诊断。组织必须实事求是的评估自己的优势和劣势。既要看到自己的优势，根据自己的优势制定适宜的战略，又要对自己的劣势保持清醒的头脑，尽可能的回避劣势。对诸如财务状况、现有技术、有形设备、原材料等资源进行评估，可以在一定程度上了解组织实现其目标的能力。

估量机会的另一个重要方面是对外部环境进行评估。首先应界定组织的市场。通过进行市场研究和历史分析，了解顾客的需求和可能潜在的顾客。其次是确定竞争战略。组织应当了解主要竞争对手的优势和劣势，了解该领域技术的发展状况。另外，通过对经济状况及经济发展趋势进行分析，了解产品的销售和利润受经济状况因素的影响程度。

分析外部环境及寻求机会意味着需要收集大量的数据和可靠的信息。在此基础上通过系统的分析和研究，寻求和分辨出存在的新机会，以此来求得组织的发展。

2．确定目标

计划的第二步是为整个组织选定目标，然后再为组织所属的下属部门确定目标。目标是组织行动的出发点和归宿，是计划的主要组成部分。它设定预期结果，指明组织和个体前进的方向。组织中存在着不同层次的目标。总目标规定了组织在今后几年的基本宗旨和主要方向，体现了组织的整体发展战略。具体的目标以及辅助目标应与总目标相一致。

目标的制定通常采用由上至下方式。首先，由组织的高层管理者在估量机会以及其他有关工作的基础上制订出组织在某段时期内的总体目标；然后在对总体目标进行确认并充分认知的基础上，确定并量化各项具体目标，防止组织目标的空洞化和抽象化。当各项具体目标确认后，还需要对其优先顺序进行排列。在一定的时间和条件下，具体目标的重要性不可能是一样的。必须确定各项具体目标的重要程度，从而相应的确定资源的优先分配顺序和政策。辅助目标在总体目标和具体目标的基础上制定，为实现上述目标提供保障。

组织目标的制定必须与组织的内外部环境相适应，必须与组织成员的利益和期望值相一致。这有助于提高组织成员的士气和积极性，保证最终实现目标。组织目标应具有“可及性”和“挑战性”。具有挑战性的目标是激励组织成员的动力，使得组织成员能够充分调动自身的潜能去实现看似不可能的目标。具有可及性的目标又能保证目标是现实的而非不切实际。

3. **确定计划前提**

计划工作的第三步是确定计划的前提。计划工作的前提条件就是计划工作的假设条件，即计划实施时的预期环境。确定计划前提，就是要对组织未来的内外部环境和所具备的条件进行分析和预测，弄清计划执行过程中可能存在的有利条件和不利条件。有利条件是一种机会，看不到有利条件或对有利条件估计不足，就有可能编制出保守落后的计划，从而坐失良机。不利条件是一种威胁，不承认或不充分考虑它，就有可能编制出冒进的计划，从而给企业造成损失。对计划的前提了解的越透彻，组织的计划工作也就会做的越好。

要确定计划前提，主要需要进行以下几种预测：经济形势预测，技术发展预测、社会环境预测、销售预测和资源预测。但是组织的环境尤其是外部环境非常复杂，影响因素很多。要想对组织的环境的每一个细节进行预测和控制是不现实的，也是不经济的。我们所要确定的计划前提实际上是指那些对计划来说是关键性的和有重要影响的因素进行预测。由于环境面临不断的变化，需要提供多套备选的计划前提以提高其灵活性。同样的，计划的前提也需要获得组织成员尤其是管理人员的认同和支持。可以从不同角度对计划前提进行分类：外部和内部的计划前提；定量和定性的计划前提；可控、部分可控和不可控的计划前提。

4. **拟定可行方案**

计划工作的第四步是拟定可行方案。很少有计划只有一种可行方案，完成某项任务总有许多种方案。通常若事务只有一种方法解决，那么这种方法多半是错误的或不是最优的。在拟定可行方案时，挖掘可行方案和正确抉择最佳方案同样重要。有些方案是比较明显的，而有些方案需要去挖掘才能发现的。只有挖掘出各种可行方案，才可能从中抉择出最佳方案。要发掘多种可行方案，必须发扬民主、群策群力、开阔思路、大胆创新。但是，由于条件的限制，我们又必须控制可行方案的数量。一般的，在提出第一轮备选方案的基础上，结合专家意见和组织成员意见，从中初步选择出一定数量的可行方案。可行方案在给定条件下可行且能够实现的，他们为计划形成一个正式的框架。

5．评估方案

计划工作的第五步是评估方案。当拟定了各种可行方案后，必须对每一个方案的优缺点进行全面彻底的分析和比较。根据确定的目标和计划前提条件，对方案进行评估。评估方案要特别注意方案中妨碍达成目标的制约因素和隐患。对制约因素和隐患认识得越深刻，选择方案的效率就越高。既要考虑到确定性的可以用数量表示的因素，也要考虑不确定性的因素。如个人或企业的声誉等。衡量方案要采用总体的效益观点，对某部门或某项目标有利的不一定对全局和总体目标有利。

6．选定方案

计划的第六步是在方案评估的基础上，从各可行方案中选定最优的和最令人满意的方案。选定方案就是确定计划。在实践中，可能遇到同时有多个可取的方案。根据实际情况可以选定多个最终方案。对方案的选择通常是在经验、实验和研究分析的基础上进行的。

所谓“前事不忘，后世之师”，说的就是经验在进行决策时的重要作用。但是若不顾目标的变化、环境的变化和计划前提的变化等诸多因素，只凭以往的经验形式，就很容易造成失误。或者高层管理者仅凭借自己的经验，而不去学习借鉴组织其他成员、专家的经验，也很容易走向失败。对于一些单凭经验和定量分析方法很难做出正确决定的问题，通常可以采用实验的方法。如新产品的试制、试销，技改方案的局部试点等。但是这种方法需要较大的投入，不宜多采用。而且，要正确设定实验的前提，保证实验结果和正式推广后结果的一致性。另外，还可以采取建立数学模型的方法来进行研究与分析。这几种方法各有其优点和局限性，在实际工作中，往往综合应用这几种方法来选择最优或满意方案。

7．编制辅助计划

计划的第七步是编制辅助计划，也叫衍生计划。在选定方案后，还需要进一步编制辅助计划以支持和保证总体计划的实施。一个总体计划的执行总是需要落实到各个具体的计划上。如某制药公司在做出开发某种新药的计划决策后，就需要编制一系列辅助计划。如：研制计划、生产计划、销售计划和财务计划等。辅助计划的实施由各个职能部门和下属单位制定。在编制辅助计划前，有关部门和人员必须充分了解企业的总体计划的目标、计划前提、选择该计划方案的理由等，掌握总体计划的指导思想和内容。在编制时，要协调并保证各辅助计划服从于总体计划，防止因追求部门目标和利益而影响总体目标的达成。协调各辅助计划的工作时间顺序，做到合理安排和统筹规划。

8. 编制预算

预算是一种将资源分配给特定活动的数字性计划，是组织各种计划的综合反映，它包含了一个单位的经济目标，在计划中占有重要的地位。它既是评估计划方案优劣的重要标准，也是协调部门活动的主要手段。预算既是计划职能的一部分，也是控制职能的一部分。

预算有多种类型，如生产预算、销售预算、材料预算、人工预算、管理费用预算、资金预算和总预算等。预算也可分为固定预算、变动预算和零基预算。固定预算仅适用于一段时期内一定产量下计划的编制，不具可变性和通用性。与此相反，变动预算却有可允许的变动范围。目前，很多组织中都开始实行零基预算。零基预算在1969年由得克萨斯仪器公司（Texas Instruments）首次采用。该预算法是指在每个预算年度都从零开始，重新审查每项活动的费用和效益，并根据对组织整体业绩的重要程度重新排出各项管理活动的优先顺序。在一个变化比较大的环境中，采用零基预算具有良好的效果。

计划工作是动态的过程，根据需要，在某些环节可以考虑反馈的作用，及时调整原来的计划方案，保证计划工作的有效性。

第四节　现代计划方法

计划工作的效率高低和质量好坏在很大程度上取决于所采用的计划方法。现代计划方法为制订切实可行的计划提供了手段。通过采用数学方法和计算机工具，使得管理者从繁重的计划工作中解脱出来，得以集中精力考虑更重要的问题。本节主要介绍一些常用的现代计划方法。

一、滚动计划法

滚动计划法是一种定期修订未来计划的方法。这种方法根据计划的执行情况和环境的变化情况定期修改未来计划，并逐渐向前推移，是短期计划、中期计划和长期计划有机结合的方法。由于在计划工作中很难准确地预测未来影响组织发展的各种变化因素，而且随着计划期的延长，不确定性不断增大，其风险也就越大。所以，如果不对计划进行修订，就很可能导致巨大的损失。滚动计划法通过用近细远粗的办法制定计划，在计划期的第一阶段结束时，根据该阶段计划的实际执行情况和内外部有关因素的变化情况，对原计划进行修订和细化，并根据同样的原则进行滚动。滚动计划法可以避免因不确定性造成的不良后果。

滚动计划具有明显的优点。它相对缩短了计划时期，提高了准确性，提高了计划的质量，使得计划更加实用。它使得短期计划、中期计划和长期计划相互衔接，保证了在出现变化时能及时进行调整，保持计划的一致性。同时它也提高了计划的适应性，提高了组织的应变能力。不足是使得计划编制工作的任务大大加重，但随着计算机技术的广泛应用，对管理工作的影响也不是很大。

图 3－2 是一个为期 5 个月的月度滚动计划编制过程。

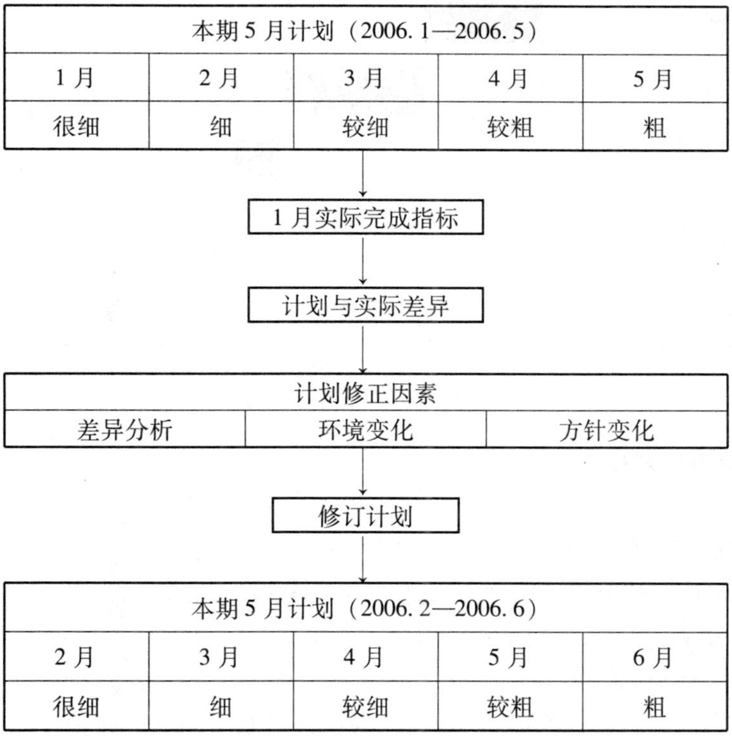

图 3－2　一个 5 月期滚动计划的编制过程示意图

二、进度计划

1. 甘特图

图 3－3 是一个简化了的武器系统研制项目的甘特图。其中，空白条框表示各项工作计划完成时序，黑色条框表示各项工作的实际完成情况。在实际的

计划过程中，甘特图还可以进一步考虑资源的耗费情况，使得甘特图的应用更加符合实际情况。

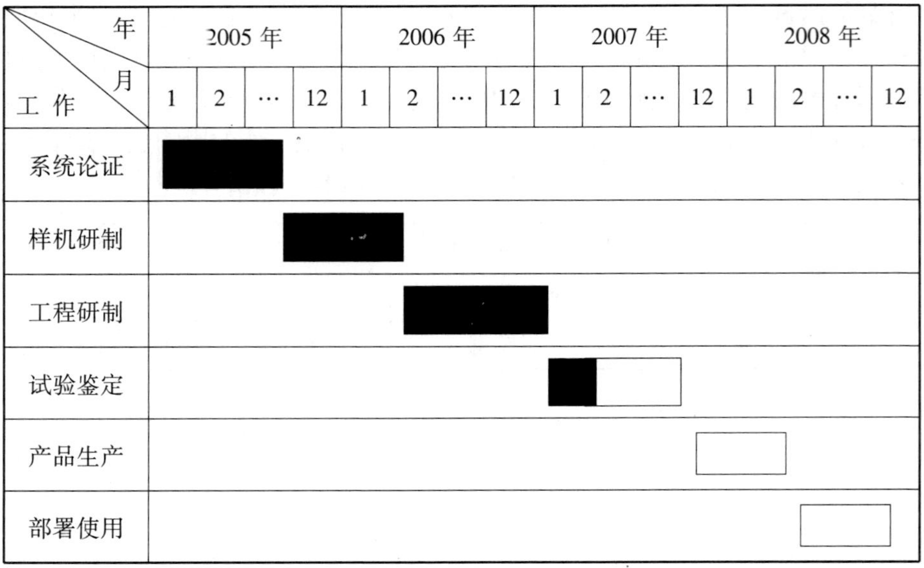

图 3－3　一个武器系统研制的甘特图

2．网络计划技术

网络计划技术是 20 世纪 50 年代出现的一种计划方法，它包括各种以网络为基础的制定计划的方法，最基本的方法就是关键路径法（CPM）/计划评审技术（PERT）。CPM 最初由美国的杜邦公司提出，主要关注成本控制。PERT 是由美国海军武器计划部门在 1958 年开始采用，并在北极星导弹工程中应用，使其计划周期由原计划的 10 年缩短为 8 年，效果十分显著。1961 年，美国国防部和国家太空总署（NASA）规定，凡承担研制军品任务必须使用计划评审技术制定计划。从此，网络计划技术就开始被广泛应用，并逐步推广到其他民用工程的计划管理中。

网络计划技术的原理，是把一项工作或项目分成各种作业，然后根据作业顺序进行排列，通过网络的形式对整个工作或项目进行规划和控制，以便用最少的人力、物力和财力资源，用最快的速度完成项目。表 3－2 是“组织战斗”这项任务的活动分析表。表中紧前作业是指该项作业开始之前必须完成的其他作业。完成作业所需的时间可以通过一定的方法进行估算，如乐观时间法，悲观时间法和最可能时间法。根据这个工作任务分解表或者叫作业清单，就可以绘制网络图（图3－4）。

表3－2 组织战斗工作任务清单

作业代号	作业名称	紧前作业	紧后作业	作业时间（分）
A1	了解任务和估算时间	—	A2，A3	12
A2	下达预先号令	A1	A4，A6	8
A3	判断情况与定下决心	A1	A5	20
A4	书写战斗文书	A2	A5	24
A5	下达命令	A3，A4	A7，A9	12
A6	部署战斗准备	A2	A8	88
A7	部署指挥员工作	A5	A8	32
A8	部署报告准备情况	A7，A6	A10	8
A9	检查帮助部署工作	A5	A10	16
A10	向上级报告战斗准备情况	A8，A9	—	4

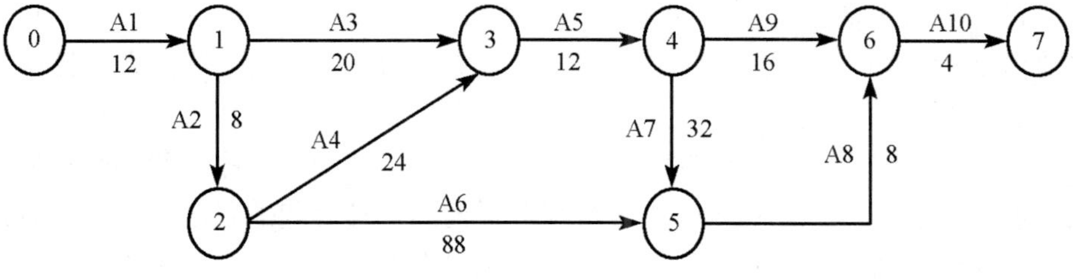

图3－4 组织战斗的计划网络图

图中所示的网络图，是一种双代号网络。用箭头“→”表示一个作业，作业的开始与结束时间用节点“O”来表示，放在箭头和箭尾，它们就构成了一个完整的作业。在网络图中，从起始节点到最终节点之间由许多条路经可走，这些路径称为线路。每条线路的长度由该路径上各工作持续时间长度确定。其中最长的线路称为关键路径。例如，图3－3中关键路径是0→1→2→5→6→7，或者就是由A1、A2、A6、A8、A10构成的路径，其长度为120分钟。在网络图上，关键路径通常用加粗的黑线标明。关键路径上的工作成为关键工作。关键工作完成的快慢直接影响整个工作的进度。其他线路称为非关键路径线路。非关键路径上的机动时间叫时差。利用非关键路径时差内延长，可把部分人力、物力和设备资源调整到关键工作上去，就能加快关键工作的推进，从而达到整个项目进度加快的目的。

网络计划技术之所以被广泛地采用，是因为它有一系列的优点：

（1）能把整个项目的各个作业的时间顺序和相互关系清晰的表明，并指出完成任务的关键环节和路径。管理者在制定计划时可以统筹安排，全面考虑，抓住重点。

（2）可对工程的时间进度和资源利用实施优化。调动非关键路径上的人力物力和财力从事关键工作，进行综合平衡，保证和加快工程进度。

（3）可事先评价达到目标的可能性。指出实施中可能发生的困难点，以及这些困难点对整个任务产生的影响，准备好应急措施，减少了完不成任务的风险。

（4）便于组织和控制。对于大型的项目，可以分成许多分系统来分别控制，保证各局部最优的情况下，整个项目最优。

三、投入产出法

投入产出法是由美籍俄国经济学家列昂节夫（W. Leontief）在 1936 年首先提出来的。由于其突出贡献，1973 年他荣获了诺贝尔经济学奖。我国从 1973 年以后正式引用投入产出法编制各种计划。

投入产出法是利用数学的方法对物资生产部门之间或产品之间的数量依存关系进行科学分析，并对再生产进行综合平衡的一种现代的科学方法。它以最终产品为经济活动的目标，从整个经济系统出发确定达到平衡的条件。其基本原理是，任何系统的经济活动都包括投入和产出两大部分，投入是指在生产活动中的消耗，产出是指生产活动的结果。在生产活动中，投入和产出之间具有一定的数量关系，投入产出法就是利用这种数量关系建立投入产出表，根据投入产出表对投入与产出的关系进行科学分析，再用分析的结果来编制计划并进行综合平衡。投入产出表如表 3－3 所示。

表 3－3 共分为四个象限。第一象限为左上角，第二象限为右上角，第三象限为左下角，第四象限为右下角。

第一象限为 $n \times n$ 矩阵，是由 n 各生产部门纵横交叉组成，反映经济系统各个部门之间的生产技术联系，特别是反映各个部门之间相互提供劳动对象供生产过程消耗的情况。

表 3－3 投入产出示意表

<table>
<tr><td colspan="2" rowspan="2">产品的分配去向（产出）
产品的消耗来源（投入）</td><td colspan="5">中间产品</td><td colspan="3">最终产品</td><td rowspan="2">总产品</td></tr>
<tr><td>部门1</td><td>部门2</td><td>……</td><td>部门n</td><td>合计</td><td>积累</td><td>消费</td><td>合计</td></tr>
<tr><td>物质消耗</td><td>部门1
部门2
……
部门n
合计</td><td colspan="5">Ⅰ</td><td colspan="3">Ⅱ</td><td></td></tr>
<tr><td>净产值</td><td>劳动报酬
纯收入
合计</td><td colspan="5">Ⅲ</td><td colspan="3">Ⅳ</td><td></td></tr>
<tr><td>总产值</td><td></td><td colspan="5"></td><td colspan="3"></td><td></td></tr>
</table>

第二象限反映各个部门的总产品中用于最终产品的那部分情况。最终产品通常包括消费、储备、出口以及基建投资。

第三象限包括各部门固定资产折旧和新创造的价值。其中新创造的价值主要是劳动报酬（工资、津贴、奖金、补助等）和社会纯收入（利润、税金、公积金和公益金等），它反映国民收入的初次分配情况。

第四象限反映国民收入的再分配情况，比较复杂，通常略去。

这种投入产出表对于各种规模的经济部门都是适用的。对于这些部门的产品来说可分为三部分：一是留作本部门使用，作为生产消耗部分；二是提供给其他部门作为生产消耗部分；三是直接满足社会最终需要部分，包括个人消费、社会消费、储备与出口。

对投入产出表进行分析，可以确定整个国民经济或部门、企业经济发展中的各种比例关系，并且能够为制订合理的价格服务。此外，这种经济分析可以预测某项政策实施后所产生的效果；能够从整个系统的角度编制长期或中期计划，易于搞好综合平衡，还可以用此种办法计算出某个在建项目对整个系统的影响。投入产出法是一种科学实用的计划方法。

四、环境扫描法

指浏览大量的信息以觉察正在出现的趋势和形成一套设想。它的内容主要包括：阅读报纸，杂志，书籍和贸易期刊；阅读竞争者的广告，促销材料和印刷品；参加贸易展览会；征求销售人员的意见；拆开竞争对手的产品仔细研究。现在，不管组织大小，管理人员都越来越重视环境扫描，以预估和解释环境的变化。环境扫描的一个重要领域是竞争者情报：寻求竞争对手的信息，试图识别谁是竞争者，他们在干什么，他们的行动将会对本组织产生什么影响。有关竞争方面的精确信息，使管理者不仅能对竞争行为做出正确反应，而且还能预估竞争者的行为。

广泛的环境扫描可以揭示出许多问题和联系，但他们并非都是很重要的。通常需要集中于最为重要的3～4个问题。并根据每个问题提出设想方案。设想方案是指对未来可能会是什么样的一种连贯的思考。通过提出多种假设来评价某一事件一旦发生的可能后果，并根据不同的特定条件演练可能的对策，主动地为各种可能的变化做好准备，以获取和保持竞争优势。

五、其他常见的计划方法

1. 线性规则

线性规划是解决某些问题的整体效益最优问题的方法（具体参见本章第六节）。

2. 模拟

模拟是对真实的活动或过程建立模型，然后操纵模型中的一个或多个变量来评价它们的影响。计算机模拟是一种有效的计划工具，它使管理者可以在计算机上模拟成千上万个可能的选择，而所需成本很少。通过模拟复杂的情况，管理者能够看到变量的变化怎么影响到最终结果。

3. 排队论

排队论亦称为候线模型，它用于帮助管理人员决定哪种等候队伍或排队的长度最为适当。在超级市场、银行、大桥收费处等的主管都得决定设置几个收费窗口，在什么时候开放多少个出纳窗口等，都属于排队问题。一般情况下，管理者总是希望尽量减少开放的服务数量以降低成本，又不希望顾客排长队而失去耐心。完全消除排队现象是不可能的，管理者应一方面考虑尽可能缩短服务时间，另一方面又得考虑增加服务数量所带来的成本的增加。

4. **博弈论**

博弈论是试图预测在竞争形势下，人们或组织将如何行为。预测的目的是为了设计一些策略来应对这些行为。博弈论可应用于组织相互竞争的各种场合，如定价、产品开发、广告及分销渠道等。

实际上，可以用于计划制定的方法远不止上述这几种，对于不同的问题、不同情况下组织的计划工作还有大量不同的方法可以选用。

第五节 目标管理

一、目标的含义

计划工作的重要一步是确定目标。目标是指组织和个人活动所指向的终点或一定时期内所寻求的最终成果。这些成果可能是个人的、小组的、或整个组织努力的结果。目标为组织成员指明了工作方向，为管理者提供了标准来衡量实际的绩效，是调动组织成员积极性和提高凝聚力的重要手段，是建立目标体系和实施目标管理的基础。

1. **目标的性质**

目标具有层次性和多样性。目标由总目标、分目标和子目标形成一个全面的目标体系，各层次目标之间相互配合，方向一致。此外，所有组织的目标都是多重的，没有一种单一的衡量尺度能有效地评价一个组织是否成功地履行了它的使命。企业除了关注利润外，还追求扩大市场份额和满足职工福利等。现代组织是一个复杂的社会结构，它需要在众多的目标和需要之间求得平衡。靠单一定的尺度是难以有效衡量和评价一个组织是否成功。

2. **目标的分类**

根据不同的分类依据，可以对目标进行不同的划分。

从衡量程度划分，可把目标分为定量目标和定性目标。定量目标是可被衡量的和被考核的。如“财务要实现12%的投资报酬率”的目标，就是可被衡量和考核的定量目标。有时候目标很难用考核术语来陈述，就是定性目标。“如财务年度末获得合理的投资报酬”就是很难衡量的定性目标。

从目标的范围划分，可把目标分为总目标和子目标。总目标是一个组织所要实现或达到的总的结果。子目标是从总目标分解出来所要完成的具体目标，是为总目标服务的。总目标和子目标的划分是相对的。作为某一目标的子目标，有时也可以看作其自身子目标的总目标。如某一跨国集团，其在中国的分公司的目标就是集团的子目标。但如果单就中国分公司而言，该目标又是各下属部门子目标的总目标。

从目标的时间跨度划分，可以把目标分为短期目标、中期目标和长期目标。短期目标往往十分具体，通常组织中层次越低的部门，其目标越具体，时间跨度越短。长期目标的具体性最差。目标期的长短是相对的，不同行业、不同组织的划分都不尽相同。

从目标的真实性划分，可把目标划分为宣称的目标和真实的目标。宣称的目标是一个组织对其目标的对外陈述，使公众相信他们打算做什么。宣称的目标往往与组织真实的目标不相一致，通常受社会对组织应该做什么的舆论影响。要想了解某组织的真实目标，不仅要看他们怎么说，更重要的是看他们怎么做。

3. 目标的特征

每个组织都制定目标，但目标的好坏带来的结果却大相径庭。有效的目标应具有以下特征：

(1) 目标不能太多

目标应该有重点和优先顺序，以防顾此失彼。

(2) 目标应尽可能具体，易于衡量

一般组织目标的通病是太笼统，不利于管理人员理解，也不利于衡量实际绩效和进展情况。对目标的各项指标应尽可能量化。对于某些非定量的或比较难衡量的目标，应尽可能转化成可衡量的目标。

(3) 目标应有时间限定

目标应该规定完成的时间跨度。不管短期、中期或长期目标，都应该明确规定目标完成的时间跨度。

(4) 目标应强调成果，而非活动

活动是完成目标的手段。如通过加强职工的培训，可以提高劳动生产率。此时，培训本身只是一种手段而非目的，真正的目标是提高劳动生产率。

(5) 目标应既有挑战性，又切实可行

目标必须具有一定的挑战性，要经过相当的努力才可能实现，组织成员也容易在达成目标的过程中产生一种成就感。如果目标定得过低的话，就不会产生这样的效果。另一方面，目标也不能脱离实际，定得过高。无论怎样努力，都不可能达成目标，这样很容易挫伤组织成员的积极性，达不到激励的效果，目标也失去了实际意义。

（6）目标应易于理解，易于为组织成员接受

组织成员都应能明确其个人目标和组织总体目标之间的关系，各级目标协调一致，共同服务于组织的长远利益和长远目标。目标不应过分复杂，应易于为组织成员理解和接受。当环境或其他条件发生变化，要对目标进行相应的调整以适应这些变化。

二、目标管理的含义

目标管理（management by objectives，MBO）是一种系统方法，在该系统中下级和上级共同确定具体的绩效目标，定期检查完成目标的进展情况，并根据目标的完成情况进行奖励。目标管理由美国著名企业管理家德鲁克于 1954 年在《管理的实践》一书中系统地提出，他认为："凡是工作状况和成果直接地、严重地影响着企业的生存和发展的部门，目标管理都是必需的。"他还认为"期望一个经理所能取得的成就，必须来自企业目标的完成；他的成绩必须用他对企业成就的贡献有多大来衡量"。目标管理把泰罗的科学管理与梅奥的人本思想结合在一起，是一种综合的以工作为中心和以人为中心的管理方法，组织全体成员的工作均以目标为导向。目标管理既是一种管理方法，又是一种激励技术。其出发点是使个人目标与组织目标一致，并以目标激发热情。它充分肯定人的潜力，深信人们只要给予适当的机会，是会乐于为目标而奋斗的。目标管理具有以下特点：强调自我参与、强调自我控制、注重成果第一、促使权力下放。

在组织中实施目标管理，应具备以下先决条件：适合组织的需求；倡导团体参与设置目标，无个人之间不健康的竞争；有充分的培训；相关部门参与评价这种方法的成果与可操作性。

三、目标管理过程

目标管理一般由组织的高层管理部门发起。由高层管理者进行动员、宣传，讲清目标管理的意义和内涵，使组织成员了解其所承担的责任和在目标管理中的地位，了解目标管理的性质和主要内容，达到组织内部的共识。目标管理一般具有以下几个过程：

（1）确定组织的整体目标和战略。

（2）在职能部门之间分配主要的目标。

（3）上下级一道合作确定具体目标。上级为每个下属提出初步的目标，同时下级也为自己提出一组目标。通过双方商讨，制定下级最终的目标。这些目标不仅具体，而且有明确的时间限制。

（4）在部门成员的合作下部门负责人将具体目标落实到个人头上。

（5）管理者与组织成员共同确定行动计划并达成协议。

（6）实施行动计划。

（7）定期检查完成目标的进展情况，并向有关人员反馈结果。

（8）通过基于绩效的奖励强化目标的成功实现。在目标管理周期（通常为一季）结束后，上下级共同讨论如何解决存在的问题，确定组织成员的绩效。讨论的结果作为奖励的依据和制订下期目标的基础。

四、对目标管理的分析

目标管理是当今影响较大的一种计划方法和管理制度。科学有效的目标管理可以提高组织的计划管理水平，保证组织目标的实现。但是目标管理在实施过程中也存在一些局限。因此，客观的分析目标管理的优缺点，有助于扬长避短，收到实效。

1. 目标管理的优点

目标管理使各项活动的目的性很明确，避免了流于形式，最终导致“拣了芝麻，丢了西瓜”。目标管理有助于改进组织结构和职责分工。目标管理要求尽可能把完成一项组织目标的成果和责任划归一个职位或部门，而在实际实施过程中，常常会使我们发现组织存在的诸如授权不足、职责不清等缺陷，从而有助于对组织结构进行改进。目标管理将个人利益和组织利益紧密联系在一起，进一步调动了组织成员的主动性和积极性。由于目标是经过商定的，组织成员能明确自己的工作在整体工作中的地位与作用，明确应该履行的职责和拥有的权利，积极主动的在某领域内施展自己的才华，从而提高了管理的成效。目标管理将企业的各层次目标连成一个有机整体，表现出良好的整体性。目标管理有助于开展有效的控制，目标既是组织成员应该达成的结果，同时也是对其实施控制的标准。

2. 目标管理的局限性

目标管理也有其局限性。首先，由于对目标管理错误的理解，常常导致不能取得预期的结果。如果管理人员或组织成员对目标管理的内涵和过程理解不透彻，也就很难取得很好的效果。其次，目标难以量化。许多工作岗位难以使目标定量化和具体化，或者管理人员的素质不足以胜任目标的制定。再者，目标管理的假设条件不一定都满足。目标管理对于人类的动机的假设都比较乐观，认为人是“自我实现的人”，勇于承担责任，富有成就感和进取心，只要有机会就会努力工作。而现实生活中并不完全如此。因此，在商定目标时，如果没有科学的管理基础，没有齐全的资料数据，又缺乏全局观点，很容易产生互相之间留一手、打埋伏，讨价还价，破坏了信任和承诺的气氛。另外，在目标管理的组织中，容易强调短期目标，很容易牺牲组织长远的利益。最后，目标的商定很费时间。目标的商定是相互的，需要反复几次；同时又特别强调文字工作，需要填写各种各样的表格，容易流于形式，花费太多的不必要时间。

因此，在推行目标管理的过程中，除了掌握基本的方法和过程外，还需要注意一些基本问题。首先，推行目标管理需要一定的思想和科学管理基础。目标管理容易滋长急功近利、本位主义的思想，如果组织成员没有确立全局观点和长远利益观念，就很容易出现不顾整体和长远利益的现象。如果没有良好的科学管理基础，没有健全完善的规章制度，就不能准确的度量和评价工作成果。其次，目标管理的关键在于领导。目标管理对领导者提出了更高的要求，各级领导应具有专业的知识，深入的工作作风，善于协调沟通，并且善于授权和指导，从而创造下属自由的达成目标的条件，以获取目标管理的成功。再者，目标管理在推行过程中，总会出现这样那样的问题。必须局部试点，逐步完善，做好各项基础工作。只有长期坚持，才能收到良好的效果。

第六节　决策问题

决策是管理过程中的一项重要活动。决策是为达到某种目标，从若干个问题解决方案中选出一个最优或合理方案的过程。因此，决策是人们在各项工作中的一种重要选择行为。无论是行动方案的确定，还是重大发展战略的制定；无论是一个领导干部的选拔，还是一种产品的研制生产；无论是一个企业的生产管理，还是一个国家地区的产业政策；都是由一系列决策活动来完成的。所以决策的正确与否是关系到事业成败和利益得失的大事。决策正确带来的是“一本万利”，而决策失误也是“最大的失误”。关于这一点，著名科学家、诺贝尔奖获得者西蒙有句名言：“管理就是决策”。决策贯于管理的全过程，这也就是说，一切管理工作的核心就是决策。

一、决策问题与类型

什么是构成一个决策问题的要素呢？下面我们看一个较为简单的例子。

某工程施工单位准备承建一项军事工程，需要决定下个月是否开工。如果天气好，工程能顺利进行，就可盈利60000元；如果开工后天气不好，接连下雨，施工困难，该施工单位将损失10000元。如果不开工，则无论天气好坏，都要赔偿5000元。面对这种情况应如何决策，以争取获得最大可能的效益。

在此，天气好或天气坏叫作自然状态，人们可能采取两种行动方案，即开工或不开工。在不同自然状态下损失，可以看成是负的收益，这样要达到收益最大的目标。当然，有时也以损失最小为目标。在决策理论中，收益和损失应该是可以定量地表示出来的，上例中相应的益损情况如表3－4所示。

表3－4　开工与不开工的益损比较

自然状态	行动方案	
	开工	不开工
天气好	60000元	－5000元
天气坏	－10000元	－5000元

从上述例子可以看出，构成一个决策问题必须具备以下几个条件：

（1）存在试图达到的明确目标；

（2）存在不以决策者主观意志为转移的两种以上的自然状态；

（3）存在两个或两个以上可供选择的行动方案；

（4）不同行动方案在不同自然状态下的益损值可以计算出来。

从不同的角度来分析决策问题，我们可以得出不同的分类。

1．按决策的重要性分类

按决策的重要性可将其分为战略决策、策略决策和执行决策，或称为战略规则、管理控制和运行控制三个层次。

战略决策是涉及到组织的发展和生存的有关全局性、长远、方向问题的决策，如企业厂址的选择、新产品开发、新市场开发，国家和地区的产业布局、结构调整、战略方针等。策略决策是为完成战略决策所规定的目标而进行的决策，如企业的产品规格、工艺方案等。执行决策是根据策略决策的要求制定执行方案的选择，如生产标准选择、生产调度、人员兵力配备等决策。

2. 按决策的性质分类

按决策的性质可将其分为程序化决策和非程序化决策。

管理决策典型地说属于两种类型之一：程序化决策与非程序化决策。

程序化决策是一种有章可循的决策，具体体现为可以重复出现，制定固定程序，如订单标价、核定工资、生产调度等。程序化决策是针对反复出现的组织问题所做出的决策，此时，我们可以制定决策规则，并将这些规则用于未来的决策之中。当库存减少到一定程度时，再次订购纸张和其他办公用品的决策就是程序化决策。

而非程序化决策表现为问题新颖、无结构，处理这类问题没有灵丹妙药，如开辟新的市场、作战指挥决策等。当我们面临的形势是定义不清楚的、很大程度上不成体系的或者对组织有重要意义时，我们就做出非程序化决策（nonprogrammed decision）。许多非程序化决策都涉及战略计划的问题，因为不确定性是很大的，决策也是复杂的。修建新厂、开发新产品或服务、进入新的区域市场或者在另一个城市为总部重新选址等方面的决策全是非程序化决策。从决策的实践来看，组织中越是重要的、具有决定性意义的问题，越可能是非程序化决策问题。

这一类决策根据问题结构化的程序又可将其分为结构化决策、半结构化决策以及非结构化决策。所谓结构化是指问题的影响变量之间的相互关系可以用数学形式表达，问题的结构可以用数学模型表示；非结构化问题比较复杂，一般也不能建立数学模型；介于二者之间的称为半结构化决策。

3. 按决策的主体分类

从决策的主体来看，可将决策分为组织决策与个人决策。

组织决策是组织整体或组织的某个部分对未来一定时期的活动所作的选择或调整。组织决策是在环境研究的基础上制定的。通过环境研究，认识了外界在变化过程中对组织的存在造成了某种威胁或提供了某种机会，了解了自己在资源拥有和应用能力上有何优势或劣势，便可据此调整活动的方向、内容或方式。

个人决策是指个人在参与组织活动中的各种决策。组织是由若干个人集合而成的。每个成员在参与组织活动的过程中都要制定一系列的决策。

个人参与组织活动的过程，实质上是一个不断地做出决定或制定决策的过程。当然，个人的这些决策，个人需要解决的这些问题，通常是在无意中提出并在瞬间完成的。与之相反，组织的任何决策，组织需要解决的每一个问题，都是有意识地提出并解决的，并由于其影响重大，涉及许多工作，需要多种信息，因而常常表现为一个完整的程序。

4. 按人们对自然状态规律的认识和掌握程度分类

根据人们对自然状态规律的认识和掌握程度，决策问题通常可分为确定型决策、风险型决策（统计决策）以及非确定型（完全不确定型）决策三种。

如果决策者能完全确切地知道将发生怎样的自然状态，那么就可在既定的自然状态下选择最佳行动方案，这就是确定型决策问题，如资源的分配优化、配置等，总之用数学规划解决的问题都属于确定型决策问题。

如果构成一个决策问题，除满足前述的四个条件以外，还满足如下条件：未来出现哪种自然状态决策者不能准确给定，但其出现概率却可以估计出来，那么这种决策问题就称为风险型决策问题。如本节例子中，天气好、天气坏的概率可以估计出来，这一问题就属于风险型决策问题了。

如果决策者不但不能确定未来将出现哪一种自然状态，甚至对于各种自然状态出现的概率也一无所知，也没有任何统计数据可循，全凭决策者的经验、态度和打算，这类决策问题就是非确定型决策问题。

5. 按决策的目标数量分类

按决策的目标数量可将其分为单目标决策和多目标决策。

仅有一个目标的决策问题是单目标决策，有两个或两个以上目标的决策问题称为多目标决策。

6. 按决策的阶段分类

按决策的阶段可将其分为单阶段决策和多阶段决策，也可称为单项决策和序贯决策。单项决策是指整个决策过程只作一次决策就得到结果，序贯决策是指整个决策过程由一系列决策组成，而其中若干关键决策环节又可分别看成单项决策。

程序化决策与非程序化决策的一个主要区别在于管理者在决策的过程中所应对的确定性或不确定性的程度。在完美的理想化世界中，管理者可能掌握了决策所需要的全部信息。可是，在现实生活中，有些事情是不可知的。因此，有些决策就不能解决问题或者取得理想的结果。管理者努力获取关于决策方案的信息，它们会降低决策的不确定性。根据信息的可获得性，决策的风险高低、与问题的不确定性程度以及决策类型之间的关系，可以用图 3－5 表示出来。

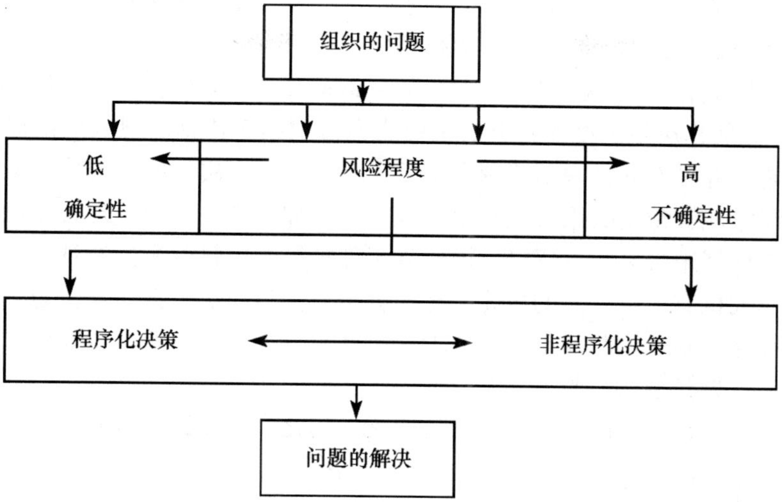

图 3－5　影响决策失误可能性大小的条件

二、决策模式

美国的达夫特（R. L. Daft）把管理者通常使用的决策方式分为三种，即：古典模式、管理模式、政治模式。对模型的选择取决于管理者个人的偏好，是进行程序化决策还是非程序化决策，以及决策的风险性、不确定性或者含混性的程度。

（一）古典模式

决策的古典模式（classical model）是基于经济学的假设。该模式出现于管理文献内部，因为管理者被期望做出决策，而且这些决策从经济上讲应该是明智的，并且是出于对组织的经济利益最优化的考虑。古典决策模式模型的基本假设是：

（1）决策者完成已知并已达成共识的目标，问题已经被精确地阐明和详细地界定清楚。

（2）决策者收集到完整的信息，为创造具有确定性的条件而努力。所有方案以及每个方案的所有潜在结果都已经考虑到了。

（3）备选方案的评价标准是已知的，决策者选择使组织的经济回报最大的方案。

(4) 决策者是理性的，并运用逻辑来赋值、安排优先顺序、评价方案，并做出使组织目标的实现概率最大化的决策。

古典决策模式被认为是主观规范（normative），即它详细说明了决策者"应该"如何作决策。虽然古典决策模式为组织如何达到理想的结果提供了指南，但是它并没有同样说明管理者实际上是如何做出决策的。古典决策模式的价值在于它能够帮助决策者做到更加理性。例如，许多高级管理者仅仅依靠直觉和个人偏好来决策。近年来，由于基于计算机的定量分析方法越来越多，古典决策模式也有了更广泛的用途。定量分析方法包括决策树、支付矩阵、保本分析、线性规划、预测及运筹学模型等。基于计算机的信息系统和数据库的应用提高了古典模型的说服力。

由此可见，古典决策模式主要适应于结构化和程序化决策问题。

（二）管理模式

决策的管理模式（administrative model）描述了管理者在艰难的情况下（以非程序化决策、不确定性和含混性为特点）是如何决策的。许多管理决策都是不足以编程的，它们自身就不能实现任何程度的量化。管理者不能做出在经济上理性的决策，即使他们想做到这一点。

1. 有限的合理性和满意性

决策的管理模式是基于西蒙的研究工作。西蒙提出的两个概念在建立决策的管理模型上具有工具性的意义，它们是"有限的合理性"和"满意性"。有限的合理性（bounded rationality）意思是，人们保持理性的程度是有局限性的。组织令人难以置信地复杂化，管理者有时间和认知能力处理的仅仅是有限数量的信息并借此做出决策。由于管理者没有时间或认知能力处理有关复杂决策的全部信息，所以他们只要感到满意就行了。满意性（satisfying）的意思是，决策者选择能够满足决策标准的最低要求的第一个解决方案。管理者不会为了识别使经济效益最大化的唯一方案而努力去寻求所有可能的备选方案，但会选取看上去似乎能够解决问题的第一个方案，而不论是否可以假设还有更好的方案存在。决策者不能提出正当理由证明获取全部信息需要的时间和费用的合理性。

有限的合理性和满意性同时出现的一个例子是，在商务旅途中的一位下级主管恰好在重要会议开始之前打翻了咖啡弄脏了她的短衫之时，她会冲向附近的服装店，购买她发现的第一件令她满意的衣服换上。她既没有时间也没有机会将全城所有的短衫都看遍，能选购到一件能解决燃眉之急的衣服就满意了。

同样，管理者在为复杂问题寻找解决方案时，也只是到他们发现自认为能管用的一个方案为止。

管理模式的假设与古典模式的假设不同，它强调影响个人决策的组织因素。就复杂的、非程序化决策而言，管理模式比古典模型更实用。根据管理模式：

● 决策目标往往是模糊的和互相矛盾的，还缺乏管理者之间的共识。管理者常常不知道组织里存在的问题或者机会。

● 并非总是运用理性程序，就算启用理性程序，也仅仅局限于对问题的简单认识，不能抓住活生生的组织时间的复杂性。

● 因为人力、物力和资源的局限，管理者对备选方案的搜寻是有限的。

● 大多数管理者满足于满意的而非最优的解决方案。其中一部分原因是由于管理者掌握得信息有限，还有一部分原因是对于最优方案的构成要素，它们仅有的评价标准也很模糊。

管理模式通常被认为是比较客观的，即它说明了管理者事实上是如何在复杂的情况下做出决策的，而不是根据纯理论的设想规定管理者“应该”如何决策。管理模式认识到了影响管理者决策过程中的理性化程度的人力和环境制约因素。

2. **直觉**

管理决策的另一个方面是直觉。直觉（intuition）反映了根据过去的经验但不经过有意识的思考而对决策形势的迅速感悟。直觉决策不是随意性的或者非理性的，因为它是基于数年的实践和代代相传的经验做出的，这些事件经验使得管理者能够迅速确定解决方案，而不需要经过艰辛的计算过程。在今天快速节奏、不确定的管理环境里，直觉在决策中起着越来越重要的作用。譬如，对来自不同行业的60名商务专业人士的研究发现，将近二分之一的人说，他们在工作场所的决策常常是依靠直觉来做出的，另外还有30%的人说他们也偶尔也凭直觉来决策。

认知心理学家克莱因（G. Klein）已经研究了在极端的时间压力和不确定性情况下人们是如何运用直觉做出优良的决策的。克莱因发现，直觉始于认知。当人们在某一特定的领域具有丰厚的阅历和深厚的知识积累时，常常可以迅速而不费力地做出恰当的决策，这是对已经被有意识的大脑较大程度遗忘的信息的识别。比如，消防队员凭借经验，通过识别火灾的典型情况或反常情况来做出决策。

与此类似，在商务领域，管理者一直在感知和处理或许他们还没有意识到的信息。他们的知识和经验积累帮助他们做出决策，这些决策可能就具有不确定性和含混性的特点。

（三）政治模式

决策的第三种模式适应于条件不确定、信息有限、管理者对追求什么目标或者采用什么行动计划有异议时制定非程序化决策。大多数组织都涉及众多追求不同目标的管理者，他们不得不相互交谈以分享信息和达成协议。结盟（coalition）是支持某一特定目标的管理者之间非正式的一种联盟。换句话说，支持某一特定方案——如通过收购另一家公司来促进公司的发展——的管理者，与其他高级主管进行非正式的交谈，努力劝说他们支持该决策。当结果不可预见时，管理者就通过讨论、谈判和讨价还价来赢得支持。没有结盟，强权的个人和团队就会使决策过程脱离正轨。结盟就给予几位管理者以机会，可以为决策出力，增强对最终选定的方案的责任感。

政治模式非常类似大多数管理者和决策者经营所在的现实环境。决策是复杂的，涉及许多人，信息往往模棱两可，在问题及其解决方案上观点的不一致和冲突又是很常见的。政治模式有四个基本假设：

（1）组织是由具有不同利益、目标和价值观的群体组成的。管理者对问题的轻重缓急看法不一，因而可能不会理解和共享其他管理者的目标和利益。

（2）信息是含糊的、不完整的。保持理性的努力是有限的，其原因在于众多问题的复杂性和个人及组织自身的局限。

（3）管理者没有时间、资源或者智能去识别问题的各个维度并处理所有的相关的信息。为了收集信息和减少含混性，管理者相互沟通，交换意见。

（4）为了决定目标和探讨方案，管理者要参加辩论的拔河比赛。决策是联盟成员之间讨价还价和辩论的结果。

古典模式、管理模式和政治模式的关键内容如表 3 - 5 所示。最近在决策程序方面的研究发现，在稳定的环境里，理性的、古典的决策程序与组织的高绩效水平联系在一起。但是，在不稳定的环境里，必须快速做出决策，而且决策是在更艰难的条件下做出的，因而与高绩效水平相联系的是管理决策程序、政治决策程序以及直觉。

表 3－5　古典决策模式. 管理决策模式和政治决策模式的特点

古典模式	管理模式	政治模式
清晰的问题与目标	含糊的问题与目标	多元性；矛盾的目标
具有确定性的条件	充满不确定性的条件	充满不确定性/含混性的条件
关于方案及其结果的完整信息	关于方案及其结果的有限信息	不一致的观点；含混的信息
个人为追求结果最大化而进行理性抉择	利用直觉解决问题的满意性抉择	联盟成员之间的讨价还价和辩论

三、决策的过程与步骤

西蒙把决策过程同现代的管理科学、计算机技术和自动化技术结合起来，将其划分为四个主要阶段：找出制定决策的理由；找到可能的行动方案；在诸行动方案中进行抉择；对已进行的抉择进行评价。尽管不同的决策者在不同决策场合对上述四个阶段的看法可能不一样，但这四个部分加在一起却构成了决策者所要作的主要工作。

第一阶段是调查环境，寻求决策的条件和依据，即“情报阶段”；第二阶段是创造、制定和分析可能采取的行动方案，即“设计阶段”；第三阶段是从可资利用的备选方案中选出一个特别行动方案，即“抉择活动”；第四阶段是决策的实施与评审，西蒙称其为“审查活动”，其实质是对过去的抉择进行评价。这一过程主要适应于程序化决策问题，但是经过简单的扩展，就可以适应于非程序化决策问题了。

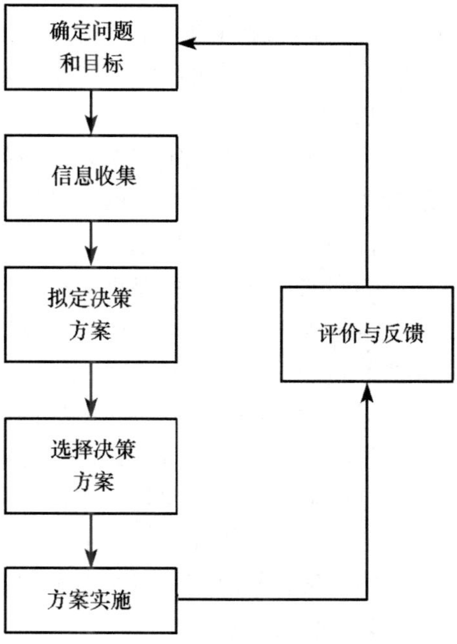

图 3－6　决策过程

无论是程序化决策还是非程序化决策，也不管管理者选择古典模式、管理模式或者政治模式，典型的决策过程都有 6 个步骤（如图

3－6所示）。

1. 明确决策问题和目标

管理者分析决策所面临的问题或者机遇。感知到问题或者机遇的存在是决策过程的第一步。当组织取得的成就小于既定的目标时就出现了问题。此时，组织的绩效的某一方面可能是不令人满意的。相反，当管理者看到了超过目前预期目标的潜在成就时，就存在机遇。此时，管理者意识到了在目前基础上进一步提高绩效水平的可能性。

发现问题，并确定组织决策要达到的目标，是保证决策有效的前提和基础。决策目标要制定得具体、明确，避免抽象、含糊。因此，决策目标最好是可度量的指标，如效益、损失等。此外，管理者需要审视他们周围的环境，决策目标要考虑全面，整体与局部、长远和近期、实际和可能的利益要结合起来。

2. 信息收集

确定了决策的问题和目标之后，必须进行广泛调研、收集资料，并加以整理分析。实际上，这些信息很可能与决策问题以及后面所采用的决策方案的制定、分析以及选择方法有关。来源主要包括历史统计数据、专门的调查信息、市场信息、实验数据等等。必要的话，应当建立数据库，分类管理，便于分析处理。充分而有效的信息收集与数据处理是合理决策的关键。

3. 拟定决策方案

根据确定的目标，拟定多个行动方案，这是科学决策的关键。需要注意，提出的行动方案都必须是可行的，这样从中选择方案才有意义。对于比较大的决策问题，还要进行可行性论证。

决策的本质是选择。而要进行正确的选择，就必须提供多种备选方案。因此，在决策过程中，拟定可替代的方案要比从既定方案中选择重要得多。研究和实践都证明，限制对备选方案的搜索，那种只有一种方案，“以不变应万变”的决策是组织决策失败的首要原因。

对于程序化决策，可行方案很容易识别，而且事实上常常是根据组织的规则和程序早已唾手可得。但是，非程序化决策往往要求制定能够满足公司需要的新的行动方案。至于在高不确定性条件下做出的决策，管理者可能只开发一两种惯常的方案，解决问题只要能满意就可以了。

4. 选择决策方案

一旦制订了可行方案，就必须选择其中某一个方案。最终选择是选取几个备选行动方案中最有希望的。最佳的方案是这样的方案：它能够最好地适合组织的总体目标和价值观并运用最少的资源获取预期的成果。管理者努力选择风险性和不确定性最小的方案。对于大部分非程序化决策来说，由于某种风险是内生的，所以管理者尽量去量度成功的希望究竟有多大。在确定性条件下，他们可能不得不易靠自己的直觉和经验来判定给定的行动方案是否会取得成功。根据总体目标和价值观来抉择同样会有效地指导方案的选择。

方案的选择取决于管理者的个性因素和接受风险性与不确定性的意愿。例如，风险倾向是指在有机会获得更大的回报的情况下甘愿冒险的意愿。管理者愿意承受的风险水平会影响到根据任何决策进行的本利分析。

5. 方案实施

实施（implementation）阶段涉及运用管理能力、行政能力和劝说能力确保选定方案的实施。选定方案的最终成功取决于它是否能够转化为行动。有时，方案永远没能变成现实，因为管理者缺乏使事情发生所需要的资源或能力。方案的实施可能要求与受决策影响的人员商讨。必须运用沟通技能、激励技能和领导技能（参见本书第五、六、七章）以确保决策的贯彻落实。

6. 评价与反馈

在决策过程的评价阶段，决策者收集信息，了解决策的实施情况和决策对于实现目标的有效性。

反馈是重要的，因为决策是个连续的、永无止境的过程。当高级管理者或者董事会投票表决“是”或者“否”时，决策还没有完成。反馈向决策者提供了信息，他们可以借此促成新一轮决策。决策可能会失败，因此又需要重新分析问题，评价方案，并选定新方案、许多重大问题的解决都是连续尝试几个解决方案的结果，而每个方案对问题的解决都会有适度的改进。反馈就是监督，我们要据此决定是否需要做出新的决策。

战略决策总是隐含着某种风险，但是反馈和后续决策有助于把组织重新拉回正轨。管理者和组织通过从决策错误中学习，就可以化问题为机遇。

当然，上述过程和步骤是一般情况下的决策过程，在实际问题的决策中，上述过程并不是一成不变的。各个步骤之间可能存在反复和迭代，例如，当我们在对决策方案进行分析并选择时，发现还缺少某个方案的一些具体信息，此时，就可能要进行具有针对性的信息收集工作。

第七节　决策方法

为了保证影响组织未来生存和发展的管理决策尽可能正确，必须利用科学的方法。尽管不同的决策问题，其解决过程基本相同，但是，在这个过程中运用的方法可能大不相同。特别是因为决策情景不同、采用的决策模式不同，组织或个人的决策手段和途径将会千差万别。目前，管理决策中已有的方法不下百种，这里只简单介绍常见的几种定量决策方法。

一、确定型决策方法

在组织的管理中，特别是组织的计划过程中，有时决策所面临的问题比较明确，或者是在一定的假设前提下，决策者或者管理者对未来的组织面临的条件和状态可以掌握　对有关决策的效果可以估计出来，这时确定性的决策方法就可以使用了。这类问题主要体现在组织活动安排以及资源分配的计划阶段。下面以一个例子加以说明。

例　某军工企业计划每天安排生产Ⅰ、Ⅱ两种武器，生产一件武器所需的设备台时及A、B两种原材料的消耗及限额如表3－6所示。

表3－6　军工企业原材料、设备的消耗及限额

	Ⅰ	Ⅱ	限额
设备	1	2	8台时
原材料A	4	0	16kg
原材料B	0	4	12kg

如果每生产一件武器Ⅰ可获利2千元，每生产一件武器Ⅱ可获利3千元，那么该企业如何安排生产计划，可以使每天获利最大?

这是一个典型的线性规划问题，首先设企业每天生产武器Ⅰ、Ⅱ各为X_1、X_2件，那么企业每天获利为：

$$z=2X_1+3X_2$$

原材料的消耗及限额以及设备条件可以表示为：

$$\begin{aligned}X_1+2X_2&\leqslant 8\\4X_1\qquad&\leqslant 16\end{aligned}$$

$$4X_2 \leqslant 12$$

此外，假定产量 $X_1 \geqslant 0$、$X_2 \geqslant 0$。从而线性规划问题，也就是企业的生产计划决策问题，变成如何决定 X_1、X_2，使得企业每天获利 z 最大。

可以利用图解法、单纯形法，也可以利用一些数学规划软件（如 Matlab）进行求解。运用 matlab 求得上述问题的解为：$X_1=4$ 件，$X_2=2$ 件，此时，企业每天获利 $Z=14$ 千元。

二、风险型决策方法

风险型决策方法主要用于人们对未来有一定程度认识，但又不能肯定的情况。这时，实施方案在未来可能会遇到好几种不同的情况（自然状态）。每种自然状态均有出现的可能，人们目前无法确知，但是可以根据以前的资料来推断各种自然状态出现的概率。在这些条件下，人们计算的各方案在未来的经济效果只能是考虑到各自然状态出现的概率的期望收益，与未来的实际收益不会完全相等。因此，据此制定的经营决策具有一定风险。

风险型决策的评价方法也很多，我们下面主要介绍决策树法。决策树法是一种用树型图来描述各方案在未来收益的计算、比较以及选择的方法。决策树的基本形状如图 3－7 所示。

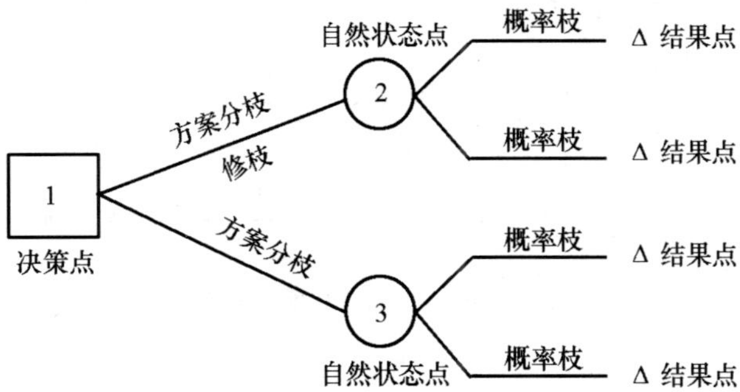

图 3－7　决策树

图中：□表示决策点，由此引出的两条直线叫方案分枝，表示决策时可采取的不同方案；②和③表示自然状态点，由此引出的直线叫概率分枝或状态分枝，表示方案在未来执行时可能遇到的几种不同自然状态。

用决策树的方法比较和评价不同方案的经济效果，需要进行以下几个步骤的工作：

（1）根据可替换方案的数目和对未来市场状况的了解，绘出决策树形图。

（2）计算各方案的期望值，包括：

1）计算各概率分枝的期望值；用方案在各自然状态下的收益值去分别乘以各自然状态出现的概率；

2）将各概率分枝的期望收益值相加，并将数字记在相应的自然状态点上。

（3）考虑各方案所需的投资，比较不同方案的期望收益值。

（4）剪去期望值较小的方案分枝，将保留下来的方案作为被选实施的方案。如果是多阶段或多极决策，则需要重复2、3、4各项工作。

用决策树法对在本节前面介绍的工程开工问题进行决策。

首先画出决策树，如图3－8所示。然后计算各点的期望值：

点②　0.2×60000＋0.8×（－10000）＝4000元

点③　0.2×（－5000）＋0.8×（－5000）＝－5000元

把计算结果记入决策树的相应位置，可以看出合理的决策方案是点②，即应该开工。

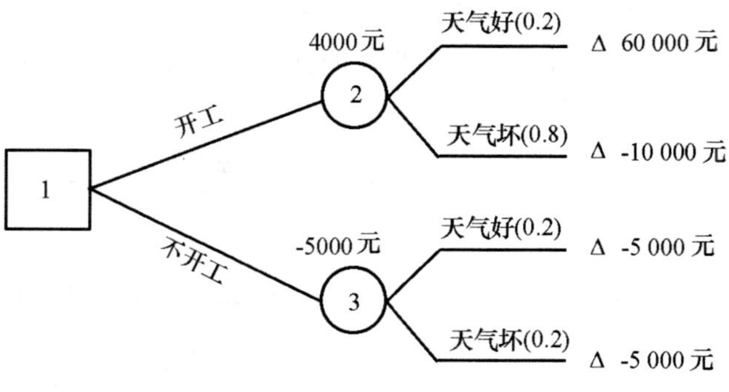

图3－8　开工问题的决策树

三、非确定型决策方法

这种评价方法适用于人们对未来的认识程度低于上述两种情况。如果人们只知道未来可能呈现出多种自然状态，但对其出现概率，人们全然不知，那么在比较不同方案的经济效果时，就只能根据主观选择的一些原则来进行。

某军工企业生产要考虑平时、战时结合，现要对产品生产的三种方案 A_1、A_2、A_3 进行决策。如果设未来形势有三种自然状态：战争 S_1、和平 S_2、不战

不和 S_3，而且可以估计出相应的益损值，并如下表 3－7 所示。

表 3－7　益损值

状态 收益 方案	战争 S_1	和平 S_2	不战不和 S_3	Min V	Max V
A_1	20	1	－6	－6	20＊
A_2	9	8	0	0	9
A_3	4	4	4	4＊	4

1．**悲观原则**

决策者对未来比较悲观，认为未来会出现最差的自然状态，因此企业不论采取何种方案，均只能取得该方案的最小收益值。所以在决策时首先计算和找出各方案在各自然状态下的最小收益值，即与最差自然状态相应的收益值，然后进行比较，选择在最差自然状态下仍能带来“最大收益”（或最小损失）的方案作为决策实施方案。在上述例子中，取 A_1 作为决策方案，这样无论局势如何，均可获得收益。这种方法也叫“小中取大规则”或“最小最大收益值规则”。

$$\min_S\left[V\left(A_1,\ S\right)\right]=-6$$

$$\min_S\left[V\left(A_2,\ S\right)\right]=0 \qquad \max\left\{-6,\ 0,\ 4\right\}=4$$

$$\min_S\left[V\left(A_3,\ S\right)\right]=4$$

2．**乐观原则**

如果决策者比较乐观，认为未来会出现最好的自然状态，所以不论采用何种方案均可能取得该方案的最好效果，那么决策时就可以首先找出各方案在各种自然状态下的最大收益值，即在最好自然状态下的收益值，然后进行比较，找出在最好自然状态下能够带来最大收益的方案作为决策实施方案。这种决策原则也叫“最大收益值规则”。在上述例子中，即有 $\min_A\left\{\max_S\left[V(A_i,S_j)\right]\right\}=20$，选取 A_1 作为决策方案。此即选取“最有利中之最有利”方案，故又称乐观法则。

3．**折中原则**

这种方法认为应在两种极端中求得平衡。决策时，既不能把未来想像得如何光明，也不能描绘得如何黑暗。最好和最差的自然状态均有出现的可能。因此，可以根据决策者的判断，给最好自然状态一个乐观系数，给最差的自然状态一个悲观系数，两者之和为1，然后用各种方案在最好自然状态下的收益值与乐观系数相乘所得的积，加上各种方案在最差自然状态下的收益值与悲观系数的乘积，得出各方案的期望收益值，然后据此比较各方案的经济效果，做出选择。

在上述例子中，给定一个乐观系数 α（$0<\alpha<1$）。然后，根据每一方案的最大收益值 V_{max} 与最小收益值 V_{min}，计算各方案的折衷收益值 H_i，即 $H_i=\alpha \cdot V_{max}+(1-\alpha)V_{min}$。最后，选择折衷收益值最大的方案，即 $\max H_i$ 作为最优方案。如上例中，若取 $a=0.6$，则：

$$H_1=0.6\times20+(1-0.6)\times(-6)=9.6$$

$$H_2=0.6\times9+(1-0.6)\times0=5.4$$

$$H_3=0.6\times4+(1-0.6)\times4=4$$

$$\max\{9.6,5.4,4\}=9.6$$

故应选取方案 A_1 为最优方案。可见，这种方法取决于 α 之取值。α 值愈大，则过于乐观，$\alpha=1$ 即乐观法则。α 值愈小，则过于悲观，$\alpha=0$ 即悲观法则。

4. 最小最大后悔值规则

决策者在选定方案并组织实施后，如果遇到的自然状态表明采用另外的方案会取得更好的收益，组织在无形中遭受了机会损失，那么决策者将为此而感到后悔。最小最大后悔值规则就是一种力求使后悔值尽量小的原则。根据这个原则，决策时应先算出各方案在自然状态下的后悔值（用方案在某自然状态下的收益值区与该自然状态下的最大收益值相比较的差），然后找出每种方案的最大后悔值，并据此对不同方案进行比较，选择最大后悔值最小的方案作为实施方案。

例如，在上例中采用方案 A_1，若真正发生战争，即获最大收益，自无憾事。反之，若采用方案 A_2，则损失11，采用 A_3 则损失16，依此类推，得后悔值矩阵。其方法是在收益矩阵的每一列中选出最大的元素，将这一列的每个元素都减去这个最大值，得后悔值矩阵如表3－8所示。然后找出各方案的最大后悔值，选其中最小者之方案为最优方案。如上例中，为使后悔最小，应选方案 A_1。

表 3－8　后悔值

方案＼收益＼状态	战争 S_1	和平 S_2	不战不和 S_3	最大遗憾值
A_1	0	－7	－10	－10＊
A_2	－11	0	－4	－11
A_3	－16	－4	0	－16

由此可见，根据不同的规则，就会得到不同的最优方案。上述几种规则，究竟如何选择，应该视具体情况而定。如对付灾害性事件（如洪水、地震等），则应估计到最不利的情况，使遭受损失最小。在其他场合也是各有各的考虑，很难一致对待。

思　考　题

1. 什么是计划和计划工作？
2. 如何理解计划工作的性质？
3. 计划工作的作用是什么？
4. 计划与变化相矛盾吗？
5. 如何理解战略计划与长期计划的异同？
6. 政策和程序的区别是什么？
7. 计划工作的步骤有哪些？
8. 选定目标应注意哪些问题？
9. 确定计划前要注意哪些问题？
10. 选定方案一般由哪些方法？简要阐述。
11. 什么是辅助计划？制定辅助计划应注意哪些问题？
12. 滚动计划法的主要思想是什么？
13. 简述网络分析技术及其优点。
14. 目标具有哪些特征？
15. 什么是目标管理？其先决条件是什么？
16. 实施目标管理的步骤有哪些？
17. 简述目标管理的优缺点。

18. 什么是决策？如何理解决策的重要性？
19. 什么是程序化决策和非程序化决策？举例说明。
20. 决策有哪几种模式，各有何特点？
21. 简述决策的一般过程。

第四章　组　　织

组织既是管理的基本职能之一，同时又是管理职能赖以履行的制度平台。组织结构在很大的程度上决定组织职能的效率，建立科学、合理的组织结构对组织目标的实现尤为重要。有效的管理者就是要使组织在相对稳定又不断创新中完善和发展。因而，组织理论尤其是组织的设计与创新是现代管理学的重要、核心内容。

本 章 重 点

- 组织的基本特点
- 组织的人力资源配备
- 组织的主要类型
- 组织的变革的趋势
- 组织的设计的内容与原则

第一节　组织的基本概念

一、组织的定义与特点

人类社会生活中组织的概念几乎无处不在，诸如政治生活中的党组织、团组织、妇女组织、工会组织；集团军、舰队、航空师、装甲旅（团）是军事组织；银行、公司、工厂是经济组织；大学、中学、小学是教育组织等；小至村民小组，大至国家都是组织。因此，组织是特定的社会群体为了共同的目标，按照特定原则，通过组织设计，使得相关资源有机组合，并以特定结构运行的社会系统。

在动词意义上，组织是管理的一项基本职能；在名词意义上，组织是管理存在的前提和管理思想、政策、方法、措施赖以发挥作用的制度平台。管理与组织具有密切的直接相关性，甚至有人认为它们是一个事物的不同侧面。一切管理都是在组织中进行的，作为管理的载体和基本途径，组织对于管理具有基础性和工具性的意义，而管理又是组织的必然要求和基本职能。所以，组织成为管理学研究的重要内容。

组织具有以下一些特点：

1．**统一性**

组织的统一性主要体现在两个方面：一是组织目标的统一性；二是组织原则的统一性。

任何组织都是为一定的目标而存在的，无论目标大小、好坏；如果没有目标，组织就失去了存在的价值。目标是组织活动的前提。如一所大学，作为组织就是要培养高级专门人才；收治病人就是一所医院存在的目的；保卫国家安全，抵御外来侵略是一般军队存在的目标。组织的目标决定组织性质，共同的目标是组织的基础和第一要素。组织的目标具有一致性，其主要体现在三方面：①目标价值的一致；②层级目标的一致；③阶段目标的一致。

组织原则是组织构建和运行的基本规范和规则的总和，它既是组织目标和价值的规范性体现，又是组织形成和活动的基本依据和规则标准。组织原则的统一是组织的基本性质。

2．**分工性**

没有分工就不能称其为组织。组织的分工是由组织的目标而决定的。比如，生产企业要给市场提供合格的产品就必须有原材料采购、加工制作、质量监控、财务管理、市场营销等部门的分工。军事组织也必须有不同的部门分工，如陆、海、空军和战略导弹部队，我军的机关分司、政、后、装等等。分工是组织结构形成的依据，有了分工，组织内部就有了各种要素的组合。

3．**层次性**

有组织就有层次之分，最简单的组织至少也具有两个层次，即管理领导层和执行层。大型社会组织的层次可以是数十个，如 IBM 管理层最多时有 18 层；我国行政管理体系，从基层乡镇干部到党和国家最高领导至少是 6 个组织层次结构，13 ~ 15 个行政级别；拥有数百万官兵的我国军队管理，在编制体制安排上，从基层班长到中央军委主席至少是 10 个组织层次结构，20 个军政干部级别。否则，就是自然人个体，而不是组织。组织的层次是权力存在的依据。如果说分工是组织的横向结构，层次就是组织的纵向结构。有了层次就有了上级和下级，就有了领导和被领导的关系。

二、组织的外延

（一）公共组织与非公共组织

1. 公共组织与非公共组织的定义

公共组织是以实现公共利益为目标的组织。它一般拥有公共权力或者经过公共权力的授权，负有公共责任，以提供公共产品和服务（包括公共事务管理、法律制度安排）为基本职能。如各级政府和各种事业单位——在西方亦称为非盈利性的非政府组织，其主要包括教育、科技、文化、卫生、体育及其他行业组织等。

非公共组织一般是指工商企业、金融机构等经济组织，国际上亦称私人组织。非公共组织一般不以公共利益为组织的目标，在市场经济条件下，作为市场主体的企业是典型的非公共组织，以盈利为目的的社会中介组织也属此类。另外，在西方的政治生活中，服务于非公共利益的特定利益集团（如党派、民主团体）属于非公共组织；在社会生活中，基于特定的宗教信仰而形成的宗教组织和基于特定的生活兴趣而形成的组织，如篮球协会、校友会、同乡会等也具有非公共组织的性质。

2. 公共组织与非公共组织的比较

公共组织与非公组织二者管理的必要性都是源于资源与效率的矛盾，其管理职能基本相同；二者包含的组织要素都有人、财、物、信息、技术等因素。

3. 公共管理与经济（工商）管理的区别

（1）两者追求的价值不同

公共管理追求的是公共利益，即社会公平与正义的至高无上性。虽然公共管理也讲成本核算，但目的仍是为了实现社会的公平与正义。经济（工商）管理谋求的是本企业、本部门的利益最大化。虽然成功的企业很注重企业文化建设和社会公益行为，但背后最根本的目的还是营利。

（2）两者的责任和提供的服务不同

公共管理尽的是公共责任，提供的是公共服务和公共产品，服务于全社会的公共事务。经济（工商）管理尽管道义上也要尽公共责任，但主要是依法经营、照章纳税，其实际职责毕竟只限于本企业、本部门的生产经营，提供的是本企业、本部门的特殊服务、特殊产品，而这些产品和服务是通过购买而发生联系的。

(3) 两者行使的权力不同

公共管理行使的是公权力，即由法律赋予的权力。经济（工商）管理行使的是具体某一组织所具有的私权力，或称协议权力，其作用范围仅限本组织，不能到社会上去“发号施令”。公权力的权威性、强制性、普遍性、非排他性决定了它远比私权力重要得多，而且非常强调权力运行的程序性和规范性，防止权力滥用和专制权力。

4. 公共组织管理者与非公共组织（工商企业）管理者的区别

两者最为相同的一点是都要有创新精神和创新能力，而不同点主要有：

(1) 任期——公共组织管理者一般有任期限制，且任期较短；而非公共组织（工商企业）管理者没有任期限制。

(2) 工资——公共组织管理者工资来源于税收，这体现了他们为公众服务的角色；非公共组织（工商企业）管理者工资来源于利润，这决定了他为企业服务。

(3) 自身素质——公共组织管理者要求较高的政治素养和道德水准，“讲政治”摆在首位；而非公共组织（工商企业）管理者更看重的是经营能力和市场开拓能力。

(4) 工作方式——公共组织管理者工作方式是开放的，便于社会知晓和监督；非公共组织（工商企业）管理者工作中有商业秘密，多为内部运作，对公众监督很少接受。

(5) 人事权限——公共组织管理者人事权限受多方面限制，不能私人任命；而非公共组织（工商企业）管理者作为独立的法人代表，有相当大的人事自主权，有权任命、罢免和解雇其雇员。

(6) 与大众传媒的关系——公共组织管理者此关系越来越重要，受到广泛关注，要善于与大众传媒打交道；非公共组织（工商企业）管理者与其关系主要靠宣传和广告，活动和工作内容只部分与传媒有关，而且多是通过公关部门进行。

(7) 绩效评估——公共组织管理者主要表现为社会公共效益，评估难度大；而非公共组织（工商企业）管理者主要是产值、利润，较易衡量。

(8) 公共监督——公共组织管理者受社会多方监督，个人活动也受限；非公共组织（工商企业）管理者只受工商税务和消费者的监督，个人行动所受制约与公务员有所不同。

（二）正式组织与非正式组织

1. 正式组织的定义、要素与特点

依组织形成方式不同，正式组织是为了有效实现组织目标，经过人为的筹划和设计，并且具有明确而具体的规范、规则和制度的组织。

美国管理学家、贝尔公司前总裁巴纳德（C. I. Barnard）认为，正式组织是一个有意识地对人的活动或力量进行协调的体系，不论其规模大小或级别高低，其系统都必须具有以下三个基本的要素：

（1）协作的意愿

组织是由个人组成的，组织成员愿意提供满足协作条件的劳动和服务是组织程序所不可缺少的，而协作的意愿意味着个人的自我克制、交出对自己的控制权、个人行为的非个人化等。没有这种意愿，个人就不可能对组织有持续的努力，就不可能将不同组织成员的个人行为有机地结合在一起协调组织活动。

但是，不同组织成员的协作意愿的强度是不同的，同一成员在不同时期的协作意愿也是不断改变的，个人协作意愿强度的高低，取决于自己提供协作而导致的“牺牲”与组织因为自己的协作而提供的“诱因”这两者之间的比较。由于诱因与牺牲的尺度通常是由个人主观所决定，而不是客观的，比如有人重视金钱，而另一些人则可能更重视威望，因而组织为了获得和提高成员的协作意愿，一方面要提供必要的金钱、威望、权力等各种客观的刺激；另一方面要运用说服力来影响成员的主观态度，培养他们的协作精神，号召他们忠于组织、相信组织目标。

（2）共同的目标

可以说，协作的意愿没有共同的目标是发展不起来的。没有共同的目标，组织成员就不知道要求他们提供何种努力，同时也不知道自己能从协作劳动的结果中得到何种回报，从而不会进行协作活动。组织成员对共同目标的接受程度会影响到对组织提供的服务，而且个人之所以愿意为组织目标做出贡献，并不是因为组织目标就是个人目标，而是因为意识到实现组织目标有助于实现他的个人目标。因此，管理人员的一项非常重要的职责，就是帮助组织成员加深这种认识，努力避免组织目标和个人目标的不一致或者理解上的背离。

（3）信息的沟通

组织的共同目标和不同成员的协作意愿只有通过信息沟通才能相互联系，形成动态的过程。没有信息沟通，不同成员对组织的目标就不可能有共同的认识和普遍的接受；没有信息沟通，组织就无法了解组织成员的协作意愿及其强

度，也无法将不同成员的努力形成协作劳动。因此，组织的存在及其活动是以信息沟通为条件的。

正式组织有如下特点：专业分工性、明确的科层性、法定的权威性、统一的规范性、相对的稳定性、职位的可替代性和物质的交换性。

2. 非正式组织的定义与特点

非正式组织是组织成员为了满足特定的心理或情感需要，而在其实际活动和共同相处的过程中，自发和自然形成的团体。例如自发形成的球队、晨练舞蹈队、集邮小组、同乡会、武术会、车友会等。

非正式组织的特点是：不规范，规模、形式、组织结构的大小、模式不尽相同，关系不固定、不明确，存在或然性，但其组织氛围活跃、反应敏捷，有共同的文化理念、行为习惯，能产生较大的内部凝聚力，对个人的价值观形成共同的影响。

非正式组织通常被包括在正式组织之中，如军队、高校、企业中的各种学术、文化、体育活动组织。正式组织活动过程中经常伴随非正式组织的产生，而且这种非正式组织的存在对于正式组织的管理也是很需要的。正如巴纳德所说："正式的协作体系的重要而且往往是不可缺少的部分是非正式的关系。作为信息传递的不可缺少的手段而维持非正式管理组织，是经营者传递信息的职能之一。""无论在什么地方都存在着与正式组织有关的非正式组织，这对我们的目的来说是非常重要的。"非正式组织可以独立于正式组织而产生，还可以发展为正式组织。因此，正式组织与非正式组织的关系如图 4－1 所示。

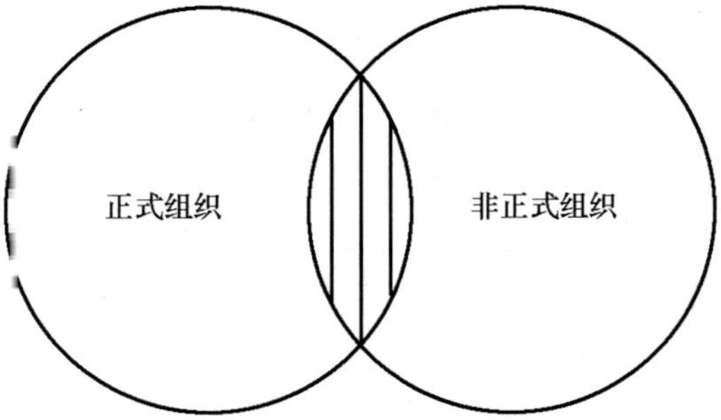

图 4－1　正式组织与非正式组织的交互性

三、组织的基本功能

1. 组织规范功能

在管理过程中进行组织建设的基本功能是构造合理的组织机构，建立规范的组织制度，确定理想的工作人选，形成科学、有效的组织运行体系。也可以说组织是一个社会平台，就自然而言，人是生活在地球上；就社会而言，人是生活在组织中。完全没有组织的人几乎是不可能的，一个人至少也必须是某个国家的国民。说人是环境的产物，在某种程度上也主要是讲一个人的生存与发展离不开组织的影响和作用。一个人成为某个特定社会组织的成员，就必须恪守该组织的规范，履行该组织赋予的使命。

2. 组织活动功能

组织作为一个系统，其功能的最大特点是整体大于部分之和，或者说整体功能大于部分功能之和，这是组织存在根本意义所在。例如一根线只能钓鱼，织成网后就能大量捕鱼。因此，组织的活动功能就是形成集体力量，将分散的资源集中整合，形成规模效应，完成单个人或多人分散所不能完成的任务。组织的活动功能就是组织的团结、集合作用。

第二节　组织的模式

组织模式即组织的结构形式，是随着人类社会活动的深度、广度的发展变化而不断演变、丰富。社会实践活动的多样性和复杂性决定组织类型千差万别。在经典管理理论中，各种各样的组织可以被抽象为直线制、职能制、事业部制、矩阵制、委员会制等五种基本类型。

一、直 线 型

直线型是一种最简单的常见的组织结构形式。在这种结构中，组织职位按照垂直系统直线排列，各级主管对自己的下级拥有直接的一切职权，职权和命令从上而下直线纵向贯穿于组织之中，传统军队指挥系统的组织一般都是这种类型（如图 4－2 所示）。

直线型组织结构的特点是：结构简单，沟通迅速，职权集中，指挥统

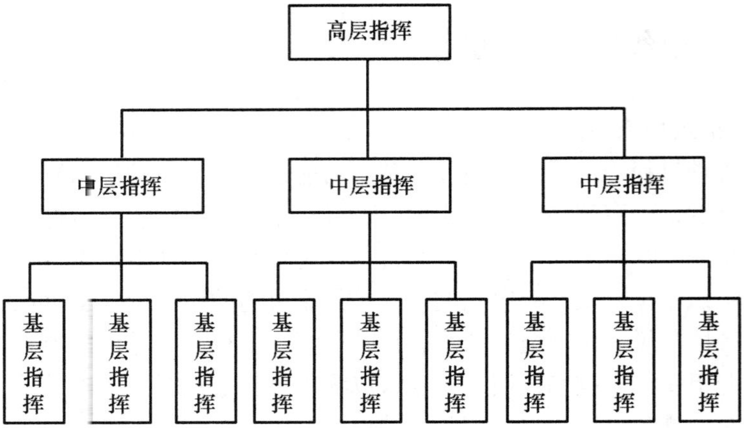

图 4－2　军队指挥的直线组织形式

一，垂直领导，责任分明。但是，由于没有职能部门，行政领导与业务管理职能合二为一，最高主管事必躬亲，而且要求领导是多面手，能通晓各项管理业务。因此，它仅适用于规模较小尤其是技术装备和业务领域相对比较简单的组织。组织规模一旦扩大，管理业务变得复杂，组织领导者就会力不从心，甚至顾此失彼，穷于应付。所以，在社会经济生活中，许多私人企业在刚创业时，都是采取这种组织管理模式，一到经营规模扩大，组织就势必进行调整和创新。

直线型管理组织也可以根据管理业务的复杂程度或难易度，划分为两类具体形式：纯粹直线组织结构、部门直线组织结构。前者是同一层次的成员分别承担同一性质和内容的工作；后者是同一层次的成员之间有横向分工。

二、职 能 型

1. 职能型组织的定义与一般模式

职能型组织结构是根据职能划分部门，并由此建立组织领导和指挥关系的组织结构。职能型组织结构在管理理论中是一种比较古老、经典的组织类型，产生于 19 世纪末 20 世纪初的美国等西方国家的工业企业组织中。当产品型号、种类的增多，市场的扩张，从而组织规模的扩大、结构变得复杂，职能型组织就应运而生。1903 年，美国管理科学家泰罗在其出版的《工厂管理》一书中，率先提出了“职能组织”这一概念，其原则包括两个有机部分：一是主张把计划职能（相当于现在所指的管理职能）同执行职能（即工人的实际操作）分开；二是实行“职能工长制”。法国经典管理学家法约尔是20世纪初第一个职能型组织模型的设计者。这种组织结构的基本要求是：在组织内部设计若干个职能部门，各职能部门在自己的业务范围内拥有向基层下达工作任务和专业指令的权力，即下级负责人除了要服从直接上级领导的行政指挥外，还要接受多个职能部门的领导（如图4－3所示）。

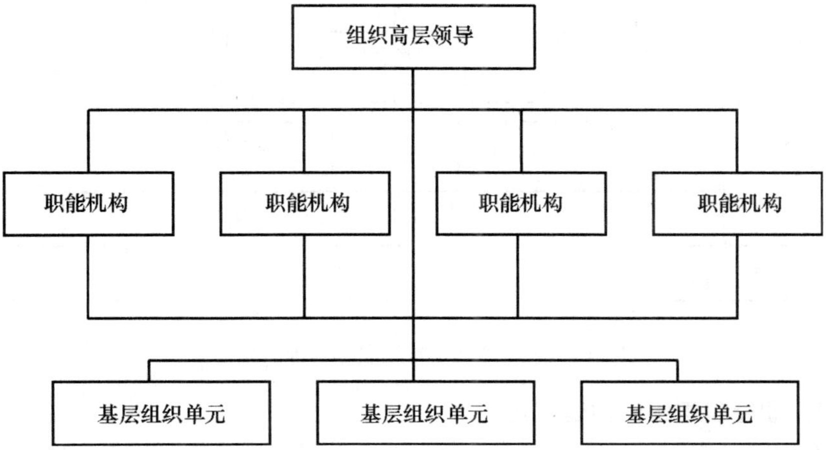

图4－3　职能型组织一般形式

职能型管理组织又分为两类，即纯粹职能制与直线职能制二种模式。前者一般如传统的具有一定规模，但是经营结构比较单一的工商企业；后者已成为现代比较稳定的大型公共组织和经济组织的一般模式，如现代大学的组织管理（见图4－4）。

直线职能制是直线制结构与职能制结构结合而成的一种组织结构形式。它同时设有两套管理系统，即直线指挥系统和职能参谋管理系统（即“机关”）。参谋的职责为二：一是为同层次领导提供参谋、咨询、建议；二是为下级单位提供业务指导，但对下级单位没有直接的指挥权。如大学的校长可以直接给院系下达指令，也可以通过职能部门传达指令，同时职能部门甚至是参谋人员也可以不通过直线领导向下级职能机构或参谋人员下达工作、业务指令。

因此，这种结构既能保证指挥和命令的统一性，又能发挥专业人员和部门的职能。但也经常存在职能参谋部门相互争权、两个系统职权不清、职能部门职权“越位”和“缺位”并存的可能性，同时，基层业务人员也经常被困于落实上级机关的业务指令，使下级单位缺乏必要的自主性。

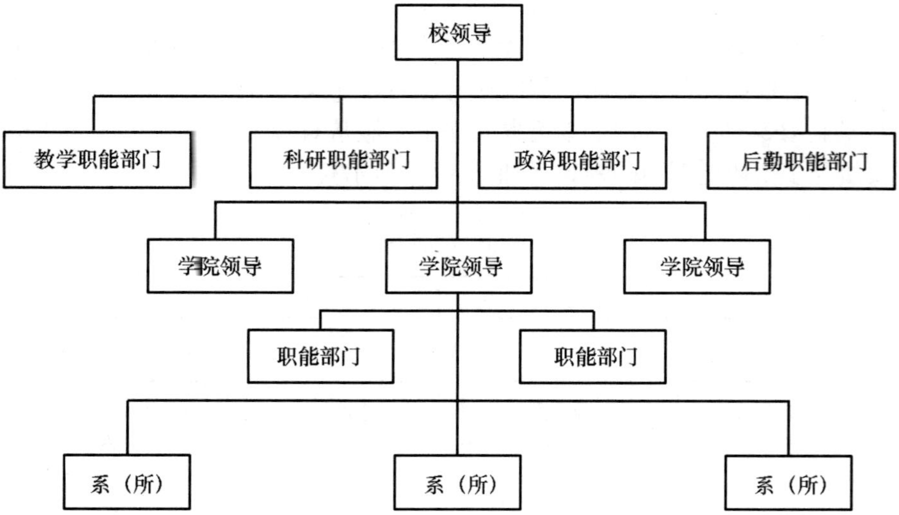

图 4－4　现代大学直线职能管理组织形式

2. 职能型组织的构建方式

在职能型组织中，所有工作，不论是机关工作还是基层工作，也无论是体力工作还是脑力工作，一般都可以用三种方式来组织。

首先，可以按工作过程的各个阶段来组织，就像建造房屋时，应该先打地基，然后建屋架结构和屋顶，最后装修一样。

其次，将工作依次向需要的各种技能和工具的各个工段移动。例如，一家制造单一产品的金属工厂，可以在厂房第一列安排钻床和车床，在第二列安排冲床，在第三列安排热处理设备。金属工件则从一组工人那里移向另一组。再比如，大学生（教育过程中的“原料”）从一间教室移向另一间，从一位教授移向另一位，从一门课程移向另一门。每门课程的教授只讲授自己擅长的题目，而“产出”的学生则是“知识分子”或至少是有学历的人。

最后，还可以把具有不同技能、使用不同工具的工人组成小组，使小组移向工作，而工作本身是静止的。比如，一个电影制片小组去拍外景，成员包括导演、演员、电工、音响师等专业人士，但这些专业人士组合在一起，就作为小组来工作。

人们常常认为，职能制组织能使工作紧密相联。事实上，它兼有按阶段来组织工作和按技术来组织工作的双重性质。制造和市场推销等传统职能包含许多互不相联的技能，例如，制造中包含销售员的技能和市场研究员的技能，市场推销中包含机械师的技能和生产计划员的技能等等。在任何一种职能制组织中，工作是在各阶段或技术中移动的，而作业人员的位置则相对固定。

3．**职能型组织的利弊**

职能制组织结构是按照组织职能分解组织活动为不同的部门，作业人员同时接受若干职能部门的领导和指挥。这种结构分工明确，可发挥职能专业化优势；但是，它也存在多头指挥、责任不清以及过分强调本部门职能重要性而忽视组织整体要求的问题。

职能制组织的最大优点是具有明确性和高度稳定性。每个组织成员都有自己的“家”，每个成员都了解自己的工作。但是，这种明确性和稳定性的代价是：每个人，包括高层职能人员，很难理解组织的整体任务，很难把自己的工作同它联系起来。因此，这种组织结构虽然稳定，但太僵硬，不适合为未来的发展和创新工作。

从经济性规范的角度说，职能制原则也各有优缺点。在最理想的情况下，职能制组织能高度经济地进行工作，只需很少的高层人员就可使组织运转起来。但是，在面临不理想的环境时，职能制组织常常容易产生摩擦和派系，它需要引入复杂、昂贵并且笨拙的管理手段，如协调者、委员会、会议、特派员等，这些手段不但浪费时间，而且通常对解决问题没什么帮助。更重要的是，这种倾向不仅在各个不同的职能部门间流行，各大职能部门及其内部的各个下属单位之间也会遇到同样的问题。

换句话说，当职能制设计能适应变化时，组织成员的心理需求就会减少，就会有较高的安全感；而当职能制设计面对较大规模或较为复杂的局面时，这种设计原则就会在组织成员情感上造成紧张、对立和不安，组织成员会感到自己和所在的部门被轻视、被包围、被攻击。在这种情况下，他们将认为自己的首要职责是捍卫自己的职能部门免受侵犯。由于在职能制设计中没人要求组织成员为组织的整体利益负责，所以，一个运行不佳或过度扩张的职能结构常常使组织成员感到不安，并使其视野狭小。

职能制组织以鼓励组织成员努力工作为中心，这既是它的基本优点，也是它的基本缺点。因为，每个部门经理都认为自己的部门最重要，会导致大家过于重视技能和专业标准。组织成员即便不把整个企业的利益从属于部门利益，至少也把其他部门的利益从属于自己部门的利益。这个问题目前还没有好的解决办法，每个管理者都想做好工作，而其代价可能就是希望提高每个职能部门的地位。因而，在职能制组织中，部门人员经常即便不把整个组织的利益从属于部门利益，至少也把其他部门的利益从属于自己部门的利益。

在规模较小的职能制组织中，信息能够很好地交流。但在中等以上规模、较为复杂的职能制组织中，信息交流就较为缓慢，组织成员也逐渐变成专业人士，重心放在各自狭窄的专业领域上。最极端的例子就是大型大学这种庞大、专业化的职能制组织。此外，大型制造部门或大银行的商业贷款部门的情况也与之相似。

作为一种决策的结构，职能制组织——不论规模大小——效果并不好。因为决策通常是在组织的最高层作出的，常常被误解，执行情况也不好。人们常常以“谁是正确的”，而不以“什么是正确的为准则”。所以，现代大型组织的决策权还是大部分集中在最高管理层，如经济生活中的董事会，我国政治生活中的党委常委。职能部门主要是决策实施中的计划、组织、指挥、控制、协调等工作管理的权力。

三、事业部型

事业部型的组织制度是一种分权制组织形式。它一般是在组织的总部下增

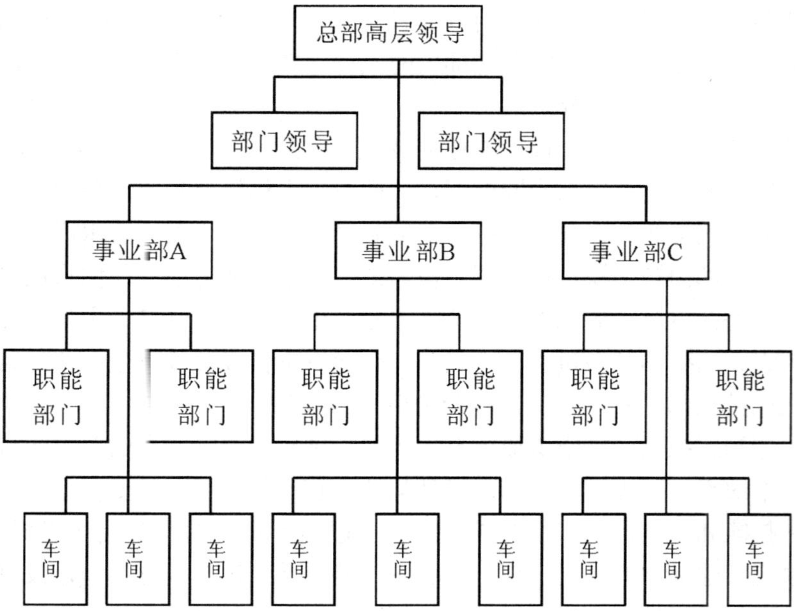

图 4－5　现代制造企业事业部型组织形式

设一层半独立经营的“事业部”，事业部长直接负责具体的组织工作，并设有相应的职能部门。事业部型的组织管理一般是以产品、地域和服务对象等为基础，把组织划分为若干个事业部而组成的组织结构（如图4－5所示）。事业部管理体制通常是大型工商或社会组织采用的典型组织形式。如大部分跨国公司都是采取事业部型的组织管理模式，建立地区事业部和海外事业部。美军的亚太司令部、欧洲司令部、北方司令部也是一种类似事业部制的建制。

事业部制最早是由美国通用汽车公司的副总经理斯隆创立的，故又称为“斯隆模式”，在公共行政管理体系中，也成为“联邦分权化”模式。

事业部是一个分权化子系统，它分割了一定的直线管理权限，所划分的事业部具有较大的权力。组织最高领导除保留人事管理、财务控制、组织监督等权力外，其他权力都下放到事业部，管理上有相对独立的计划、组织、指挥、控制的自主权。如工商企业事业部有采购、加工、销售及资源调配的自主权，是有相对独立利益责任的单位，具有利益生产、利益核算、利益维护的三种职能，有独立的市场和外部关系，是总部控制下的小中心，在我国还有“二级法人”之称，也有人把“事业部”比喻为中心城市的卫星城。

事业部进行在独立业务活动和独立核算时，可设有自己的参谋（职能）部门。因此，它是最高权力下设置的具有半独立性质的管理部门。其优点是：可使最高管理部门摆脱日常的行政事务，集中精力于组织的战略问题和决策，可使事业部具有很大的自主性和积极性，有利于组织的专业化运行。其缺点是：可能造成组织整体性下降，事业部本位主义增强，管理部门增加，机构设置重复等。

四、矩阵制

矩阵型管理组织又谓规划—目标结构型，它是在职能组织基础上发展起来的，是由两套以上职能组织部门联合构成的双重组织结构，其中一套是在组织职能基础上形成的部门，另一套是在组织特定业务项目基础上形成的部门，它们分别以纵横两个方向设置，构成了矩阵状态。纵横两个方向上的部门都由组织的最高领导指挥，而组织作业人员受到两个方向上的部门的双重领导和指挥（如图4－6所示）。它相当于在传统的直线指挥和职能管理组织系统基础上，再增加一种横向的管理系统。

这种组织模式最初是出现在20世纪50年代末期，由西方工业化国家的一些大型科技、工业企业，为完成某一项重大研制开发项目或海外市场开拓的战

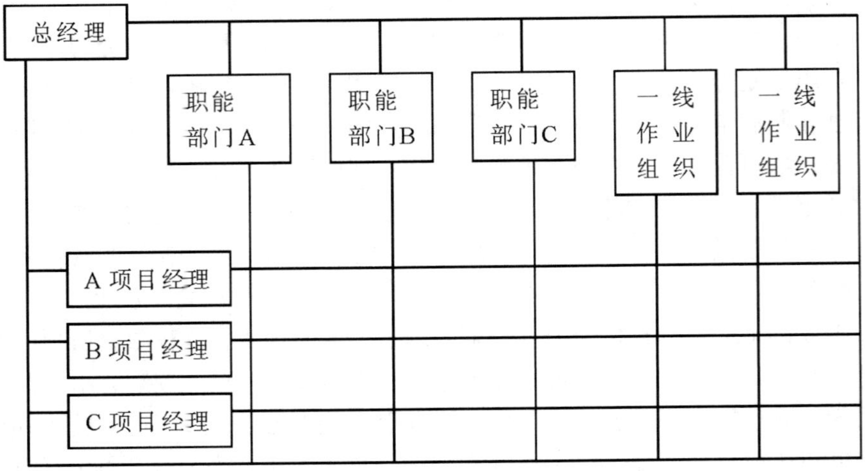

图 4－6　现代企业矩阵型管理组织形式

略任务而建立的一种组织模式。例如，大型企业为开发一种新产品，在研究、设计、试制、生产直至市场营销等有关职能部门都需要派人参加，这就要组成一个专门小组。小组的成员既同原职能部门保持组织和业务联系，接受原部门主管的领导，又要参与项目小组的管理，并服从项目主管的领导。美国国防部的武器装备采办管理体系也是一种比较典型的矩阵组织。

矩阵型组织结构的最大优点是：能打破传统的一个工作人员只接受一个部门领导的管理原则，使两个方向管理结合到一起，形成一种纵横结合的多接点组织结构，加强了各部门之间的分工协作，增强了组织的灵活性和协调性，而且使组织对专业人员的使用更富有弹性，有利于发挥专业人员的综合优势，提高组织整体工作效率。

矩阵组织的缺点是：由于组成成员的双重身份，可能在任务、部门界限、管理关系运行以及资源配置方面形成模糊状态，运行过程可能造成混乱，由于受两个部门双重领导和指挥，有时作业人员无所适从，出现问题时又不易追究个人和领导的责任。

五、委员会型

委员会型是在工业社会后期出现的一种组织制度模式，也是公共事务管理中常见的一种组织制度类型。它是因现代经济、社会活动的参与人数多、部门多，直至企业多、地区多，甚至有多个国家参与，涉及的学科专业、社会领域通常非常广泛，单一的直线领域和职能部门难以达到组织的目标，而建立的一种比较特殊的组织模式。如在政治生活中，西方国家的议会，我国的人大常委会；国防安全与战略领域，如美军的参谋长联席会议、总统科技顾问委员会，我国的中央军事委员会、国防科工委、国家保密委员会等。

委员会制的组织结构根据其性质、职能、任务的大小和重要程度的不同，还可以有不同的具体设计，如直线指挥型、职能部门型、参谋型和分委员会型，有常设机构，也有临时机构。如我国的人大常委会是常设机构，下设财经、法制、环境与资源、教科文等分委员会。

委员会制在现代社会活动的组织中应用比较广泛，其优势在于：能集思广益，资源共享，借助多方力量，调动多种积极性，形成公共合力；能反映不同利益团体的诉求，促进不同组织、利益集团的沟通协调，实现利益共享；能进行方案比较，建立民主、公开的决策机制，有利组织权力、决策形成的合法性和权威性；能进行权力制衡，有利实现公正、公平、和谐的社会目标。

委员会制的组织模式也有其缺陷：一是参与人员的角色模糊，个人职责模糊不清；二是折衷调和，时间拖宕，经常议而不决，致使决策成本高、效率低，还有可能出现相互扯皮、推诿，甚至出现派系、权力争斗，为少数人所支配的官场现象；三是委员会组织的人选难以确定。

因此，为保证委员会组织制度有效实施，必须通过公正、公开、公平的渠道精心挑选组织成员，建立规范和明确的权、责、利制度，加强外部监督，并不断改进、完善委员会的运行机制。

第三节　组织设计

一、组织设计的任务

任何需要众多人员参与的工作和社会经济活动，必须在一定的结构和组织中才能完成，任何一种组织必须进行一定的组织设计。组织设计在组织管理中具有基础地位和关键性的作用。组织设计就是管理者为了实现组织目标而对组织活动和组织结构进行设计的活动。英国古典管理学家厄威克（L. Urwick）曾在其《从技术问题看管理》一文中最早将组织设计定义为："研究分割旨在实现目的的各种活动和职务，并落实到每个人，再对每个人的活动进行调节和控制的方法。”

如果说一般意义上的管理是对组织成员从事的工作进行计划、组织、控制、激励的话，那么组织设计主要是对组织内部管理人员完成上述活动提供一个合理的分工体系。组织结构合理与否，直接关系到组织活动的效率。组织设计为组织完成其使命，实现其战略目标提供制度安排。随着组织规模的扩大，组织结构也越来越复杂，组织设计在管理工作中的意义就越加重要。其基本任务是：

（1）建立组织职能分工的基本架构；

（2）对组织必需的各项业务活动加以分解、分类和排列、组合；

（3）决定组织内从事经营管理活动的各个成员的职能岗位及工作内容；

（4）明确各职能岗位之间的相互关系，规定其任职资格、规章制度和工作程序；

（5）提供组织结构图表和模型，编制职位说明书和考核标准。

二、组织设计的主要内容

（一）管理幅度设计

1. 管理幅度的定义

管理幅度是指一位管理者直接有效地管理和控制下属人员的数量，它是组织设计中必须要考虑的职能部门的规模问题。管理幅度的大小实际意味着一位管理者直接管辖的部门或次级组织的数量，它能反应该管理者直接控制协调的业务活动量。

英国古典管理学家厄威克和美国管理学家古利克（L. Gulick）在20世纪30年代最先提出管理幅度的设计理念，他们的指导思想包括：

（1）主管人员应该知道自己的管理幅度是有限的；

（2）管理幅度存在一个固定的具体人数，应该努力寻找这一普遍适应的有效幅度，以用于组织设计之中。

2. 影响管理幅度设计的主要因素

（1）组织人数

组织下属的人数变化，必然影响管理幅度的变化。通常下属增多，管理幅度自然扩大。

美国管理学家格丘纳斯（V. A. Graicunas）最早提出管理幅度与组织人数之间存在的内在联系。他指出，在向经理汇报的人数以数学级数增加时，管理者和下属的人与人之间潜在的相互影响的数量就以几何级数增加。他认为，管理人员可以直接和每个下属单独联系，或直接与每个可能组成的下属小组联系，而且下属之间还可能发生相互（交叉）联系，因此与下属所存在的关系可用以下公式计算：

$$C = N\ (2^{N-1} + N - 1)$$

式中：C 为可能存在的联系总数，N 为直接向一位管理者汇报的下属数。

还有英国早期管理学家汉密尔顿（G. Hamilton）主张，有效的管理幅度应该是 3 ~6 人。美国现代管理学家戴维斯（Davis）则把管理幅度分为两类：行政管理幅度和业务管理幅度，前者是指中、上层管理，其幅度一般以 3 ~9 人为宜；后者是指组织的基层管理，其幅度一般为 30 人左右。大多数管理学者认为管理幅度一般以 6 个为宜。

（2）组织中人的工作能力和素质因素

管理者和下属的能力素质与其管理幅度成正比关系，即他们的能力素质越高，组织的管理幅度就越大，反之则减小管理幅度；下属的经验丰富，能力较强，训练有素，管理幅度也可以扩大，反之亦然。

（3）工作内容和特性

组织中的工作内容和特性主要是从以下四方面影响管理幅度的设计：①工作复杂、变化大，管理幅度的设计应该相应较小；②下属工作内容和性质的相似程度高，管理幅度的设计可以较大；③工作的计划程度高，管理幅度的设计可以相应加大；④ 管理者需处理的非管理事务较多，管理幅度的设计需要相应缩小，反之可以相应加大。

（4）工作基础条件

一般来说，所设计的管理幅度大小与组织中的职能机构的设置及其工作效率状况、管理助手的配置和工作效率状况、管理技术条件状况等因素成反比关系，机构健全、制度完善、效率较高，管理幅度可相应扩大。

（5）组织环境和组织状况

组织环境简单而稳定，管理幅度的设计可以加大；如果组织规模较大，管理幅度就必须相应加大。否则，难以兼顾组织整体活动，并且会使管理层次增多。

（6）信息沟通环境

信息通畅、交流方便，特别是在建立了组织内部信息管理系统或局域网的条件下，管理幅度就可以放大。

（二）管理层次设计

1. 管理层次的定义

管理层次是指组织纵向结构的等级，它实际体现着组织的纵向分工和各个等级层次不同的管理职能。

2. 影响管理层次设计的主要因素

（1）管理幅度

管理幅度的大小直接影响到管理层次的多少，一般情况下，两者呈反比关系，即管理幅度越大，管理层次就越少，反之亦然。两者关系的不同状况，使得组织的管理结构呈现两种基本形态：

①扁平结构是管理幅度较大、管理层次较少的组织结构形态，有利于信息的沟通及其真实性的保持，有利于不同层次人员的主动性和积极性的发挥，但管理者难以对每个下属人员和机构进行充分而有效监督和控制。

②锥形结构是管理幅度较小、管理层次较多的组织结构形态，由于其呈上小下大的形状，故称锥形结构。它的利弊正好与前者相反。

在管理层次设计中，必须兼顾两种结构形态的长处，尽量避免其短处，采取管理幅度和管理层次适当的组织结构。

（2）组织的纵向职能

组织事务的抽象与具体、根本与非根本的区别，也会影响到管理层次的设计。美国斯隆管理学院曾经就企业的管理职能提出过“安东尼结构”，如表4－1所示。一般组织的管理层次为三级左右，大多数工商企业都是三级管理，西方国家政府公共行政管理层次一般也是三级，如美国的联邦政府、州政府和市（县）政府。

表4－1　管理层次与管理职能的设计关系

管理层次	高　层	中　层	基　层
管理性质	战略管理	计划管理	作业管理
主要关心的问题	实施目标、时间、效果	实施路线、方法	实施技巧
时间幅度	3～5年	0.5～2年	月或周
视　野	宽广	适当	有限
信息来源	外部为主，内部为辅	内部为主，外部为辅	内部
信息特征	综合性强	综合性一般	专业信息
不确定性风险	高	中	低

（3）组织效率的要求

管理层次的多与少对于管理效率和工作效率都具有正反两方面的影响。高效率的组织主要表现为：下属有明确而充分的职权，了解组织的目标，能够参与组织决策；有安全和成就感，个人发展机会多；能依靠集体的力量，有效地完成任务。

在社会生活中，一般管理层次较多的组织领导岗位多，工作和管理人员晋升的机会就比较多，有利于激励组织成员，同时由于管理层次多，管理幅度就可以减小，组织成员之间沟通方便，交流机会多，容易达成共识，从而有利于提高组织效率。但管理层次多也会影响组织效率，诸如层次多，投入的管理人员会增多，管理成本会因此升高；层次多信息容易失真，信息传递和管理意志的贯彻会受到阻碍，因而又会影响工作和管理效率。按照可靠性工程原理，即使是对每个管理层次的可靠性要求达到0.99以上，在信息的上下传输过程中，如果信息经过的存储单元为20个子系统时，其总体的可靠性就下降到0.82（0.99^{20}），即信息丢失或失真的程度达到18%。多层次管理还会出现监控过多、过严密，使基层人员的主动性和积极性受影响。因此，一个组织到底设立多少个管理层次为宜，不能削足适履，而应因事制宜，关键是要服从组织效率的要求。

此外，管理层次设计时还应遵循层次节制和分层管理的原则。层次节制就是次级层次必须服从上级层次的领导、指挥、制约和监督，只有这样，才能使组织保持整体统一性，保证管理的畅通。分层管理就是组织中一个层次只管理次级层次，一般不越级进行日常的管理，以利充分发挥各层次的作用。

（三）组织职能设计

1. 组织职能设计的定义

组织职能设计是以对组织职能和职能之间关系的分析来确定组织的职能结构，进而确定组织的管理层次、部门、职位和岗位的设计工作。

2. 组织职能的作用

组织职能对组织的结构构成具有基础性的意义，其主要体现在：

（1）可以使组织目标和战略得到具体的组织落实；

（2）可以使组织的分工明确、职能协调和管理统一；

（3）它是组织结构设计的基本依据，为组织的层次、部门、职位和职权的设计提供了前提和依据。

3．组织职能设计的主要任务

（1）根据组织的性质和目标战略，确定组织总体任务和职能的特性

如企业要盈利，就必须开拓市场，提高劳动生产率。又如在市场经济条件下，政府已不再直接管理企业，而是完善法制、保护环境、收税等，做好公共产品（服务）的供给工作。

（2）进行组织职能分解

组织职能分解就是组织的分工。分工可以提高工作效率，因为分工可以使人专注从事某项活动，分工还可以提高劳动熟练程度，易于激发创造力。但是我们也要看到事物的两面性：一方面分工使部门与部门之间、岗位与岗位之间形成了隔阂，隔阂产生了权力，权力形成了垄断，不利于沟通和交流，也影响组织整体效率的提高；另一方面从个体来看，分工虽使人专注于从事某项事业，短期内是有利于钻研和开发出新成果，但从长远看，分工导致眼界狭窄，思维偏执，反而不利于创造力的激发和效率的提高，而且使个人适应社会的能力下降，而只是依附于某专业和岗位。职能分解是把组织的总体职能分解为若干分职能，并把这些分职能具体职责化的过程。

（3）确定组织的主要职能与辅助职能

确定组织的主要职能与辅助职能就先要分析工作团体要完成的任务是否明确，有无含糊不清之处，其规范和程序化程度如何。要主次分明，防止本末倒置，组织的主要职能是不可或缺、责无旁贷的，而辅助职能就有较大调整空间。例如高校的主要职能是教学和科研，社会活动、后勤服务则为辅助职能。

（4）明确各职能之间的关系

明确各职能之间的关系如逻辑关系（企业中的生产与技术）、相互制约关系（业务实施与监督控制、生产与检验）和相互促进关系（大学里的科研与教学、企业中的生产与供销）等。

4．职能设计的程序

（1）职能分析——即对组织性质和目标战略进行分析，以把握组织的总体职能。

（2）职能分解——对总体职能内含的职能进行分门别类的分解。

（3）职能转化——把分解的职能赋予具体的任务和职责，使之具有可操作性。

（4）职能关系分析和确定——深入分析各种职能之间的关系及其特性，并对职能关系进行分类。

（5）职能配置——把组织各职能按照一定的联系方式进行科学调配，从

而构成组织职能的结构体系。

（四）部门设计

1. 部门设计的定义与任务

组织部门设计是在分析和确定组织的职能分类和职能关系以后，从横向的角度把组织的具体任务和职责配置给特定的组织单位，使得组织职能落实到具体的运行单位的过程。它包括对组织各层次部门的设计和划分。

部门设计的任务主要有两方面：确定和划分组织的不同部门，规定这些部门之间的相互关系。

2. 划分和确定部门的基本标准和方法

（1）按照职能设计组织的部门

按业务性质相同或相似的职能设计特定的部门，这是一种最为普遍和通用的设计标准和方法。如政府的财政、交通、能源、科技、教育、卫生、文化、社保、环境、公共安全管理等职能部门的设立，企业中的财务、人事、供应、生产、销售、后勤等部门的设立，均是按此标准和方法。

（2）按照区域设计组织的部门

按照区域设计组织的部门即以组织活动的特定区域为依据，把该区域内的全部相关活动集中起来，形成一个管理机构或部门的设计方法。如我国在建国初期曾经设立的华北、东北、华东、中南、西南、西北六大行政区；目前在军事组织系统中设立的北京、沈阳、兰州、成都、广州、南京、济南七大军区，就具有这种按区域设立部门的特点；工商企业中的连锁店、区域性营业管理机构、地区办事处等诸如此类。

（3）按照行业和产品设计组织的部门

按照行业和产品设计组织的部门是以组织活动的技术、资源条件的共性为依据的设计思路。如工商企业按照产品生产的不同阶段或不同产品设立分支机构，如食品公司下设小吃部、饮料部、糕点部等。按企业生产组织设计的思路，设计政府部门也是公共部门设计中经常采用的方法，如我国中央政府设立农业部、水利部、交通部、铁道部、科技部、教育部、卫生部等。

（4）按服务对象设计组织的部门

按服务对象设计组织的部门是以组织服务的对象或市场营销中的客户性质分类为部门设计的依据。如政府教育部设有高教司、学生司、留学生司、职业教育司等；商业企业的食品部、服装部、儿童用品部、妇女用品部等。

(5) 按照特定组织的重要性设计组织的部门

按照特定组织的重要性设计组织的部门是按某项专门工作或某些专门服务对象的管理需要，为突出其特殊性或提高其管理绩效而进行部门设计。如将一个组织中分为成果性业务部门、支持性事务部门、管理性部门、后勤保障性部门等。我国在一些重点高校设立研究生院，在一些军事院校设立科研部。

经验表明，在具体设计中，往往同时采用多种部门划分标准和设计方法，互相补充和协调，以实现组织部门设计的优化。同时还有必要考虑部门之间的配合关系，例如：

1）对工作性质、业务内容和运行方式相同或相似的部门，进行必要的合并。这样可实现组织资源的合理规模配置，减少组织部门的数量，有利于降低运行和管理成本。

2）对相互摩擦甚至绝对排斥和冲突的部门，进行必要的合并或改设，以保证组织运行的协调。

3）对不同部门的业务、作用和活动之间的程序性因果逻辑关系进行分析，按此确定部门之间的联系。这样不仅为不同部门定位，而且可形成合理运行的程序。

（五）职位设计

1. 组织职位的定义

职位是指组织中的具体工作职务和职责。它以特定的职务作为外在标志，但是，职务是组织中岗位的标志，而不是承担这一岗位的具体人的附着物，因此，职务是组织的元素，是组织中的角色结构和基本构成单位，而不属于某个担任该职位的人私有。

2. 组织职位设计的基本任务与条件

组织职位设计就是按照组织职能、具体任务和职责要求，对组织中具体岗位的设计。其基本条件要求是：

（1）应该有明确的任务和职责——不管是单一的，还是多项综合的，都应具有可检验性、可操作性。

（2）应该有合理的广度和深度——即应包含对任务完成的量和质的要求。

（3）应有特定的规范——职位的任务和职责的设计应该规范，在总体上应构成组织的制度和工作条例。

3. 组织职位设计的方法

(1) 职位的分类设计

根据职位的工作性质、繁简难易、责任轻重以及承担者所需的条件，分门别类地确定职务、等级、报酬、规范。

(2) 职位广度扩大设计

把若干分工的职位合并到一起，使之成为一种工作方式和职位类别，以此来扩大工作的广度和范围。可改变分类设计造成的工作的单调性，丰富职位承担者的工作内容，调动其工作积极性。

(3) 职位深度拓进设计

主要是对工作的自主性和责任性的深化，给职位承担者一定的权力，同时加入相应的责任，使其具有一种被信任感，以此激发其工作积极性，充分发挥该职位的非功能作用。

(4) 职位的工作团体设计

把具体职位的工作任务和要求委托给特定的工作团体，由该团体自己挑选工作承担者，选择适用的工作方法，规定工作绩效标准和要求，决定奖惩办法等，以此调动该团体的工作积极性。

（六）组织职权设计

1. 组织职权及其基本特点

组织职权是组织各部门、各职位在职责范围内决定事务、支配和影响他人或集体行为的权力。其基本特点有：

(1) 它是某职位特有的权力，且在位才有职权，离任或下岗后无此职权。

(2) 它具有多种权力行使方式，如决策、命令、规范、说服、监督、奖酬、惩罚、授权等方式。

(3) 它具有不同类型，如高层的决策指挥权，中层的专业管理权和基层的作业权。还可分为直线权（领导指挥权）、参谋权（建议咨询权）、作业权（实际操作权）。

(4) 具有动力意义，即具有组织动力和活力的意义。

2. 组织职权设计的原则

(1) 确保命令统一的原则

按照一个下级只能服从一个上级的原则进行活动，以保证组织的有序运行，防止政出多门，下属无所适从，遇事互相扯皮推诿等。

（2）连续分级原则

从组织的最底层职位到最高层职位形成一条明确的、连续有序的等级链，以防止越级指挥而破坏组织职权划分，造成组织层次职权瘫痪的状况。

（3）权职对称原则

具体体现为职权与职位的对称。特定的职位必须配置相应的权力，职位承担者在掌权的同时，也对组织活动和职能负有相应的责任，即权、责、利有对应关系。

（4）合理集权和分权的原则

集权是指决策权在组织的较高管理层次上的集中配置，分权则是指决策权在组织的较低层次上的分散配置。在实际组织中，集权和分权是相对的，而不可能绝对化。

3．组织职权配置的影响因素

组织职权配置采用集权还是分权方式的主要影响因素有：

（1）组织的发展过程——从小到大、从简到繁发展的组织，其决策惯性会导向集权形态；而几个组织联合时，形成分权形态的可能性较大。

（2）组织的规模——规模大的组织采用分权形态的可能性较大。

（3）管理者的偏好——有的完全以组织的目标和任务作为自己追求的价值，此时他往往容易采用分权形态作为组织职权设计的方式，有些热衷于管理权的管理者则倾向于选择集权形式。

（4）中下层管理人员的能力和素质——能力强、素质高的，实行分权的可能性较大。

（5）组织管理的技术状况——信息沟通、系统设计、财务会计等技术合理、科学、先进的，易使组织倾向于分权；相反，则倾向于集权。

（6）组织环境的因素——经济体制、政治体制、法律制度等都会影响到集权与分权。

（7）决策状况——一些特定组织的权力配置集中或分散的程度，还与决策条件相关。一是决策的频度，组织中下层管理者决策的频度越高、数量越多，则组织权力分散程度越高，反之亦然；二是决策的幅度，决策的范围越广，涉及的职能和事务越多，该组织权力分散的程度越高，反之亦然；三是决策的重要性，决策影响范围越大，需要的组织资源越多，表明组织权力越分散，反之亦然；四是中下层决策受控制的程度，如受控程度越低，表明该组织权力配置越分散，否则，表明该组织权力越集中。

三、组织设计的系统方法

20 世纪 40 年代，贝塔朗菲（L. V. Bertalanffy）创立系统论，50 年代中期出现系统工程，现在它们已经成为一种现代化的组织管理技术。系统理论认为，组织是由人们建立的、相互联系并且共同协调活动的要素所构成的系统。无论从组织结构上讲，还是从组织活动的动态过程中考察，任何组织都是一个大大小小的系统，区别的只是组织系统结构的复杂程度和功能性质。因而，组织设计中首先，也是最重要的就是系统思维，最有效的就是系统工程的方法。

管理理论中的系统管理思想的原则，就是注重用系统的观念、模式、方法来分析、考察组织的结构及职能。按照系统工程的思维方法，组织设计中主要原则是：

1. **目标导向的原则**

任何组织都是为某个特定目的而成立的。目的就是目标，即组织运行的方向和要达到目的的基本要求。系统工程的方法要求在组织目标一定时，组织的设计就要为目标服务，组织的结构模式、管理幅度和管理层次都要服从目标。因而是组织的任务，决定组织的结构模式，要因事设职而不是因人设职。

2. **整体优化的原则**

整体大于部分之和是系统的重要功能之一。系统工程强调整体优化功能，强调组织要素的合理配置，发挥各子系统的优势，使其功能互补，强调全系统、全周期的设计理念，从组织的长远、全局，而不是眼前、局部打造组织的基础结构。整体优化的结果是 $1+1+1>3$，使组织成为一个协调和有效运转的整体。

3. **结构调整原则**

系统的结构决定系统的功能，同样的组织元素，在不同的结构体系中，其功能不尽相同。经济管理中，经常有人、财、物、技术不变，通过组织结构的调整使其功能效益大相径庭。诸如，宏观经济中的产业结构调整，微观生产领域的工艺流程、产品结构的调整。

4. **关键路线原则**

在系统工程的方法中有一种关键路线法，即任一工程项目、社会活动都有一个最重要、对全局起关键作用，或者说牵一发动全身的子系统。关键路线原则在管理科学理论中也称“木桶”法则，其意思是：一只沿口不齐的木桶，它盛水的多少，不在于木桶上那块最长的木板，而在于木桶上最短的那块木板。要想使木桶多盛水——提高木桶的整体效应，不是去增加最长的那块木板的长度，而是下工夫依次补齐木桶上最短的那块木板。关键路线原则告诉管理者：在组织设计过程中要下工夫狠抓组织的薄弱环节，否则，组织的整体工作就会受到影响，人们常说“取长补短”，即取长的目的是为了补短，只取长而不补短，就很难提高工作的整体效应。

5. 适应环境原则

系统论认为，人是环境产物，组织也是如此。任何组织的生存和发展都要受环境的制约，组织的环境就是社会环境。在系统理论中通常用变动性和复杂性两方面来衡量组织的环境状况，复杂多变的社会环境要求组织体系具有更大的弹性和适应性。

哈佛大学管理学者劳仑斯（Laurence）和洛斯克（Roethke）的研究成果表明，组织环境可分为三类：①高度确定的环境；②比较确定的环境；③很不确定的环境。组织设计只有根据不同情况分别采用有机式结构和机械式结构，组织才能有效运行。对于高度确定的环境，机械式结构是有效的。因为，处于这种环境中的组织一般不需要扩大组织规模和成立新的组织部门，也无须进行产品或服务创新，管理者只要凭借程序化规范来维持组织运行。在比较确定的环境中，机械式结构就不合时宜，组织为适应环境必须适当发展、革新，必须增强结构弹性。而在很不确定的环境中，组织必须对环境的变化迅速作出反应，组织设计就务必考虑分权和参与，采用更为灵活、应变的有机式结构。

总之，组织要因事、因时制宜，组织管理者有责任也有可能改造环境，但更主要、更有可能的是改造组织自身。

6. 对外开放的原则

系统思想具有开放性。系统理论认为，只有开放的系统，不断与外界进行能量、物质、信息交换的系统才有生命力。社会系统也是如此，一个封闭的社会组织肯定是缺乏活力的。事实上，任何组织都不能完全封闭。因此，组织建设中必须重视组织机构体系的内外沟通、交流的机制设计。

四、管理职位设计的常见错误

德鲁克指出：组织职位设计在管理组织设计中是最重要的。职位的设计虽然没有绝对的公式可寻，但是却可以避免少走弯路，减少影响管理人的工作效果，也影响组织运行效率的六种错误。

1．职位设计时涵盖太小，使优秀的人才无以成长和发展

假如一项管理职位设计太“小”，没有几天时间当事人就能轻车熟路，则难免感到单调怠倦、失望，缺乏激励，成为“老油条”。因此，管理职位的设计，应当使管理当事人在未来的岁月中，感到有成长、有发展、有学习的机会。德鲁克认为，一个机构如果人人升迁很快，只要有一点什么成就，便能得到升迁和奖励，“升迁”成为一种热潮，高潮很快过去，整个工作群体便失去压力和动力，那对组织实在是危险不过的事。

任何一个管理职位，都应该使当事人能获得绩效的满足，都应该是一场挑战和一种激励。按德鲁克的观点，管理职位的设计，应该使当事人注意的是对“该职位”，而不是另一个更高的职位的诱惑。

2．管理职位是一个能体现一定职权的“职位”，而不是一个“副手”，更不是一个虚设

一个好的管理职位的设计，必须使在职的人员有明确的责、权、利，能感到他的使命、价值，感到职位的重要性，感到有存在的意义，而不是感到可有可无。即使是副职，也应该是一个与正职相辅相成的工作，而不是一个打工或为他人做嫁衣裳的角色。

3．管理人员的职位应该是一项专业性工作

管理不能简单视为仅仅是一项工作，尤其不是一般人都能胜任，在八小时标准时间内按部就班完成的工作。按德鲁克的观点，管理职位应该是“管理”与“工作”的有机结合。换句话说，管理人员除例行“管理”工作外，还应肩负其本行范围以内的某一特定职能方面的责任。管理者是一位经理人，同时也应该是某一特定职能方面的专业人才。管理人更是专家，而不是办事员。

4．“职衔”不能是对在管理职位上的人的奖励

职衔是职位的等级，它更多的是与工作年限有关，而不应与职位的绩效直接挂钩，就像军衔取决于在某职位上的供职时间或服役年限。在德鲁克看来，用职衔来作为一种奖励，将可能使在职者无所事事甚至无责可尽。职衔也确有鼓舞人的期望，但确实不能充分代表当事人的层级和责任。只有提高当事人的职位、职权和责任，才能形成对当事人的真正激励。

5．管理职位是精心工作，而不是应付人际关系

尽管管理工作少不了与人打交道，需要与人不断接触，处理好人际关系也是管理者的重要素质或技能之一，但是管理职位的设计不能给当事人感到是一个专门“协调”的关系，甚至是打杂的岗位。好的管理职位设计应该使当事人感到是因为工作需要与他人协商、合作，而不是专门去陪人、搞“公关”。

6. 管理职位是一项离不开集体的工作

管理是社会的产物，是因为集体的行为而产生，马克思曾说过，一个小提琴手独奏就是自己指挥自己，一个乐队就需要有专门的指挥。离开了集体活动就无须管理。按德鲁克的观点，管理职位不能是“守寡式的职位”，组织就像是家庭，需要有温馨、有亲情，是一个共同体。管理职位不是个体经营，管理者应该是与家庭成员同舟共济。

第四节　组织人员的配备

一、组织人员配备的任务与意义

组织人员配备就是在组织设计的基础上，根据组织职位结构所确定的各个部门、各个层次的职位数量和能力要求配备合适的人员，其中最主要的是主管人员的配备，这是组织管理工作的具体落实。

当组织目标一定，组织结构设计完成后，组织的有效运行还需要有组织中最重要的、起主导和关键作用的因素——人。没有组织人员，组织目标的实现就是一句空话。毛泽东同志在新民主主义革命时期就指出过：正确的路线确定之后，干部就是决定的因素。德鲁克也指出，实行正确的人事管理，是驾驭好一个组织的最基本的手段。领导人花在人的管理与进行人事决策上的时间，应当远超过花在其他工作上的时间。因为，没有任何别的决策所造成的后果及影响，会像人事决策与管理上出现的错误那样持久而又难以消弭。德鲁克还认为，领导最主要的任务是有效地选人、用人、开发人的能力，来达到组织的既定目标。

人是万物之灵，“得人者昌，失人者亡”是古今中外举世公认的事业成败的金科玉律。人员配备不仅是组织有效运行的重要条件，也是管理的一项重要职能。因此，管理人员的选拔、任免和考评工作是组织管理中不可或缺的必要内容。

二、组织管理人员的职能需求

要科学、公正、有效地配备组织人员，首先必须对不同职位上的人员，其中最主要的是对主管人员进行能力需求的理性分析。在组织理论中，一般是根据管理者个人的知识结构、能力特征，将其划分为不同的层次，然后比较、分析不同层次的管理对其人员的能力、知识的要求。

如何针对不同层面的管理人员的职能要求，是目前大多数致力于造就出色的管理队伍的组织亟待解决的问题。从人力资源开发与管理的经验看，应该按管理者所处层次对组织的管理人员进行分类，然后，根据不同层次管理者的能力要求来确定知识结构。高层、中层和基层管理职责、能力和知识结构的差异比较见表4－2。

表4－2 不同层次管理者的职责与能力、知识需求

管理层次	职责要求	基本能力	知识结构
高层管理	具备广阔的视野，能系统地把握当今全球的社会、政治、经济形式，深刻理解和洞察组织内、外部各种因素的作用，提高从全局观点对组织的战略、目标、方针及发展进行创造性的规划、决策、控制的能力，提高组织的活力和绩效	洞察能力 决策能力 创造能力 统筹能力 批判能力	管理哲学、现代管理前沿理论、领导学、系统科学、组织理论、战略管理、未来学、决策科学、人力资源、金融财务政策、信息管理、风险管理、授权与协调技巧、专业修养等
中层管理	具有部门职能管理素质，包括工作标准建立，进度报告编制，工作偏差纠正，成果评估以及采购、供应、技术、质量、设备、动力、财务、销售、人事、教育、情报、计量、后勤等各种职能的具体的计划、组织、领导、控制和上下协调工作	判断能力 领导能力 协调能力 沟通能力 分析能力 专业能力	组织理论、环境诊断方法、情报分析、经济预算与核算、预测方法、政策分析与制定、激励与控制方法、人际关系和公共关系学；劳资关系理论、行为科学、情境管理理论、危机与困境的管理，以及其他现代管理知识，包括管理信息系统、技术经济分析、可行性研究、价值工程、无缺陷计划、冲突管理、目标管理、零基管理、计量管理、TQC、创新管理、项目管理、沟通技能和信息传播技能，如说服、谈判、咨询、劝慰、报告、演讲、主持会议等
基层管理	例行事务管理，了解组织管理体系、产业和同行的信息，生产组织，人员调配，成本管理，进度管理，对部下的评价和将惩，安全工作，方法创新，具体工作流程管理	专业能力 计划能力 指导能力 沟通能力 理解能力 指挥能力	人力资源计划管理、成本管理、进度管理、安全管理、评价和奖惩、问题处理方法与技巧、组织业务知识及实际操作技能、监察技巧、统计报表、工作目标和标准的设定、激励与沟通技能等

对组织的各级管理人员的要求应该着眼于改善全部管理人员的能力和水准，全面考察高层、中层、基层管理人员的管理绩效、能力水平、纵横向联系和组织形式，找出管理中关键性的、全局性的问题，然后以此为突破口，带动组织由决策层、执行层，再到操作层的整个管理机制的改造。必须使各级管理人员，从最高的总经理，到最底层的管理人员，都能在自己的岗位上严格地要求自己，不断地用面向未来的高标准来衡量自己的工作，明确地为自己树立不断上进和不断提高的目标。

对高层管理人员的要求还必须适应于外部形势发展的要求，同时又适应于组织本身的未来发展计划，制定出更高的要求。从根本上说，造就管理者队伍是长期而艰巨的。较高级的管理人员，特别是最高层领导人，是要经过长期培养和长期挑选的。在培养造就新的、更高水平的管理人员这一点上，组织永远都不能有“到顶”思想，即认为本单位的管理人员可以不再提高了，那样就会危及组织的生存和发展。组织的管理人员只有不断地提高自己的能力，准确地掌握当今世界，特别是其中与本部门、本行业有紧密关系的各方面因素的变化趋势，才能使组织适应时代的需要而不断发展和日益兴盛。

三、管理人员选聘

（一）管理人员选聘的基本要求

根据美国管理学者卡茨的研究成果，在管理人员选聘中最重要的规则是管理层次的区别及其技能分析，不同管理层次的人员其技能要求不尽相同（见表4－3）。

表4－3　不同管理层次的管理者的技能侧重

技　能 层　次	专业技能	人文技能	理念技能
高层管理者	17.9%	39.4%	42.7%
中层管理者	22.8%	42.4%	34.8%
基层管理者	50.3%	37.7%	12.0%

其中，专业技能是指对生产产品或提供服务的特定知识、程序和工具的理解和掌握，人文技能是指在组织中建立融洽人际关系并作为群体的一员有效工作的能力，理念技能是指从整体把握组织的目标、洞察组织与其环境的相互关

系的能力。对于高层管理者来说，理念技能是最重要的，占到了42.7%；中层管理者最重要的是人文技能；基层管理者最重要的是专业技能，占到了其能力构成的50.3%。要提高企业各层管理人员的能力必须注意这种层次性特点。

在现实中，许多知名企业都有独特的用人理念。日本松下电器公司选人不要求组织成员是顶尖人才，认为优秀人才难以管理、工作不够努力；认为较优秀的人才最好，他们会尽力做好每件事，效益比使用优秀人才更好。哈佛大学、香港科技大学要求教授都是一流人才，二流人才会因竞争产生内耗，不利于学校的发展；海尔集团选人不受专业限制，按照自己的选拔程序，精选综合素质高的人员，并声称：一定是要聪明人；公务人才标准主要表现为“德”、“能”、“勤”、“绩”四个方面；我们党选拔高级干部的标准是“德才兼备”。

（二）人员选聘的原则

招聘是人员选聘的主渠道和主要方法，也是领导获得最佳人选的有效途径。招聘包括“求贤”、“招贤”、“用贤”三个主要要素。“求贤”是发布招募信息。“招贤”是指招募过程，其中包括工作分析和工作说明书，与招募岗位所需知识、能力相对应的测试，背景资料的收集，面试和体检。“用贤”则包括用人观念，用人方法，用人效果。用才观念决定了用才标准，是才德兼备，还是唯才是举、唯亲是举；用才方法是“用人不疑，疑人不用”、“用中培养，用中提高”；用才效果是招募全过程的检验，是对招募全过程的反馈和控制。

为充分利用社会的人力资源，人员招聘首先要招募。所谓招募，是指通过各种信息，把具有一定技巧、能力和其他特性的申请人吸引到组织空缺岗位上的过程。申请人可以是内部的，也可以是外部人员。在招募中要坚持的原则是：①效率优先；②双向选择；③符合国家法律政策和社会整体利益；④公开、公平、公正；⑤竞争、择优、全面；⑥降低招募成本，提高招募效率。

（三）人员招聘的公告与程序

招募的一个重要标志是要有招聘公告，通过公告发布招募信息，以寻找有资格的适合其岗位的人员。招聘公告应包括的信息主要有：①工作岗位的名称；②有关工作职责的简单而明确的阐述；③说明完成工作所需的技巧、能力、知识和经验；④工作条件，如地理位置、时间、周工作天数、下层管理人员的水平、报酬和福利；⑤申请时间和地点；⑥如何申请、是否要寄送简历、填申请表以及面试等。

人员招聘的程序是：用人部门向人事部提出用人申请→人事部主管定编调查、审核→人事部长审批、申报上级→上级部门批准→人事部制定招募计划、费用预算→上级部门批准→人事主管向社会或内部发出招募广告→人事部主管收集应聘材料→人事部门初试（面试或笔试）→人事主管整理求职材料→招募专家组深入测试→应聘材料真实性核对与经历评估→各项智力、技能、性情测试→候选者体格检查→人事部门建议录用→上级主管审查通过→录用，进入试用期，并对新进人员岗前培训→人事部培训、考核并记录→用人部门试用期满考核并提出去留意见→人事部门下达正式录用文件，签订用人合同。

（四）人员招聘的渠道和方式

1. 内部招募

组织的岗位空缺由组织内的那些已经被确认为接近提升线的人员或通过平级调动来补充，其他岗位空缺也要求确定可晋升的候选人。用于吸引和确定将担任更高职务或有更高技能水平的现有人员的两种方法是布告招标和利用技术档案的信息。

2. 外部招募

所谓外部招募，是指在组织外部吸收申请人，可以采用多种形式。较为普遍采用的外部招募方法有：

（1）广告招募

广告招募指通过广播、报纸、电视和行业出版物等媒介，向公众传送就业需求信息。一份好的广告要有一句使人过目不忘的广告词，应突出组织徽志，应使用鼓励性、刺激性用语，应说明招募的岗位、人数、所需的资格条件，并注明待遇。

（2）组织成员引荐

组织成员引荐是将有关工作空缺的信息告诉现有人员，请他们向组织推荐潜在的申请人。一些组织还会提供少量报酬以激励雇员推荐合适的申请人，尤其是在人力资源短缺条件下，往往采用这种方法。

（3）校园招募

现在越来越多的组织直接进入高等院校招聘职员。选择学校要靠几个因素，其中第一个因素是要明确补充人员岗位的类型。如果一个企业或组织需要控制水污染专家，那么招募人员必须去那些设有环境研究专业的学校。企业或组织的规模是选择学校的另一个因素，大的公司可能到全国各地的大学去招募，而小的组织则主要在本地的大学招募。影响学校选择的因素还与过去招募的经历和结果有关。

（4）委托各种劳动就业中介机构招募

企业或组织可以利用各种人才市场、劳务市场、职业介绍所进行招募，也可以委托各类学校的毕业生分配部门推荐。这种招募方法具有选择面大、可信程度高的优点。

（五）招聘测试

测试工作在整个招募过程中越来越居于核心地位，测试一般有笔试、面试和综合测试三种方式。

1．笔试

纸笔测试简称笔试，是一种与面试对应的测试，就是要求被试者根据项目的内容把答案写在纸上，以便了解被试者心理活动的一种方法。

笔试形式主要有七种：多种选择题、是非题、匹配题、填空题、简答题、回答题、小论文，每一种笔试形式都有它的优缺点。比如论文笔试，它以长篇的文章表达对某一问题的看法，并表达自己所具有的知识、才能和观念等。该方式有下列优点：易于编制试题，能测试书面表达能力，易于观察应聘者的推理能力、创造力及材料概括力；同时，它也存在下列缺点：评分缺乏客观的标准，命题范围欠广博、不能测出应聘者的记忆能力。

纸笔测试在组织成员招募中有相当大的作用，尤其是在大规模的组织成员招募中，它可以一下子把组织成员的基本活动了解清楚，然后可以划分出一个基本符合需要的界限。

知识测试简称考试，主要指通过纸笔测试的形式对被试者的知识广度、知识深度和知识结构了解的一种方法。知识测试的内容因职位不同而不同。例如，我国国家公务员的知识测试包括基础知识和专业知识两部分，基础知识主要是指担任公务员必备的基本通用知识，如政治学、行政学、法律、公文写作等；专业知识是从事某一专业或职位所必备的业务知识，不同类别公务员的专业考试科目不同，如文书或秘书类公务员考秘书学、行政学、写作、法学概论、经济学概论等。而企业或组织管理人员的知识测试，涉及企业或组织管理、市场营销、管理心理学、公共关系学、经济学常识、法律常识等学科内容。在实际招募中，知识测试的各方面的内容可分为几份卷子，也可以合并为一张考卷。

知识测试具有公平、迅速、简便、费用较低的优点，但其缺点是试题可能不科学、过分强调记忆能力、阅卷不统一、没有可比性。因此，为提高知识测试的效果，有条件的组织应该自己建立题库，还要尽量请有关的专家出题，并一定要严格执行考试操作中的各项原则，尽量防止各种不科学、不公平、不严格的现象出现。这样可以使知识考试在组织成员招募中发挥较大的作用。

2. **面试**

面试是通过主试与被试双方面对面地观察、交谈等双向沟通方式，了解应试人员素质状况、能力特征及求职应聘动机的一种人员选考技术。这种人员选考技术尽管可能会与笔试、人事传记资料审核法、推荐书和其他人事资料发生重复，但是它比笔试或查看人事传记资料更为直观、灵活、深入，可以判断出这些方法无法看出的人的属性或者层面，它不仅可以评价出应试者的学识水平，还能评价出应试者的能力、才智及个性心理特征等。

面试主要是对被试者的非语言行为的观察与分析，主要包括面部表情的观察和身体动作的观察两方面内容。根据具体形式的不同，面试还可分为：①个别面试；② 小组面试；③ 成组面试；④ 会议型面试。根据提问种类的不同，面试可以分为：①非结构化（不直接提问型）面试；②结构化（直接提问型或固定模式型）面试。

面试的主要问题、内容、目标和优缺点比较见表4－4。

表4－4　面试的一般规范

面试的主要问题	面试的重点内容	面试的目标	面试的优缺点
①情景问题：提出一个假设的工作情景，以确定求职者在这种情况下的反应。②工作知识问题：探索求职者与工作的知识，这些问题既可能与基本教育技能有关，也可能与复杂的科学或管理技能有关。③工作模拟问题：包括一种场景，在该场景中要求求职者实际完成一项样本任务，当这种作法不可行时，可以采用关键工作内容模拟。④组织成员要求的问题：旨在确定求职者是否愿意适应工作要求。例如，面试者可能问求职者，是否愿意从事重复性工作或迁往另一城市。	①仪表风度。②求职动机与工作期望。③专业知识与特长。④工作经验。⑤工作态度。⑥事业进取心。⑦综合分析能力和语言表达力。⑧反应和自我控制能力。⑨人际交往倾向及与人相处的技巧。⑩精力和活力、兴趣与爱好。	①从求职者那里获得与个人行为、工作有关的信息。②提供有关工作和企业或组织的信息。③确定下一步。面试结束后，面试者必须确定候选人是否适合空缺的职位。如果结论是肯定的，选择过程将继续下去；如果结论是否定的，该人将不再被考虑。	优点： ①适应性强；②可以进行双向沟通；③有人情味；④可以多渠道地获得被试者的有关信息。 缺点： ①时间较长；②费用比较高；③可能存在各种偏见；④不容易数量化；⑤测试的有效性和可靠性不甚确定。

面试中值得一提的是情景面试，它是一种特定的面试方法。首先进行岗位分析，岗位分析后确定岗位的一些主要工作情节，并作记录（录音）；然后设计一些问题，以便面试时应试者能有针对性地发表一些看法。

3. 综合测试

综合测试是结合笔试和面试的优点，对招聘人员进行的综合素质测试，是测试中更为常见的方式。其内容体系如图 4－7 所示。

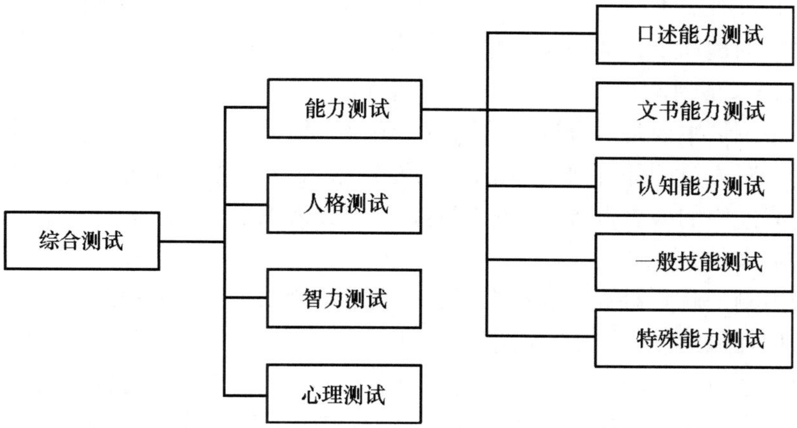

图 4－7　综合测试内容体系

（1）能力测试

能力测试的内容包括：口述能力、文书能力、认知能力、一般技能和特殊能力的测试，其中比较复杂的是技能测试和特殊能力测试。

技能测试主要用于特定能力或才能的测试（空间感、动作灵活性、数字能力、语言能力等），可用来衡量人的潜力，也叫性向测试。测试的内容是测试受试者潜在的性向和能量。由于技能测试是测试受试者学习某项工作技能的潜力，所以这种测试多用于缺乏工作经验的求职者，以选择适用的人员加以培训。其内容包括：

1）岗位技能测试——考查一个人已经拥有的能力。如文字处理人员在应征秘书职位时，面试之前要进行一次录入测试，考查其录入速度和精确性。

2）综合性技能测试——用以鉴别个人多种特殊的潜在能力。实际上它是多种特殊性向测试的复合体，如美国著名的“区别性测试”。

所谓的特殊能力就是指某些人具有他人所不具备的能力。有时，由于工种的需要，在企业或组织招募中需要测试一些特殊能力。例如，为测试其想像力、创造力而进行的“一物多用”测试；为测试其双手协调动作的准确性与速度而进行的“钉板”测试；为测定其注意力的集中、分配与转移能力而进行的“划字”测试；为测定记忆广度而进行的“顺背数字”和“倒背数字”测试；为考察应试者记忆与动作的协调能力进行“数字配符号”测试等。

特殊能力测试在组织成员招募中并不常用。而且，有时需要一些心理测试仪器的配合运用，才能了解得比较准确。但是，特殊能力与心理活动测试结果与智商并没有显著的相关性。同时其他证据也表明，特征虽能帮助有效地预测工作输出的量和质，但却无法有效地预测其对组织的贡献。

（2）人格测试

人格测试主要是对应试人的思想、道德、情操、意志、毅力、个性等方面的测定。对人格的评价通常用情商（EQ）来表示，这种测试一般可以通过问卷和请有经验的人力资源管理专家的直觉评分来确定。

（3）智力测试

智力测试就是对智力的科学测试，它主要测试一个人的思维能力、学习能力和适应环境的能力。现代心理学界对智力有不同的看法。所谓智力就是指人类学习和适应环境的能力，智力包括观察能力、记忆能力、想像能力、思维能力等。智力的高低直接影响到一个人在社会上是否成功。智力的高低以智商IQ来表示，正常人的IQ在90～109之间；110～119是中上水平；120～139是优秀水平；140以上是非常优秀水平；而80～89是中下水平；70～79是临界状态水平；69以下是智力缺陷。一般来说，智商比较高的人学习能力比较强，但这两者之间不一定完全有正相关。因为智商还包括社会适应能力，有些人学习能力强，他的社会适应能力并不强。

（4）心理测试

心理测试就是通过一系列的科学方法来测试被评者的智力水平和个性方面差异的一种科学方法。心理测试的优点是：①迅速，②比较科学，③比较公平，④可以比较；缺点是：①可能被滥用，②可能被曲解。

为充分发挥心理测试在组织成员招募中的作用，需要尽量克服与防止可能产生的不良影响，应该采取以下措施：①标准化，②严格化。

心理测试的原则是：①要对个人的隐私加以保护；②心理测试以前，要先做好预备工作；③主试要事先做好充分的准备，包括要统一地讲出测试指导语，要准备好测试材料，要能够熟练地掌握测试的具体实施手续，要尽可能使每一次测试的条件相同，这样测试结果才可能比较正确。

（六）影响招聘的因素

影响招募的因素有外部的和内部的。

1. 外部因素

影响招聘的外部因素包括：①国家的政策、法规；②人力资源市场，包括市场的地理位置和市场的供求关系；③行业的发展性。

2. 内部因素

影响招聘的内部因素包括：①声望；②处于发展阶段；③招募政策；④福利待遇；⑤工资制度；⑥成本和时间。

随着信息技术的发展和企业或组织对人力资源的日益重视，招募工作出现了以下一些新的趋势：一是招募和选拔工作向着战略化方向发展；二是从传统的关注招聘时间、招聘地点、数量，转变为关注获得人才的整个过程；三是各职能和专业部门对招募的参与越来越多；四是对招募者的素质提出了更高的要求；五是人员选拔的方法越来越科学。

三、管理人员绩效考评

（一）管理人员考评的目的

管理人员的素质和绩效是一个组织成败的决定性因素和标志。对管理人员的考评就是对其工作能力和工作成绩的考核与评价。

考评的目的主要是：

1. 为组织的绩效评价提供依据

各个部门和各个层次管理人员的绩效是整个组织绩效的基础，他们工作的好坏与整个组织的前途和命运息息相关。通过对局部和个体考评，可分析组织的问题和成就。

2. 为组织评价管理人员的工作绩效提供依据

了解管理人员的工作是否围绕组织的目标而开展，他们的工作成效和态度都需要通过考评。考评材料为工作绩效评价提供书面依据。

3. 为主管人员的配备和调整提供依据

通过考评为主管人员建立文字信息档案，并据此制定组织人力资源的使用、配置计划。

4. 为主管人员的培训提供依据

在职教育训练是现代人力资源开发的有效途径。为了有针对性地提供主管人员的学习机会，就必须通过考评、测试来了解主管人员的需求和管理能力体系中的欠缺。

5. 为确定报酬和奖励提供依据

衡量管理人员的工作能力和绩效，是确定其工作报酬的重要依据。根据管理人员的工作绩效难以精确计算的特点，一般将其工作报酬分为两部分：一是职务性质决定的能力工作或职务工作；二是工作努力程度和效果决定的绩效工资或效益工资。前者取决于职务分析和能力测试，后者则需要人事部门的考评数据。

奖励是对绩效显著人员的激励，其依据自然是考评的结果。只有通过正确的考评，才能使奖励真正发挥鼓励先进、鞭策落后的作用。

（二）考评的内容

绩效考评是对管理工作的结果进行测定。因此，考评内容一般分为：按工作、任务计划实施的结果考核和实际最终效果评价。前者主要是看计划执行的效果，后者则包括计划内和计划外的综合效果评价。

1. 计划执行工作绩效考评内容的主要指标

工作态度——敬业精神、组织成员满意度；

工作效率——是否按时完成任务；

工作质量——是否按质量标准完成任务。

2. 综合绩效考评的主要指标

行政成本——管理者个人和组织的管理费用；

管理创新——理念、制度、方法、手段的变革；

社会效益——公众的评价和认同。

（三）平衡计分卡考评法

传统的绩效考评方式、方法有很多，如前面人员选聘测试中的笔试、口试和综合素质、能力测试。对管理绩效的考评也有成绩记录法、民主评议法和领导专家评分法。这些方法各有千秋，如成绩记录法准确性高，但指标过于单一，不能全面衡量管理者的贡献；其他方法比较全面，但又准确性差。管理科学的实践证明，平衡计分卡评价是一种行之有效的先进方法。

1. **平衡计分法的内涵**

平衡计分法又谓 BSC 法，是美国哈佛商学院的卡普兰（R. Kaplan）和诺顿（D. Norton）教授在 20 世纪 90 年代总结出来的一种公司绩效评估方法。实践证明它对社会系统中的公共组织管理的绩效评价也很有借鉴作用。

传统的企业绩效评估只注重财务经济指标，如销售额、利润率、市场占有率等，这种做法是着眼于过去，评估的核心概念是控制。绩效评估的本来目的应该是着眼于组织的战略和未来，有利于组织的长期、持续、稳定发展。平衡计分法较好地体现了绩效评估的后一目的，其核心不是控制而是组织战略。从而适应公共系统，如地区、部门的绩效评价。

平衡计分法通过四维的指标进行绩效评估：业绩指标、公众（用户）指标、内部技术指标、创新与发展指标，其相互关系如图 4 – 8 所示。

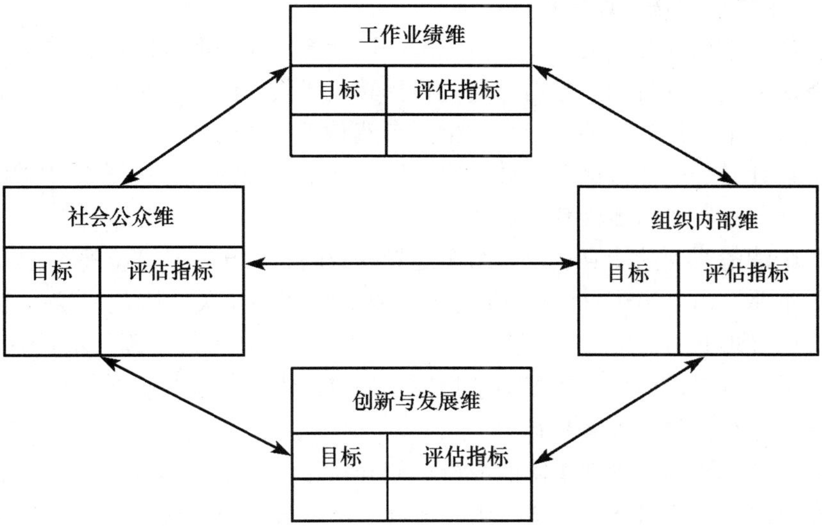

图 4 – 8　平衡计分法及各种绩效评估指标的联系示意图

平衡计分法要求领导和管理者从四个重要方面来观察组织管理系统，它们为四个基本问题提供了答案：

（1）该组织管理者怎样满足社会？（业务角度）

（2）社会（公众）如何看待该组织管理者？（市场用户、公众角度）

（3）组织管理者擅长的是什么？（内部角度）

（4）管理者能否为组织继续提高并创造价值？（发展角度）

2. **平衡计分法的特点**

首先，在提高地区、部门竞争力方面，平衡计分法能够使地区或部门同时达到多个互相联系又互不相同的目标：以服务对象为导向，缩短反应时间，提高质量，重视团队合作，缩短新公共品投放市场的时间，以及面向长远进行管理。

其次，平衡计分法能够有效地防止管理人员片面追求某一个方面指标、忽视其他方面指标的行为。平衡计分法迫使高级经理把所有的重要绩效评估指标放在一起考虑，而不能牺牲某一方面的指标来达到另一些方面的指标。在传统的评估体系中，这种片面追求某一指标（对自己有利或是自己擅长的）的行为，很容易造成部门和人员之间互不合作，甚至矛盾冲突的情形，从而在整体上损害了组织的整体利益。

3. **平衡计分法的评价指标**

在使用平衡计分法的时候，组织考评职能部门应该明确时间、质量及性能和服务所应达到的目标，然后把这些目标转化成具体的测量指标。对于不同的企业而言，平衡计分法的二级评估指标自然是不一样的。

平衡计分法的评价体系设计一般由以下几个部分构成，如图 4 -9 所示。

第一部分：组织远景目标和使命

一个清楚明确的能真正反映组织远景的战略，对于成功建立平衡记分卡体系至关重要。由于 BSC 的四个方面与企业战略密切相关，因此，这一部分是一个好的 BSC 的基础。定义组织战略应简单明了，并对每一部门均具有意义，使每一部门可以采用一些业绩衡量指标去完成组织的远景与战略。

第二部分：组织战略目标

由于各种原因，管理集团的成员可能会对目标有不同的意见，但无论如何必须在组织的长远目标上达成一致。成立平衡记分卡小组或委员会去解释组织的远景和战略，并建立业绩、市场、内部业务、学习与成长四类具体的目标。

第三部分：评价指标体系

四个角度的评价指标体系是组织战略目标的具体分解。指标必须能准确反映每一个特定的目标，即 BSC 中的每一个指标都是表达组织发展战略的因果关系链中的一部分。另外，应将 BSC 的每一个方面的目标数量控制在合理的范围内，仅对那些影响组织成功的关键因素进行测评。

指标体系包括关键业绩指标构建、权重的确定和目标值的确定。

（1）关键业绩指标的构建

关键业绩指标属二级指标。如何在众多的业绩指标中获得关键业绩指标，

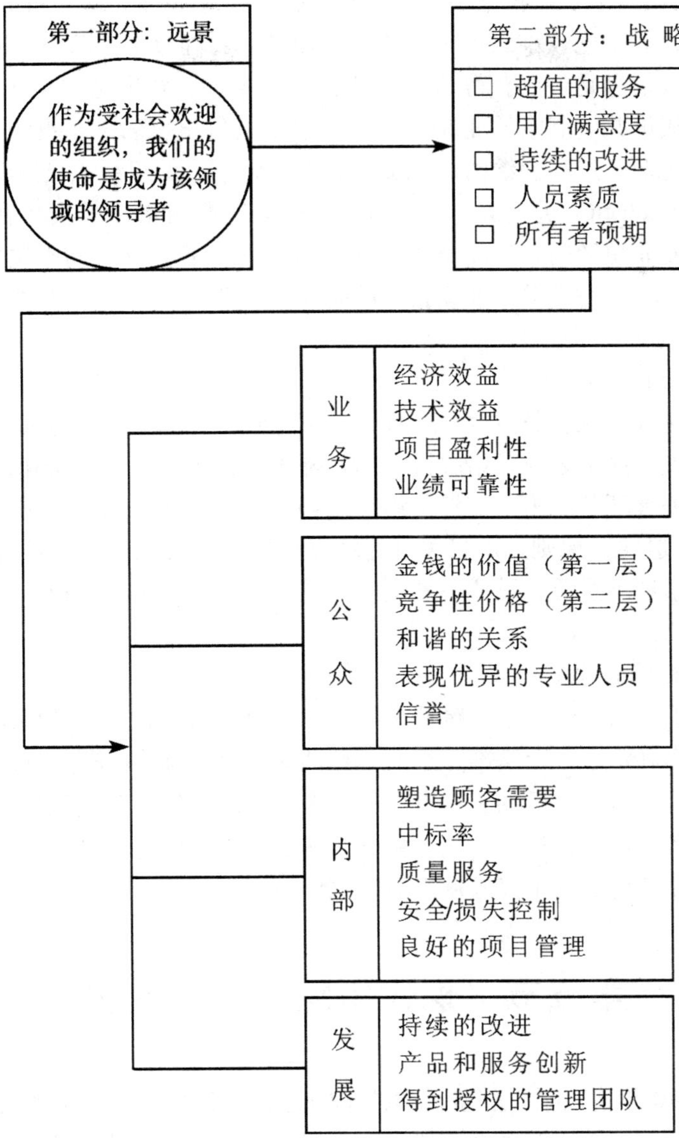

图 4－9　平衡计分法的评价体系设计

是指标体系设计的首要问题。一般说来，组织在制定关键业绩指标时必须遵循一项基本原则，即 SMART 原则：S 代表 Specific，意思是“具体的”，指关键业绩指标要切中特定的工作目标，不能是抽象的，而应该适度细化。M 代表

Measurable，意思是“可衡量的”，指关键业绩指标应该是数量化的，即指标尽可能量化，对于比较难以量化的指标也要尽可能行为化，以便验证这些业绩指标的数据或信息是可以获得的。A 代表 Attainable，意思是“可实现的”，指上级和组织成员共同制定的业绩目标在组织成员付出努力的情况下可以实现，不可过高或过低。过高会给组织成员造成挫折感，过低组织成员感觉不到成就感。R 代表 Realistic，意思是“现实的”，指关键业绩指标是实实在在可以被观察到的，而非想像的。T 代表 Time-bound，意思是“有时间限定的”，指使用时间单位，规定完成关键业绩指标的时间。一般而言，四个角度的测评指标加起来不应超过 20 个。

（2）权重的确定

从主要业务、顾客满意度、内部经营以及学习与成长四个方面构建关键业绩指标之后，再接下来就是给关键业绩指标确定权重。这是整个业绩评价体系中的第二个关键环节。为了能够与组织战略吻合，通常采用的权重确定原则是“重要性、紧迫性”原则，即将关键业绩指标按照重要性、紧迫性分成相对重要且紧迫、紧迫不重要、重要不紧迫和不重要不紧迫四类，并以依次递减的顺序分配权重。

（3）目标值的确定

确定权重之后，依次给关键业绩指标确定目标值。目标值的确定相当于给各个岗位工作确定了一个基准，这既是给将来对岗位业绩进行评价打下基础，同时也使管理人员对自己的工作方向有一个清晰的把握。实际工作中确定目标值的方法很多，比如先进平均法、目标分解法等等。但是不论采取哪种方法都遵循上下级充分协商、个人服从组织的总体原则。

第五节　现代组织的发展变化

20 世纪 80 年代以来，随着科学技术的进步尤其是信息技术的发展，人类社会经济、政治、科技、军事、文化等活动的组织形式也迅速发生变化，许多新兴组织形式应运而生。这种变化的发源是 20 世纪 80 年代初，美国的福特、ABB、通用电器等著名的跨国公司对企业组织结构进行的变革尝试。到 90 年代演变为世界性的基于信息技术普遍应用的对工商企业运作流程的重新设计、改造，继而推向社会其他活动领域的所谓“企业再造”风潮。这种变革的结果是使现代社会组织呈现出与传统的“科层组织”大相径庭的变化趋势与特点，并导致了组织理论的发展。

一、管理组织的发展变化

1. 组织的发展趋势

由于技术的革新迅速发展，促使现代组织结构有了较大的改变。美国管理学家卡斯特（F. E. Kast）和罗森茨韦克（J. E. Rosenzweig）两人曾对未来管理组织的发展作了如下一般性的预测：

（1）未来的组织将面临波涛汹涌的变化，它们必须进行不断的改变和调整。

（2）未来的组织规模将日益庞大和日益复杂，部门的划分将会更细，各部门的专业化程度也将更高，将会有较高的独立性和自主权，并将会作为一个更独立的单位对外开放。

（3）未来组织的层次将会有所减少。由于人们科学文化水平的提高，先进技术的应用，特别是智能电子计算机的应用可代替部分手工劳动和脑力劳动，组织中的沟通及组织与外界的沟通将远比目前来得方便、快速和有效，可减少大量的信息中间周转，因而不但组织的层次将会有所减少，而且中层主管人员数量也将会有一定的减少，组织将逐步地从金字塔结构向橄榄形乃至扁平式的结构转变。

（4）未来组织中的各类成员的比例将会发生重大的改变，管理人员和业务专家的比例将会大大提高，他们对组织的影响力也必将增强。

2. 组织活动范围的拓展

（1）未来的组织，目标将会增多；将来的重点，将是满足其中若干项目标，而非使其中某一目标达到最佳结果。未来组织活动的范围已不会是仅限于本地区、本国家，而是整个世界。组织不仅要同地区内、国家内的其他同类组织竞争，而且也要和国外的同类组织竞争。因此，组织活动的范围必将扩大，要面对整个世界，为全人类提供自己的优质服务和产品，甚至会向其他星球提供服务和产品。

（2）未来组织的活动内容也必将发生改变，将从单纯追求利润等物质利益，向追求人们的信念等精神上的利益转变；将会从单纯经济性活动向政治性、社会性活动转变；将会从单纯考虑本组织的目标向全社会的需求方面考虑。

3. 组织管理方法创新

（1）随着未来管理理论的成熟和发展，随着组织形式和组织活动内容的改变，管理的方法也必然随之改变。未来的管理将更加重视计划的作用，特别是长远计划的作用。制订计划要有预见性，并且要求制定整体的计划。未来的管理将更加重视管理信息系统的作用，而且将更多地利用和完善管理信息系统来为组织活动服务。

（2）未来的管理方法最大的改变在于进行民主的管理，组织各类活动将更多地依赖说服教育，而非强制命令。每个组织的成员都是组织的主人，他们将积极参加各类活动，进行自我控制，并为组织活动出谋划策，自觉地为实现组织目标而努力。

（3）现代管理更加注重变革和创新管理。创新不仅是一个管理思想、理念，而且成为一种管理方法。在组织管理创新中，使实现组织目标的方法、途径、形式出现了多样化和多元化的趋势。

4. 组织人员配置的创新

科技的发展，对组织活动有重大影响，由此组织在用人方面也会发生重大的改变。科学和专业人员的人数必将增加，他们的作用也必将得到充分发挥。由于年轻人容易接受新思想，敢于创新，是组织必须依靠的基本力量，同时，为保证组织能有足够的各类人才，使他们安心为组织目标而努力，因此，现代组织将特别重视培训和发挥年轻人的作用，组织管理者对组织成员的人性、行为、习惯越来越重视。

5. 组织设计理论的权变

在管理学领域，有许多流派对管理的组织理论产生了深远影响，其中科学派、系统学派、行为学派，都统领过时代潮流。20 世纪末以来，权变思想对管理组织设计的影响愈来愈大。随着社会经济、科技、文化的发展，人类文明程度的提高，管理环境与日俱变，有效的管理者必须使自己的工作适应环境的变化，不能恪守一成不变的管理模式。以企业管理为例，组织结构层次、规模、职能的设计要随着工作任务、技术水平、市场态势的变化而变化，要与时俱进，不断创新。因此，没有一种管理理论和方法能够适应所有的情况，因时、因地、因事、因人，根据不同的管理对象、环境，采取或创造自己的管理方式和方法，已经是现代组织管理的发展特点和趋势。

权变理论是20 世纪中期产生的一种新的的管理流派，其代表人物主要是英国的伍德沃德（J. Woodward）和美国的费德勒（F. E. Fiedler）等人。伍德沃德的代表作是《工业组织：理论和实践》。权变理论认为，组织和组织成员的关系是复杂、多变的，这是一种客观环境变化的规律。

费德勒提出的领导权变模式指出，领导绩效取决于以下两个因素的合理匹配：情境对领导者的控制和影响程度；与下属相互作用的领导风格。首先要“确定情境”和“确认领导风格”，其次要进行两者的匹配，最后提出改进绩效的方法。费德勒阐明了领导情境的三个关键性方面，它们有助于决定采取何种领导风格最为有效。这三个因素是：①职位权力；②任务结构（任务明确程度和人们对任务的负责程度）；③领导者与下属的关系。根据这三个权变因素可以评估环境是否对领导者有利。费德勒指出，领导与下属关系越好，任务结构化程度越高，职位权力越大，领导者拥有的权力和影响力也越高，环境对领导者越有利；反之，环境对领导者不利。这三项权变因素组合起来，可以得出八种不同的情境和类型，每个领导者可从中找到自己的位置。

根据权变理论，现代组织设计的趋向是：没有永恒和最好的组织模式。对于组织结构形式、规模、职权的大小，层次、岗位的多少等，一是必须适应工作任务性质的要求；二是必须适应科学技术进步的要求；三是必须适应外部环境的变化；四是必须适应人的需求的现代化；五是必须适应成本控制，组织目标一定时，最低成本的组织为最优组织模式。

二、现代组织主要模式

（一）团队型组织

所谓团队就是在组织中，为某项特殊的工作或某些特殊的需要建立的有一定规范，组织成员之间有相互作用、影响，有一定凝聚力的群体。“团队建设”是20世纪80年代中期以来国际工商企业界为提高组织效率而形成的组织创新热潮。最早是在1990年美国AT&T公司引入“团队管理”，两年时间将经营成本降低了30%以上；后来美国亚道夫公司组建了一个由7个部门组成的团队，进行新啤酒推销，结果推销时间减少了一半。

适应经营环境的快速变化，要求组织具有更大的弹性，并大大提高组织整体的综合效能。过去以分工为基础的职能部门制，提高了管理工作的专业水平，但也带来部门间互相割裂、难以协调配合的弊端。由于各项管理活动相互交织以及经营环境日益复杂化，那种就生产抓生产，就销售抓销售的分割式组织，已远远不能适应。任何重要环节的活动，都需要各类专业人员的配合与协作。例如技术开发或产品设计，需要了解市场、了解生产状况，需要综合汇集市场调研、生产、质量控制、营销、财务、环保等多方面人才的智慧。为此，必须突破部门分工的严格界限，为实现某一特定目标和任务，实现功能的重新组合，建立跨功能的机动团队，增强组织的活力、效能与系统整体合力。

团队是一种特殊的群体，团队的绩效是团队成员集体的工作成果，其成员个体共同对团队的绩效负责，只是个体对整体的绩效很难一清二楚。在团队结构中，工作和任务可以是固定的，而具有各种技能、使用各种工具的团队成员则可以不固定。

如果说职能组织和矩阵组织是一种比较成熟的科学组织设计方法的话，团队组织则是现在才被承认并初步建立的一种组织设计理念。一个高效团队的基本特征是：

（1）成员对团队目标有明确的承诺，积极参与团队任务的完成，乐于接受自己的角色，相互协作，按活动计划经常进行正式或非正式的评估。

（2）有互相信赖和合作的氛围，言论自由，每个成员都能公开表达意见，在一个比较轻松、非正式的气氛中畅所欲言，能积极地化解冲突，形成共识。

（3）成员来源广泛，有多种能力和兴趣。能形成多元化风格，容忍差异，保护个性，鼓励创新。

（4）团队领导人或负责人拥有行政与组织规定职权，但团队成员对团队的任务都负有责任，在任务执行过程中的一般组织、指挥、调控权力则根据成员能力与团队需求在成员之间分配，形成团队组织管理权共享。

（5）能与正式组织中其他系统分享资源，借以建立团队的信誉，有与外界信息交流渠道，是一个对外开放的系统。

（二）学习型组织

未来成功的组织机构，必然是“学习型组织”，即能够设法使各阶层人员全身心投入，并有能力不断学习的组织。这一著名论断，是当代管理大师圣吉（P. N. Senge）在《第五项修炼》一书中首先提出的。在这本畅销全球且极具影响力的巨著中，不仅要求组织每一成员终身学习、不断充实新知识、超越自我，而且强调系统思考与知识整合的力量，强调为实现共同的远景，凝聚集体智慧的团队学习。但学习型组织的真谛，不仅仅是获取知识和资讯，同时也高度重视人们心灵的根本转变，让每一成员活出生命的真正意义，从而大大增强组织革新与创造的能力，去不断创造未来。这是学习型组织的本质。

所谓“学习型组织”，主要有四点含义：

（1）强调“终身学习”——即组织中的成员均应养成终身学习的习惯，

这样才能形成组织良好的学习气氛，促使其成员在工作中不断学习。

（2）强调“全员学习”——即企业组织的决策层、管理层、操作层都要全心投入学习，尤其是经营管理决策层，他们是决定企业发展方向和命运的重要阶层，因而更需要学习。

（3）强调“全过程学习”——即学习必须贯彻于组织系统运行的整个过程之中。瑞定（J. Redding）提出了一种被称为“第四种模型”的学习型组织理论。他认为，任何企业的运行都包括准备、计划、推行三个阶段，而学习型企业不应该是先学习然后进行准备、计划、推行，不要把学习与工作分割开，应强调边学习边准备、边学习边计划、边学习边推行。

（4）强调“团体学习”——即不但重视个人学习和个人智力的开发，更强调组织成员的合作学习和群体智力（组织智力）的开发。

学习型组织通过保持学习的能力，及时铲除发展道路上的障碍，不断突破组织成长的极限，从而保持持续发展的态势。其组织的管理特征是：

1. “地方为主”的扁平式结构

传统的行政管理组织通常是金字塔式的，学习型组织的组织结构则是扁平的，即从最上面的决策层到最下面的操作层，中间相隔层次极少。它尽最大可能将决策权向组织结构的下层移动，让最下层单位拥有充分的自决权，并对产生的结果负责，从而形成以“地方为主”的扁平化组织结构。例如，美国通用电器公司目前的管理层次已由9层减少为4层。只有这样的体制，才能保证上下级的不断沟通，下层才能直接体会到上层的决策思想和智慧光辉，上层也能亲自了解到下层的动态，吸取第一线的营养。只有这样，企业内部才能形成互相理解、互相学习、整体互动思考、协调合作的群体，才能产生巨大的、持久的创造力。

2. 自主管理

学习型组织理论认为，“自主管理”是使组织成员能边工作边学习并使工作和学习紧密结合的方法。通过自主管理，可由组织成员自己发现工作中的问题，自己选择伙伴组成团队，自己选定改革、进取的目标，自己进行现状调查，自己分析原因，自己制定对策，自己组织实施，自己检查效果，自己评定总结。团队成员在“自主管理”的过程中，能形成共同愿景，能以开放求实的心态互相切磋，不断学习新知识，不断进行创新，从而增加组织快速应变、创造未来的能量。

3. 组织的边界将被重新界定

学习型组织的边界的界定，是建立在组织要素与外部环境要素互动关系的基础上，超越了传统的根据职能或部门划分的“法定”边界。国际公认的系统哲学和广义进化理论的创始人，美国当代著名哲学家、思想家和科学家，罗马俱乐部的骨干成员、世界广义进化论研究小组的创始人和会长，联合国教科文组织总干事，布达佩斯俱乐部主席拉兹洛（E. Laszlo）认为：面临信息时代经济社会的迅速变革“传统管理知识已经不能满足今日企业发展的客观需求”，我们应该改革传统的思维范式，要学习并掌握“第三种商务知识”，它“源于那些新型的科学，即来源于现代混沌理论、耗散结构理论、动态复杂系统理论、生物及宇宙的进化理论等新兴的科学”。管理学中的对象——群体或组织或其他作为高度进化系统，其复杂的结构“不是靠力的平衡来维持的，而是靠彼此之间的相互适应，纠正个体变异离差的循环和信息反馈来维持的。”这是一种动态的（时间、空间或功能）有序平衡，不是“结构的”平衡。

4．组织成员家庭与事业的平衡

学习型组织努力使组织成员丰富的家庭生活与充实的工作生活相得益彰。学习型组织对组织成员承诺支持每位组织成员充分的自我发展，而组织成员也以承诺对组织的发展尽心尽力作为回报。这样，个人与组织的界限将变得模糊，工作与家庭之间的界限也将逐渐消失，两者之间的冲突也必将大为减少，从而提高组织成员家庭生活的质量（满意的家庭关系、良好的子女教育和健全的天伦之乐），达到家庭与事业之间的平衡。

5．领导者的角色转换

在学习型组织中，领导者是设计师、仆人和教师。领导者的设计工作是一个对组织要素进行整合的过程，他不只是设计组织的结构和组织政策、策略，更重要的是设计组织发展的基本理念；领导者的仆人角色表现在他对实现愿景的使命感，他自觉地接受愿景的召唤；领导者作为教师的首要任务是界定真实情况，协助人们对真实情况进行正确、深刻的把握，提高他们对组织系统的了解能力，促进每个人的学习。

学习型组织有着它不同凡响的作用和意义，它的真谛在于：学习一方面是为了保证组织的生存，使组织具备不断改进的能力，提高组织的竞争力；另一方面学习更是为了实现个人与工作的真正融合，使人们在工作中活出生命的意义。

尽管学习型组织的前景十分迷人，但如果把他视为一贴万灵药则是危险的。事实上，学习型组织的缔造不应是最终目的，重要的是通过迈向学习型组织的种种努力，引导出一种不断创新、不断进步的新观念，从而使组织日新月异，不断创造未来。

学习型组织的基本理念对组织的创新与发展具有重要的启示作用。人们可以运用学习型组织的基本理念，去开发组织创造未来的潜能，反省当前存在于整个社会的种种学习障碍，思考如何使整个社会早日向学习型社会迈进。

（三）虚拟型组织

任何事物都是由两部分组成的，即实体部分和虚拟部分，虚拟部分制约实体部分，比如企业资产的价值大小是由虚拟部分决定的。虚拟一词其基本含义是：通过虚拟管理模式整合已知信息，回答和解决未知领域的问题。虚拟管理是通过突破组织的有形界限，有效地集合社会资源，形成更大的核心竞争实力的准一体化管理模式。虚拟组织可以扬长避短，发挥优势，充分利用外部环境资源，提高核心战略资源的利用率。这种组织形式在现代工商领域最为典型（如图 4－10 所示）。

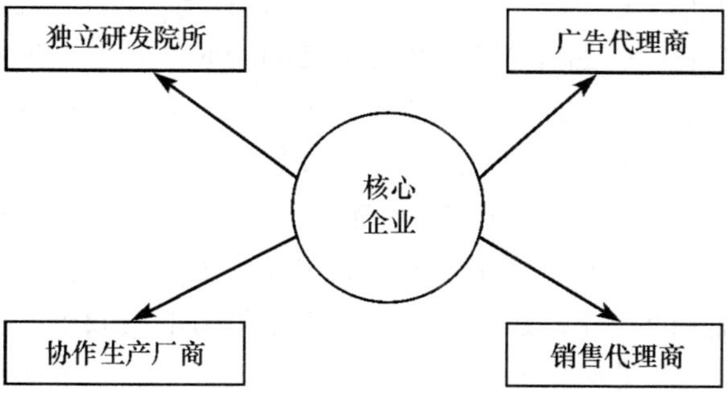

图 4－10　现代虚拟企业模式

快速的应变力是时代对组织的新要求。围绕着提高快速反应力这一管理课题，要求大大提高管理工作的效率，改革管理工作程序、工作方法和工作作风，突破常规，把效率作为衡量组织功能的首要标准。其次，必须以敏锐的洞察力时刻面对未来，观测和预见未来，密切注视未来的变化趋势和新动向，以超前的意识、领先的经营理念和开拓创新精神，抓住时机，果敢决断，力求适应未来的发展要求。与此同时，必须建立效率高、适应性强的生产体系，把由工业时代大机器推动的大批量、单一型生产，转变为由市场驱动的灵活生产，以适应多样化的市场需求。再次，在目前条件下，尽管人们努力提高预见能力，但也难以完全预见未来的一切变化，难免会受到某些意想不到的事件的冲击，因而每一组织的结构，都应设有处理意外变化的机能。

因此，不为所有，但为所用，不建立“大而全”、“小而全”的组织模式，利用自己核心竞争能力，发挥优势，取长补短，以小规模的投入，获取大规模的资源效用，是现代组织虚拟化的价值取向。如国际经济、政治活动中的离岸外包、委托代理、来料加工、银团贷款，以及各种政治、军事、经济、科技战略同盟等。

（四）扁平型组织

“扁平组织”概念的出现是近十年来西方发达国家大型企业为了降低生产经营成本，致力于组织结构缩扁的结果。目的是为了废除滋生官僚主义的等级制度，赋予一线管理人员更多参与决策的权力，从而提高管理效率，增强企业的竞争力。在过去，企业的每一管理层次的最佳管理幅度为 7～13 人，而美国通用电器公司的实践证明，借助电子商务的应用，每个管理层次的管理幅度可增加到 100～150 人，并且管理效率与常规条件下的 7～13 人相同或更高。扁平型结构产生的前提是决策下放，组织成员被赋予更多的接受信息和自主决策的权利。只有这样，才能减少决策和行动之间的时间延迟，加快了对市场和竞争动态变化的反应。电子商务的发展使得传统的大规模生产逐渐被数字化个人订制所替代，生产企业面对的是消费者个性化、多样化的需求，企业所有的部门及人员必须充分了解、掌握各类客户信息，更直接地面对市场。因此，减少管理层次，让一线的管理人员在组织发展中发挥更重要的作用，为组织创造和寻求新的发展机会的责任，必然是提高组织竞争力的有效举措。

过去的组织，多是典型的正金字塔形组织。将正金字塔形组织变为扁平型组织结构，首先意味着由于组织成员的知识、能力、技术持续性的提升，获得了独立处理问题的管理才干。其次意味着组织的分权，把权力从领导者手中分散到组织成员手中，使他们可以直接处理自己职责范围内的事物，不必再层层请示。再次，组织成员与用户直接接触，意味着真正的顶层是广大用户。组织成员直接承担为用户服务的责任，领导者则支持、指导组织成员的工作，激发组织成员的智慧，并为组织成员服务。

（五）网络型组织

网络组织可以说是一种比较传统的组织模式，如一些宗教、武术组织。但是随着现代信息技术的发展，尤其是因特网的普及，20 世纪 80 年代以来，网络组织已成为一种新的流行的组织结构形式。如大型工商企业的营销网络、市场情报网络以及各种技术推广网络、教育培训网络。由于网络组织的开放性和公平性，决定它实质上是一种资源共享、利益共有、风险共担的多元组织结构。

网络组织一般比较适应那些涉及千家万户，市场面广的大众化产品和服务的经营组织，以及需要人类社会多方参与的公共事业组织，以便对环境变化能迅速作出反应。前者如汽车、彩票销售，铁路、航空售票服务等；后者如环境监测、函授教育、邮电通信等。

网络组织具有管理成本低，对环境变化反应快的优势，但是由于管理幅度大，规范性差，使组织的自动维护能力低、保密性低，经常处于松散状态，因而一般不适应军事、科技及其他国家安全事务管理领域。

（六）全球型组织

经济全球化的大趋势，使全球性组织应运而生，从国际金融组织（IMF）、世界卫生组织（WHO）、国际贸易组织（WTO），到联合国维和组织、国际反恐组织、环境保护组织、绿色和平组织以及大大小小的跨国公司组织等。

现代信息技术的进步，使国际间的交通和通信更为方便，成本更低，为抵御国际市场的风险，充分利用不同国家和地区在社会资源和生产要素方面的比较优势，提高组织的规模效益，国际化已成为世界上大多数国家、地区的公共组织和工商企业提高竞争力，加快发展效率的重要途径。

全球性组织无疑是一种国际化的管理模式，首先要求管理者是融东西方文化于一体的国际型人才；其次是组织制度规范、结构体系设计必须与国际接轨；再就是社会经济资源，尤其是信息资源的全球共享，是一种包容、开放，能吸收不同国家、地区、民族、组织的先进文化成果的组织系统。

思 考 题

1. 如何理解管理与组织的关系？
2. 公共组织与非公共组织的主要区别是什么？
3. 职能型组织的主要特点是什么？
4. 事业部制组织有哪些利弊？
5. 在现代大型武器装备研究开发中，应用矩阵组织理论有哪些意义？
6. 组织设计主要包括哪些内容？
7. 如何才能提高组织设计的效率？
8. 如何才能保证组织人员配备工作中的公平与效率？
9. 现代新型组织有哪些基本类型与特征？

第五章　激　　励

管理工作的目的在于提高组织绩效，而提高组织绩效的手段在于激励，因此激励是管理学研究的重要内容。国外有学者研究表明，一个人的潜能在平时工作时只发挥了20%～30%，如果进行适当的激励，人的潜能可以发挥到80%～90%。由此可以看出，激励可以极大地调动人的工作积极性，提高生产率和工作效率，从而更有效地提高组织绩效和实现组织目标。

本章重点

- 激励的基本概念及激励模式
- 马斯洛的需要层次理论
- 郝兹伯格的双因素理论
- 弗罗姆的期望理论
- 亚当斯的公平理论

第一节　基本概念

为了搞清楚激励对组织的影响和作用，我们必须首先了解什么是激励？激励的一般模式是怎样的？激励有什么作用？

激励是管理学中一个常用的概念，它贯穿于管理活动的始终。激励问题是探讨人们的行为动机以及如何有效地调动人的积极性的问题，它是现代管理的核心问题之一。当我们说管理者激励他的下属时，通常指他为了调动下属的积极性，满足下属的动机和愿望，引导下属按照管理者所要求的方式去行动。

一般意义上说，激励是刺激某种需要和引起某种动机的行为。这里的需要是指人们对某种目标的渴求和欲望，它包括基本需要，如衣、食、住、行等，高层需要，如社交、自尊、地位、成就等。动机是指诱发和引导某种行为、实现目标的一种内心状态。因此，激励就是满足组织成员的需求，激发组织成员的工作动机，使之实现组织目标的特定的行为过程。激励还可以理解为影响人们的内在需要或动机，从而加强、引导和维持人们行为的一个反复的过程。所以美国学者贝雷尔森（B. Berelson）和斯坦尼尔（G. Steiner）说，激励是人类活动的一种内心状态。

一、激励的一般模式

人的行为既会受到外界环境的影响，同时也与自身的因素有关。美国管理学者勒温（K. Lewin）在解释人的行为与周围环境的关系时，引入了“场论”概念，把人看作是在一个“力场”上活动，“力场”内既有驱动力，又有遏制力，人的行为就是这个“力场”内诸力作用的结果。管理学者进一步分析后认为，人的行为是由动机决定的，而动机是受需要支配的。

需要是客观刺激作用于人们的大脑所引起的个体缺乏某种东西的状态，这里所说的客观刺激不仅有来自身体外部的，也有来自身体内部的。例如，人饿了要吃东西，这是由于人饥饿时体内血糖含量降低，血液失去平衡所产生的刺激。这种刺激通过神经系统反映到人的大脑皮层，于是，人就产生了饥饿的感觉和进食的需要。

客观刺激可以是物质的，也可以是精神的。例如，通常所说的“重赏之下必有勇夫”指的是物质刺激对人的影响；当人听了一场感人的英模报告后，精神上受到极大的震动，并对自己未来的行为产生极大的影响，这就是一种精神刺激。

有了需要就会产生相应的动机来满足和实现它。动机是人们行为产生的直接原因，它引起行为，维持行为，并引导人们去满足某种需求。当人们产生某种需要，又未能得到满足时，心理上产生了不安和紧张，这种不安和紧张就形成了一种动机。动机是人们行动的一种内在的驱动力，它促使人们采取某种行动。当人们通过行动，接近和实现目标后，需要就得到满足，于是紧张消除。

随着新生活的开始，又会出现新的刺激，于是就产生了新的需要，有了新的动机和紧张感，再去采取新的行动，与此循环往复。在这一过程中，还有一种特殊的情况，就是行动的结果不是满足需要而是受挫，不能满足需要，这个时候，行为者可能就此消沉，也可能把它作为新的起点，重新采取新的行动，以使需要得到满足。这一过程可以用图 5－1 来表示。

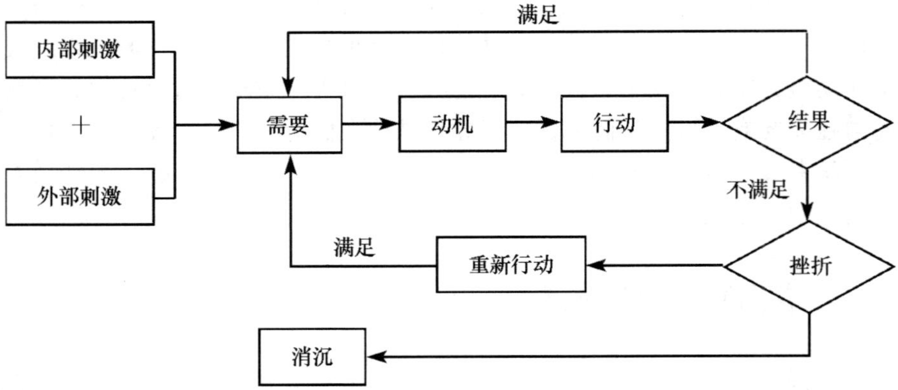

图 5－1　激励模式

动机受需要的支配，有需要才会产生动机。但是，动机和需要有时很难区分，也不必严格区分。需要具有很强的客观性，而动机则纯属于主观性的东西。例如，同样需要钱，有的人希望通过诚实的劳动获得，而有的人则采取投机倒把的方式获得　还有的人则采取偷抢的方式获取，这是因为各人动机不同的各种表现。需要是一个人缺乏某种东西的一种状态，而动机则总是和具体的行为目标、和一定的行为方式联系在一起的。因而，动机更多地受社会环境、文化价值、意识形态、道德观念和个人品质的影响，它要经过更多的思维加工过程。所以在一般情况下，内在的需要和外在的刺激不等于就是动机，能不能成为动机还要受个体的人格体系和社会心理环境等因素的影响。

一个人也可能同时有许多需要和动机，但是人们的行为通常是由最强烈的动机引导和决定的。因此，要使得组织成员按照管理者的期望去行动，可以根据组织成员的需要设置某些目标，通过这些目标的引导，使组织成员表现出有利于组织目标的动机并按照组织需要的方式行动，这就是激励的实质。

二、激励的作用

激励可以提高工作绩效，有效地实现组织目标和管理目标。对组织成员的激励与工作绩效密切相关，在组织行为学中有这样一个公式：

$$P = f(A,\ M,\ E)$$

其中：P 代表工作绩效，A 代表组织成员的能力，M 代表组织成员所受到的激励，E 代表组织所处的环境，f 是函数关系。该公式表明，工作绩效与组织成员的能力、成员所受到的激励以及组织所处环境有关。它说明，人们如果要有效地工作，首先要有做好该项工作的能力，并要有做好该项工作的愿望和热情，同时还必须有从事该项工作所需要的适当条件和环境。如果缺少这些要素或这些要素不充分，就不可能达到高绩效和好业绩。

对一个管理者来说，如果拥有高素质的下属，并为他们提供好的工作条件和设备，如果不对这些下属加以激励的话，同样也难以有高的工作绩效。

激励不仅可以提高人们工作的主动性和积极性，还能够激发人们的工作热情，让人们保持高昂的工作干劲，提高工作绩效。西方行为科学家通过实验证明，人们的行为经过激励和未经激励的效果大不一样。

第二节　马斯洛的需要层次理论

激励的实质在于满足人们的需要，促使其按照组织需要的方式行事。因此要激发人们的动机，调动人们的积极性，必须首先了解人们有哪些需要。许多学者对人的需要进行了研究，有人将需要分为存在需要、关系需要和成长需要；还有人将需要按起源分为自然需要和文化需要，按对象分为物质需要和精神需要。而对人的需要分析影响最大的是美国学者马斯洛，他在 1954 年出版的代表作《动机与个性》中提出了需要层次理论。

一、需要层次理论的内容

马斯洛认为，人类需要是有层次的，按照从低级到高级分为五个层次，它们分别是生理需要，安全需要、社交需要、尊重需要和自我实现需要(见图 5－2)。

1．生理需要

生理需要是人类为了维持其生存最基本的需要，也是人类最原始的、低层次的需要。它包括人的衣食住行以及自然界的空气、水等基本要素。如果一个人的衣食住行和空气、水都不能得到满足，那么这个人的生存也就成问题了。于是这些基本的物质条件的需要就是人们行动最强大的动力。马斯洛认为，当这些需要还未达到足以维持人的生命时，其他的需要将不能激励他们。当一个

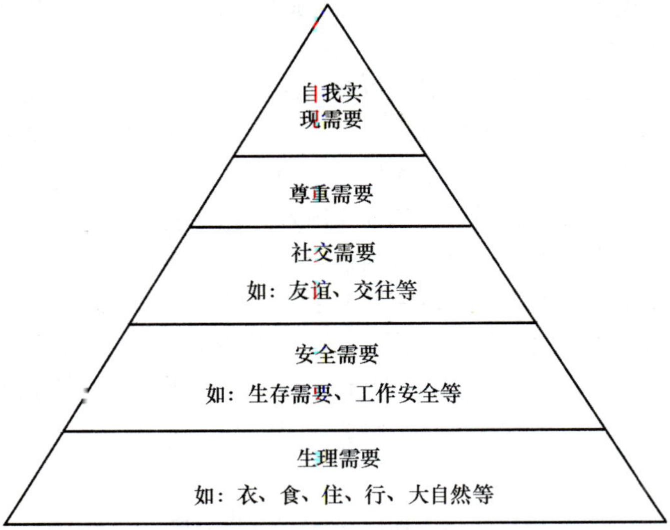

图 5－2　人类需要的五个层次

人同时缺少食物、安全、爱情和实现价值时，其最强烈的渴求当然是对食物的需要。一般来说，生理需要的满足大都与金钱和财富有关。

2．**安全需要**

当一个人的生理需要得到一定程度的满足后，他就要开始有安全需要。即一个人的生活不仅仅在于眼前生存问题，也要考虑生存同时的安全和未来可预见的预期，考虑自己的身体免遭危害，考虑已经获得的基本生理需要及其拥有的金钱和物质财富不被剥夺。比如，人希望有不被随时开除的工作，不要受到失业的威胁；希望在生病及老年时生活有保障；要求工作安全并免除职业病的危害；希望解除严格的监督以及不公正的待遇；希望干净和有秩序的生存和工作环境；希望免除战争和意外灾害等。

3．**社交需要**

当生理及安全需要得到基本满足以后，人的社会交往的需要便占主导地位。因为人类是有感情的动物，他希望与别人交往、避免孤独，希望与伙伴和同事和睦相处，关系融洽；他希望归属于一个团体并得到关心、爱护、支持、友谊和忠诚。如果这种需要得不到满足，人们就会感到孤独、感到被社会抛弃和拒绝。

人为什么要归属于一个团体？一般来说，人有找到与自己信念相同的人交往，得到价值认可和心理归属的需求，这样既可以使自己的信念得到肯定，又可以当遇到危险时可以得到心理救助。于是有共同信念的人便聚在一起，试图对所发生的事态及他们的信念达成一个共同的认识。爱是较高层次的社交需要，它既包括男女之间的爱，也包括父母与子女之间的爱、兄弟姐妹之间的爱。为了爱情人们甚至可以舍弃一切。社交需要比生理需要和安全需要更加细致，各人之间的差别也比较大，它和一个人的性格、经历、教育、信仰等因素有关。

4. 尊重需要

当一个人满足了社交需要以后，通常不只是满足于做群体中的普通一员，而希望受到群体的尊重。即希望别人尊重自己的人格、尊重自己的劳动，对自己的工作、人品、能力和才干给予肯定和公正的评价，希望自己在同事之中有较高的地位、声誉和威望，从而得到别人的尊重并发挥一定的影响力。

马斯洛指出，自尊需要的满足使人有自信感，觉得自己在这个世界上有价值、有实力、有能力、有用处。而这些需要一旦受挫，就会使人产生自卑感、软弱感、无能感，这些又使人失去了基本的信心。

5. 自我实现的需要

自我实现的需要通常也叫成就需要，这是人的最高层次的需要。马斯洛认为，当一个人的尊重需要得到满足以后，自我实现的需要就变成了第一需要。自我实现的需要就是要实现个人的理想和抱负，最大限度地发挥个人潜力并获得成功，实现自我价值。这种需要往往是通过胜任感和成就感的满足来实现的。

所谓胜任感是指希望自己担当的工作与自己的知识能力相适应，工作带有挑战性，负有更大的责任，能取得好的结果，自己的知识与能力在工作中也能得到增长。成就感表现为进行创造性的活动并取得成功。具有这种特点的人一般给自己设立相当困难但可以达成的目标，而且往往把工作中取得的成就本身看成比成功带来的报酬更为重要。

二、五种需要层次之间的关系

一般来说，生存和安全需要属于较低层次的需要，是物质方面的需要；社交、尊重和自我实现的需要属于较高层次的需要，是精神方面的需要。

马斯洛认为，人的需要遵循递进规律，在较低层次的需要得到满足之前，较高层次需要的强度不会太大，更不会成为主导的需要。当低层次的需要得到相对满足之后，上一层次的需要就占主导地位了，成为驱动行为的主导动力。

由于各个人的需要结构发展的状况不同，这五种需要在体内形成的优势位置也就不同，但是 任何一种需要并不是因为高层次的需要得到满足而自行消失，只是对行为的影响减轻而已。此外，当一个人的高层次需要和低层次需要都能满足时，他往往追求高层次需要，因为高层次需要更有价值，只有当高层次需要得到满足时 才具有更深刻的幸福感和满足感。

人们常常是五种需要同时存在，只是各自的需要强度不同。各层次需要之间的相互关系可以用图 5－3 来表示。

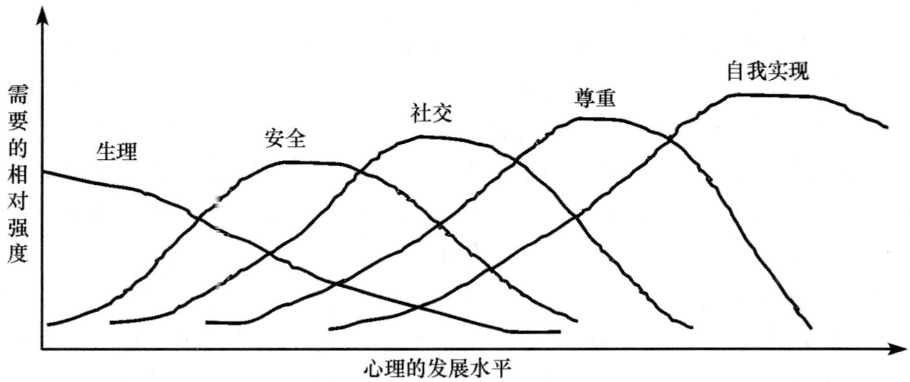

图 5－3　需要层次关系图

三、对需要层次理论的评价

（一）需要层次理论的贡献

马斯洛的需要层次理论为我们研究人的行为提供了一个科学的理论框架，成为激励理论的基础。他从人的需要出发来研究人的行为，将人类千差万别的需要归结为五类，揭示了一般人在通常情况下的需要与行为的规律，指出了人们需要从低层次到高层次发展的趋势，这符合人的心理发展的规律，这一理论具有很强的实用性。

马斯洛的需要层次理论告诉我们，人的需要是多样的，当基本的生理需要得到满足以后，精神需要就显得更为重要。因此满足人们的高级需要将具有更为持久的动力。

该理论对我国的现实具有重要的指导意义。马斯洛认为，人的最高层次的需要是自我实现。根据这一观点，反省我们过去的管理实践可以发现，中国过去一直都是比较忽视个人自我价值的实现，通常将个人自我价值的实现与组织目标的实现对立起来，结果导致不敢谈个人价值，只能说组织目标。然而，现代管理理论告诉我们，只有将个人的自我价值的实现与组织目标结合起来，才更有利于组织目标的实现。

国外的理论研究已经表明，一个组织或国家，有成就感或个人价值实现的人越多，这个组织或国家就越兴旺发达。同样在我国，改革开放以来的实践也说明，有越来越多的人具有成就感或实现自我价值，我国的经济发展就越来越快，社会就越来越繁荣。

（二）需要层次理论的缺陷

对马斯洛的需要层次理论，国内外理论界有不同的评价。具体来说主要表现在以下几方面。

1．对需要层次的分析过于简单、机械

人类需要层次的发展并不是自然形成的，也不一定非要某一层次的需要满足以后才会出现下一个层次的需要。实际上，由于人本身的复杂性，人们往往同时存在着几种或几个层次的需要，这几种或几个层次的需要同时产生动机，动机之间还有强弱之分。有些人看重的是前面两种物质需要，有些人更看重的是后面三种精神需要。而在后面三种需要的顺序上，有些人看重的是社会需要，有些人对自我价值的实现更强烈；而有些人则停留在前面两种需要上，后三种需要很少。比如，已故数学家陈景润，在“文革”十分艰苦的科研环境下，不计较生活环境和条件，一心一意搞研究，为的就是实现他证明哥德巴赫猜想的梦想。

2．马斯洛需要层次理论的假设前提是“人都是自私的”

马斯洛认为人的需要是一种本能的活动，是与生俱来的。生理需要是为了维护自己的生存，安全需要是出于人趋利避害的本能，社交需要是为了人享受生活的乐趣，尊重和自我实现的需要是为了出人头地。总之，这一切需要都是出于人的利己的本能。马斯洛把人的无私解释为“以健康的方式自私”，否定无私行为的真实性。这种看法不符合社会实际，也是十分有害的。

3．把人的需要归结为五个层次本身是不完善的

马斯洛后来自己也发现，人除了有五个层次的需要外，还有爱美的需要、求知的需要、劳动的需要等。最后，他把人的需要归结为十三个层次，但都无法得到一致的认同。

马斯洛把人的需要按照五个层次划分，都是从“自我”的需要出发，而实际上还有一种“超我”的需要。人们还会追求高尚的社会理想，愿意为民族、为国家而牺牲奉献，这一需要超出了“自我实现”的境界。所以我们不妨在五个层次需求之上增加一个层次的需要：“超我的需要”，使需要层次理论变成六个层次的需要。

第三节 郝兹伯格的双因素理论

泰罗认为，激发人的积极性主要因素是外部条件，靠金钱等物质刺激；马斯洛则认为人的需要有五个层次，只有当五个层次的需要得到满足以后，人们才会有最充分、最旺盛的创造力。20 世纪 50 年代，美国心理学家赫茨伯格提出了一个新观点，认为调动人的积极性应主要从人的内部，从工作本身来调动人的内在积极性。他通过设计问卷，对企业中的工程师和会计师进行调查，在总结调查结果的基础上，提出了双因素理论。

一、双因素理论的内容

郝兹伯格认为，员工感到满意的因素与员工感到不满意的因素是不同的问题。使员工感到不满意的因素往往是由外界环境引起的，使员工感到满意的因素通常是由工作本身产生的。

郝兹伯格发现，导致员工非常不满意的因素有：公司的政策，行为管理和监督方式，工作条件，人际关系，地位，安全和生产条件。如果这些因素或条件满足了，只能消除员工的不满、怠工与对抗，而不能使员工非常满意，也不能激发他们的工作积极性，促进生产增长。郝兹伯格把这一因素称为保健因素，即只能防止疾病、治疗创伤，但不能提高体质。好比一个人在工作中受了伤，划破了皮肤，他就会去涂一些药水，保证皮肤不被细菌侵袭，免遭伤害，但这样做不能提高他的健康水平。

郝兹伯格还发现，使职工感到满意的因素有：工作富有成就感，工作成绩能得到认可，工作本身具有挑战性，负有较大的责任，在职业上能得到发展等。这类因素的改善能激发职工的热情，从而提高生产率。如果处理不好，也可能引起职工的不满，但影响不是很大。郝兹伯格把这类因素称为激励因素。

这两类因素如表5－1所示。

表5－1　保健因素与激励因素

保健因素（环境）	激励因素（工作本身）	保健因素（环境）	激励因素（工作本身）
金钱	工作性质	工作环境	负责任
监督	受到赏识	政策与行动	成就感
地位	取得进步	人际关系	
安全	可能成长		

郝兹伯格认为，传统的满意和不满意的观点是不正确的。满意的对立面是没有满意，不满意的对立面是没有不满意（如图5－4所示）。

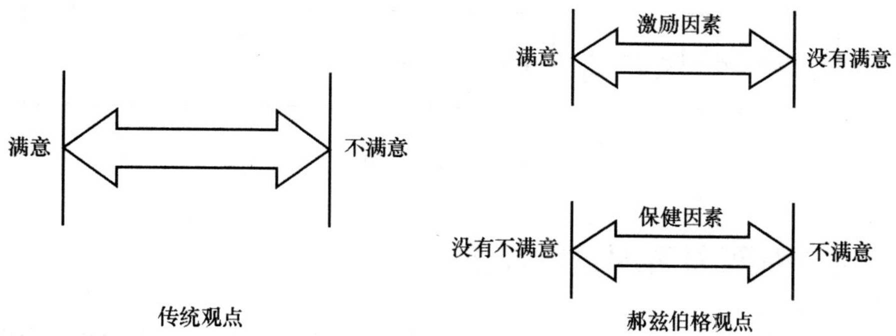

图5－4　传统观点与赫兹伯格观点比较

郝兹伯格提出双因素理论是基于这样的假设，他认为保健因素是一个人工作中必须要满足的因素，没有这些因素员工就会不满意，满足了这些因素，才能保障员工的正常工作，因此，保健因素的满足只能消除员工的不满意，而不能产生激励作用。而激励因素才是人们追求的因素，只有这些因素满足了，人们才会受到刺激和激励。

郝兹伯格的双因素理论和马斯洛的需要层次理论的思想可以相互照应。马斯洛的理论是针对需要和动机而言的，而郝氏理论是针对满足这些需要的目标和诱因而言的。两者的关系可以用图5－5来表示。

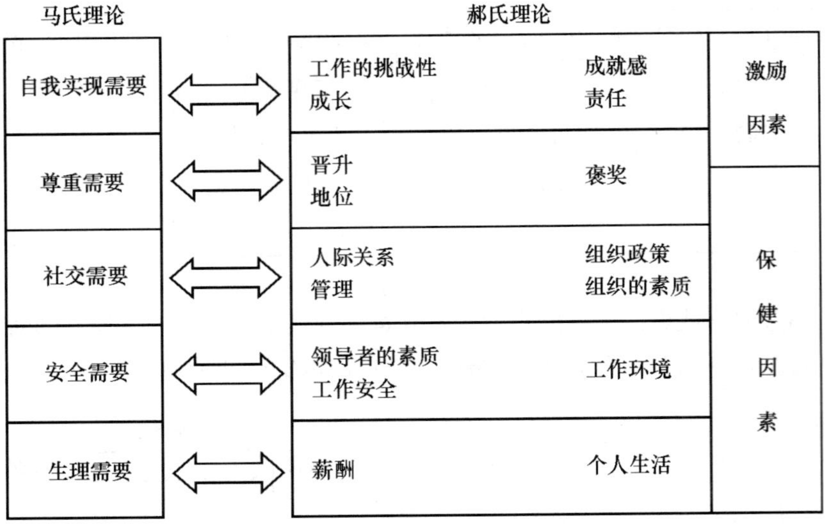

图 5－5　需要层次理论与双因素理论的关系

二、对双因素理论的评价

双因素理论虽然得到很多人的认可，但它也遭到了不少批评，批评主要在以下几个方面。

1. 郝兹伯格的调查取样的对象和数量缺乏代表性

郝兹伯格的样本仅仅 203 人，而且对象是工程师和会计师，他们在工资、安全、工作条件等方面都比较好，因此，这些因素对他们不会起到明显的激励作用；但这不能说明对一般的工人都是这样。

2. 调查的方法和问题的缺陷

首先，把好的结果归结为自己的努力，而把不好的结果归结为客观条件，是人们一般的心理状态，人们的这种心理特征在他的问题上无法反映出来。其次，郝兹伯格没有使用满意测度的概念，人们对任何事物都不是绝对的，不是满意或不满意，可能是一部分满意、一部分不满意，或者比较满意，这种情况在他的问题中无法反映出来。

3. 郝兹伯格把保健因素和激励因素截然分开是不妥的

实际上，保健因素和激励因素、内部因素和外部因素都不是绝对的，他们是相互联系和转化的，保健因素也能产生满意，激励因素也能产生不满意。例如，奖金既可以成为保健因素，也可以成为激励因素；工作成绩得不到承认也可能使人不满意，消极怠工。

尽管如此，郝兹伯格的双因素理论对管理工作还是有一定的借鉴意义。满足人的不同需要所产生的激励程度是不一样的。物质需求的满足是必要的，没有它会导致不满意，但是，即使获得了满足，它的作用往往是有限的，不能持久；要调动人的积极性，不仅要注意物质利益和工作条件等外部因素，更重要的是要注意工作安排、量才录用、各得其所，注意对人的精神鼓励，给予表扬和认可，注意给人以成长、发展和竞争的机会。只有用这些因素来调动人的积极性，才能起到更大的激励作用。

第四节　弗罗姆的期望理论

美国耶鲁大学心理学家弗罗姆于 1964 年发表了《工作与激励》一书，在这本书中他提出了期望值理论，时至今日，这一理论已成为主要的激励理论之一。

一、期望值理论的内容

期望理论的基本观点是，人们预期他的行为有助于达成某个目标或满足某方面的需要，由此激励他努力做好这件事情，以此来达成目标或满足某方面的需要。

弗罗姆认为，某一活动对一个人的激励力量，取决于该活动所能得到结果的预期价值乘以他认为达成该结果的期望概率。用公式表示就是：

$$M = V \cdot E$$

这里：M 为激发人的内在潜力，调动人工作积极性的强度，通常称为激励力量；V 为达成目标以后对于满足个人需要价值的大小，通常称为目标效价；E 为达成目标并能导致某种结果的概率，它通常根据以往的经验来进行主观判断，称为期望概率。

这一公式说明，当一个人对某一目标的达成毫无兴趣时，其效价为零，这样他就没有动力去做这一件事；当期望值很小或为零时，人们对目标的达成同样不会有什么积极性。高度的激励力量取决于高的效价和高的期望概率。

这一公式说明，进行激励时要注意的以下三个关系：

1. **努力与绩效的关系**

当一个人认为通过自己的努力可以达到预期的目标，或者达到目标的概率较大，他就会有信心，就可能激发出很强的工作力量。如果一个人认为目标高不可攀，通过努力达到目标的概率不大，从而努力也不会有好的绩效，他就会失去内在的工作动力，不愿意去干，导致工作消极。它说明，成功的期望越大，激励的力量也就越大。可见，组织在制定工作目标时一定要切合实际，不宜过高或过低。

2. **绩效与奖励的关系**

人们总希望取得成绩后得到奖励，这种奖励是广义的，既包括提高工资、多发奖金等物质方面的奖励，也包括表扬、自我成就感、得到同事们的信赖、提高个人威望等精神方面的奖励，还包括提拔到较重要的岗位上去等物质和精神兼有的奖励。如果人们认为自己取得绩效后能够获得合理的奖励，他就会产生工作热情，如果只要求人们做贡献，而不采取相应的物质和精神奖励，就会影响工作积极性。

3. **奖励与满足个人需要之间的关系**

人们总是希望自己获得奖励以满足自己某方面的需要。然而由于人在年龄、性别、资历、社会地位和经济条件等方面都存在着差异，他们对各种需要的满足程度不同，因而对于不同的人，采取同一种办法给予奖励能满足的需要程度是不同的，能激发出来的工作动力也是不同的。

这三种关系可以用图 5 -6 来表示。

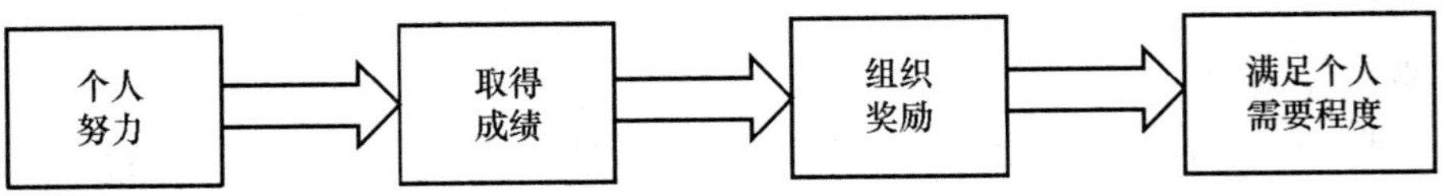

图 5 -6　期望理论关注的关系

二、期望理论的意义

1. **综合性和实用性**

马斯洛将人的需要由低到高分为五个层次，郝兹伯格对人的影响因素分为保健因素和激励因素；而弗罗姆的期望理论则从目标和过程的角度来综合分析与激励力量有关的因素，它具有综合性和实用性的特点。这主要体现在：

效价的含义是综合性的。它既包括精神的，也可以是物质的；既可以是正的，也可以是负的，还可以是零；它不是某个单项的效价，而是综合各种效价的总和。

同一活动和同一激励目标对不同人的效价是不一样的，即使是同一个人，在不同的时候效价也不一样。

这里所说的期望概率不是客观的平均概率，而是指当事人的主观概率，它与个人的能力、经验以及愿意做出的努力程度有关。

2. 对实施激励的启示

期望理论对管理者实施激励提供了有益的启示：

设置某一激励目标的时候，要尽可能地增加效价的综合值。例如，如果军队的立功受奖不仅意味着对你现在工作的肯定，而且对将来的工作进步有直接的影响，甚至成为将来走上新的工作岗位的条件，那么，立功受奖的效价将大大增加。

适当控制期望概率和实际概率。期望概率不是越大越好，也不是越小越好，关键是要适当。当一个人完成任务的期望概率远远高于实际情况时，就可能产生挫折感，而期望概率太小，又会减少对某一目标的激励力量。因此，当一个人对行为成功的期望概率太大时，管理者要劝其冷静，适当减小；当一个人对行为成功的期望概率太小时，管理者应予以鼓励，让其增强信心。但期望概率并不完全由个人决定，它与组织设置激励目标的实际概率有关，实际概率应该使大多数人受益，最好实际概率应该大于平均的个人期望概率，让人喜出望外，而不是让人大失所望。但实际概率应该与效价相适应，效价大，实际概率可以小；效价小，实际概率可以大。

第五节　波特和劳勒的综合激励模式

在弗罗姆期望理论的基础上，波特（L. W. Porter）和劳勒（E. F. Lawler）提出了更加完善的激励模式，并把它应用在对管理人员的研究上，较好地说明了整个激励过程。波特和劳勒的激励模式可以用图 5－7 来表示。

在这一激励模式中，首先看中间的一条主线：人们通过努力，达成绩效；通过达成绩效来获得奖励，这种奖励包括内在奖励和外在奖励；获得奖励后，人就得到满足。再来看上下的支线：人们为什么要努力？是因为认识到奖励的价值以及获得奖励的可能性，这种奖励的价值在于它能满足人的某些欲望和需要。同时，人们具有完成任务的能力以及对完成任务充满信心。人们在获得奖

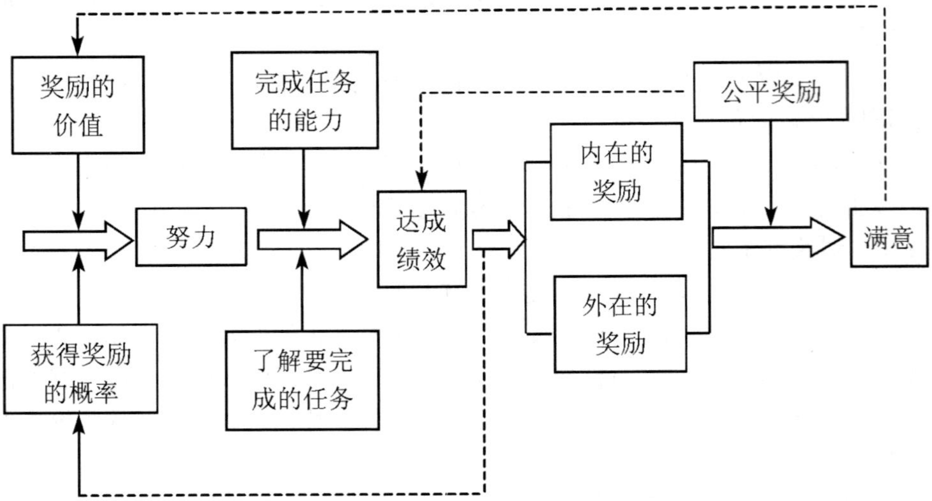

图 5－7　波特和劳勒的激励模式

励以后，认为这种奖励是公平的，更有利于他去努力，以达成工作绩效。

这个模式可以告诉我们这样一些道理：

人们的努力来自于报酬和奖励的价值、个人认为需要付出的努力和受到奖励的概率。而个人认为需要付出的努力和奖励的概率会受到过去经验和实际绩效的影响。如果人们确切知道他有把握完成任务或者过去曾经完成的话，他将乐意作出努力，并对奖励的概率更加清楚。

工作的实际绩效取决于能力的大小、努力的程度以及对所需要完成任务的理解程度，如对完成目标所需要从事的活动，以及影响任务完成的其他因素等。

奖励要以绩效为前提，不是先有奖励后有绩效，而是先完成组织任务才能导致精神的、物质的奖励。当下属看到他们的奖励与成绩没有什么关系时，这样的奖励效果就不会好。

奖励措施是否会产生满意感，取决于受奖励者认为奖励是否公平。个人的满意感将导致进一步的努力。

波特和劳勒的激励模式告诉我们，激励不是一个简单的因果关系。不要以为设置了激励目标就一定能够获得所需要的行动和努力，并使部属满意。要形成激励目标、努力、绩效、满意以及从满意反馈到努力这样的良性循环，取决于奖励的内容、奖励制度、组织分工、目标导向行动的设置、管理水平、公平的考核和领导作风等综合因素。

第六节　亚当斯的公平理论

美国北卡罗来纳大学教授亚当斯（J. S. Adams）于1963年发表了《对公平的理解》一文，1965年他又发表了《在社会交换中的不公平》论文，从而提出了他的公平理论。公平理论研究的是报酬对人们工作积极性的影响。

一、公平理论的内容

亚当斯的基本观点是，人们通常总是习惯于将自己的报酬与自己所作的贡献，和他人的报酬与他人所作的贡献进行比较。当比值相等时，他才会感到公平；否则，他就感到不公平。

具体来说，当一个人做出了成绩并获得了一定的报酬后，他不仅仅关心的是自己的报酬的绝对量，而且关心自己所得报酬的相对量。他要通过比较来确定自己的报酬是否合理。比较的结果将直接影响他今后的工作。

首先，人们通常进行横向比较，也就是他要将自己获得的报酬（包括工资、工作安排以及获得的赏识等）与自己的投入（包括教育、努力以及耗用在工作上的时间等）的比值与组织内其他人作比较，只有当这个比值相等时，他才认为是公平的。如下式所示：

$$\frac{O_p}{I_p}=\frac{O_c}{I_c}$$

其中：O_p 表示自己获得的报酬，O_c 表示他人获得的报酬，I_p 表示自己的投入，I_c 表示他人的投入。

当上式为不等式时，他就会感到不公平，不公平有下列两种情况：

$$\frac{O_p}{I_p}<\frac{O_c}{I_c} \quad \text{或} \quad \frac{O_p}{I_p}>\frac{O_c}{I_c}$$

在前一种情况下，他可能要求增加自己的收入或减少自己今后的努力程度，以便使不等号趋向相等；或者第二种方法，他可能要求组织减少比较对象的收入或者让其今后增加努力的程度，以便使等式趋向相等。除此之外，他还可能另外找对象做比较，以使心理上达到平衡。

在后一种情况下，他可能会主动增加自己的工作付出，但要求减少自己收获的很少出现。久而久之，他会重新估计自己的技术和工作情况，终于觉得他确实应当得到那么高的待遇，于是劳动又回到了过去的水平。

除了横向比较之外，人们也经常做纵向比较。也就是把自己目前的投入与报偿的比值同自己过去的投入与报赏的比值进行比较，只有相等时他才认为公平。用公式表示就是

$$\frac{O_{pp}}{I_{pp}}=\frac{O_{pl}}{I_{pl}}$$

其中：O_{pp}表示自己现在的获得，O_{pl}表示自己过去的获得，I_{pp}表示自己现在的投入，I_{pl}表示自己过去的投入。

当上式为不等式时，也可能出现两种情况：

$$\frac{O_{pp}}{I_{pp}}<\frac{O_{pl}}{I_{pl}} \quad 或 \quad \frac{O_{pp}}{I_{pp}}>\frac{O_{pl}}{I_{pl}}$$

当出现前一种情况时，人也会有不公平的感觉，这就可能导致工作积极性下降；当出现后一种情况时，人不会因此产生不公平的感觉，但也不会觉得自己多得到了，从而不会主动多做工作。

二、对公平理论的评价

公平理论反映了人们的一种攀比心理和平衡心理，在现实生活中有其客观性和普遍性，但公平理论本身涉及的问题是相当复杂，主要表现在：

1．公平理论中对投入和报酬的理解是一种主观判断，本身就缺乏客观公正性

上面公式中无论是自己的还是他人的投入和报偿都是个人感觉，而一般人总是容易对自己的投入或付出估计过高，而对他人的投入和付出估计过低。

2．公平理论中的“公平”缺少客观的标准

事实上不同的人有不同的公平标准。比如，在年终评功评奖中，经常有人认为，大家工作差不多，贡献分不出大小，应该风水轮流转才是公平的；而另一些人则认为要大家投票推选，这样体现大多数人的意愿才最公平；还有人认为投票推荐出来的典型只能反映了一个人人际关系的好坏，而不能反映一个人的工作绩效或贡献，因此也不公平。

3．公平理论与绩效的评定有关，而绩效评定也是一个复杂的问题

管理学强调按照绩效支付报酬，然后在各人之间相对均衡。但是如何评定绩效？是按照工作成果的数量和质量，还是按照工作中努力的程度和付出的劳动量？是按照工作的复杂、困难程度，还是按照人的工作能力、资历和学历？

不同的评定方法会得到不同的结果。

4. 公平理论与评定人有关，不同的人会有不同的评定结果

绩效由谁来评定？是领导来评定还是群众来评定或自我评定？不同的评定人会得出不同的结果。由于同一组织内往往不是由同一人来评定，因此会出现结果不一致的现象。

尽管公平理论在实际操作上存在问题，但是他对管理工作也有重要的启示：

（1）影响工作绩效的不仅仅是报酬的绝对值，还有报酬的相对值。

（2）在评定绩效时应该力求公正，使等式在客观上成立。尽管有主观判断上的误差，也不会造成严重的不公。

（3）在激励的过程中，应该注意对被激励者进行心理疏导，引导其树立正确的公平观：第一，大家公认的绝对公平是没有的；第二，不要盲目攀比，多听听别人的意见，让自己的观点更客观一些；第三，不要搞绝对的按酬付劳，这在公平问题上容易造成恶性循环。

第七节　斯金纳的强化理论

美国哈佛大学实验心理学家斯金纳（B. F. Skinner）通过大量的动物实验，发现了强化刺激在动物身上的作用。以后他又进一步将这一实验用于人的学习研究上，发明了程序教学法和教学机。他强调在学习中，应遵循小步子和及时反馈的原则，将大量的问题分成许多小问题，循序渐进，他将编好的教学程序在机器里对人进行教学，收到了很好的效果。

现在强化理论被广泛地用于对人的激励和行为的改造上。弗罗姆的期望理论强调的是人对自己的行为后果的主观判断，而斯金纳的强化理论更多的是探讨行为后果对人行为的刺激作用。

一、强化理论的内容

斯金纳认为，无论是人还是动物，为了达到一定的目的，都会采取一定的行为，这种行为将会引起一种结果，当行为的结果对他（或它）有利时，这种行为就会反复出现，当行为的结果对他（或它）不利时，这种行为就会减弱或消失，这就是结果对行为强化的作用。

1．**正强化和负强化**

根据强化的性质和目的，可以将强化分为正强化和负强化。正强化就是奖励那些被组织认可和需要的行为，从而增强这种行为；负强化就是惩罚那些组织不能容忍的行为，从而削弱这种行为。

正强化的内容包括：给予奖励或奖金，对成绩的认可、表扬，改善工作条件和人际关系，提升，安排挑战性的工作，给予学习和成长的机会等等；负强化的内容包括：批评、处分、降级，甚至不给予奖励或少给予奖励等等。

2．**连续强化和间断强化**

强化的方式有连续强化和间断强化。连续强化是对组织所需要的每一种行为都给予强化；间断强化则是经过一段间隔才强化一次。

3．**强化效果**

不同的强化形式所引起的效果是不一样的。有的只要给予强化刺激，反应就很快，但刺激消失，强化也就马上消失；有的虽然强化刺激的反应不快，但刺激消失，行为却不会马上消失。这就是说，每种强化的方式所引起的效果不是绝对的，我们在使用强化刺激时，既要注意强化刺激的内容，也要注意强化刺激的方式。

二、强化理论的启示

强化理论强调的是外部因素或环境刺激对人行为的影响，而忽视人的内在因素和主观能动性对环境的反作用。但是强化理论的一些具体的做法对管理者是很有帮助的。应用强化理论应该把握的基本原则：

1．**要依照强化对象的不同需要采取不同的强化措施**

人们的年龄、性别、职业、文化以及兴趣爱好不同，所采用的强化方式也是不一样的。对一些人有效的强化方式，对另一些人不一定有效。

2．**要小步子前进，分阶段设立目标**

在激励人进步时，强化目标的设立不仅要有效可行，而且还要将目标分成许多小目标、小步子，完成每一个小目标都给予强化，不仅有利于目标的实现，而且通过不断的强化还可以增强被强化者的信心。对一个人的成长进步也是如此，同样，对有些毛病的人也不要指望他一下完全改好，要一步一步地来，每取得一个小的进步，都给予适当的鼓励（强化），这样通过逐渐进步，这个人就会慢慢改变过去的毛病，成为组织所需要的人。

3. **要及时反馈**

不论一个行为的结果好与坏，都要将结果及时告诉被强化者。好的结果可以鼓舞人心，让人继续努力；坏的结果促使其分析原因，及时纠正。

4. **要注意以正强化为主，负强化为辅**

尽管正强化和负强化都能起到强化的作用，但是正强化可以收到更好的效果。因为，人都需要在成就和希望中生活，而不是在痛苦和紧张中生活。

第八节 激励的一般原则和方法

激励既是一门科学，也是一门艺术。基于前面所说的一些科学理论进行激励，还要注意采取一些原则和方法，不可随意而行。正确的激励应该把握如下一些原则和方法。

一、激励的一般原则

1. **需求原则**

如前所述，激励的内容只有能够满足被激励者的某种需求，才能引发被激励者的动机和行为，发挥相应的激励作用。需求除了在人的社会生活中自然形成之外，也是可以创造的。因此，管理者应积极地创造被激励者的内部需求，并引导他们将需求从低层次的物质需求提升至高层次的自我实现需求，从而拓宽激励的空间。

2. **差异化原则**

由于被激励者的需求不同，层次不同，追求的差异以及受到的教育和影响的不同，单一的激励措施和形式肯定无法满足所有被激励者的需求，对于处在不同层次、具有不同需求的被激励者，应该使用不同的激励手段。

3. **物质激励与精神激励相结合的原则**

有效的激励应该是物质激励与精神激励的有机结合。由于物质需要是人类生活基本的、第一需要，因此，物质激励是使用得最为普遍的一种激励形式。例如增加工资、提高福利待遇、发放奖金等都是物质奖励的常用形式。与物质激励相比，精神激励主要是要满足被激励者的精神需求。在实际工作中，无论被激励者处于哪一层次，也无论其他需求有何差异，希望得到别人尊重和认同都是共同的。精神激励相对而言于物质激励而言不仅成本低，而且常常能取得物质激励难以达到的效果。将精神激励和物质激励结合使用，可以大大激发被激励者的成就感、自豪感，使激励效果倍增。

4. 适度原则

激励要适度，过强的激励不仅会增加激励的成本，同时可能引发不道德行为。例如，大家都为了获得某个大奖，不惜弄虚作假。过弱的激励则难以起到应有的效果，特别是目标定得比较高时。这在期望理论中已经说明了。

5. 立即原则

有效的激励要求管理者掌握好奖励的时机，时机的把握会直接影响激励的效果。一般说来，当下属表现良好，且明显有异于平常时，应立即给予奖励。否则，事过境迁，会使下属感到沮丧，甚者产生误解。

6. 公开公正原则

激励应坚持公开公平公正的原则，但要忌讳平均。公开是公平公正的基础，公开公正主要包括制度、程序的公正与公开，其核心是制度的公正与信息的公开。公正意味着所有相关人员在激励面前享有平等的权利和义务，有些管理者愿做“老好人”，幻想皆大欢喜，追求成果分享的平均主义，这恰好是实质上的不公正，起不到很好的激励作用，而且可能产生副作用，打击优秀人才的积极性。

7. 层次原则

有效的组织激励应是一个多层次的激励体系，管理者在设计激励时应注重层次设计。有些管理者强调个别典型的英雄壮举，对他们采取超强激励，而忽略普通人员的平凡行为，对他们不闻不问。要知道组织目标的达成，是组织成员共同努力的结果。当组织主要贡献者获得大激励的同时，也要给予正常完成工作的人员小激励。

8. 成本效益原则

激励是有成本的，管理者在设计激励制度和方法时，特别是使用物质激励时，应充分考虑到激励的成本及效果，要尽可能用最少的投入取得最好的激励效果。而且，即使是同样的激励成本，不同的激励措施和方式对员工的激励程度也是有差别的。

二、激励的一般方法

1. 关爱激励法

关爱激励法就是对被激励者给予关怀、爱护，以此来激发其工作积极性、创造性的激励方法。它属于情感方面的内容，是“爱的经济学”。即不投入物资，只要注入关心、爱护等情感因素，就能达到很好的效果。具体做法有三种：

（1）关心下属的身体健康

对于下属健康的关怀不仅是对他的身体作定期检查，还应该积极地改善工作环境，改进工作条件，降低劳动强度。在下级工作十分繁忙或加班加点时，应到现场走一走，道一声辛苦，送一份温暖，以示理解和关爱。

（2）关心下属的生活

在条件允许的情况下，对于下属的生活要予以关心，特别是对一个团队的中层以上干部更应关心，让其感到工作有奔头、理想有盼头；反之，生活条件差，人们还在因为温饱问题发愁，再多的宣传口号也难以保持高昂的士气。

（3）关心员工的亲属

通过关怀员工家属来激励员工是一种很有效的激励方式。如谁家遇到“天灾人祸”，领导必要时亲自去看望。这样做虽简单，但作用巨大。

2. 尊重激励法

尊重激励法就是乐于向下属征求意见，尊重重要的有功之臣，使他们感到自己对组织的重要性。具体做法如下：

（1）尊重下属

当你和下属交流时，不要只告诉他们怎样做，而应该用你的说服力使他们想做你需要他们做的事，这要求你指出他们这样做能得到什么好处；当下级向你提意见和建议时，即使不是全对，也要耐心听完，因为他在向你陈述之前，肯定是费了许多心思去准备，如果积极倾听，并向他询问对策，那么下属必然设法主动提出建议。如果形成了这样的管理风格，就能促使下属积极思索，锐意进取，而不是在管理者面前整天发牢骚，泄怨气；每隔一段时间对下属的工作做出正式或非正式的评估，但要注意的是，在说出你的评估之前先问一问他们是怎样评价自己的。

（2）尊重功臣

胜利的取得固然有指挥员的成绩，但也离不开执行者的努力，因此必须尊重功臣，并在其同事及外单位人员面前直接公开给予好评，这样做一方面使功臣受激励，进一步努力，另一方面使其他人受激励，向功臣学习。

3. 情绪激励法

情绪激励法就是通过在一个团体内部建立起亲密、和谐气氛来激励下属士气的方法。管理心理学研究表明，如果一个群体中占主导的情绪是友好、友爱、满足、谅解、愉快等，那么这个群体的心理气氛就是积极的；相反，如果一个群体中占优势的情绪是敌意、争吵、欺诈、冲突等，那么这个群体的心理气氛就是消极的。具有消极气氛的组织必然是一群缺乏战斗力的乌合之众，而乌合之众显然不利于组织目标的实现 作为组织领导应尽量消除这种消极气氛，创造出积极气氛。

4. **行为激励法**

领导者用有目的的行为来激发下级的激励方法叫做行为激励法。由于领导者处于组织中有目共睹的特殊地位，其一言一行自然就成为群体成员关注的焦点，因而在一个组织里，没有什么比高层领导亲自过问某事或采取某项行为更能说明此事的重要性了。行为激励法包括三个内容：

（1）生活上的行为激励——包括有乐同享，有苦同吃，有难当先。

（2）工作上的行为激励——领导人身先士卒，不是在危难之时才表示出来，而是在平时小事上也要表现出身先士卒，起到表率作用。

（3）态度上的激励——由于态度是认知因素、情感因素和行为因素所构成的，当出现紧急情况时，领导者惊慌失措就必然影响下级的情绪，搞得手忙脚乱，不知所措，结果会坏大事。

5. **正负激励法**

正负激励法，顾名思义即正激励和负激励。正激励为奖赏，是对其行为的肯定，目的是鼓励其行为继续进行下去；负激励是对其行为的否定，目的在于制止其行为的继续，这两者同等重要。

这一激励法要把握三条原则：

第一，只对成功突出者予以奖赏，如果见者有份，既助长了落后者的懒惰情绪，又伤害了先进者的努力动机，从而失去了激励的意义。

第二，重奖重罚——对克服重重困难方才取得成功者，要“奖如山”；对于玩忽职守，造成重大责任损失者，要“罚如溪”。

第三，奖励向“累、苦、难”等岗位倾斜，只有向“累、苦、难”等岗位倾斜其奖励，才能真正体现其劳动价值。

6. **目标激励法**

组织的目标既是行动要达到的结果，又是考核行为结果的尺度。因此，不但要使整个目标体系内部各目标彼此相容，而且目标还必须具有激励作用，使执行者感到完成目标对于自身的价值。使用目标激励要注意的是：一是目标简明，使人容易理解，从而提高目标效价，激励主导动机。二是目标分解得具体可行，有时间、地点、任务、内容，工作要求，衡量方法等方面的具体要求。

7. **纪律激励法**

纪律激励法就是用纪律和制度来约束和规范执行者和操作者行为的激励方法。它是一种负激励法，表现只罚不奖，因为遵守纪律是理所应当的，而不遵守纪律当然应该受到制裁和处罚。

要发挥纪律激励作用，需要做到以下两点：

（1）纪律是绝大多数人都能够遵守的，纪律要合乎情理；反之如果制定的纪律不合情理，不仅起不到激发员工遵守纪律的目的，而且可能使员工产生强烈的对立情绪，出现负效应。

（2）只罚不奖——由于所制定的纪律是合乎大多数人利益的，是合乎情理的，因而大多数人都能遵守。这时如果对遵守纪律的人给予奖励，就违背了奖励的差别性原则，达不到激励的作用。

8. **公平激励法**

公平激励法即不唯亲，不唯上，不唯己，只唯实，公平处置。其要点是：

（1）不唯亲，不避疏——无论所爱还是所恨，一律以制度这把尺子去衡量，当一个人处于领导地位时，他的亲属、朋友、熟人总想从他那里得到一些好处，若想当一个有求必应的“好人”，则激励制度无法执行。只有做到不避亲疏，一视同仁，工作才会好开展。

（2）不唯上，不避下——在激励制度面前人人平等，不分上下。

（3）不唯上，不避错——在执行制度过程中，不以个人看法代替现实情况，不出偏差。倘若出现偏差，也不要顾及虚荣的尊严予以回避，而应该老老实实地承认有错，并及时纠正，这样做带来的效果远大于不认错的“唯我”作法。

9. **危机激励法**

当组织面临的环境或对手的力量危及自身的生存时，就可以用“不死即生”的方法来激励部属，这就是危机激励法。具体做法是：

第一，将目前的危机状况告诉全体部属，目的在于使部属有大难临头的危机感。

第二，有不战即亡的表示，断绝部属的其他念头。

第三，激发部属的情绪，使大家无所畏惧，齐心协力，爆发出平时没有的力量。

第四，寻找危机突破口，集中力量，让大家憋足劲，一举爆发出来，突破难关。

三、激励中注意的几点问题

1. 激励不可采用运动方式

许多人喜欢用运动的方式来激励。形成一阵风，吹过就算了。一番热闹光景，转瞬成空。不论什么运动都是形式，而形式化的东西，对管理者来说是最没有效用的。

中国人注重实质，唯有在平常状态中去激励，使大家养成习惯，才能蔚为风气，而保持下去。凡是运动，多半有人倡导。领导人密切注意，大家不得不热烈响应；领导人注意力转移，运动就将停息。运动不可能持久，屡试不爽。

2. 激励不可任意树立先例

激励固然不可墨守成规，却应该权宜应变，以求制宜。然而，激励最怕任意树立先例，所谓善门难开，恐怕以后大家跟进，招致无以为继，那就悔不当初了。

管理者为了表示自己有魄力，未经深思熟虑，就慨然应允。话说出口，又碍于情面，认为不便失信于人，因此明知有些不对，也会将错就错，因而铸成更大的错误。

有魄力并非信口胡说，有魄力是指既然决定，就要坚持到底。所以决定之前，必须慎思明辨，才不会弄得自己下不了台。管理者喜欢任意开先例，部属就会制造一些情况，让主管在不知不觉中落入圈套。兴奋中满口答应，事后悔恨不已。

任何人都不可以任意树立先例，这是培养制度化观念，确立守法精神的第一步。求新求变，应该遵守合法程序。

3. 激励不可趁机大张旗鼓

好不容易拿一些钱出来激励，就要弄得热热闹闹，让大家全知道，花钱才有代价，这种大张旗鼓的心理，常常造成激励的反效果。一部分人被激励了，另一部分人则适得其反。对整个组织而言，得失参半。

4. 激励不可偏离团体目标

目标是激励的标准。所有激励都不能偏离目标，这就说明管理者并无私心，不是由于个人的喜爱而给予激励，而是站在组织的需要，尽量做到人尽其才。凡是偏离团体目标的行为，不可给予激励，以免这种偏向力或离心力愈来愈大。管理者激励部属，必须促使部属自我调适，把自己的心力朝向团体目标，做好应做的工作。

若是激励偏离目标的行为，大家就会认定管理者喜欢为所欲为，因而用心揣摩他的心意，全力讨好，以期获取若干好处。一旦形成风气，便是小人得意的局面，对整体目标的达成一定不利。

5. 激励不可忽略有效沟通

沟通时最好顾虑第三者的心情，不要无意触怒其他的人。例如对某乙表示太多关心，可能会引起某丙、某丁的不平。所以个别或集体沟通，要仔细选定方式，并且考虑适当的中介人，以免节外生枝，引出一些不必要的后遗症，降低了激励的效果。激励必须透过适当沟通，才能互通心声，产生良好的感应。

思　考　题

1. 什么是激励？激励的一般模式是怎样的？
2. 马斯洛的需要层次理论有哪五个层次？马斯洛需要层次理论中各层次的关系是怎样的？
3. 什么是双因素理论？双因素理论中的的两个因素与马斯洛的需求五个层次之间有什么关系？
4. 期望值理论的内涵是什么？
5. 如何理解波特、劳勒的综合激励模式？
6. 公平理论的内涵是什么？如何将公平理论用在实际工作中？
7. 什么是强化理论？
8. 激励的原则有哪些？
9. 激励的方法有哪些？
10. 在工作中你最常用哪种激励方式？你认为哪种激励方式对你最有效？

第六章 领　导

领导是管理的重要职能，领导水平的高低，直接决定着组织的绩效。这一章，我们主要介绍相关的领导理论及实践。

本章重点

- 领导权力
- 领导理论
- 人性假设理论
- 领导用人
- 领导者素质

第一节 领导的概念和内涵

学术界关于领导的定义有250多种。这里列举几种有代表性的定义：领导是促使下级以高度的热情和信心来完成他们任务的艺术；领导是一项程序，它使人们在选择目标和达成目标的过程中受指挥者的导向和影响；领导是说服他人热心追求目标的能力。

综合以上几种有代表性的观点，我们认为：领导是一种活动和过程，是一种影响力，是对一个组织确立目标和实现目标所需要进行的活动施加影响的过程。

领导既是一门科学，又是一门艺术。人们经常将领导与领导者混为一谈，事实上，领导和领导者是两个不同的概念。领导者是实施领导的人，或者说领导者是利用其影响力带领人们或群体达成组织目标的人。

一、领导的权力和影响力

既然领导是一种影响力，那么，领导的这种影响力来自哪里？它有哪些内容组成？领导的影响力其实就是领导者的权力，这种权力是促使下级服从的一种力量。领导的权力和影响力主要来自两个方面：一个是职位权力；另一个是个人权力。

（1）职位权力

领导的职位权力是由于领导者在组织中所处的位置决定的，由上级或组织赋予的一种权力，这种权力随职务的变动而变动，有职就有权，无职就无权。人们对这种权力的服从是出于组织的压力而不得不服从这种权力。

（2）个人权力

领导的个人权力不是由领导者在组织中所处的位置决定的，而是由于领导者自身的条件决定的，这些条件包括领导者的素质、能力、品德和行为表现。例如：一个善于体贴关心人的领导，一个可亲、可敬、可爱的领导，一个有良好工作能力和人际关系的领导，一个善于创造有利于工作环境的领导，一个能满足群众需求的领导，就具有很大的个人权力。这种权力不会随着职位的消失而消失，它对人的影响是发自内心的，是长远的，这种权力是伴人终身的，而且可以由自己决定，是不断增长的。

如果再细分，领导权力可以分为五种，用图6－1表示。

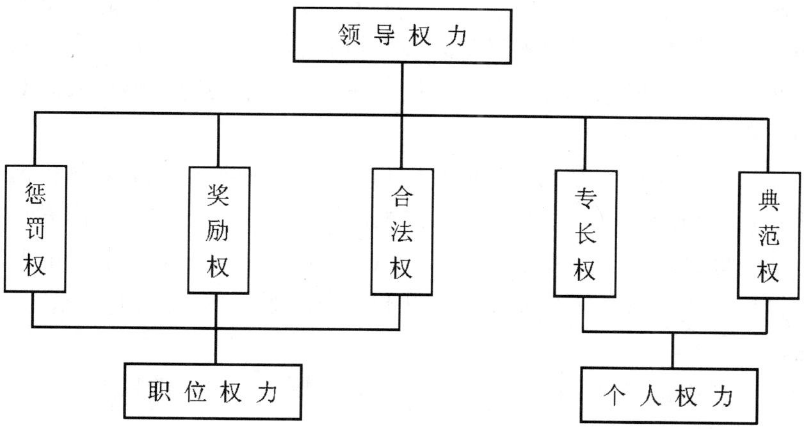

图6－1　领导权力划分

（1）惩罚权——是指下级感到领导有能力惩罚他，使他产生痛苦、不安或不能满足某些需求。惩罚权是迫使下级服从的一种权力。

（2）奖励权——是指下级感到领导有能力奖励他，使他得到某种满足和需求。奖励权是通过用利益引诱下级服从的一种权力。

（3）合法权——来自传统的习俗或组织的要求，是指领导具有组织的授权或公众的认可，对下级施加影响或使下级服从的一种权力，下级必须接受、服从领导。

（4）专长权——是指下级认为领导者具有某种专门的知识、技能和特长，能够帮助他指明方向、排除困难，达到组织和个人的目标。这种权力主要来自下级对领导者的尊敬。

（5）典范权——是指下级认为领导者具有他所尊敬的品质和智慧，具有共同的愿望和利益，从而对领导产生钦佩感，愿意模仿、跟随和服从领导。它表现在下级对领导者的信任。

惩罚权、奖励权、合法权属于职位权力，专长权、典范权属于个人权力。这几种不同的权力对下级所产生的影响和效果以及个人的满意度是不同的。

惩罚权虽然可以使下级基于恐惧而服从，但这种服从是表面的、暂时的，内心不一定受到影响。为了维持这种服从，领导必须时常监督下级是否按照他的要求去做，如果发现下级不遵守职业规范，为了维持恐惧，一定要加以惩罚，而监督与惩罚的成本是很昂贵的。

奖励权是采用奖励的办法来引起人们按照要求行为，其效果要比惩罚让人感到恐怖而服从好。它可以增加领导对下级的吸引力，也能引起满意并提高工作效率，但这种激励作用要视奖励的大小和公平性而定。奖励权容易引起本位主义，使下级缺乏整体和长远观念，过分使用这种权力容易形成人们对金钱和利益的依赖心理。

合法权是下级基于习惯、社会意识和某种责任感所引起的服从，但这种服从不能导致较高的工作水平和个人满意度。下级接受这种权力是因为只有这样才会得到领导者的赞扬、大家的接纳和认可，满足安全感和亲和力的要求。

专长权和典范权一般都能引起公开和私下的服从和内心的信服，从而其影响力也较持久。

一个人使用权力有自己特定的倾向，如何测量一个人的权力倾向，可以通过表 6－1 来测量。

表 6－1　权威基础测定

一个人具有一种还是多种权威，对下列问题的确定性反应可以回答这个问题	
这个人可以为难他人，但你总是避免惹他生气。	惩罚权
这个能给他人以特殊的利益和奖赏，你知道与他的关系密切是大有好处的。	奖励权
这个人掌握支配你的职位和责任的权力，期望你服从法规的要求。	合法权
这个人的知识和经验能使你尊重他，在一些问题上你会服从他的判断。	专长权
你喜欢这个人，并乐于为他做事。	典范权

二、领导如何获得权力

如何获取权力，西方学者对此进行了深入的研究。学者柏林（A. J. Brin）指出，获取权力的策略和途径有以下几种：

（1）同有权势的人建立联盟——假如你要想得到更多的权力，就要努力成为拥有权力人物的朋友，如成为上司的秘书或朋友。

（2）笼络或消灭——使用马基雅维利原理或者去赢得周围的人，或者使他们从前进的道路上滚开。

（3）分裂和支配——建立同盟是取得权力的一种途径，破坏别人的同盟则是另一种选择。在上司和他最亲密的圈子之间制造矛盾，进而取代它们。

（4）操纵经过整理分类的信息——通过控制对重要信息的取得，你可以使想从你那里获得信息的人寸步难行，又可以使那些得到信息的人欠你的情。

（5）尽管表现自己——及早干好一项工作，使有权势的人对你有最好的印象。

（6）累计和利用“施恩图报”——为别人做好事，但又确保他们明白有朝一日你要回报这一恩情。

（7）费边主义——避免一次性介入，缓慢地、从容地前进，循序渐进而不是激进的手段，避免撞翻船，赢得人们的信任。

（8）伸进帐篷的骆驼脑袋：一步一步来——先争取有微小的变化，使你有立足点，再争取更大的变化。

（9）事情在变好之前必须先变坏——利用坏消息去引起人们的注意，并争取合作去实施你的策略。

（10）纳谏要谨慎——征求下级的建议固然很重要，但是要非常小心，以免使你依赖他们或变得脆弱易击。

以上观点显示出很强的功利性，它甚至可以成为一些人玩弄权术的技巧，领导者要随时想到官从何来、权为谁用，应该做到“情为民所系，权为民所用，利为民所谋”。

由于权力可以分为职位权力和个人权力。如何获得职位权力？西方的理论提供了这些基本观点：

（1）通过取得关键性的工作而获得职位权力；

（2）通过正常的晋升而获得职位权力；

（3）在克服危机中获得职位权力；

（4）通过上级的赏识和信任而获得职位权力。

如何获得个人权力？西方理论认为：

（1）通过人格感染力获得个人权力；

（2）通过自身专长的提升获得个人权力；

（3）通过感情和利益的投放而获得个人权力；

（4）通过特殊关系获得个人权力。

在组织体制科层化普遍存在的今天，一个领导者往往是以其对某一职位的占有作为前提的。但是掌握职权的人并不一定拥有权威，即职权并不是一个人成为优秀领导者的充分条件。因为职权只有在灵活的运用中才能产生权威并为下属所接受。

美国管理学者西蒙认为，权威之所以被接受，原因在于：（1）下级信任行使权威的人，这种信任可以建立在领导者的地位、能力或领导魅力的基础上；（2）下级接受并鉴别其他领导者的态度建议；（3）下级担心如不接受会遭到惩罚；（4）在权威被接受之前，下级往往感到必须这样做。西蒙进而指出，所有权威都有一定的接受范围，如超出了这个范围就会产生不服从，即下级只是在一定范围内接受权威。

因此领导者拥有的权力，并不是赋予其社会优势地位的资源，权威从其本源上说来源于人民，领导者的身份从根本上说是服务者，而不是一个指挥者或命令者。权力作为一种现实性力量，它的来源和构成必须依赖于法律和规章制度、个人威望、多数人的支持和拥护等资源的支撑和巩固，否则权力只能是静止的而不是扩展的或增值的。我们平常所说的强制性不过是权力运用的消极形式而已，这种消极形式是保障领导活动能顺利展开的最后一道防线。从这一角度来说，如何使下属接受领导者的权威，就成为领导活动艺术化过程的一个组成部分。

三、权力的运用

领导者如何运用权力呢？从领导者自身的行为方式来看，领导者运用权力的方式有三种：说服、示范、命令。

说服是权力运用的一种常见形式，也是最符合领导者本职要求的运用形式。领导者在与外界和组织成员的互动过程以及领导集体内部的交往中，更多的是采用说服的形式。说服的成功与否在很大程度上有赖于领导者掌握的信息、技巧以及他的信誉和声望。谈判是说服的一种常见形式，它实际上是领导者和被领导者在沟通的基础上界定双方权利和义务的过程。

说服对领导者权力的运用提出了很高的要求。首先，有效说服的一个重要方法是将自己的某些提议与看法同组织的目标联系起来，以表示即将采取的行动是理性的、正当的、合乎组织愿望的。其次，要尽可能地把即将采取的行动同组织成员的个人利益联系起来，使他们感到在完成组织目标的同时，也能使个人利益得到满足。

与说服相对应的是示范和命令。示范属于一种静止性的权力运用方式，它不具有说服所具备的扩展性；而命令则是一种强制性的权力运用方式，是不得不采取的一种形式，这一形式构成了领导活动得以展开的底线。一般来说，说服的效果要比命令好得多，因为组织成员内部都有自尊的需要。命令是一种体制性的结果，而说服则具有艺术化的特点。

从被领导者所承受的结果来看，领导方式可以分为奖赏和惩罚两种。奖赏是对组织目标的达成有贡献者给予一定的物质、精神的回报，实际上是领导权力运用过程中的一种激励机制。在物质奖励与精神奖励的基础上，晋升是一种富有激励功能的奖赏，它是领导者权力运用的一种积极形式。但是，奖赏不可多予，更不可随意给予。这是因为，奖赏泛滥会导致这一形式失去其积极意义。奖赏体现了领导者的价值追求取向，随意给予会导致组织程序化运作的混乱，引导人们将精力投向领导者认可的方向上去，还会引起组织成员之间的矛盾冲突。

惩罚是一种消极的权力运用形式，是领导者在事情失败之后所采取的一种补救性的领导方法。这是对阻碍完成组织目标的一种回报。同奖赏一样，惩罚也不可滥用，更不能随意采用，因为惩罚会给人带来一种精神上的痛苦和物质上的损失，会使人产生不满。当然，惩罚也和奖赏一样，也是领导过程中的一种激励措施，它具有“逆反激励”的某些特点，即通过惩罚提醒人们防止阻碍组织目标实现的恶性行为出现。总之，奖赏和惩罚都应该按照制度化了的规则进行，同时也要将它纳入组织成员的监督之下。

在相当程度上，对权力的使用效果依赖于权力的来源和领导使用它的方式。在权力使用上有三种典型的使用效果：承诺、服从和抵制。

当下属认为领导的影响方式是合理而又合法的时候，其领导的效果就是承诺。这时下属心甘情愿地接受领导，并积极主动地开展工作。

对权力的另一个反应是服从，在这种情况下，尽管下属接受影响，服从要求，但这并不是个人的意愿上接受或情愿采纳要执行的命令，下属与领导者保持一致，只是他们不得不这样做。比如，领导作出某些规定下属并不满意，但又慑于领导权威，不得不服从。

第三种对权力的反应是抵制。在这种情况下，下属不同意这种影响的企图，积极或消极地进行抵制。这种情况也经常发生。当管理者不能满足员工的要求，强制员工做出一些事情的时候，员工就会对管理者的领导行为进行抵制。当员工对领导者的想法与决定采纳和服从时，领导者的权力才会增大，但是领导者也不能简单地依赖服从，简单的服从也可能带来一些灾难性的后果。

第二节 人性假设理论

要实施有效的领导，领导者必须搞清楚人性的本质是什么？这就是关于人性假设的问题。关于人性的假设理论有很多，这里主要介绍四种人性假设理论：经济人假设、社会人假设、自我实现人假设和复杂人假设。

一、经济人假设

在资本主义社会发展的早期阶段，由于生产率水平较低，人们的劳动是为了维持基本的生存和生活，于是就产生了管理理论中的经济人假设。经济人假设首先是美国学者麦格雷戈提出来的，他在总结了以往管理人员对人的看法之后认为：

（1）大多数人是懒惰的，他们总是想尽量地逃避工作。

（2）大多数人都没有雄心壮志，也不喜欢对别人负责，而宁可让别人负责。

（3）大多数人的个人目标和组织目标都是相矛盾的，为了达到组织目标必须高度严加管制。

(4) 大多数人都缺乏理智，不能克制自己，很容易受别人的影响。

(5) 大多数人都是为了满足自己的生理需要和安全需要而做某事的，所以他们将选择那些在经济上获利最大的事情去做。

(6) 人群大致可以分为两类，多数人符合上述假设，少数人能克制自己，这部分人应当负起管理责任。

根据经济人假设，管理人员的职责和相应的管理方式应当是：

(1) 管理人员最关心的是如何提高劳动生产率、完成任务，实现组织目标。他的主要职能是计划、组织、指挥和控制。

(2) 管理人员主要是应用职权、发号施令，使下级服从，让人适应工作和组织的要求，而不考虑在情感上和道义上如何加以尊重。

(3) 强调严密的组织和制定具体的规范和工作制度。

(4) 应以金钱报酬来收买员工，使之效力和服从。

建立在经济人假设基础上的管理理论有泰罗的科学管理理论、法约尔的一般管理理论和韦伯的行政管理理论，这些理论的重点在于“物”而不是“人”，强调管理过程的计划、组织、指导、协调和控制，强调生产过程的科学化、标准化、程序化，从而提高工作效率，不太在乎组织成员之间的感情、交往和他们的士气。

在此基础上，管理方式是胡萝卜加大棒的办法。一方面利用金钱的收买与刺激，一方面对员工实施严格的控制、监督和惩罚，迫使员工为实现组织目标努力。泰罗制就是这一管理的典型代表。

二、社会人假设

随着资本主义生产力的发展，建立在经济人假设之上的管理理论在实践中遇到了挫折，由此，社会人假设应运而生。社会人假设最早是由美国人梅奥提出来的。社会人假设认为：物质并不是刺激职工生产积极性、生产效率的唯一或者最重要的因素，随着机械化生产和分工的发展，工作本身失去了意义，员工更倾向于从良好的社会关系中重新获得这种失去的意义。员工对管理的响应已经不再取决于工资、奖金的刺激，而是对所属员工群体中的社交因素产生反应。生产效率的高低主要由员工归宿感、被认同感的满足程度来决定。

社会人假设是建立在梅奥的人际关系学说、马斯洛的需要层次理论、赫茨伯格的双因素理论等理论的基础之上。这些理论认为，员工是社会人，而不是经济人，员工的社交需要的满足是决定生产能力和效率的主要因素。在一般组织中广泛地存在非正式组织，在很大程度上，员工受非正式组织的影响要高于正式组织。领导能力不再体现于强调作业方法、工作条件和工作制度等方面，新型的领导能力在于满足员工的社交需要，提高员工的士气。

社会人假设的基本内容包括：

（1）社交的需要是人们行为的主要动机，也是人与人的关系形成整体感的主要因素。

（2）人与人之间所形成的影响力比管理部门所采用的管理措施和奖励具有更大的影响。

（3）管理者应该尽量满足员工的归属感、交往和友谊的需要，工作效率随着管理人员满足他们的社会需要程度的增加而提高。

在此假设下，管理者应该采取的管理措施应该是：

（1）作为管理者不能只把目光局限在完成任务上，而应该注意对人的关心、体贴、爱护和尊重，建立相互信任、团结融洽的人际关系和友好的感情。

（2）管理者在进行奖励时，应当注意集体奖励，而不能单纯采用个人奖励。

（3）管理者的作用由计划、组织、指挥、控制的作用转变为上下级之间中间人的作用，应当经常听取下属的意见和建议，并向上级反映。

三、自我实现人假设

随着生产力的进一步发展，经济、政治环境的变迁，关于人性的假设也相应地发展起来。自我实现人假设取代了社会人假设。这一理论是麦格雷戈基于马斯洛的需要层次理论和阿基里斯（C. Argyris）的成熟不成熟理论提出来的。

阿基里斯认为，社会现实和管理制度压制着人们人格上的成熟。他认为，健康的人从婴儿到成人，在人格上和心理上总是要经历从不成熟到成熟的发展过程。在这个过程中，人格会发生一系列的变化，这些变化主要表现在七个方面（如表6－2所示）。

麦格雷戈仔细研究了这种成熟与不成熟以后，提出了自己的理论观点，他认为：

（1）工作中的体力和脑力消耗是一件很自然的事情，厌恶工作并不是人的共同本性，工作也可能是一种满足，因而很多人自愿去做事；工作也可能是一种惩罚，因而有的人只要情况许可就想到要逃避。人到底表现怎样，要看环境而定。

表 6-2 成熟与不成熟的比较

不成熟的特征	成熟的特征
被动	主动
依赖他人	自我独立
做少量工作	做各种工作
浅薄的兴趣	较强较深的兴趣
目光短浅	远见卓识
服从和附属地位	平等优越地位
缺乏自我意识	自我意识自我控制

（2）外来的控制和处罚并不是促使人达到目标的唯一手段，它甚至对人是一种威胁和阻碍，并使人成熟的速度放慢了，人们情愿实行自我管理和自我控制来完成应当完成的工作，实现目标。

（3）人有自我实现的要求，而组织往往要求人为了组织目标而努力，这两者之间并没有天然的矛盾，如果给予适当的机会，个人目标和组织目标可以统一起来。

（4）一般人在生活中不仅学会了接受责任，而且学会了谋求责任、逃避责任、缺乏抱负、强调安全感，通常是经验的结果，而不是人的本性。

（5）大多数人，而不是少数人，在解决组织的困难和问题时都能发挥较高的想像力、聪明才智和创造力。

（6）在现代工业社会条件下，一般人的潜力只发挥了一部分。

在一般概念下，自我实现是隐性的，是手段，组织绩效是显性的，是目的。人的自我实现总是和组织绩效联系起来的，其表现为组织绩效。然而，组织绩效的实现则牵涉到纷繁复杂的因素。对不同因素的重视程度不同，就形成了不同的管理理论。例如强调系统协作的社会系统学派、强调决策的决策理论学派、强调成功经验的经验主义学派等等。这些林林总总的学派就是所谓的现代管理丛林。

根据以上假设，相应的管理措施有：

（1）改变管理职能的重点——管理经济人的重点放在工作上，也就是放在计划、组织、监督上；管理社会人的重点主要是建立亲善、友好的人际关系；而管理自我实现的人的重点应放在创造一个使人发挥才能的工作环境上，此时的管理者已不只是指挥者、调节者和监督者，而是起辅助者的作用，在旁边给予支持和帮助。

（2）改变激励方式——无论是经济人还是社会人的假设，对其起作用的激励都来自金钱和人际关系等外部因素，对自我实现的人起作用的激励来自工作本身的内部激励，让他担当具有挑战性的工作，担负更多的责任，促使其工作做出成绩，满足其自我实现的需要。

（3）在管理制度上给予下属更多的自主权，实行自我控制，让下属参与管理与决策，并共同分享权力。

四、复杂人假设

复杂人假设是20世纪70年代薛恩（E. H. Schein）在总结前面所说的经济人、社会人和自我实现人假设的基础上提出来的。该理论认为，前面的假设虽然有其合理的一面，但并不是适用于一切人，因为人是复杂的，不仅是人们的需要与潜在的欲望是多种多样的，而且这些需要的模式也是随着年龄的发展阶段而变迁，随着所扮演的角色而变化，随着境遇及人际关系的演变而不断变化的。其主要内容包括：

（1）人的需要是分成许多类的，并且会随着人的发展阶段和整个生活处境的变化而变化，是会因人而异、因情境而异和因时间而异的。

（2）由于需要和动机彼此作用并组合成复杂的动机模式、价值观和目标，所以人们必须明白自己要在什么样的层次上去理解人的激励。

（3）组织中的员工可以通过他们在组织中的经历产生新的动机。这就意味着一个人在某一特定的事业生涯中或生活阶段上总的动机模式和目标，乃是他的原始需要与他的组织经历之间一连串复杂交往作用的结果。

（4）每个人在不同的组织中或在同一组织内不同的下属部门中，可能会表现出不同的需要来；一个在正式组织中受到冷遇的人，可能在工作中或非正式工作群体中找到自己的社交需要和自我实现的需要。

（5）人们可以在许多不同动机的基础上，成为组织中生产率最高的一员，全心全意地参加到组织中去。

（6）组织中的员工能够对多种互不相同的管理策略做出反应，这要取决于他们自己的动机和能力，也取决于工作的任务和性质。换句话说，不存在在一切时间对所有的人都起作用的唯一正确的管理策略。

这种假设没有提出和其他假设完全不同的管理方法，而只要求了解每个人的个别差异。对不同的人，在不同的情况下，采取不同的管理措施，即一切随时间、条件、地点和对象的变化而变化，不能一刀切。

五、人性假设的本质

人的本质是一切社会关系的总和。讨论人的本质问题，不能离开个人所处的社会、经济背景。否则，就会陷入抽象人性论的空泛争论中。在管理理论的范畴内讨论人性问题，同样不能离开实际，而是要具体分析管理理论各个发展阶段的客观情况。

在早期管理阶段，当时的社会环境是奴隶社会或封建社会，奴隶和雇农不占有生产资料，不得不在不同程度上依附于统治阶级。在这种情况下，奴隶和雇农如果想要满足人最基本的需要——生存的需要，只有被动地劳动，根本没有选择的余地。考虑到当时的文明水平，以及奴隶和雇农受教育的程度，他们除了劳动以外，根本不会产生其他任何想法。统治阶级实施的管理虽然极其野蛮和残暴，但从实际情况来看仍然是有效的。

在科学管理阶段，资本主义社会已经有所发展，由于其意识形态的基础是人性自由，劳动者在个体的人身上都取得了独立，可以自主决定劳动的选择。但是，应该注意到，这种独立只是形式上的，因为物质缺乏，生活贫困，劳动者虽然有劳动选择权，实际上却不得不劳动。他们劳动的目的很简单，就是尽可能多地获得报酬，满足生活的需要。所以，只要进行物质刺激，无论工作难度如何，工人都愿意去做，他们都会按照管理者的指令去执行。

在行为管理阶段，社会生产力较以前有了巨大进步，物质生活水平也有很大提高，人们不必迫于生计强迫自己工作，特别是不必做自己不喜欢的工作。如果再仅仅采取物质刺激手段，其效果就可想而知了。人们在不需要过多考虑物质的前提下，自然而然地就会渴望精神方面的需求。行为管理理论的思想、措施恰恰满足了劳动者的这种需要，这也是行为管理理论取得成功的本质原因。

在现代管理阶段，人们的需要进一步发展，不再满足于社会交往、组织归属感，而是要求在工作中培养专长，发挥个性，挖掘潜能，获得工作的成就感和自我价值的实现。这时，管理理论必须与这种环境相适应，否则就不能在管理实践中获得实效。在现代管理阶段，以前的各种刺激手段在实践中的效果不再明显，管理思想转变为注重创造条件、满足劳动者自我实现的需要，从而获得组织绩效。

通过回顾管理理论各个发展阶段的人性假设，可以发现，管理领域的人性假设是一个实践的、历史的范畴，具有以下几个特性：

（1）历史性——人性假设受当时的社会、经济、文化等各方面发展水平的影响，表现为与时代环境的同步性。社会经济的水平、文明的程度，大体上决定了人们的人性状态。高层次的人性状态不太可能出现在经济水平、文明程度低的时期。

（2）层次性——人性假设也具有层次性，所谓层次性，是指当低水平的需要未满足的时候，人们就不会产生高层次需求。只有当低层次的需要被满足后，高层次的需求才可能出现。很难想像，奴隶和雇农在没有人身自由的前提下会萌发社交的需要，同样难以想像，科学管理阶段的工人会产生自我实现的想法。

（3）回复性——当人们强调高层次人性需求时，并不是彻底地抛弃了低层次需求，这就是人性假设的回复性。高层次的需求是与高经济水平和高文明程度相对应的。但是整体的高水平并不意味着不会出现局部的、暂时的低水平。特殊条件下，当这种局部的、暂时的低水平出现时，人们的人性需求就地倒退，这就是回复性存在的根本原因。

第三节　领导者素质

领导者素质是领导者进行领导活动必应具备的内在基本条件，是领导者先天禀赋与后天修养、生理条件与心理因素在德、才、学、识、体诸方面的表现水平与特征。领导者素质的高低关系到领导活动的成败。

一、领导特质理论

领导特质理论重点研究的是领导者的个人特性。其基本假设是，领导者具有一般人不可比拟的特质，只要找到了一个人具备的特质，再去考察他在某个组织中是否具备这些特质，就能够判断一个人能不能成为优秀的领导者。早期的研究者认为，领导者具有一些与众不同的特质，只要具有这些特质才可以成为领导者。

领导特质理论按其对领导特性的来源进行解释可以分为传统领导特质理论和现代领导特质理论。传统特质理论认为，领导者所具有的特质是天生的，是由遗传决定的，一个人之所以成为领导者，有其不可比拟的天赋和个人品质，如思维敏捷、能言善辩、身体健康等，领导者与一般人之间、有效领导与无效领导之间，存在着本质上的差异。在现实中，他们也找到了一些依据。现在，很少有人赞同这种观点。现代领导特质理论认为领导者的特质和品质是在实践中形成的，可以通过教育和培养获得。

领导者到底具有哪些特质？许多领导学学者进行了研究，比较有代表性的观点有：

1. 斯托格迪尔的领导个人因素论

美国著名领导学学者斯托格迪尔（R. M. Stogdill）经过多年的研究，总结了与领导有关的个人因素包括：

（1）五种身体特征：精力、外貌、身高、年龄、体重等；

（2）两种社会特征：社会经济地位、学历等；

（3）四种智力特征：果断、说话流利、知识渊博、判断分析能力强等；

（4）十六种个性特征：适应性、进取心、热心、自信、独立性、外向、机警、支配力、有主见、急性、慢性、独到见解、情绪稳定、作风民主、不随波逐流、智慧等；

（5）六种与工作有关的特性：责任感、事业心、毅力、首创性、坚持、对人的关心等；

（6）九种社交特性：能力、合作、声誉、人际关系、老练程度、正直、诚实、权力的需要、与人共事的技巧等。

2. 鲍莫尔的领导品质论

美国普林斯顿大学的鲍莫尔（W. J. Baumol）提出了作为领导应具有的九个条件：

合作精神——愿意与他人一起工作，能赢得人们的合作，对人不是压服，而是感动和说服；

决策能力——依据事实而非想像进行决策，具有高瞻远瞩的能力；

组织能力——发掘部署的才能，善于组织人力、物力和财力；

善于授权——能大权独揽，小权分散；

随机应变——机动灵活，善于进取，而不是抱残守缺，墨守成规；

勇于负责——对上级、下级以及服务对象有高度的负责精神；

敢担风险——敢于承担事业上的风险，有创造局面的雄心和信心；

尊重他人——重视和采纳别人的意见，不盛气凌人；

品德高尚——品德上为社会人士和员工所敬仰。

3. 吉赛利的领导品质论

吉赛利（E. Ghiselli）对个人性格与管理成功的关系按照重要性进行了分类，他重点研究了十三种品质以及这些品质在领导才能中体现的价值，其研究结果如表6－3所示。括号中A表示能力特征，P表示个性特征，M表示激励特征。

表6－3　领导品质价值表

重要特征	重要性价值	个性特征
非常重要	100	督察能力（A）
	76	事业心、成就欲（M）
	64	才智（A）
	63	自我实现欲（M）
	62	自信（P）
	61	决断能力（P）
	54	对安全保障的需要少（M）
	47	与下属关系亲近（P）
次重要	34	首创精神（A）
	20	不要高额金钱报酬（M）
	10	权力需要高（M）
	5	成熟程度（P）
不重要	0	性别（P）

有人认为，优秀的领导者应该具有外表英俊潇洒、善于交际、智力过人、自信、心理健康、对人有支配欲、外向而敏感等七项特性。

还有人从满足实际工作需要和胜任领导工作的要求方面研究领导者应该具有的能力、才智和个性。

令人遗憾的是，并非所有的成功的领导者都具有上述特质理论所描述的品质，而许多非领导者可能具备上述的大部分甚至全部品质，而且几乎没有一种品质是所有领导者所共有的。因此，领导特质理论无法指出哪些素质是领导必需的，也无法对各种品质的相对重要程度做出评价。

尽管如此，这些理论并非一无是处。一些研究表明，某些人的品质与领导的有效性之间确实存在着相互联系。克里克珀特里德（S. Krikpstrid）与洛克（E. Locke）提出了被认为是有效领导的基本条件的六组“核心”特征：①干劲与魄力；②领导的动机；③诚实与正直；④自信；⑤智力；⑥业务知识。

上述这些特征不是与生俱来的，有效的领导品质是可以通过学习和努力培养取得的。当代著名的管理专家德鲁克说：有效性是一种后天的习惯，是一系列实践的综合。

二、领导者应具有的素质

领导者应该具有的素质与领导者所处的环境、所从事的工作以及所处时代有关。对领导者素质的研究一直以来都是一个热门话题，许多专家和学者对此做了广泛深入的研究，归纳起来，我国政府或军队领导者具有的素质主要表现在如下五个方面。

（一）政治素质

在社会主义的中国，在党绝对领导下的我国政府和军队领导者首先应该具备的是政治素质。这种政治素质主要表现在，领导者要坚持四项基本原则，坚持改革开放，自觉执行共产党的路线、方针、政策，自觉维护人民、国家的利益。

在政治这个大是大非问题上，领导者应该旗帜鲜明，身体力行，而不是只说不做。在政治岗位上，政治风波从来没有停止过。这就要求领导者具有政治上的坚定性，而不能搞政治投机主义。所谓坚定性就是要坚定地站在正确的政治路线一边，永远维护人民和国家的利益，所谓投机主义就是看风使舵，总是站在胜利者一边，只关心自己的“乌纱帽”，而不坚持真理。

（二）思想素质

在社会主义初级阶段建设中，领导者要牢固树立权力观念和群众观念。知道自己的权力来自哪里？权力应该用在哪里？领导者要始终把群众的利益作为自己的利益，把群众的呼声作为自己的工作重点，要始终牢记“情为民所系，权为民所用，利为民所谋”。同时领导者要具备如下一些基本的思想意识。

1. 服务意识

现代的公共部门领导者要明白自己的权力来自人民，权力只能用于为人民服务，而不应有“当官做老爷”的思想，要随时随地考虑人民的利益，为老百姓提供更好更多公共产品和服务，不能有做一天和尚撞一天钟的思想。

2. 效率意识

领导者不仅要有服务意识，而且要讲服务效率，要高效地为人民办事。因为我们所处的时代是一个信息时代、竞争的时代，竞争就是要靠效率取胜。这里的效率不仅体现在办事效率，还包括经济效率、社会效率。领导者要力争花最少的钱办最多的事情，办人民群众需要的、满意的事情。

3. 创新意识

人类社会正在从工业社会向信息社会转型。在信息社会取胜的基本要素是创新。创新是一个民族的灵魂，是一个民族生生不息的动力。创新来源于开拓，敢于走前人没有走过的道路，敢于冒风险，敢于开拓新局面。作为领导者要有创新意识。

4. 诚信意识

诚信是领导者的基本品质，是现代社会运转的基石。社会要诚信，政府要讲诚信，领导者要带头守诚信，要树立诚实守信为荣的社会价值观和道德观。

5. 法治意识

领导者要牢固树立有法可依、有法必依、执法必严、违法必究的观念，自觉依法行使权力和履行义务，依法决策，依法管理，依法办事。

6. 民主意识

领导者要作风民主、胸怀全局、广开言路、集思广益、知人善任。真正发扬民主，充分调动各方面的积极性，做到决策科学、执行有力和监督有效，努力实现统一的、有效的领导。

（三）知识素质

现代的领导要靠知识领导，具有较强的专家权。领导者知识素质包括基础知识、人文社会知识、科学技术知识及管理知识。

1. 基础知识

所谓基础是指领导者应具有高中以上水平的一般知识，知识包括基本的语文、外语、数学、物理、化学、生物、历史、地理等知识。

2. 人文社科知识

领导的活动归根到底是一种社会实践活动，领导者要具有丰富的人文社科知识。这些知识包括哲学、政治学、经济学、心理学、社会学、管理学、历史、法律等方面的知识，以确保领导者能作出正确的决策，并有效地实施。

3. **科学技术知识**

现代社会人们已清晰地认识到，科学技术是第一生产力，科学技术日新月异，谁掌握了先进的科学技术知识，谁就能在竞争中获胜。领导者既要成为管理专家，成为人文社科专家，又要成为某一个科学领域里的专家。这样，领导的权力才会更有效地实施。

4. **管理知识**

管理是科学，也是艺术。现代管理理论是一切领导者的必修科目，也是成功领导者的制胜法宝。在管理实践中成功地运用管理知识是成功领导人的有效途径。

（四）能力素质

领导者的能力素质是领导者在一定先天禀赋的基础上，通过后天的实践锻炼和学习所形成的，在领导活动中经常发挥着重要作用的要素。

处在不同组织层次上的领导，在能力素质上的要求是不同的，一般来说，对领导者能力要求从低到高有三项：操作能力、管理能力和决策能力。不同层次的领导者的能力要求是不同的（如图6－2所示）。

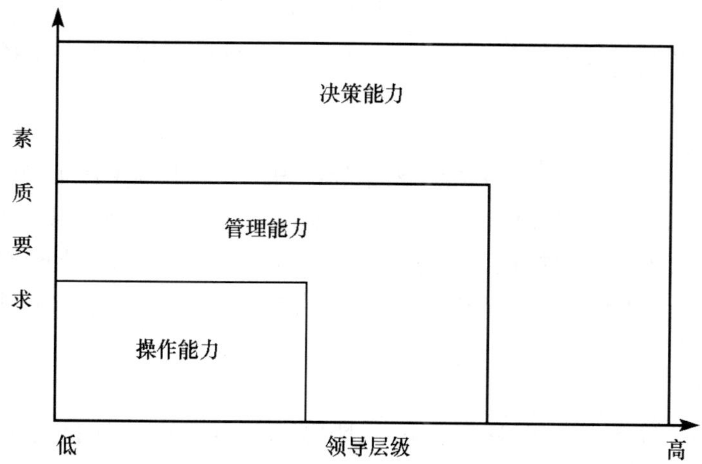

图6－2 领导层级与素质要求的关系

高层领导要求有较强的决策能力和管理能力，中层领导要求有很强的管理能力；基层领导要求有有效的操作能力或执行能力。

领导者的决策能力和管理能力与以下几种能力有关：

（1）直觉——直觉就是对外界事物的观察能力、认知能力，也就是人们常说的“悟性”。

（2）抽象思维能力——指透过现象看本质的能力，能理清事物的主流和支流，形成概念的能力，在相互联系中寻找事物规律的能力。

（3）组织和协调能力——善于将有限的或有冲突的人物事件结合起来，处理工作中的矛盾和冲突，知人用人，改善人际关系的能力。

（4）自我发展能力——指不断学习新知识，掌握新技能，自我完善的能力。包括自我反思、自学、吸收新事物和新知识等。

（5）创新能力——指开拓新知识、新技术、新方法的创新能力。包括批判精神、想像力等。

（五）心理素质

在领导活动高节奏、高压力的情况下，要求领导者有较强的心理素质。可以说，没有良好的心理素质，就难以取得事业的成功。心理素质是形成独特领导作风的内在因素，也是选择领导者的重要标准。心理素质包括信念、意志、感情和作风等四个方面。

1．信念

信念是指导人们行动的一种精神向导，是人的一种意向、决心和动力。一个有效的领导者是有明确的信念的人。他们有崇高的理想，有强烈的事业心和责任感。

2．意志

意志是克服困难的勇气和战胜困难的精神。领导者的工作中随时会遇到困难和挫折。一个领导者在困难面前，是迎难而上，还是知难而退，将直接影响工作结果。人的意志包括意志的自觉性（主动行动）、意志的果断性（当机立断）、意志的坚持性（百折不挠）、意志的自制性（控制情感）和意志的科学性（实事求是）。

3．感情

有效的领导者都应该具有积极的情感（热爱工作、热情待人、热烈追求），能够克服消极情感（冷漠、孤傲、嫉妒、虚伪）。情感与性格有关，领导者的性格和情感相互影响，互相感染，在一定范围内决定了工作氛围、人际关系和群体风气。

4．风度

领导者应该宽容大度、高瞻远瞩、临危不惧、光明磊落、机智幽默，从而增加个人的人格魅力。常言道：“海纳百川，有容乃大；壁立千仞，无欲则刚”，“心底无私天地宽”。作为一个领导者，要有容人容事、不计恩怨的雅量，相互谅解、坦诚相见的气度，闻过则喜、从谏如流的胸襟。

领导者要有战胜困难的勇气和坚忍不拔的意志，敢于迎难而上。思考问题、兴办事业都要做到目光高远、意志坚定、胸怀大志，大胆实干，敢于冲破阻力迎难而上，勇挑重担、担当风险，瞄准大目标、实施大手笔、办成大事情。

第四节　领导理论

为解决领导的有效性问题，许多领导学专家在大量调查研究的基础上，从不同的角度提出了相关的领导理论，主要包括领导作风理论、领导连续统一体理论、参与管理模式理论、领导行为四分图理论、管理方格理论、领导权变理论、领导生命周期理论和目标途径理论等。

一、领导作风理论

最早对领导作风进行研究的是美国社会心理学家勒温（P. Lewin），他通过试验研究了不同的领导作风对下属群体行为的影响，他认为存在三种极端的领导作风，即专制型领导、民主型领导和放任型领导。

1. 专制型领导

所谓专制型领导是指领导者个人决定一切，以权力压服下属，靠权力和强制命令让下属服从。这种类型的领导者具有以下几个特点：

（1）独断专行，从不考虑别人的意见，所有的决策都由自己作出；

（2）从不把任何消息告诉下级，下级没有任何参与决策的机会，只能察言观色，奉命行事；

（3）主要依靠行政命令、纪律约束、训斥和惩罚进行管理，偶尔有一点奖励。有人统计，具有专制作风的领导者与别人谈话时，大约有60%的内容是采取命令和指示的口吻；

（4）领导者事先安排好一切工作程序和方法，下级只能服从；

（5）领导者很少参加群体活动，与下级保持相当的心理距离。

2. 民主型领导

所谓民主型领导是指领导者与下属共同讨论问题，集思广益，然后再进行决策，要求上下融合，合作一致地工作，其特点是：

（1）所有的决策是在领导者的鼓励和协作下由群体讨论而作出的，而不是由领导者单独决定的。其决策是领导者和其下属共同智慧的结晶；

（2）分配工作时尽量照顾到个人的能力、兴趣和爱好；

（3）对下属的工作不作具体的安排，使下属有相当大自由度、较多的选择性和灵活性；

（4）主要应用个人权力和威信，而不是靠职位权力和命令使人服从。谈话时多使用商量、建议和请求的口气，下命令的情况仅占5%左右；

（5）领导者积极参加团体活动，与下级无任何心理上的距离。

3. 放任型领导

所谓放任型领导是指领导者放手不管，下属愿意怎样做就怎样做，完全自由。其特点是：

（1）工作事先无布置，事后无检查；

（2）权力完全给予个人，个人自由度大；

（3）组织无规章制度，完全凭借个人的自觉性。

4. 三种领导作风的比较

勒温在试验中发现，在专制型领导的团队中表现出如下特点：成员对领导者服从，多以“我”为中心，表现自我或引人注目的行为多，各成员攻击性言论多；当试验导入“挫折”时，团队彼此推卸责任或进行人身攻击；在领导者不在场时，团队工作的动力大为降低，也无人出来组织工作；专制型团队对团体活动没有满足感。

在民主型团队中表现出如下特点：成员彼此关系友好，相互以工作为中心的接触多；多以“我们”为中心；当试验导入“挫折”时，民主型团体则团结一致，努力解决问题；在领导者不在场时，民主型团队则跟领导者在场一样继续工作；民主型团队成员对团体活动有较高的满足感。

放任型的领导作风工作效率最低，只达到社交目标，而完不成组织的工作目标。专制型领导作风虽然通过严格管理达到了工作目标，但团体成员没有责任感、情绪消极、士气低落，人与人之间发生争吵较多。民主型领导作风工作效率最高，不但能较好地完成工作目标，而且团体成员之间关系融洽，工作积极主动，成员在工作中具有创造性。

二、领导连续统一体理论

连续统一体理论是由美国管理学家坦南鲍姆（R. Tannenbaum）和施密特（W. H. Schmidt）提出来的。他们认为，民主与专制仅是领导方式中的两个极端情况，在这两者中间还存在着许多种领导行为，如图 6－3 所示。

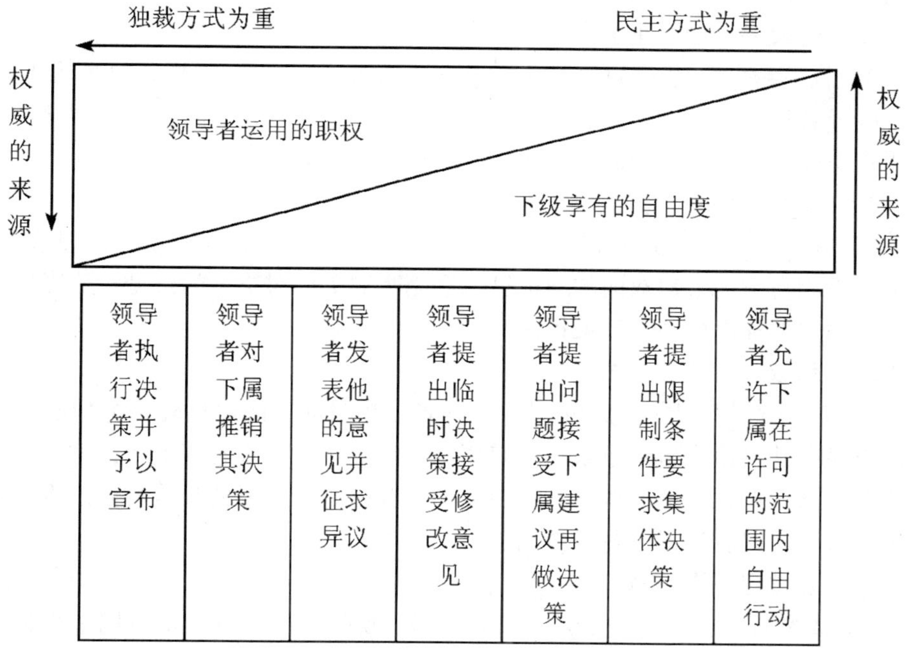

图 6－3　领导行为连续统一体模型

图 6－3 的左端表示专制的领导行为，右端表示民主的领导行为。从左至右领导者运用职权的程度逐渐减少，下属的自由度逐渐增加，从以工作为中心逐渐转变为以关系为中心。图的下方依据领导者把权力授予下属的程度不同，决策的方式也不同，形成一系列领导方式。

坦南鲍姆和施密特认为，在这些不同的领导行为中，不能说哪种领导方式正确，哪种领导方式错误，领导者应当根据具体情况，考虑各种因素后，选择图中某种领导方式。

三、参与管理模式理论

美国密执安大学利克特（R. Likert）对领导者的类型和作风进行了三十多年的研究，他认为有效的领导者应当面向下属开展工作，及时与下属沟通信息，从而使组织中的全体成员建立团结一致、互相支持的关系。这是一种有效的领导方式，为此，利克特假设了四种领导方式：

1. “专权—命令”方式

“专权—命令”方式的特征是：领导者发布指示，下属执行且不参与决策；领导者很少用奖励的方法激励下属，而较多地采用处罚的方式；领导者习惯于自上而下发布信息和命令，而不注意自下而上的信息反馈。

2. “温和—命令”方式

“温和—命令”方式的特征是：领导者兼用奖励和处罚的方法管理下属；自上而下和自下而上地双向沟通信息，适当听取下属对决策的意见；适当地授权给下属，但加以严格的政策控制。

3. “商议—讨论”方式

“商议—讨论”方式的特征是：领导者在决策前，能够比较充分地听取下属的意见，并且适当地加以采纳；兼用奖励和处罚的方式管理下属，注意信息的双向沟通，调动下属的积极性；由上层领导者制定主要的政策和做出重大的决策，而下层的管理者进行具体的决策。

4. “集体参与”方式

“集体参与”方式的特征是：领导者提出挑战性的目标，由下属根据目标自行决策并制定实施规划；主要采用奖励的方法，而较少采用处罚的方法来管理下属；保持上下级之间、同级人员之间信息渠道的畅通，使整个组织形成一种良好的气氛等。

这四种领导方式的比较如表6－4所示。

通过大量研究，利克特认为，利用第四种方式从事管理工作的人是有成就的领导者，因为用这种方式管理的组织在制定目标和实现目标等方面是十分有效的。这类组织中，全体成员能够感受到自身价值的实现，组织能够满足他们的需要和愿望，个人与组织有共同的利益，个人的目标和组织的目标融为一体，工作的积极性和创造性能够得到充分的发挥，而所有这些都归于员工参与管理的程度较深。

表 6 – 4　四种领导方式的比较

组织变数		专权一命令	温和一命令	商议一讨论	集体参与
上下关系	信任程度	对下属不信任	有主仆之间的信任关系	上下级有相当的但不完全的信任	有完全的信任
	交往	极少交往或交往在恐惧和不信任下进行	交往是在上级屈就、下属惶恐的情况下进行	适度的交往并在相当的信任下进行	深入友善的交往，有高度的信任
	沟通程度	上下之间不沟通	有一定的沟通	比较沟通	上下左右意见完全沟通
	奖惩程度	恐吓威胁和偶尔的报酬	报酬和有形无形的惩罚	报酬及偶然的惩罚	优厚的报酬启发自觉
工作激励	参与程度	下级极少参与作决策	决策上级制定，某方面先由下级拟定	重大决策由上级制定，下级对具体问题有决策的权力	下级参与决策，并完全参与控制

四、领导行为四分图理论

领导行为四分图理论是由美国俄亥俄州立大学的领导行为研究者们在 1945 年提出来的，他们列出了一千多种刻画领导行为的因素，通过概括，归纳为两个方面：着手组织和体贴精神。

所谓着手组织是指领导者规定他与工作群体的关系，建立明确的组织模式、意见交流渠道和工作程序，具体包括设计组织机构，明确职责、权力、相互关系和沟通办法，确定工作目标与要求，制定工作程序、工作方法与制度。

所谓体贴精神是建立领导者与被领导者之间的友谊、尊重、信任关系的行为，具体包括尊重下属的意见，给下属较多的工作主动权，体贴下属的思想感情，注意满足下属的需要，平易近人，平等待人，关心群众，作风民主。

他们依照这两个方面的内容设计了领导行为调查问卷，关于组织和体贴各列举了 15 个问题，发给员工，由下级来描述领导的行为如何。调查者对问卷上的每一项必须选择“总是”、“经常”、“偶尔”、“很少”和“从未”这五个答案中的一个。列出的答案是他人对领导行为的感受。表 6 – 5 列出了部分调查的问题。

表 6－5　领导行为调查表

体　贴	组　织
领导者找时间倾听组织成员的意见吗？	领导者给组织成员指定工作吗？
领导者愿意改变自己的意见吗？	领导者要求组织成员遵守标准、法规和规律吗？
领导者是友善的、可亲的吗？	领导者让组织成员明白上级对他们的期望吗？

他们认为，着手组织与体贴精神不是一个连续带的两个端点，不是注重了一个方面而必须忽视另一方面，领导者的行为可以是这两个方面的任意组合，即可以用二维坐标表示，如图 6－4 所示。

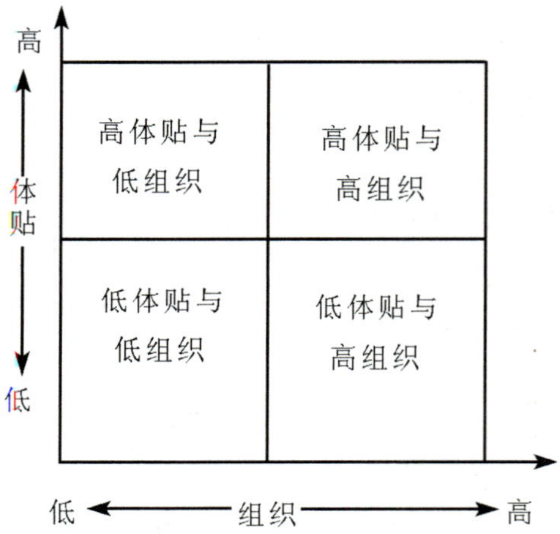

图 6－4　领导行为四分图

在上述四种领导行为中，究竟哪种最好呢？结论是不肯定的，要视具体情况而定。例如，有人认为在生产部门中，效率与“组织”之间的关系成正比，而与“体贴”的关系成反比；而在非生产部门中情况恰恰相反。一般来说，高组织与低体贴带来更多的旷工、事故和抱怨。许多其他的研究证实了上述的一般结论，但也有人提供了相反的证据。出现这种情况的原因是他们只考虑了“组织”和“体贴”两个方面，而没有考虑领导所面临的环境。

五、管理方格理论

1964 年美国管理学家布莱克（R. R. Blake）和穆顿（J. Mouton）在领导行为四分图的基础上，巧妙地设计出管理方格图，他们用横坐标表示领导者对生产的关心程度（包括对组织目标的关心、对组织经济效益和社会效益的关心以及对组织规章制度执行状况的关心程度等），纵坐标表示领导者对人的关心程度（包括领导者对组织成员的关心程度、工作环境状况、人际关心状况、信息沟通状况等）。横坐标和纵坐标都划分为九个等级，这样就形成了一个有 81 种领导方式的管理方格图，如图 6－5 所示。

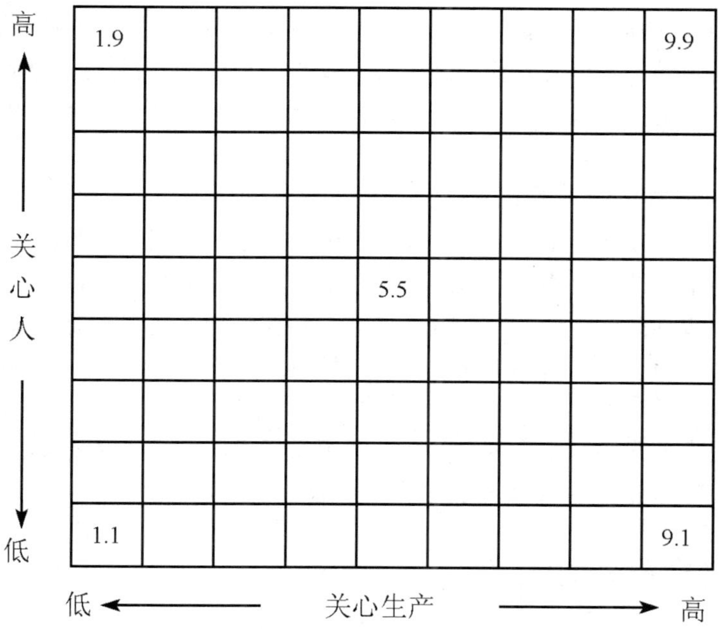

图 6－5　管理方格图

布莱克和穆顿在管理方格图中列举了五种典型的领导方式。

1. **1.1 型方式**

这种类型的领导对员工和生产任务都极不关心，领导者只做一些维持自己职务的最低限度的工作，工作只要不出差错就行。这种方式一般被称为“贫乏型的管理”，在实际中很少见到这样的领导者。

2. **1.9 型方式**

这种类型的领导对员工的需要极为关心，重视搞好与员工的关系，而忽视工作的效果。持这种管理方式的领导者认为只要员工精神愉快，生产自然会搞好，不管生产好与不好，首先都要重视员工的情绪。这种管理的结果可能很脆弱，一旦和谐的人际关系受到影响，生产绩效会随之而下降。这种管理方式常被称为“乡村俱乐部型的管理”。

3. **5.5 型方式**

这种类型的领导既对工作关心，也对人关心，二者兼顾，程度适中。这种管理方式的领导者既对工作的质量和数量有一定要求，又强调通过引导和激励员工去完成任务。但是这种领导往往缺乏进取精神，满足于现状，因而被称为“中庸型的管理”。

4. 9.1 **型方式**

这种类型的领导只重视任务的完成，而不重视人的因素。这种领导者是一种专权式的领导，强调有效地控制下属完成各项工作，下属只能奉命行事。这样，下属容易失去进取精神，不愿创造性地工作，不能施展所有的才能。这种管理方式被称为“独裁型的管理”。

5. 9.9 **型方式**

这种类型的领导对工作和对人都极为关心。这种管理方式的领导者能使组织的目标与个人的需要最有效地结合起来，既高度重视组织的各项工作，又能通过沟通和激励使群体合作，下属人员共同参与管理，使工作成为组织成员自觉的行动，从而获得很高的工作效率。这种方式被称为“战斗集体型管理”。

根据上述对典型领导方式的分析，可以得出如下结论：作为一个领导者，既要发扬民主，又要善于集中；既要关心组织任务的完成，又要关心职工的正当利益。只有这样，才能使领导工作卓有成效。

六、领导权变理论

领导理论中的权变理论的实质是，不存在一种普遍适用的领导方式，领导方式不仅与领导者本身的特征有关，而且还与追随者的特征以及领导者所处的客观环境有关。用函数关系式来表示这种关系：

$$S=f(L, F, E)$$

上式中：S 代表领导方式，L 代表领导者特征，F 代表追随者的特征，E 代表环境。

领导者的特征主要指领导者的个人品质、价值观和工作经历；追随者的特征是指追随者的个人品质、工作能力、价值观等；环境主要是指工作特性、组织特征、社会状况、文化影响等。

西方学者对领导权变理论进行了大量研究，其中比较具有代表性的是费德勒的领导权变模型。

美国管理学家费德勒（F. E. Fiedler）通过大量案例研究提出了领导的权变模型。他认为任何领导方式都可能是有效的，也可能是无效的，其有效性取决于领导方式与所处的领导情境是否适应。

该模型的前提假设是：在不同类型的情境中，总有某种领导风格最为有效。为此，首先要界定有哪些领导风格以及有什么类型的领导情境，然后找出领导风格与领导情境的恰当组合。

费德勒认为，基本领导风格有两类：任务取向或关系取向。

为了弄清楚领导者的领导风格是任务取向还是关系取向，费德勒设计了“最难共事者”问卷（Least-preferred coworker，LPC）。该问卷包括16组对照形容词，例如愉快—痛苦，友善—讨厌，接纳—拒绝，紧张—放松等。设想你与一个最不愿意与之共事的人一道工作，针对这些极端的情形，你如何做出评价。按照你的好恶，分八个等级评分，见表6-6。

表6-6 测量LPC得分

高评价	评	分						低评价
快乐	8	7	6	5	4	3	2	1	痛苦
友善	8	7	6	5	4	3	2	1	讨厌
接纳	8	7	6	5	4	3	2	1	拒绝
有益	8	7	6	5	4	3	2	1	无益
忠诚	8	7	6	5	4	3	2	1	诽谤
轻松	8	7	6	5	4	3	2	1	紧张
亲近	8	7	6	5	4	3	2	1	疏远
热情	8	7	6	5	4	3	2	1	冷漠
和睦	8	7	6	5	4	3	2	1	争吵
支持	8	7	6	5	4	3	2	1	敌意
有趣	8	7	6	5	4	3	2	1	无聊
融洽	8	7	6	5	4	3	2	1	冲突
自信	8	7	6	5	4	3	2	1	犹豫
高效	8	7	6	5	4	3	2	1	低效
高兴	8	7	6	5	4	3	2	1	抑郁
开放	8	7	6	5	4	3	2	1	保守
总得分									

LPC问卷调查的主要目的是要了解一个领导者对与自己最难共事的人做出怎样的评价。费德勒认为，可以通过人们对LPC问卷的回答，判断一个人最基本的领导风格。如果领导者对这种同事的评价大多用贬义的词语描述（LPC得分低），则该种领导趋向于工作任务型的领导方式，即低LPC型；如果领导

者能够用相对积极的词语来描述最难共事者（LPC 得分高），则该种领导趋向于人际关系型的领导方式，即高 LPC 型。同时，费德勒承认有一小部分人介于二者之间，因而很难勾勒出这些人的人格特点。

此外，费德勒还认为，一个人的领导风格是固定不变的，如果一个人是关系型领导者，他将永远如此；任务型领导者也是如此。

评估了一个人的领导风格后，就需要评估情境，并将领导者与情境进行匹配。费德勒的研究揭示了确定情境的三项基本因素，它们是领导者与被领导者的关系、任务结构和职位权力。

（1）领导者与被领导者的关系

领导者与被领导者的关系是指领导者受组织成员爱戴、信任，组织成员乐于追随领导者的程度。组织成员对领导者越是爱戴和尊重，越是乐于追随，则领导者与被领导者的关系越好，领导环境也就越好；反之，则越差。

（2）任务结构

任务结构是工作任务的明确程度和下属对这些任务的负责程度。如果任务越是明确，并且下属责任心越强，则领导环境越好；反之，则越差。

（3）职位权力

职位权力是指领导者所处的职位具有的权威和权力的大小，或者说领导者的法定权、强制权、奖励权的大小。权力越大，群体成员服从领导的程度越高，领导环境也就越好；反之，则越差。

根据领导环境的三种因素，可以组合成八种情况，费德勒对 1200 个团体进行了调查分析，结果表明，在对领导者最有利和最不利的情况下（图 6－6 的状态 1，2，3，8），采用任务导向型领导，其效果较好；在中等情况下（图 6－6 的状态 4，5，6，7），采用关系导向型领导，其效果较好。具体见图 6－6。

费德勒模型的意义在于：这个模型强调，为了领导的有效性应该采取的领导方式，而不是从领导的素质出发强调应当具有什么样的领导行为；这个模型将领导行为与领导情境联系起来，说明了并不存在一种绝对的最好的领导形态，领导者必须具有适应能力，自行适应情况的变化。

费德勒主张，有必要改造环境以符合领导者的风格。费德勒提出了一些改善领导关系、任务结构和职位权力的建议。领导者与下属的关系可以通过改组下属的组成加以改善，使下属的经历、文化水平和技术专长更为合适；任务结果可以通过详细布置工作内容而使工作更加定型化，也可以对工作只作一般性的指示而使其非程序化；领导的职位权力可以通过变更职位、充分授权或明确宣布职权而增加其权威性。

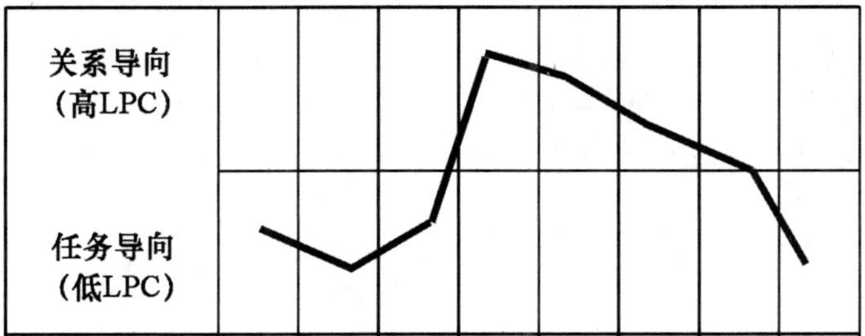

上下级关系	好	好	好	好	差	差	差	差
职位权力	强	弱	强	弱	强	弱	强	弱
任务结构	明确	明确	不明确	不明确	明确	明确	不明确	不明确
状态评价	最有利			一般情况				
状态编号	1	2	3	4	5	6	7	8

图 6－6　费德勒模型

领导权变理论在强调环境因素的同时，忽视了领导者本身所具有的某些特质。实际上对领导者来说，并不存在一种永恒的、永远处于决定性地位的要素，这就是说，领导既是一门科学，又是一门艺术。领导活动的成败决定于多种要素在特定情况下的有机组合。

七、领导生命周期理论

美国学者科曼（A. K. Korman）在研究了俄亥俄州立大学“着手组织”与“体贴精神”的观念以后，提出了领导生命周期理论，后由赫塞（P. Hersey）和布兰查德（K. Blanchard）进一步发展。生命周期理论的基本观点是，有效领导者的领导形态与被领导者的成熟度有关。什么是成熟或不成熟呢？所谓成熟是指心理上和人格上的成熟，而不是指年龄和生理上的成熟。成熟被定义为有成就感的动机、负责任的愿望和能力，以及具有工作与人际关系方面的经验和受过相当的教育。年龄是影响成熟度的一个因素，但没有直接的关系。

区别成熟与不成熟有许多标准，阿基里斯列举出了一些关于成熟与不成熟的表现（见表 6－2）。

科曼在建立生命周期理论时，在领导四分图理论的基础上，增加了被领导者的成熟程度这一维度。他认为，“高工作、高关系”的领导并不总是有效的，“低工作、低关系”的领导并不总是无效的；这取决于下属的成熟程度。科曼以工作行为、关系行为和成熟程度之间建立了一条曲线关系，见图6－7。

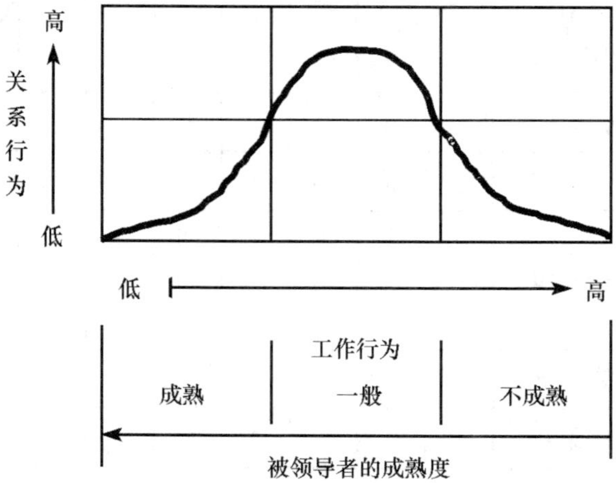

图6－7　领导的生命周期理论

这一曲线告诉我们，有效的领导者所采取的领导形态和被领导者的成熟度有关，当被领导者的成熟度高于平均水平以上时，应采取低关系、低工作的领导形态；当被领导者成熟度一般时，应采取高关系、高工作或高关系、低工作的领导形态；当被领导者成熟度低于平均水平以下时，应采取低关系、高工作的领导形态。

领导的生命周期理论是比照家长对子女在不同的成长期采取不同的管理方式而来的。

当人处在学龄前时，一切都须由父母照顾与安排，例如，衣食住行等，此时，父母的行为基本上是一种任务导向的行为，是高工作、低关系的领导形态。这里要区分疼爱与尊重、信任、自立、自治是两回事，疼爱不是高关系的领导形态。

当孩子长大进入小学和初中时，父母除安排照顾外必须给孩子以信任和尊重，增加关系行为的分量，即采取高工作、高关系的领导形态。

当孩子进入高中和大学时，他们逐步要求自立，开始对自己的行为负责了，此时父母不必对他们过多的干预，应开始采取低工作、高关系的领导形态。

当孩子成人走向社会，结婚组成新的家庭后，父母即采取低工作、低关系的领导形态。

领导生命周期理论告诉我们，对不同的对象应采取不同的领导方式，例如对刚进入工作单位的员工应采取低关系、高工作的方式，对受过教育和业务训练而感情成熟的人，以及对从事科研工作的专家和老同志，应采取低工作、低关系的方式。

在领导生命周期理论的基础上，美国哥伦比亚大学的汉布瑞克（Hambrick）和福克托马（Hukutomi）提出了总裁生命周期的五阶段模型，对总裁在任职期间领导能力的变化规律及其原因提出了完整的假说。总裁生命周期理论中的“总裁”虽然是对企业老总而言的，但是，它的思想完全适用于公共或军队部门领导。

在总裁生命周期的五阶段模型中，影响领导者绩效的因素主要有认知模式、职务知识、信息源质量、任职兴趣和权力这五项因素。该领导生命周期各个阶段的特点、形成原因分析如下：

（1）受命上任阶段

一个领导者在受命上任之初，组织中有很多问题迫在眉睫，急需解决。但由于领导者的经验不足，没有更可靠的参照系，他只能依赖于自己已有的认知模式，照搬过去的成功经验，在他自己最熟悉、最擅长的领域开展活动。这是一个尝试阶段。

（2）探索改革阶段

经过上任之初的尝试，领导者会对自己已有的模式在新的环境中应用的实际效果进行一定的反思，并根据实际情况对自己的认知模式进行调整，以符合新的领导环境的需要，这时，领导者的认知模式会表现出较大的弹性，不符合环境的认知模式部分将会被舍弃。

（3）形成风格阶段

经过探索调整阶段之后，领导者会逐渐形成自己独特的领导风格。这种风格往往与当时的领导环境相吻合，故能取得较好的领导效果。

（4）全面强化阶段

随着总裁在位时间的延长，组织内所有的成员对总裁特有的认知模式产生了不断强化的预期心理，总裁的领导风格渐渐定型并取得进一步强化，最后成为各自最突出的领导行为。

（5）僵化阻碍阶段

随着总裁领导风格的形成、强化，总裁对自己的领导风格表现出明显的迷信和固执，因为他们认为自己的领导模式已经得到实践的检验，确信自己的领导方法是正确的，因而他们拒绝变化，不再愿意学习，也不愿意对自己的思想行为方式进行经常的反省和改变，变得越来越固执，最后导致自己的领导方式又可能不再适应环境变化的要求，甚至成为企业变革的阻碍力量。

这一理论中领导周期的变化，并不一定导致领导绩效的下降，假如环境是平稳的、变化不大的，那么，领导者那种已经适应的模式会继续适用。但是，社会总是处在不断地发生变化的过程中，在某一个时候可能处于一个平衡阶段。因此，任何一种领导模式都不可能永远适用，必须根据环境的变化适时作出调整甚至彻底的变革。这就是为什么在这一领导生命周期理论中，领导者的管理能力在其管理后期具有下降趋势的原因。

八、“路径—目标”理论

加拿大多伦多大学教授豪斯（R. House）把期望理论和领导行为四分图结合起来，提出了“路径—目标”理论。该理论认为，领导者的工作是帮助下属达到他们的目标，并提供必要的指导和支持，以确保各自的目标与群体或组织的总体目标相一致。领导者的基本职能在于制定合理的、下属所期望得到的报酬，同时为下属实现目标扫清道路、创造条件。

豪斯认为，一个领导者的职责具体为：

（1）明确下级的工作目标，指明下级达成工作目标的道路，协助下级克服道路中的障碍，使下级较易获得这些报酬；

（2）在下属达成工作目标后，增加报酬的种类和数量，增加吸引力；

（3）在完成工作的过程中，增加下级满足其需要的机会。

根据“路径—目标”理论，领导行为分为四种：

（1）指示型领导

领导者对下属提出要求，指明方向，并为下属提供他们应该得到的指导和帮助，使下属能够按照工作程序去完成自己的任务，实现自己的目标。

（2）支持型领导

领导者考虑到下属的需要，对他们的幸福表示关切，平等待人，与下属关系融洽，同时，努力营造愉快的组织气氛。当下属遇到挫折和不满意时，这类领导行为对下属的业绩能产生最大的影响。

（3）参与型领导

领导者经常与下属沟通信息，商量工作，虚心听取下属的意见，让下属参与决策和管理。这类领导行为能提高对下属的激励效果。

（4）成就型领导

领导者所要做的重要工作是树立具有挑战性的组织目标，寻求改进业绩的方法，深信下属愿意实现高要求的目标，并激励下属想方设法去实现目标，迎接工作的挑战。

费德勒认为，领导者是无法改变自己的行为的；而豪斯则认为：领导者不仅可以，而且应该根据不同的环境特点来调整自己的领导行为。当领导者面临一个新的工作单位或一项新的工作任务时，他可以采用指示型领导行为，指导下属建立明确的任务结构和各自的工作任务。接下来他可以采用支持型领导行为，以利于同下属形成一种协调和谐、积极向上的工作气氛。当领导者对组织的情况进一步熟悉，组织正常运行后，则可以采用参与型的领导方式，积极主动地与下属沟通信息、商量工作，让下属参与决策和管理。在此基础上领导者就可以采用成就型领导方式，领导者与下属共同指定具有挑战性的工作目标，并且运用各种有效的方法激励下属为实现目标而努力工作。

“路径—目标”理论提出了两大类情境变量作为影响领导行为与结果之间关系的中间变量：其一是下属可控范围之外的环境，包括任务结构、正式职权系统、工作群体等因素；其二是下属个人特点中的部分内容，包括控制点、过去经验、知觉能力等，如图6－8所示。

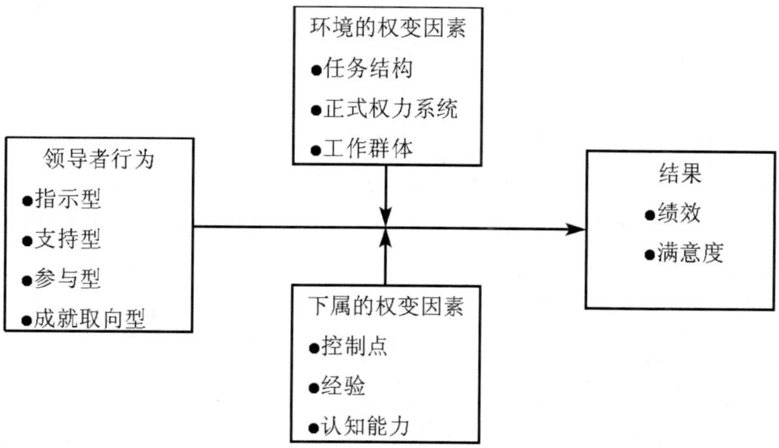

图6－8　路径—目标理论

要使下属的产出最大化，环境因素决定了需要什么样的领导行为类型，下属的个人特点决定了个体对于环境和领导者行为如何解释。豪斯认为，当环境内容与领导者行为彼此重复时，或领导者行为与下属特点不一致时，效果均不佳。

第五节　领导用人

领导者能否正确地用人，关系到领导活动的成败和事业的兴衰。用人是领导者工作的重要环节之一，是领导的基本职能，也是实现领导决策的组织保证。毛泽东早就说过：领导者的责任，归结起来有两个，一是出主意，二是用干部。这里的出主意就是领导决策；用干部就是用人问题。

在国外，有两种流行的用人原则：一是用能力，二是用资历。用能力通常是指谁有能力、谁能使工作绩效提升就用谁；用资历是谁的资历深就用谁。这两种用人原则各有利弊。用能力可以促进个人竞争和创新性，有利于发掘人才，但由此带来的不利影响就是集体的不团结，人与人之间的关系紧张；用资历可以稳定队伍，发展和谐的关系，但有能力的人可能会受到压抑。

一、用人的原则

领导用人要做到，知人善任，人尽其才，才尽其用，充分发挥各类人才的作用。古今中外许多思想家、政治家通过研究和对实践经验的总结，提出了许多重要的用人原则。其中影响较大的有以下几方面。

1. 用人所长，避人所短

组织最根本的任务是要提高绩效，为了达到提高绩效的目的，组织首先要关注的是组织中的个体能给组织带来什么贡献，要关注一个人在组织中能做什么，不能过分关注一个人不能做什么。如果总是想克服个体的缺点，组织的目标就要受挫。一个人有缺点，但组织可以通过有效的人员搭配，使组织的整体力量最大化。比如，一个科技人员，可能很不善于人际应酬，但只要安排适当，发挥他的科技之长，而让其他擅长交际的人来补其之短，这样组织就同时拥有科技与交际两项优点了。领导成功之道，不在于克服了多少缺点，而在于多大程度地把个人的优点发挥出来。

优秀的领导者总是考虑“他能干什么”，注重发挥人才的长处，克服其短处。俗话说“金无足赤，人无完人”。人总是有缺点的，如果说一个没有缺点的人与一个没有优点的人有什么不同的话，也仅是看问题的角度不同。那种想在组织中任用没有缺点的人的想法，最终只可能造就一个平庸的组织。

事物有长短，人才有高下，这是客观事实。罗斯福曾说过："不要顾虑此人的弱点，只要告诉我他能做哪些事。"领导者用人就是发掘人才最擅长的方面，然后将之用于最需要这些特长的岗位上。要做到这一点，要求领导者要对特定岗位的工作任务性质有深入的认识，选拔合适的人在岗位上。例如，选拔一名军队基层主官，起码的要求就是这个人的军事基础过硬，作风果敢泼辣；选择一名机关干部，最基本的要求就是这个人的文字功底过硬，擅长协调各种关系。当然选拔领导人的要求远远不止这些，这只是必须要注意的。

2. **量能授权，人尽其才**

春秋初期的政治家管仲在《管子·权修》篇中说：察能授官，班禄赐予，使民之机也。荀子也主张察能授官，他说：论德而定次，量能而授官。他主张，经过严格考核，定出官吏政绩、才能的等级，作为升降的依据。可见，把选拔、任用人才与考核人才联系起来，强调量才录用，能职相称，这是很重要的。

把适当的人安排在适当的位置上是用人的基本准则。正如所有的理论，在指导实践上，不论先进只论适用一样，适才比优秀的人才更重要。把一个人安排在一个他不能胜任的职位上，那是强人所难，对被用人而言也不一定是件好事。而把一个能力非凡之士安排在一个平凡的职位上，则是对人力资源的浪费，没有哪个团队经得起这种浪费，杰出人才最终也会离去。

3. **慎重授权，用人不疑**

古人说：疑则勿任，任则勿疑。用人不疑，这是领导者用人的基本原则。唐太宗说：但有君疑于臣，则不能上达，欲求尽忠虑，何以得哉？这句话的意思是说，用人的人如果怀疑被使用的人，对他办事不放心、不放手，就不能充分发挥被使用人的作用。历史上无数事实证明，在知人的基础上做到疑人不用，用人不疑，这样才能成就大事。

作为领导者，要真正做到慧眼识人才，知人而善任，就必须是内行。孙武说："不知三军之权，不同三军之任，则军士疑矣。三军既惑且疑，则诸侯之难至矣，是谓乱军引胜。"把这一观点推而广之，就是不熟悉各行各业的特点和规律，就不可能合理地使用各种管理人才和专业人才；如果主观武断，乱加指挥，就会给事业带来危害。

用人时，不能孤立地考虑某个人，而应该结合工作岗位和人的特点进行角色搭配。用人要慎重，没有看准的人不要用。一旦用了之后，就不要因为某些不同的议论和暂时的挫折而动摇对他的任用，这就是用人不疑。因为，把一个人用上了某一个岗位，而又不受到信任，甚至处处被人防范，他就难以发挥出自己的积极性。

二、领导用人五忌

领导者用什么样的人，不仅直接反映了领导者自身的素质，在一定程度上也直接决定了领导者所在地方、部门、单位的工作能否搞上去。就好比一个家庭，如果父母不重视子女的培养，从目前看，他贪食好玩，不求上进，从长远来看，他将来怎能适应社会的需要？所以，作为领导者要努力提高用人的水平。领导者用人要努力提防和克服一些不良的心理状态。

1. 报恩心理

有的领导者对于自己有恩的人，给过自己帮助或好处的人，往往以官职给予回报。这并不是说领导者不能提拔对自己有恩的人，而是如果一个领导者单纯从报恩出发去用人，这种做法对工作肯定是不利的。作为一个领导者，不管他人是否对自己有恩，只要他能干和肯干，又能干好，无恩的人也同样要提拔重用；不能干和不肯干且又干不好的人，即使对自己有恩也不能提拔重用。

2. 报复心理

它同报恩心理相反，是报恩心理的孪生兄弟。有的领导者，对那些有意无意冲撞过自己或侵犯过自己的人，就是他再有才干、再有才华、再有本事，也不提拔重用，有的甚至还想方设法进行压制、打击。其结果必然会导致一帮阿谀奉承的人围绕在领导身边，领导有问题，谁也不敢提出。这是极不利于工作的。

3. 用亲心理

领导者用人要避免任人唯“亲”的心理。任人唯“亲”有两类：一类是搞家族化，有的领导者，只要是和自己沾亲带故的人都提拔重用，使之占据重要岗位，手中握着大权。这样一旦当自己的亲朋好友犯了错误，出了问题时，领导者就容易大事化小，小事化了，不了了之。另一类是搞帮派、小团体主义。这两种情况都是不利于工作的。

4. 选“熟”弃“生”

有些领导者用人时倾向于用熟人，如老乡、同学、同事等。用熟人，多是认为熟人相互了解，工作起来方便。当然，领导干部的熟人中不乏人才，使用人才是无可非议的，但是，熟人中也不可能个个都是人才，有些领导者用的熟人中，庸俗之辈也不少；另外，“生人”中更不乏人才，熟人和“生人”相比，所占的比例很低，仅从熟人中选拔人才，面太窄，选择的余地太小，是很难把握优秀人才的。

5. 取“近”弃“远”

这主要是指与领导者的空间距离的远近及与领导见面打交道次数的多少。有些领导者喜欢从自己身边的工作人员中选拔干部；有些领导者喜欢从围着自己转的人中选拔干部。而那些远离领导的人，那些不愿意整天向领导汇报，而默默无闻、脚踏实地工作的人，提拔的机会就相对较少。这也是不利于工作的一种用人表现。

作为一个领导者，如何把形象树立好，关键在于你自身的素质，更重要的在于你如何选用人才。如果你身边有一批优秀的人才，他们会帮助你出谋划策、谋求发展。如果你在用人方面，存在一些不健康的心态和状态，极有可能使自己工作陷入困境。

思　考　题

1. 领导的含义是什么？
2. 领导的权力包括哪些？权力的类型及作用是什么？
3. 人性假设的本质是什么？简述各种人性假设的要点。
4. 领导特质理论的基本实现是什么？
5. 领导者素质的内涵是什么？
6. 如何看待领导作风理论中三种极端的领导方式？
7. 如何理解领导连续统一体理论？
8. 参与管理模式理论中四种领导各有什么特点？
9. 如何理解领导行为四分图？
10. 如何理解管理方格理论？
11. 领导权变理论的实质是什么？
12. 如何理解生命周期理论？
13. 如何理解路径—目标理论？
14. 如何做好领导用人工作？

第七章　协　　调

协调职能是现代管理活动中经常强调的一种职能，虽然它不属于管理的基本职能，但是组织活动中许多具体的操作都需要通过有效的协调和沟通手段来完成，特别是在当代管理理论中更多地使用“协调者”代替传统管理学中“领导者”和“管理者”，“协调者”这个名词也更加突出当代管理活动中协调的重要作用。从管理的基本定义“协调人、财、物等组织中的各类资源，以达到优化并满足实现组织目标的最终目的”中不难看出，现代管理更多地将协调和管理沟通视为实现有效管理的重要手段。

协调是管理的关键活动之一，协调主要指使组织各环节、部门的活动相互配合、紧密衔接，有效实现组织目标的管理活动。

本 章 重 点

- 非正式团体
- 冲突产生的原因及处理方法
- 沟通过程与沟通方式
- 沟通中的障碍及技巧
- 管理沟通
- 沟通渠道和沟通网络
- 人际关系平衡

第一节 团体及非正式团体

一、团体的定义

团体（group）是由两人或两人以上组成的，通过成员彼此之间相互影响、相互作用而形成的人的集合。它是介于组织和个体之间的一种特殊的人群集合，大部分人参与团体最重要的目的是：获得安全感、地位、自尊、归属、权力或达到个人的目标。团体与组织相比较，有以下三点差别：

（1）团体中一般没有明确、稳定的目标。

（2）团体中成员间的关系较为松散，但成员间有较强的认同感和对该团体的归属感。

（3）团体内部一般没有严格的结构和享受职位权力的领导人。

一般的团体和组织之间没有明确的包含关系和从属关系，团体可以是跨组织的，也可以是完全属于某个组织的，如图 7－1 所示。

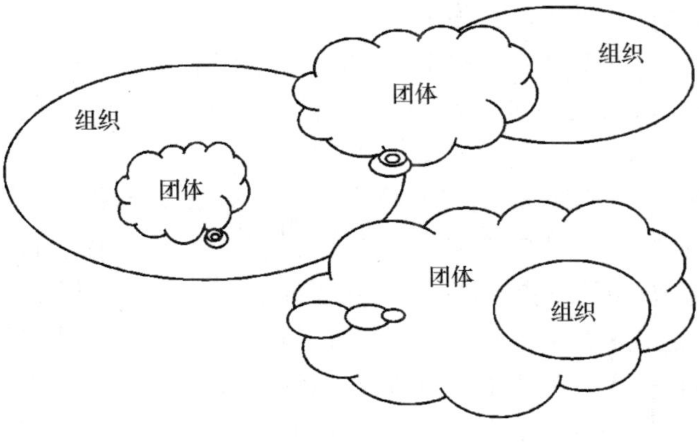

图 7－1 组织与团体的关系图

团体与团队（team）有较大差别。团队虽然也可以被视为一种团体，但包含了一些额外的特色：团队成员间通常具有高度的信赖、协调性的互动，以及对于个人在达成特定团体目标的高度认同。也可以说当团体成员发展出一种对于该团体高度的认同时，即可以被称为一种团队，所以说所有的团队都是团体，但是团体不一定是团队。

团体的构成与维持产生于几个原因：相互影响的机会（因为近邻，接触的机会比较多）；实现目标的潜力（通过合作更容易实现各自的目标）；正当的个人特性需要（如人们喜欢结伴）。团体的目标主要包括：

- 体力上的目标（个人完成不了的任务）；
- 智力上的目标（三个臭皮匠赛过诸葛亮）；
- 社会情感目标（马斯洛需要层次理论中的归属需要）。

海根（H. Hagan）与邦奇（Banzi）研究了团体的发展，将团体的发展划分为五个阶段（见图7－2）。

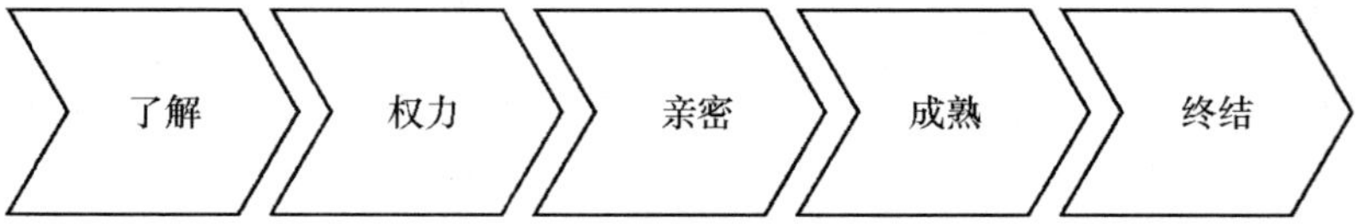

图7－2　团体发展的过程

（1）了解（加入团体之前）——个体与志同道合的人相互了解和共享彼此的信息的阶段。

（2）权力——当志同道合的人逐渐增多以后，会自然地产生一些比较有权威的人，这时团队成员之间也会默契地产生分工，并且会使用一些约定俗成的彼此交往和团队活动中的行为准则。

（3）亲密——团体的成员不断增加，活动频繁，所有的成员能够抱成一团，并且有一个较为明确的共同目标，且这个目标与每个个体的个人目标基本一致。

（4）成熟——在团体逐渐趋于稳定，每个成员又能将自己的专长自由地发挥出来，并且对组织的成长和团体中他人是有益的，团体运转顺利。

（5）终结——由于共同目标不再符合每个人的个人目标，成员之间的感情交流无法满足需求，且争吵、冲突超过了默契，团体会迅速终结。

团体分为正式团体和非正式团体，正式团体是组织中根据需要由管理人员主动创立的，其目的是为了实现组织目标和工作任务的需要，正式团体中成员的组成形式、任务分配和权力分配等一般都由组织自上而下规定。比较典型的例子有：单位里面的篮球队、足球队；大学中为了参加某个学科竞赛而组成的兴趣小组等。团体可以分为两类：横向聚合是由同级的人组成的团体；纵向聚合是由不同级别的人所组成的。

非正式的团体是由拥有共同的兴趣（如为了互助、安全需求、相互尊重的需要）而自发产生的，它的权力基础是自下而上地形成的，成员之间的联系带有明显的个人感情色彩。一般的非正式团体的构成，往往依赖于成员之间的相互信任、对某个人的个人崇拜或对某个宗教的信仰等。比较典型的非正式团体的例子是老乡会、同学会、拜把子结成的小团体等。非正式团体一般都带有非公开的性质，它的成立主要反映了人们对人际关系方面的需要。

二、非正式团体

（一）非正式团体的优点

如果能够妥善处理好沟通和协调方面的问题，则可以将非正式团体的优势充分发挥出来，形成对正式组织管理的有益帮助，一般的非正式团体的优点体现在：

1. 协助完成正式组织的工作

正式组织中的工作计划、决策、生产等有固定工作流程，需要按照组织正式规章制度来执行，对于突发的事件缺乏有效的应对手段。相反，非正式团体则具有高度的弹性，可以通过彼此之间的默契配合与协调来处理许多意外事件，且能够借助非正式团体成员间建立的个人信赖关系来简化一些繁杂的手续。因为非正式团体成员之间的关系是建立在相互信任的基础上，在正式工作交往中可以通过借助这种关系来提高工作效率。虽然正式组织中一般不提倡依靠人际关系处理工作事件，强调遵守章程，但无害的非正式团体往往可以为正式组织的管理带来意想不到的收获。

2. 补充正式组织在人际情感方面的欠缺

正式组织往往无法对组织成员的个人需求全部满足，也无法针对每个成员的特殊需求进行有效激励，特别是情感、归属感和人际关系方面的需求。非正式团体则可以在这方面进行有效的补充。同时，因为正式组织强调制度管人，过多的人际关怀可能“坏了规矩”，所以借助非正式团体能够弥补正式组织这方面的缺陷。

3. 分担领导

领导往往无法发现和解决组织管理中方方面面的工作，特别是一些较为琐碎的工作，这时团体的成员可以通过相互的提醒、关照来避免事事都“动用”正式组织的管理，这样一方面将领导从繁琐的日常工作中解脱出来，另一方面也有利于组织成员及时发现、避免出现差错，不至于通过正规的管理渠道来处理。通过团体中一些规范和约束来管理团体成员，可以大幅度提高正式组织管理的效率。

4．**监督领导工作**

一个领导在某个位置上从事的工作时间过长，会出现妄自尊大、自以为是的毛病，而这时正式组织可能对于这样的领导束手无策。团体的存在可以起到一个事实上的监督作用，因为个体往往不敢、也没有足够的力量对抗自己的直接领导，而通过团体的力量无形地约束领导行为，可以有效地制止个人主义的孳生，因为领导考虑团体的存在，可能揭发或者抵制自己的某些利己行为。

（二）非正式团体的缺陷

非正式团体在给正式组织带来帮助的同时，也会在许多方面给组织带来负面的影响：

1．**倾向保守**

非正式团体的成员是为了满足个人的某些目标和理想，自由组合而成的。它的一个显著特点是倾向于维持现状和保守，因为变革很有可能危及到非正式团体成员的既得利益和安全，所以非正式团体往往是组织变革和追求新技术的“绊脚石”。在梅奥进行的霍桑试验中，曾发现当生产效率达到一定程度时，大部分成员会故意放缓生产进度，公司根据时间和动作研究给每个焊接岗位的定额是7312个接点，但统计发现大部分成员仅完成6000～6600个接点，既使还有时间，工人也会自动停工或故意放慢工作速度。他们认为“假如生产的产量提高了，公司又会提高工作定额，这样就会造成部分工人的失业，故意降低工作量是为了保护工作速度慢的同志”。这个案例很清晰地表明在非正式团体中会有此类的保护落后、倾向保守的问题出现。

2．**角色冲突**

因为往往非正式团体中的成员同时隶属于一个正式组织，他就会受到两种不同的规范和约束，当这两种规范在某些方面不一致，甚至发生冲突时，非正式团体中的成员经常会处于两难的境地。这时就会在其工作过程中有较多精神上的顾虑，既不能违反组织的纪律和规章，又怕破坏了非正式团体中的内部“规矩”而受到排挤。

3．**孳生谣言**

非正式团体最大的一个威胁来自于谣言，谣言往往比正式的信息还容易被组织成员所听信，而且谣言不仅限于在非正式团体内部传播，它会迅速在整个组织中传播，甚至传播到社会上去，小则引发组织成员情绪激动、发牢骚、不满，重则危害社会稳定。如何有效地控制和引导谣言的产生和传播，是对待非正式团体的关键。

在部队中，最为突出的非正式团体是同乡会。在一些官兵中，由于受社会上某些封建意识和江湖义气的影响，把“在家靠父母，出门靠同乡”的人生哲学带进了部队，部队中出现的地域观念和一伙伙老乡的“团结”，逐步降低了官兵对组织、战士对干部的信赖，影响了部队的内部团结。从管理学的角度分析，这类同乡会对部队的正常管理活动提出了新的挑战，如何正确处理部队中的非正式组织，如何利用非正式组织的作用缓解官兵压力，成了军队管理的重要课题。

第二节 冲 突

一、冲突的一般概念

由于人与人之间存在着各种差异（包括知识、经验、岗位职务、信息来源、看问题的角度和方法等），对同一个问题可能有不同的甚至是相互矛盾的看法和处理方式，导致矛盾激化就形成了冲突。冲突是在组织成员之间的一种相互敌对的行为。

冲突可分为职能性冲突和功能型冲突。职能性冲突可以产生创新，因而具有一定的积极意义，这是因为争论有利于新的见识和横向思维。功能性冲突有害于组织，这种形式的冲突较为常见，由于缺乏有效的协调和沟通合作，可能导致组织机构的弱化。

1. 冲突发生的条件

冲突发生的条件有三个：

（1）冲突双方存在不同的利益。

（2）双方均认为对方会采取某些行动并损害自己的利益。

（3）察觉到对方正在采取不利于自己的行为，或预测到对方将会采取损害自己利益的行为。

2. 冲突产生的原因

冲突产生的原因主要包括：个人因素（性格、情绪、偏见等）；结构因素（专业分工加剧、目标的差异、对他人专有知识或权力范围的侵犯）；沟通因素（由于对信息的传送过程产生的误解）；不同的预期（在上级和下级之间对于同一事务的完成有不同的心理期望）；混合的原因（文化差异、背景差异、对变革的不同意见、种族偏见、信仰不同等）。

3. 冲突的层次

冲突主要包括三个层次：

（1）组织与组织间的冲突——又分为：同属于一个大组织的内部冲突，如公司与工会，上级领导机构与下级单位；平等组织间的冲突，如市场上公司间的竞争，学校内两个学员队之间的竞争。

（2）团体与团体之间的冲突。

（3）个人与个人之间的冲突。

冲突也发生在组织、团体和个人之间。团体与组织之间的冲突，如部队里面的同乡会的一些活动与正式组织管理的规章制度的冲突；个人与组织之间的冲突，如个体的工作习惯与组织中的劳动纪律之间的冲突等。

二、产生冲突的原因

产生冲突的原因可以归纳为：

1. 资源有限，无法满足所有的需求

管理的一个主要目的就是解决资源的有限性和需求的无限性之间的矛盾，这个矛盾是引发冲突的一个根本原因。例如，一个连队年底立功受奖的名额是有限的，而平时表现突出的战士可能较多，无法完全公平地给每个人相应的奖励，这时很可能在战士与连队领导之间、战士与战士之间产生一些矛盾，如果不能解决好这些矛盾，就很有可能导致冲突。

2. 个人素质、品德不符合组织的规范要求

个人的行为可能带有较强的利己色彩，如果只考虑自己而没有照顾到组织和他人，虽然个人的行为可能没有达到破坏组织制度的地步，但是日积月累则会影响正常的管理工作，这时极有可能在组织与个人之间爆发冲突。

3. 掌握信息的准确程度上的差异

掌握信息的准确程度上的差异主要是由于处于不同级别或者位置的人，在掌握信息的充分性和准确性上存在着较大差异，而对待同一个事件可能产生不同的看法，甚至是相反的看法。

如在战场上，一个营正在按照预先制定的计划发起冲击，但是在冲击过程中发现原来侦察的敌主要火力点是一个伪装目标，这时需要及时调整作战方案。在向上级汇报时，由于团部过多地信赖前期侦察获得的信息，而不肯修改作战计划，这时就会在营指挥官和团指挥官之间产生严重的冲突。这个冲突产生的主要原因就是由于双方掌握的信息不一致所造成的，这种不一致可能是由于时间推进造成的信息变化带来的，也有可能是理解信息过程中产生的偏差造成的。

4．岗位分工不同，看问题的角度不同

在组织管理活动中，这类问题带来的冲突尤为突出，上级与下级的工作岗位和职责不同，如果都局限于各自位置的角度去分析问题，则可能某些造成局部损失的方案会遭到下级的抵制。

如在1998年长江流域的大洪水面前，在九江堤坝决口时，为了保护九江城区人民的生命和财产，必须要迅速堵住决口。在开始决口较小时，指挥人员立刻向决口处填入了一辆卡车和一个小拖船，但是仍未见效。这时江面行驶过来一艘较大的轮船，岸边的指挥官立刻命令其驶往决口处沉船堵决口，但是船老板知道自己会损失掉整艘轮船，则掉头拼命驶离……这是一个典型的在不同位置看待和处理问题时产生的冲突。

此外，还有价值观、世界观不一样，知识、经验和水平的差异等。

三、处理冲突的方法

冲突对于任何组织而言都是一个需要关注的问题，传统管理学的观点认为任何冲突都是于组织不利的，将会对实现组织目标造成危害，因此一般采取敌视的态度，解决冲突的出发点都是尽早、尽快地消除冲突及其带来的影响。但是现代管理理论认为冲突是不可避免的，可以充分利用解决冲突的过程来推动某些管理活动的实施。例如可以在某些冲突中发现组织中存在的深层次问题，在解决这些冲突的过程中找到一些有效的方法，并把解决某次冲突作为这些方法的试验田。因为往往冲突本身会带来对旧的组织的破坏，因此在解决冲突的过程中可以大胆尝试许多新方法，颁布一些新制度，从而达到推动组织管理规范的目的。

解决冲突的方法有以下几种。

1．互助法

互助法适用于冲突双方都是抱着寻求解决问题的心态，并且冲突产生的原因主要是由于客观原因造成的。如规章制度的模糊造成了冲突双方的误会。一般解决这种冲突是主动寻求第三方（领导或者中立机构）指导，通过友好座谈和讨论来解决。其基本步骤是：在专家的倡议下，双方坐在一起充分发表自己的意见和观点，专家对双方阐述的问题加以分析和比较，确定一个共同认识的基础，然后由双方在这个基础上，根据自己的利益分别提出相应的认识，并提出解决问题的方案，由专家一起排列比较，最后从中选择或者归纳出最合理的方案予以实施。这种方法的一个基础是双方必须能够形成一个普遍的共识，否则会由于观点差距过大而无法达成一致。

我国人民法院的人民调解员的工作主要就是利用这种方式来解决一些人民群众内部的矛盾和冲突的。国际上两个国家爆发冲突时也经常采用这种方式，如巴勒斯坦和以色列常年因为土地、宗教等原因发生冲突，而美国作为中间人经常召集双方参与的会谈，希望以不流血的方式解决冲突。

2. 协商法

协商法是指冲突双方通过平等协商，订立一个协议或者公约来解决冲突的办法。处理冲突的人一般是组织中的领导或者有威望的人，他首先应充分倾听双方的意见，了解情况，摸清双方的分歧和产生冲突的根源，然后分析双方意见中的共同点，在更大的范围内寻找共同的目标和利益，并能够由此出发提出解决冲突的建议，使双方都能在平等谈判的环境下减少歧异，求同存异，实现妥协。最后根据谈判的结果拟定出协议或者公约，在监督下共同执行。其基本过程见图 7－3。

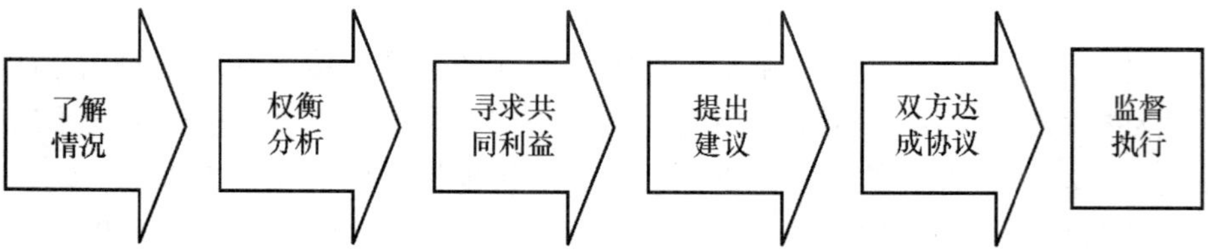

图 7－3　协商解决冲突的流程

使用协商的方法解决冲突的前提是存在解决问题的客观条件，如果冲突双方没有解决冲突的诚意，根本就是为了其他原因而故意制造冲突，则无法使用协商的方法解决。这种方法的好处在于事先不判别谁对谁错，尽量缩小造成双方冲突的原因，降低消极因素，可能取得较为圆满的结局；缺点就是可能在某些问题上短时间内无法达成共识，协商的时间较长，可能会耗费较多的时间和精力。

3. 裁决法

裁决法在企业中较为常见，特别是在两个发生冲突的部门无法达成一致的认识时，由上级根据组织的利益快速解决冲突的一种有效方法。这种方法一般是利用握有较大权力的人或组织对冲突做出裁决。它的好处就是解决冲突的时间较短，能降低冲突给组织带来的危害，避免无休止的争论，提高组织的工作效率。裁决法使用的好坏与仲裁者的选择关系很大，一般要求仲裁者必须具备足够的权威，否则即使裁决的结果客观、可行，有时也很难付诸实施；另外仲裁者也需要有足够的能力，并且对冲突的内容相对熟悉，否则可能出现“瞎指挥”的情况。

裁决法的具体实施有多种方法，上面提到的仲裁者作为中间人裁决是一种普遍的方法，有时采用抽签法解决冲突也是经常遇到的。例如在体育比赛中，有时就采用抛硬币的方式来决定谁是优胜者，虽然对一方而言可能是不公平的，但是由于双方是在公平、公开的环境下进行裁决的，往往不会对裁决方案有很大的争议。例如二次世界大战以后，中、苏、美、英四国在分割日本海军舰队战舰时，一时无法达成一致，最后采取了短平快的方式，根据吨位平分为四份，四家抽签决定归属。中国最后抽得了一个上签，得到了当时较为先进的几艘军舰，其他各国也没有更多的争议。

4. 拖延法

有些冲突产生的原因较为复杂，一时难以找到合适的解决方法使冲突双方停止继续对抗，这时可以采用拖延的方法，使矛盾的双方暂时平静一下情绪，等到问题的实质得到进一步澄清后再行处理。这种方法也被称为“冷却法”。拖延法比较适用于对人与人之间冲突的处理，特别是由于政治或者人事方面的原因造成的冲突，往往无法简单地辨别，可以采用拖延法使当事双方冷却一下再进行处理，造成的副作用也会相对较小。

第三节 沟 通

沟通是管理活动中重要的组成部分，是组织中所有管理者重要的职责之一。计划、组织、控制等管理职能的执行，都必须通过相互间的信息传递才能够完成。在对组织群体的管理过程中，需要让组织所有成员在一个目标下协调一致地努力工作，由于组成成员个人的目标往往不可能完全与组织一致，有效地沟通是必不可少的一种基本管理方式。此外组织运行的效率需要在管理者和被管理者之间建立有效的沟通渠道，并且使用恰当的沟通方式。在服务性组织的运行过程中，组织成员与顾客之间的沟通显得更加重要，高水平的沟通是提升服务品质的根本。

一、沟通概述

“美国主管人员训练协会”把沟通定义为：人们进行的思想或情况的交流，以此取得彼此的了解、信任及良好的人际关系。纽曼（Newman）和萨姆（Summer）将沟通解释为：在两个或更多的人之间进行的，在事实、思想、意见和情感等方面的交流。美国传播学研究者戈德哈伯（G. M. Goldhaber）对组织沟通进行过多年的深入研究，对组织沟通给出的定义是：由各种相互倚赖关系而结成的网络，是为应付环境的不确定性而创造和交流信息的过程。

沟通活动是保证一个组织的活动能够统一起来的一个重要手段，无论政府、企业、事业单位、军队，还是个人之间的沟通，都离不开信息的交流。为了保证军队管理活动目标的实现，不能忽视沟通活动，需要对沟通活动在军队管理中的重要作用有充分的认识，同时要培养个人良好的沟通习惯，并建立组织高效的沟通渠道。

（一）沟通的内涵

沟通是指通过一定的载体，将信息在个体或群体之间从信息发送者传递到信息接受者，并且让双方对于该信息的内容保持一致的理解。管理沟通具有三个特征：目的性、信息传递性和双向交流性。

目的性是指进行沟通活动有着明确的目的，是为了完成一定目标而进行的必要的活动；信息传递性指沟通的主要内容是为了将信息从一方传递给另一方；双向交流性反映了沟通是由沟通双方共同才能够完成的一项活动，只有信息发出者而没有接收者不能称为沟通。

狭义上讲沟通是指信息传递者将信息通过一定的途径传递给消息的接收者。广义上交换意见、观点、思想、情感和愿望，从而达到相互了解、认知的目的，都可以视为沟通。组织管理中沟通活动的最终目的，是通过不同类型的沟通达到激励或影响人的行为。

（二）沟通的过程

沟通过程由信息发送者开始，信息发送者首先将头脑中的动机、想法和规定进行编码，形成信息内容，然后通过传递信息的媒介物——信息沟通渠道传递给信息接收者。信息接收者在收到信息后，首先将其翻译（解码）成自己可以理解的译码。信息发送者进行编码和接收者进行解码时会受到个人的知

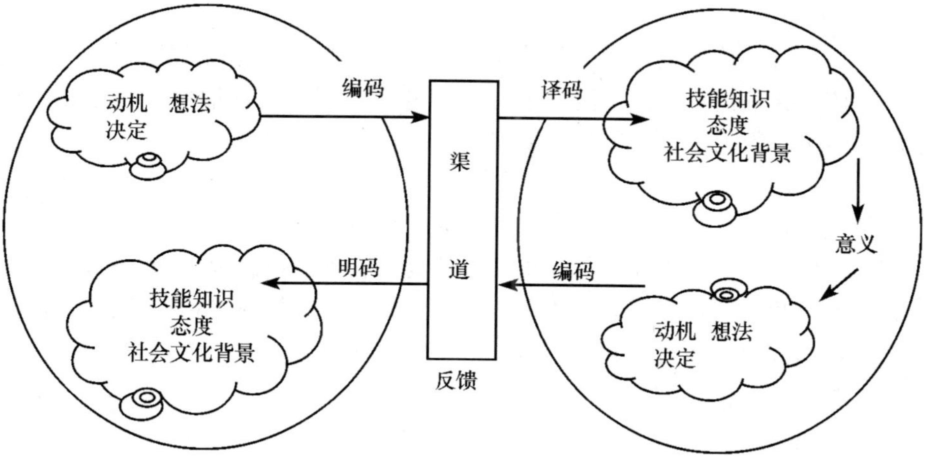

图 7－4　沟通的过程

识、经验、文化背景和社会环境的影响，有时甚至会造成信息传递后的“乱码”——即出现理解偏差。沟通的最后一环是反馈，指信息接收者把收到的信息按照自身的理解返回给信息发送者，或者按照信息内容的要求做出一些活动，并对信息内容是否被正确理解进行检查，以纠正可能发生的某些偏差。整个沟通过程都可能受到噪声的影响，从而影响沟通的效果。

以上的沟通过程中包括六个基本要素：信息发送者、信息内容、沟通渠道、信息接收者、噪声、反馈。

1. **信息发送者**

信息发送者即沟通的主动方，有意地将自己的某些想法或者思想传递给他人，并希望接受者接收到信息后能够与信息发送者本人对该信息有同样的理解，希望双方对该信息有统一的认识。在将信息发送前，信息发送者需要将该信息以某种形式传递出去，如语言、文字、形体暗示等等，而且需要考虑信息接受者对该信息不会产生歧义，这就需要信息发送者以一定的“编码”对信息进行处理。

往往编码的水平反映了信息发送者掌握沟通技巧的水平，一个极端的例子：一个中国人用中文对只懂英语的外国游客进行当地名胜的介绍时，无论这个中国人对于这处名胜了解得多么深入，讲解得多么生动，都无法达到这次沟通的目的——使外国游客了解这个名胜的基本情况。军队下发命令、传递消息对于信息的准确性要求更高，为了避免因为没有“共同语言”而造成的信息失真，需要准确地完成信息编码。

2. 信息内容

信息本身是信息发送者希望传递的内容的主体。沟通的目的就是要将信息准确地传递给信息接收者。沟通中的信息种类很多，包括信号、符号、图像、消息、情报、数据、资料等。信息包括下面三个方面的要素：

（1）内容

信息必须具有意义。如果发送者认为信息很乏味，他可能只在不得已的情况下才会发出。另一方面，如果接收者认为所收到的信息很乏味，可能不会产生有效的接收。信息可以是接收者所预期的，也可以是不可预期的；可能受到接收者欢迎，也可能被接收者排斥。信息能否被有效接收，主要看信息包含的内容。

（2）感情

信息所蕴含的意义很少是纯粹的信息，有时包含着发送者的感情因素。感情在商务沟通中也会强烈显现。企业与供应商或经销商的关系、谈判、接受命令和下达指示、个人绩效评估、接受与执行任务等活动，都牵涉到发送者和接收者的感情因素，所以我们必须了解发送者所发出信息的感情状态。

（3）隐语

有些时候，在发送的信息中，本来可以讲却没有讲出的信息，可能比实际讲出的内容还要重要，比如语气、密语等。

3. 沟通渠道

沟通渠道是信息内容传递的载体，一般来说，在管理的沟通活动中，信息载体的选择十分重要，因为正确地选择沟通渠道可以保证沟通活动的顺利实施。如：一般的通知使用口头语言传达的方式；重要的通知则需要下发正式的文件。

4. 信息接收者

信息接收者是否能够准确理解传递过来的信息，进而按照信息内容的要求去完成信息发送者希望的行为，是沟通的最终目的。信息接收者收到信息发送者“编码”的信息内容后，根据自身的文化知识和背景对该信息进行解码，并凭借自己对该信息内容的理解进而采取行动。一般来说，信息接收者如果能够首先分析信息发送者的意图，并结合自己对信息发送者知识、文化和背景的认识，可以大大提高其“解码”的准确度。同样信息发送者在“编码”过程中如果能够考虑信息接收者的知识、文化和背景，有针对性地进行编码，则也可以达到提高沟通准确性的目的。

5. **噪声**

噪声是信息传递过程中的干扰因素，包括内部的和外部的，它可能在沟通过程的任何环节上造成信息的失真，从而影响沟通的有效性。如在沟通过程中由于文字潦草、发音不准等造成的信息失真现象。噪声产生的原因多种多样，也是造成管理沟通障碍的重要原因之一，有关噪声会在“沟通的障碍”小节中重点分析。

6. **反馈**

反馈的作用在于使沟通过程成为双向过程，具有互动性。信息接收者根据对信息内容的理解，或者直接使用沟通的方式与信息发送者进行交流，或者按照信息内容的指引去进行某项活动，使信息发送者知晓这项活动结果的过程就是反馈。反馈是沟通活动一个循环的终结，同时可能是下一个沟通活动的起始点，因为根据不同的反馈信息，信息发送者会做出不同的反应：正确的反馈，此次沟通活动可能结束，也可能进一步沟通下一步的内容。反馈的信息使信息发送者感到没有满意的时候，则需要重新进行一遍上述的沟通过程，不过此次沟通可能是上一次沟通活动的重复，如告诉某个人某件事情的时候，对方没有听清楚，则需要简单地重复即可；也可能是采用另一种形式来“编码”同样的信息内容，如采用另一种表达方式，以保证接收方能够理解你的意思。

一般来说，不需要反馈的单向沟通适用于：问题简单，时间紧急；下级易于接受解决问题的方案；下级不了解问题的充分信息，反馈可能造成混淆视听；上级缺乏处理负反馈的能力，易于感情用事。双向沟通比较适合以下情况：问题复杂，时间充裕；下级对解决问题的方案接受程度至关重要；下级能对问题的解决提出富有建设性的意见；上级习惯于双向沟通，并且具备解决负反馈的能力。

二、沟通的方式和类型

（一）沟通的方式

可以说沟通无论在组织管理活动中还是在生活中无处不在，沟通的方式也是纷繁复杂的。现在一般的管理沟通分为下述几种典型的方式：会见与面谈、演讲、倾听、书面沟通、会议、谈判。

1. **会见与面谈**

管理意义上的会见，不是日常生活中人与人的闲聊，而是为了达到预定的目的而有组织、有计划开展的交换信息的活动。会见是获取信息最常用、最直接、最有效的工具之一。招聘、甄选、组织成员业绩考核、晋升、调动、离职、申诉等各项活动的安排，都需要通过不同形式的面谈方式，以达到预期的效果。

会见与面谈的基本含义相同，二者没有本质的区别，都是有目的、正式的会面，不同之处在于会见的正式程度比面谈更高，参与的人更多，面谈往往仅限于2~3人。几种典型的会见类型有招聘会见、信息收集会见、信息发布会见、绩效考核会见、咨询会见、申诉会见。

2. **演讲**

演讲是一个历史非常悠久的沟通活动，在古希腊被称为“演讲术(Qratory)”，演讲作为一种重要的社会实践活动，在现实生活中的作用为大家所熟知，美国黑人运动领袖马丁·路德·金（M. L. King）脍炙人口的《我有一个梦想》的演讲、美国总统林肯（A. Lincoln）在葛底斯堡的著名演讲等，都为世人所传颂。现在的组织日益倾向于一种交互式的演讲方式，它是演讲者与受众双方积极交流、互动的过程，演讲者通过语言、身体姿态、激情等影响和鼓舞听众，同时他也可以根据听众的眼神、态度、态度关注程度来调整自己的演讲进程。

一般的演讲根据目的可分为四类：传授性演讲、说服性演讲、鼓励性演讲和娱乐性演讲。根据演讲的方式，可以分为即席型演讲、提纲型演讲、手稿型演讲和记忆型演讲。

管理沟通专家查伦巴（A. Zaremba）给出了选择恰当演讲方式的建议：

（1）除非没有别的选择，否则不要使用即席演讲。

（2）记忆型演讲也存在不少问题，最好少用。除非演讲者对于演讲内容非常熟悉，否则很有可能在演讲过程中出现重大失误并造成灾难。

（3）提纲型和手稿型演讲是最值得推荐的方式，应用这两种方式的时候需要注意：要根据受众和内容来选择其一。如果是互动性的培训，则使用提纲型演讲较为恰当；如果是一场政治性的演说，由于需要非常精准的用词，最好使用手稿型演讲。对于初学者最好使用手稿型演讲，经验丰富者使用提纲型是最佳选择。

3. **倾听**

谈到沟通，通常想到的是信息的发出，口头、书面或者肢体表达都可以完成信息发出的功能，往往忽视了一个重要的沟通技能——倾听。事实上，沟通首先是倾听的艺术，一个管理者每天花在接收信息，特别是倾听的时间，远远超过其他沟通方式上的时间，而且越高层的管理者倾听所占的比重和其重要性也越加明显。

倾听不仅仅指的是使用耳朵接收别人发出的信息，事实上倾听包括所有信息获取的方式，是通过感观（视觉、听觉、触觉等）媒介，接受、吸收并理解对方思想、信息和感情的过程。倾听对于沟通具有显著的意义，对于管理者尤为重要，特雷西（W. R. Tracey）认为人力资源经理应该花65%的时间倾听，25%的时间发言，余下的10%的时间才用于阅读和写作。倾听是管理者必备的素质之一。

4．书面沟通

书面沟通是沟通中最常见的方式之一，它在一定程度上决定了沟通的有效性。文件的拟定、审阅及传送通常花去组织中高层领导的大部分时间，文书已经成为组织内部沟通的主要形式，不但如此，组织内部的规章制度的拟定、工艺规程的编制、责任制度的明确，组织对外的财务公告、市场调研报告、商务信函等，都是组织管理沟通中不可或缺的内容。

无纸化办公和网上办公系统（OA），已经大范围地出现在我们的日常管理活动中，但它在本质上仍属于书面沟通的一种，只不过是通过现代化的网络渠道将纸制的文件变成二进制的代码，并以标准的格式显示在管理者的电脑屏幕上。它的出现大大提高了书面沟通的速度。

5．会议

会议是一种围绕特定目标开展的、组织有序的、以口头交流为主要方式的群体性活动，同时会议也是为发挥特定功能进行的一种多项沟通方式。会议一般由若干人参加，共同解决问题或者进行决策，它是一种群体决策的重要方式。作为一种分工协作产物——组织的生存在某种程度上依赖于组织成员之间的相互作用和协调，而通过开会可以满足人们深层次的需要，我们经常听到一句话“我的意见要到会上去公开发表”，这也反映了会议能够起到重要的作用。

会议的组织一般包括7个方面的要素：目标、与会者、组织、领导、信息、会议时间、会议地点，如果能够有机地协调和安排好这7个要素，才能保证会议的顺利进行。有效的会议一般要注意以下三点内容：①目标具有价值；②短时间内实现目标；③与会者对会议满意。

6．谈判

罗宾斯（S. P. Robbins）从组织行为的角度给出了谈判的定义：双方或者多方交换产品和服务，并试图对他们的交换比例达成协议的过程。谈判渗透到社会生活的方方面面。美国谈判学会会长尼尔伦博格（G. I. Nierenberg）认为：只要存在满足需求的愿望，就存在谈判的可能。因此谈判的定义又被归纳为：人们为了协调彼此之间的关系，满足各自的需要，通过协商而争取达到意见一致的行为和过程。

谈判的类型非常多：

（1）按照性质差异可分为：政治谈判、经济谈判、军事谈判、私人事务谈判；

（2）按照既定效果差异划分为：形式性谈判、意向性谈判、责任性谈判；

（3）按照交易地位差异划分为：买方谈判、卖方谈判、代理谈判和合作谈判；

（4）按照参加谈判的人数分为：个体谈判、集体谈判；

（5）按照参加谈判的利益主体的数目差异划分为：双边谈判和多边谈判；

（6）按照谈判进程划分为：探询性谈判、实务性谈判和决定性谈判。

目前的社会和组织都强调谈判的“双赢”局面，因为只有如此才能保证谈判的双方真心实意地关注于谈判的内容以及谈判结束后的落实情况，按照谈判的结果可以把谈判分为分配谈判和综合谈判。一般来说，分配谈判将对有限的资源进行分配，一方获取利益是以另一方利益受损为代价的。这两类谈判的关系如表 7－1 所示。

表 7－1　两类谈判特点比较

谈判特点	分配谈判	综合谈判
可能的资源	被分配的资源数量固定	被分配的资源数量可变
主要的动机	从对方攫取资源	双赢
主要兴趣	相互对立	相互融和一致
谈判双方的关系	短时间关系	长时间关系

（二）沟通的分类

沟通存在普遍性和复杂性的特点，可以根据不同的标准对沟通进行分类。一般常用的分类有以下几种。

1. 按沟通的功能和目的分类

（1）工具式沟通

工具式沟通的主要目的是传递信息，同时也将发送者自己的知识、经验、意见和要求等告诉接收者，以影响接收者的知觉、思想和态度体系，进而改变其行为。

（2）满足需要的沟通

满足需要的沟通目的是为表达情绪状态，解除紧张心理，征得对方的同情、支持和消除误解等，从而满足个体心理上的需要，建立和改善人际关系。

2. 按沟通的组织系统分类

（1）正式沟通

正式沟通指按照正式的组织系统与层次，通过组织明文规定的渠道进行的沟通。这类沟通代表组织，较为正式和慎重。

（2）非正式沟通

非正式沟通指在正式沟通渠道之外，通过私人的接触来进行的沟通。这类沟通代表个人，较为灵活和随便。通常表现为组织成员之间私下交换意见和传播小道消息等。

3. 按照信息载体划分分类

按照信息载体划分，沟通可以分为言语沟通与非言语沟通。

（1）言语沟通

言语沟通是指以词语符号实现的沟通，可分为口头言语沟通与书面语言沟通。

口头言语沟通是指借助于口头语言实现的沟通，是日常生活中最为经常的沟通形式，同时也是保持整体信息最好的沟通方式。平时的交谈、讨论、开会等都离不开口头语言的沟通。在变革的年代，组织管理者也都意识到这种沟通方式的有效性。通过面对面的沟通，管理者可以和组织成员进行坦诚、开放的交流，使组织成员觉得领导者理解自己的需求和兴趣点，从而增强组织成员对组织的认同感。

书面语言沟通是指借助于书面文字材料实现的信息交流。书面沟通可以修正内容，因而是一种准确性较高的沟通方式，但这并不是说书面语言就不会出现信息传递失真的情况。例如，1930 年 5 月，蒋介石与冯玉祥、阎锡山大战中原时，冯、阎曾商定会师河南北部的沁阳，以集中兵力聚歼驻守在那里的蒋军。可是，冯玉祥手下的作战参谋在拟订作战命令时，却把“沁阳”写成了“泌阳”（注：该地在河南南部，与沁阳相距近千里）。一字之差，使冯军误入泌阳，失去了聚歼蒋军的有利战机，反而使蒋军坐得了战争的主动权。书面沟通的另外一个优点是具有持久性，它使沟通过程超出了时间和空间的限制，人们不仅可以通过文字记载来研究古人的思想，也可以将当代人的成就传给后代。但是书面沟通缺乏信息源背景信息的支持，信息接收者感受不到信息源自身的人格和情感因素的影响，因而对信息接收者的影响力有限。

书面沟通与口头沟通的比较见表7－2。

表7－2　书面沟通于口头沟通的比较

沟通要素	书面沟通	口头沟通
传播速度	慢，但较持久	迅速，但消失得快
反馈性	速度慢	双向沟通，能立即澄清疑点
特　征	正式，具有权威性	随意，经济
传送区域	内容可以远距离传播	只在沟通发送的地域传播
准 确 性	高	低，较多个性化
信息渠道	少	多，可以利用非言语通道

（2）非言语沟通

在沟通过程中，非言语沟通传递了大约55%的信息。然而相对于言语沟通，人们往往会忽视非言语沟通的重要性，因而在不知不觉中使沟通的效果大打折扣。非言语沟通的实现一般有三种方式。

第一种方式为身体语言沟通，包括动态的身体语言和静态的身体语言两种。动态的身体语言是通过动态无声的目光、表情动作、手势语言和身体运动等实现沟通；静态身体语言是通过无声的身体姿势、空间距离以及衣着打扮等实现沟通。

第二种非语言沟通方式为副语言（Paralanguage）沟通，它是通过非词语的声音，如重音、声调的变化以及哭、笑、停顿等来实现的。如口头语“真棒”，当音调较低、语气肯定时，表示由衷的赞赏；当音调升高，语气高扬，则可能变成刻薄的讥讽和幸灾乐祸。副语言的研究是心理学研究的一个重要领域，而且许多测谎仪器的工作原理就是依靠语调的音频高低来判断的。

第三种非语言沟通的方式是物体操纵，包括环境的布置、辅助仪器与设备的使用等，如人们会选择不同的着装出席不同的场合，因为衣着可以反映一个人的特点甚至是职业、性格等。在正式会议上，主席台的座位位置安排也是表达某种信息的重要手段。

4．按沟通方向的可逆性分类

（1）单向沟通

单向沟通是朝着一个方向的无反馈的沟通，信息的发送者和接收者之间的地位不变。其特点是速度快、无干扰、秩序好，但由于没有反馈，实收率低，接收者容易产生挫折、抗拒和埋怨心理。

(2) 双向沟通

双向沟通是信息流动方向可逆的来回反馈式沟通，信息的发送者和接收者之间的地位不断变化。其特点是速度慢、气氛活跃、有反馈、实收率高、人际关系较好，但信息发送者的心理压力较大。

三、沟通的障碍

许多领导者喜欢高高在上，缺乏主动与部属沟通的意识。凡事喜欢下命令，喜欢空中指挥；有的领导者喜欢主观臆断、一言堂，不听取下属的意见。当下级的建议、意见受到忽视，就会挫伤他们的工作积极性，同时也使他们慢慢失去对组织的责任感。下面分析在沟通中产生障碍的几种常见因素，并给出简要的解决方法。

（一）语言障碍产生理解差异

沟通中75%以上的信息是通过口头传递的，这就涉及语言的问题。不同国家的人操有不同的语言，这时如果没有中间的翻译，则根本无法形成有效的沟通。同一种语言由于地域不同，产生的方言也会给沟通造成很大的困难，特别是我国地域辽阔、人口众多、历史悠久，每个地方的人可能会有自己的方言，在沟通的过程中如果不注意的话，有时甚至连简单的沟通都无法进行。

泰国的一位老妇人，15年前从泰国南部的家乡出发寻找在外打工的丈夫，因为不识字且操当地方言，误乘火车致使流浪在外多年，她甚至无法向别人描述清楚自己的家乡。后来在曼谷的收养所中来了两位她家乡的大学生志愿者，才弄清楚了她的故事，护送她回到了阔别15年的家乡与亲人相见。

这个例子虽然十分极端，但是由于语言不通带来的沟通障碍却很常见，小到同事之间产生误会，大到国家之间爆发战争。解决这类沟通障碍的一个有效途径是使用沟通双方能够一致理解的语言，或者使用正式的沟通方法，如以书面形式代替口头表达。

（二）环节过多造成信息损耗

向下传达和向上汇报是常用的沟通方式，但是一般信息经过一个传输环节，要丢失30%左右的信息。表7－3显示了某公司进行调查统计后得到的一组数字，清晰地反映了信息在多个层次间传递时的损耗。

表7－3　信息经过多层传递后的损耗

层　次	信息真实度（%）	层　次	信息真实度（%）
董事会	100	主管	40
副总裁	63	领班	30
高级主管	56	职工	20

为什么会产生这样的问题呢？一般每个层次的领导都会根据自己的理解对信息进行重新“诠释”，这样由于背景、知识、经验等的不同，向下传递的过程中难以避免出现信息错误；另一方面，由于不同层次的人对问题的认识程度不同，自己会将部分信息过滤掉，这样逐级的传递会产生严重的沟通障碍。

如何避免和解决这种沟通障碍呢？一种方式是减少信息传递的渠道，因为许多中间层次的管理人员可能不必了解信息的内容，但是作为直线组织结构的特征，只能通过这种逐级传递的方式传递信息，因此可以部分地改变沟通渠道，减少沟通环节，提高沟通效率。另一种方法就是采用现代的信息发布模式，通过网络和组织内部的信息发布平台，可以是网站、办公系统或者业务信息系统，公开或者定向发布信息，这样接收信息的人可以获得第一手“原始”的信息。

（三）表达不清，理解各异

在沟通过程中非常忌讳信息发出者认为问题非常清楚，不必过多过细地陈述，把自己的理解强加到对方的做法。由于表达上的失误造成沟通中的问题非常多，这种情况往往发生在逻辑思维不严、喜欢认为理所当然的领导身上。信息接收者往往由于地位所限，不敢对其已经发表的言论或者通知采取更进一步的确认，可能造成工作中的巨大失误。

表达不清有两种可能：一是信息发送者没有将问题的全部内容解释清楚，造成下属一头雾水，不知所措，只能硬着头皮根据自己的理解执行；一是信息发送者没有将所有的可能情况考虑清楚，出现了例外情况。

解决这种表达不清、信息接收者没有真实理解信息内容的一个有效办法是，要求接收者重复一遍发出者发出的信息，或者接收者根据自己的理解主动将重要的信息内容重复一遍。我们看到，在战场上通信员之间在对话时通常会将对方传递的信息重复一遍，以保证信息沟通能准确、顺利地完成。

（四）利害冲突，有意隐瞒

这类问题主要出现在管理体制的组织内部，报喜不报忧，有利的信息大肆宣传，回避问题信息。甚至对于某些信息有意曲解，刻意隐瞒。这样做往往会使当事人无法掌握准确的信息，使上级在做出决策时出现重大失误，对下级而言盲目地听从则会产生误导。

避免这类主观沟通障碍需要利用强制管理的方式，制定严格的沟通管理制度和沟通透明的机制，做到有效的群众监督和上级审查相结合，消灭这类不负责任的做法。

1. 沟通渠道不畅，地理障碍，沟通困难

由于地理障碍、组织结构复杂、关系没有理顺、沟通方式落后等客观原因造成的沟通障碍在当前的组织中出现较多。这就要求需要根据变化的环境、变化的组织结构重新进行组织结构的设计和职位的划分，建立一个有利于信息传递的沟通渠道，这部分内容在后面的管理沟通一节中会详细地阐述。

2. 沟通前缺乏计划和准备

如果希望进行良好沟通，事前的计划和准备是必不可少的，顺利完成的沟通很少是由于偶然而发生的。如果一个人对于信息传递的目的、方式、对象等都没有充分考虑清楚，就仓促启动沟通进程，往往无法收到预期的效果。如开会之前没有明确会议主题，参与会议的成员事前都不清楚会议的议题，会上没有安排好发言的人，会议结束后没有明确具体的负责人等，这些都是典型缺乏沟通前计划和准备的表现。

正确的做法是在沟通前详细掌握此次沟通的目的，然后以此为中心，重点收集相关人员、事件的背景信息，对涉及人员的性格、观点进行分析，将可能出现的几种结果进行事前的评估，做到有的放矢。有条件的话可以事前举行小范围的沟通“预演”，确保正式沟通时的顺利实施。如每次召开全国人民代表大会前，各省都要先召开省级人民代表大会，全国人大常委会也会举行多次筹备会议，将提交大会讨论的议题进行初选和分类，哪些属于重点讨论的问题，哪些属于分组讨论的问题，哪些需要此次会议表决的问题，哪些属于需要落实单位去执行的问题等等，这样才能保证在正式会议召开时有效率又有效果地完成。

小范围的沟通也可以效仿上面的方法，不过根据事情的重要程度的不同，准备的内容的详细程度，准备的时间等都可以有所简化，有时可能就是事前简单地在头脑中回忆或者思考片刻即可。

四、沟通的技巧

沟通的目的是为了保证使信息能够被信息接收者准确地理解，如果产生了误解或者信息传递的障碍，则无法保证沟通的完成。如何避免沟通中出现的问题，实现沟通的目的，需要掌握一些沟通的技巧。

（一）信息沟通的技巧

有关事实、情报、思想、意见、建议的信息传递是管理沟通中的基本内容与形式。管理者需要将大量的信息同组织内的成员进行沟通，以完成组织目标。如有关组织目标、发展战略、组织生存发展情况、重要决策、管理制度、政策、表扬、批评、通知等方面的信息需要及时地进行沟通。进行信息沟通时需要注意以下几点以帮助提高沟通的效率。

1．力求信息表达清楚

信息沟通应该遵循清晰、简洁、明确的原则，使信息接收者容易理解、掌握信息发送者的真正意图。力求避免措辞不当、逻辑混乱、中心思想不突出、隐晦的词语和俚语频繁出现等问题，同时也要避免容易给对方带来错觉的一些动作、表情和手势。处于沟通中心的组织管理人员，起着接收和转发信息的作用，他们将收集的信息进行加工处理后，按照不同的需求分别传递给他的上级、同级和下级。这种加工处理过程十分重要，应力求做到准确、不失真，同时要突出信息内容本身，达到沟通的目的。

有实验表明，按级别层次逐级传达同一条信息往往会降低信息的准确性。尤其是口头传达时，每传递一级会造成信息损失30%，由于记忆欠佳所造成的失真同样很严重，下级一般只能准确地记忆信息的50%，领导只能准确地记得60%。

2．消除下级人员的紧张

在沟通过程中，特别是与下属的交流中，如果希望能够使下属真实地表达自己的看法，特别是当下属对组织有意见和不满时，需要平等地与其交流，尽量消除沟通中的紧张气氛。要做到这一点并不容易，使用必要的沟通技巧是必不可少的，比如不直接从问题入手，开始聊一些轻松的话题；选择非正式场合，避免让对方产生戒心；掌握了情况后，不要让下属感到恐惧，避免让他人知晓信息是从某个下属处获得；在听取意见或者建议后，能够基于正面的回应，如果是可以执行的措施，则尽快予以实施，如果暂时无条件实施则可在当时或过些时候给予说明，如果某些意见是不成熟的则可对其敢于发表意见的精神给予鼓励，但也要正面指出其意见中存在的问题，这样做可真正让下属感到“言者无罪”，避免信息沟通中的障碍。

（二）解决冲突中的一些技巧

1．主动认真聆听（Active listening）

聆听是沟通技巧中最基础的一环，主动的聆听是最有效的。具体的技巧包括：参与及追随的技巧，回应的技巧。

在参与及追随的技巧中，要做到如下各点：

- 用言语表达自己的感受和遭遇，并且加入自身的看法和认识；
- 表示充分理解对方的处境，获得对方对你的好感及信任；
- 当对方愿意进一步将自己的真实想法阐述清楚时，注意不要打断对方，并且重点分析清楚对方的核心观点；
- 将对方的观点用自己的语言和感受重复一遍，当获得认可时，纠正对方的某些偏差，注意不能过于直率地表达，应委婉地将自己的看法表达出来，让对方对你也有一个了解和认识。

在回应的技巧中，应该注意的是：

- 在没有完全获得对方的信任、没有摸清对方的看法时，不要轻易下结论和打断对方的谈话；
- 如果某些关键问题没有完全听清楚或者没有理解时，有必要再次询问以获得确认；
- 根据对方的语调、表情、动作等综合判断对方的态度。

2．合适的回应（Congruent sending）

正确的回应方式应该是坦白、直接、有限批评与自我批评式的，具体应做到：

- 诚实地表达自己的感受，而不是抓住对方的错误或者某个观点进行批判；
- 用事实来支持自己的感知和认识，而不能使用“我以为”、“我认为”，这样的词句可能让对方不信服；
- 避免讽刺、挖苦或者使用对方无法接受的一些词句，沟通的目的是为了减少分歧、避免冲突，如果使用这些词句则可能造成更加严重的后果。

3．管理自己的情绪

当爆发冲突的双方进行交流时，很可能因为正处在争论的风口浪尖上，很难做到以平静的心情进行有效的沟通，此时应该利用下述一些指导原则来控制自己的情绪：

• 如果双方正在激烈争论，且将要无法控制自己的情绪时，应给自己寻找一个释放情绪、恢复平静的机会。如喝一杯茶，散散步，走出去呼吸一下新鲜空气，有时甚至可以要求暂停会谈或者磋商，等双方进一步冷静下来以后再进行沟通。

• 从争论问题的紧张情绪中跳出来，回想一下造成冲突的根源。有时造成情绪失控的原因往往不是问题本身，可能是由于沟通过程中双方采用的沟通方式和沟通语言所致，有时甚至是一些冲突之外的原因。

• 关注解决的问题，而不是面对的人或者组织。俗语讲“不看僧面看佛面”，人与人发生冲突后特别容易产生对对方本身的不满，可能同样的事情发生在两个相互熟悉和信任的人之间，根本不会引发任何矛盾；但是如果出现在两个性格对立，甚至有些历史积怨的人或者组织之间，有可能“小事”变“大事”，从积极的角度出发，解决这类冲突的最好沟通方式是对事不对人，或者换人与对方进行沟通。1949 年初，国民党兵败如山倒之际，蒋介石为了拖延解放军的进攻速度，抛出了“和谈”的幌子，他选择的和谈代表张治中将军以及代表团其他成员都是和共产党方面有“交情”的开明人士，其中一个主要原因就是这些人可能在与对方的谈判中创造一个较为宽松的环境。假设谈判时派出那些一贯反对共产党，甚至双手沾满人民鲜血的人，情况可想而知。

4. **处理他人的情绪**

在解决冲突的沟通过程中，除了有效地控制自己的情绪外，能够调动并且引导对方的情绪则更容易实现和解：

• 表现出认真聆听，并且以“换位思考”的方式尊重对方，理解对方；

• 不能采取针锋相对的反击，除非出现原则性的“大是大非”问题，否则一般不能在沟通过程中直接将对方的观点予以驳斥，这样会带来对方情绪的激动；

• 适当引导对方的情绪波动，并让对方了解自己的情绪，做到开导对方，同时让对方能够平静下来认真听取自己的意见。

善于与士兵“谈心”是我军干部的基本素质，也是我军政治工作人员必备的能力之一。

某天下午，夏连长偶尔听到有人反映士兵小刘从炊事班借了一把菜刀，还借了 500 块钱，心里一震，“小刘平时为人厚道，无缘无故借菜刀干什么？”

于是晚饭后，把小刘叫到了操场，边散步边聊家常。当话题转到菜刀和借钱上面时，小刘似乎心事很重，吞吞吐吐，为了让小刘放下思想包袱，夏连长不厌其烦地开导他，俩人一直谈到晚上12点，小刘终于说出了实情：原来小刘春节探家时，因为随手用石块打了村里黄家的狗，黄家的女婿仗着在村里的势力，带了一帮人闯到小刘家，不但将小刘家砸得一塌糊涂，而且用菜刀将小刘的父亲头部和背部砍伤，多亏医院及时抢救才脱离了生命危险。为了治病，小刘家变卖了仅有的一头黄牛和电视机，花去了近5000块钱。这使本不富裕的小刘家更雪上加霜，事后，小刘向当地派出所报了案，但是探家时间很短，他不得不赶回部队，谁知回到部队1个多月后，家里来信说，打人的凶手不仅没有被绳之以法，反而在村里耀武扬威，并且多次到小刘家去辱骂他的家人。得知这个消息的小刘极度气愤，才有了借菜刀和借钱的一幕。

夏连长知道了这个情况以后，并没有对小刘进行直接的批评，而是严厉地指出了黄家的非法行为，并与小刘分析在部队普法课堂上讲授的有关法律知识，教育他一方面相信法律的公正一方面相信部队组织，充分利用手中的"法律武器"去讨回公道，而不是拿菜刀去以暴治暴。在夏连长的细心教育下，小刘很快认识到自己的错误，并且诚恳地检讨了自己的过激做法，并将菜刀归还给了炊事班。在做通小刘的工作后，夏连长立即向团里汇报了小刘家里的问题，团部马上委派一名干事到小刘所在的村子，协助小刘家里一起上诉打官司，终于将凶手绳之以法，并且获得了全部损失和医药费的赔偿，使小刘在部队更加安心地训练和工作，小刘对夏连长更加尊重和钦佩，同时也更加信任他，有了问题也会首先找夏连长进行汇报和沟通。

美国著名的管理学家，通用公司的前总裁韦尔奇（J. Welch）说：企业领导人的工作成效与同下属沟通的次数成正比。为此，我每天都在努力了解我的组织成员的内心，让他们感到我时刻在为他们考虑。他还这样形象地描述自己的工作：我80%的工作时间用于与各种不同的人谈话。

第四节　管理沟通

沟通的目的是在一条河上架起一座桥梁，使两岸的人们可以顺利地通过这座桥梁以建立联系，或者到达对岸。对于组织而言，如何在管理者与被管理者之间建立起这样一座桥梁至关重要，如果管理者高高在上，不仅无法架起这样一座沟通的桥梁，还有可能让管理者与被管理者之间的“沟”越来越深。我军从三湾改编开始，就建立起了一套有效的沟通机制——支部建在连上，这不仅保证了党对基层官兵的直接领导，而且通过谈话、思想汇报等制度，实现了组织内部的有效沟通，这也是我军有别于国外军队的一个特色。

一、管理沟通的有关概念

（一）管理沟通的定义

美国前总统里根曾在一次酒会演讲上说：“人生成功的秘诀，在于你能驾驭周围的群众。”他道出了组织管理中的一个金科玉律——高效的管理依托于无时不在的沟通。因为一个人是无法完全依靠个人把整个组织管理好的，如果工人们都毫无责任心地工作，再聪明和能干的厂长也无法完成生产任务；如果战士们都吝惜自己的生命，再高明的指挥官也无法打胜仗。所以一个管理者成功的关键，在于获得他人的大力支持与合作，与下属的沟通的水平也体现了一个现代管理者的管理水平。在通用公司的名言“痛恨官僚主义”中，提倡管理人员深入基层，进行调查和座谈，韦尔奇的名言“沟通、沟通、再沟通”，将一个效率低下、组织结构臃肿、官僚主义严重的通用，从破产的边缘拉回了快速发展的轨道。

有效沟通的一个比较完整的定义是：在恰当的时候及适宜的场合，用得体的方式表达思想和感情，并能够帮助别人正确理解和执行的过程。这个定义包含了五个要点：时机、场合、方式、内容（思想和感情）和结果（理解和执行）。每个要点都会影响沟通的有效性。沟通可以表现为三个不同层次：第一个层次，沟通是一种具有专门技术的过程；第二个层次，沟通是一种心理活动；第三个层次，沟通是一种管理工具。

从技术层次来讲，所谓的沟通，就是信息的发送方通过某种方式或渠道，把某个信息发送到接收者的感觉器官，接收者只要感觉到信号（信号是信息的载体）的存在，沟通过程也就完成了。例如我们平时打电话，只要说话的人通过话筒把信号传达到听电话的人的耳朵里，听电话的人听到了，沟通过程也就完成了。毫无疑问，这样的沟通是纯粹物理意义的沟通，是最初级的沟通。

沟通的真正意义存在于心理层面。沟通的双方只是接收到物理信号是不够的，还需要进行解释，也就是要理解。接收信号的人只有理解了信号的含义，才能明白表达信息的人要表达的意思。而这里的“解释”或“理解”需要个人知识经验的参与，需要思维活动。从这个层面上讲，所谓的沟通，是沟通双方的思维参照系共同作用的结果。个人的知识和经验，通过思维参照系而起作用。

本节主要讨论的是第三个层次的沟通——管理沟通。管理沟通与一般的人际沟通的区别在于：沟通是一种工具，通过这种工具要达到某个管理目的。从管理的角度看，沟通是对信息的理解和执行过程，能否有效地沟通，关键在于执行的结果。

管理沟通是围绕组织管理而进行的信息、知识和情报的传递，是实现组织管理目的的重要手段，也是组织有效运行的润滑剂。

管理与沟通密不可分。良好的沟通意味着有效的管理，成功的管理则需要通过有序的沟通促成。首先管理沟通是管理人员更好地履行计划、组织、领导和控制的润滑剂。同时，在管理者所扮演的十大角色中，沟通也占据着十分重要的地位，因此有效的管理者必备的一项管理技能就是管理沟通。在美国管理学会进行的一般的管理者、成功的管理者和高效的管理者平时管理活动中几项工作所占比重的调查中，沟通分别占 29%、28% 和 44%，足以显示沟通对成功的管理者作用巨大。

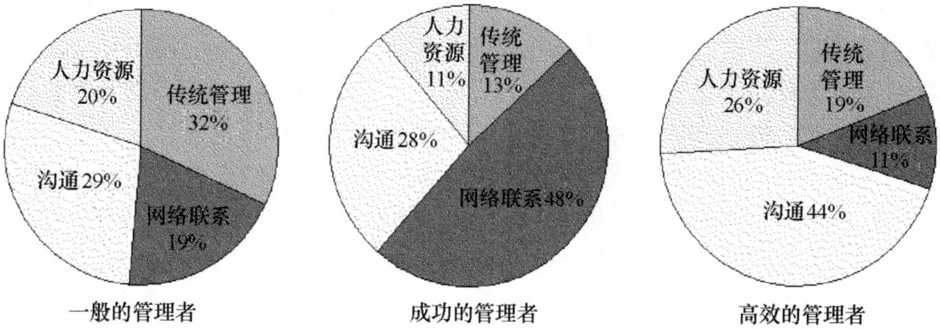

图 7－5　不同类型的管理者日常管理工作所占比重

（二）管理职能与管理沟通的关系

1. 管理沟通与计划职能的关系

计划是组织进行各类活动的基石，在整个管理活动中被尊为首要职能。有效的计划，不仅指计划内容本身，还包括如何使组织成员充分了解计划，明确组织目标，理解行动方案，否则在实施过程中将遇到巨大的困难。而为了实现这两个目的，必须依靠有效的管理沟通活动，尤其是与下属的沟通。因此，就计划职能而言，在其活动中所包含的管理沟通的重要内容包括：制定计划前从基层收集信息、意见和建议，在制定计划过程中不断广泛征求意见，并且对重要的指标和政策进行公开论证，使下属在形成正式计划之前能够充分了解；在计划制定后，需要充分向下属传达，帮助其认识任务。从现代管理的观点看，充分的授权才能够保证下属在实现组织目标的过程中主动的努力，充分让下属认识到自己的工作与组织目标实现之间的关系，明确个人目标与组织目标之间的关系，这样才能促进组织成员之间的相互信任、相互配合、精诚合作，共同为实现组织的目标而奋斗。这其中，如何实现有效的授权、参与都是从提高沟通效果的角度来增大实现组织目标的可能性。

2．管理沟通与组织职能的关系

组织工作通过精心策划组织内部的角色结构，并将每一个角色分配给适合该位置的组织成员，以达到人力资源的最优配置。管理者在设定组织框架时，从权利、责任、要求等方面描述每个岗位的角色，同时需要充分了解组织成员的特点，进行人员与工作的匹配，使人员结成一定的工作关系。因此，组织的过程是全面调动和充分利用人力资源的过程。好的组织结构和人员配备可以保证人们在完成工作的过程中相互配合、协调一致、顺利进行。同时组织结构的设立也为进行沟通初步规定了一定的正式渠道，明确了上下级关系，规范了沟通过程定义。严格的流程设计也需要充分考虑提高沟通效率，降低沟通错误，避免沟通障碍。因此管理沟通一方面为人员与工作的结合提供“润滑剂”，另一方面组织结构的设计也为管理沟通的实施创造了一个“平台”。

进入21世纪以后，传统的组织结构和管理模式发生着翻天覆地的变化，组织管理也不可避免地受到极大的冲击，组织结构从传统的“金字塔”型转向“扁平化”，其中一个主要的原因是为了适应快速传递消息，提高组织应对环境变化的需要，由此开展的企业流程再造工程将管理沟通和组织结构两项工作更加紧密地结合在了一起。

3．管理沟通与领导职能的关系

领导职能是管理者通过自身的行为对下属施加影响，使其努力为实现组织目标做出贡献。领导的关键是如何树立正确的权威，使下属能够在追随自己完成组织目标的同时也实现其个人目标，这样才能够保证领导职能的顺利完成。在领导职能章节中已经提到职位权力对于下属的影响力是有限的，因为由于敬畏所能带来的服从往往是被动和暂时的，特别是随着社会的不断发展，个体需求的多样化，下属更愿意追随一位既有个人能力、充满魅力，又保持高度责任感和体贴下属的领导，因为这样的领导一方面有能力给下属带来满足其需要的能力，另一方面又会在工作过程中充分考虑下属。管理者需要通过管理沟通来展现自身的人格魅力、知识才华和远见卓识，淡化权力欲望，灵活掌握沟通技巧，这样才能充分发挥领导职能的作用。

4．管理沟通与控制职能的关系

控制职能是衡量与纠正完成任务过程中的各类行为，并促成计划完成的各种活动。为了使下属的行为能够保证计划中所规定的指标的完成，需要控制职能不断地进行防错、查错与纠错等活动。在控制过程中一个非常关键的环节就是信息的反馈，控制职能是根据不断地获得反馈，制定针对反馈的对策，保证计划得以实现。这个反馈过程有赖于管理沟通的正常开展，如果没有有效的沟通会造成以下两个方面的障碍，进一步会导致控制职能无法顺利实施。

一是沟通渠道过于烦琐，影响了信息反馈传递的速度，从而造成无法及时采取控制措施。这类问题已经成为现代组织管理中最易出现的毛病，机构臃肿，人浮于事，官僚主义等都会引起控制职能的失效。

二是沟通环境中某个节点出现问题，造成信息反馈时出现误差，导致控制的失效。控制中关键是收集任务完成过程中各项关键指标并与计划中的标准进行比较，作出判断的过程，如果信息传递过程中出现误差，则可能造成应该采取紧急措施去纠正的问题被忽视，而正常的生产流程却因为错误的信息被强行停止，这些都会给组织造成巨大的损失。

二、沟通渠道与沟通网络

（一）沟通渠道

正式沟通渠道是对信息传递的媒介物和线路做了事先的安排，一般是通过正式的组织结构而建立起来的。它一般包括四种形式。

1．自上而下的沟通

这种沟通渠道是指信息在组织内部比较高的级别上，按照组织的上下隶属关系和等级层次，向较低的组织级别层次传递的沟通过程。它可以表现为上级给予下级的命令、指示、指导、文件、规定等等。它使下级了解组织的总体情况和自己应完成的任务，并努力加以完成。这种沟通往往带有指令性、法定性、权威性和强迫性，容易引起重视和严肃对待。自上而下沟通的主要目的是使组织成员了解组织的目标，改变组织成员的态度，以形成与组织目标一致的观点并加以协调，从而消除组织成员的疑虑和不稳定心理。但是这种沟通过程中可能出现许多问题，诸如传递路线过长，太费时间，信息在传递过程中发生遗漏和被曲解。甚至有些人只注意顶头上司的指示，而对更高层次的要求不予理睬。当上层的信息传到底层，和底层情况不一致时也会造成失误。这些问题通常可以通过以下三种方法来加以缓解：

（1）组织结构设置合理化，尽量减少信息传递环节。从而缩短信息传递时间，减少信息扭曲的概率。

（2）改善信息传递技术，如面对面交谈总是要比通过电话交谈或小组讨论的效果好。

（3）信息本身内容要明确、简洁，要使下属有压力感，这样才能使下属正确领悟信息的内容，并给予高度重视，保持组织上层信息的权威性。

2. 自下而上的沟通

这种沟通指的是信息在组织内部由较低的组织级别层次，按照组织的上下隶属关系和等级序列，向较高的组织级别层次传递的沟通过程。它通常表现为下级对上级信息的反馈和下层情况的反映。这种沟通往往带有非命令性、民主性、主动性和积极性，是上级掌握基层动态和下级反映个人愿望的必要手段。但是向上沟通效率往往比较低下，主要原因有：

（1）组织规模和生产经营复杂性程度越高，向上沟通的障碍也越多。

（2）主观的假设——管理者将信息发送给下属后，主观认为下属已经收到，并已确切了解其所要表达的意图而不愿去核实，实际上在信息发送者和接受者之间往往存在严重差异。主要表现是管理者向下传递信息所花费的时间和精力，大大超过用于反馈意见的收集处理上。

（3）信息曲解——在向上沟通的每一环节上，组织都赋予一定程度的筛选权力，这样当管理者认为一切良好而将一些认为无中生有的反馈筛除后，再传递给上一层管理者，就造成了信息曲解。

（4）怕暴露坏消息——在许多组织中的中层管理者往往有拖延向上层传递坏信息的倾向，他们总是希望在不得不向上传递之前，这些坏情况最好已经被 解决或减轻。

（5）人员往往担心受到惩罚而隐藏或歪曲他们的真实感情、重要信息。

（6）竞争的原因——为了谋求更高的社会地位或升迁、加薪，许多人不愿向上层领导传递不利于自己的信息或者利于竞争对手的信息。

针对以上影响有效沟通的因素，各组织根据自身存在的问题及组织机构特色，通常采取座谈会、意见箱、接待日或设立专职机构和专门制度等方式来加以克服，但同时也要避免对下级信息不加甄别而盲目采用的倾向，努力创造一个能够畅所欲言的沟通环境。

3．**横向沟通**

这种沟通指的是发生在组织内部同级层次成员之间相互的信息沟通，以谋求相互之间的了解和工作上的协作配合。这种沟通往往带有非命令性、协商性和双向性。这种沟通方式在组织信息沟通中有特殊的作用，金字塔形的组织结构显示：越是在底层的雇员彼此间的距离越大，对彼此信息的需求越强烈。横向沟通过程中最大的障碍是组织内部部门化造成的，另外个人间的冲突也会影响横向沟通。促进横向沟通可以从以下几方面入手：

（1）绘制明确的组织结构图，从而明确上下级隶属关系，减少雇员不必要的臆测。

（2）个人工作描述要精确——使每个雇员准确地知道应该做什么和如何做，明确彼此间的权利和义务。

（3）鼓励例会和沟通——在组织中要定期召开不同部门的碰头会，加强信息沟通。

（4）加强冲突管理，对下属进行各种技能培训，往往能增强下属的沟通技能和需求。

4．**斜向沟通**

这种沟通指的是发生在组织内部既不属于同一隶属序列，又不属于同一等级层次之间的信息沟通，这样做有时也是为了加快信息的交流，谋求相互之间必要的通报、合作和支持。这种沟通往往更带有协商性和主动性。

（二）正式沟通网络

在信息沟通过程中，无论是发送者直接将信息传递给对方，还是经过某些中间环节传达给接收者，都必须通过一定的沟通路径。组织中各种方向的沟通可以形成各种各样的模式，这种模式称为沟通网络。沟通网络可以反映组织的结构，也可表明组织中的权力系统。

正式沟通有五种典型的网络形式，如图 7－6 所示。

1．**链式沟通**

信息逐级传递，只有上行沟通和下行沟通，居于两端的人只能与临近的成员联系，居于中间的人则可以分别与两端的人沟通信息。组织中这种形式常常存在。由于信息经过多层传递、过滤，信息的内容容易失真，使得信息接受者所得到的信息差异较大。

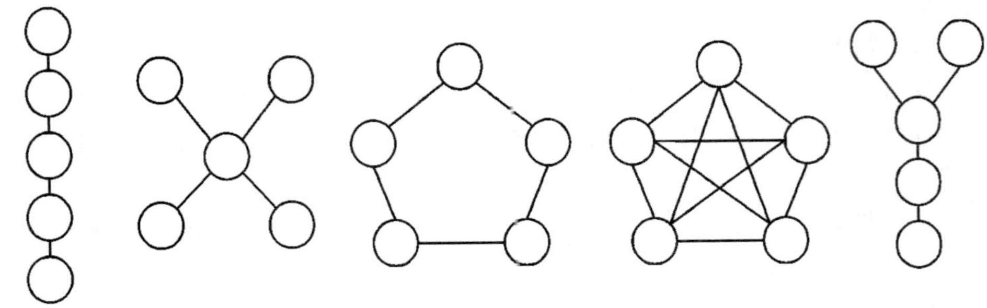

图 7－6　正式沟通网络

2. 轮式沟通

一个管理者直接与每个下级进行沟通，但是下级之间却没有相互沟通，我们将其称为控制性的沟通网络。由于管理者处于信息的传递和交汇点，这种方式解决问题速度快，集中化程度高，但沟通渠道过于单一，不能使下级了解组织的相关信息，会导致下级的不满和士气的低落。会议上领导发言时，下属只听，不参与讨论和发言，便是典型的轮式沟通网络形式。

3. 环式沟通

环式沟通又称为团队型沟通，在沟通网络中，成员间依次以平等的地位相互联络，不能明确谁是主管，组织的集中化程度低。由于沟通渠道少，信息的传递速度慢，但成员之间相互满意度和士气均较高。组织在建立工作团队的初期可以考虑使用这种方式。

4. 全渠道式沟通

全渠道式沟通是一种完全开放式的沟通网络。渠道较多，每一个成员之间都有一定的联系，地位平等，合作气氛浓厚，主管身份不明确，组织集中化程度低，但成员满意度和士气较高。委员会式的组织结构中使用全渠道式的沟通形式较为常见。

5. Y 式沟通

Y 式沟通又称为秘书控制型沟通。这种沟通相当于组织负责人、秘书和下级人员的关系。秘书是信息收集和传递的中心，对上级主管负责。这种沟通网络减轻了主管的负担，解决问题速度较快，但除了主管外，其他成员的满意度和士气低下，降低了工作效率。而且时间长了，容易形成秘书越权，很多事情代替领导包办。

以上五种形式的沟通形式是组织中最为常见的正式沟通网络模式，它们在不同的情况下各有特点，表 7－4 对比了这五类沟通网络形式在信息传递速度、信息传递正确性、是否有利于产生领导者和是否有助于激励下属的士气等四个方面的特点。

表 7－4　正式沟通网络的比较

比较标准	轮型	链型	Y 型	圆形	全通道型
速度	快	一般	一般	慢	快
正确性	高	高	高	低	一般
领导者的产生	显著	一般	一般	不产生	不产生
士气	低	一般	一般	高	高

由表 7－4 可以看出，没有哪一个沟通网络在任何情况下都是最好的。对于不同的任务、不同的要求、不同的组织结构形式，应使用不同的沟通网络。

（三）非正式的沟通网络

非正式的沟通是指对信息传递的媒介和路线未经事先安排，它的发生具有一定的偶然性和随机性，但这种沟通还是有一定规律的。图 7－7 显示了四种基本的小道消息传播网络模式，分别称为单线型、流言型、选择型和随机型。

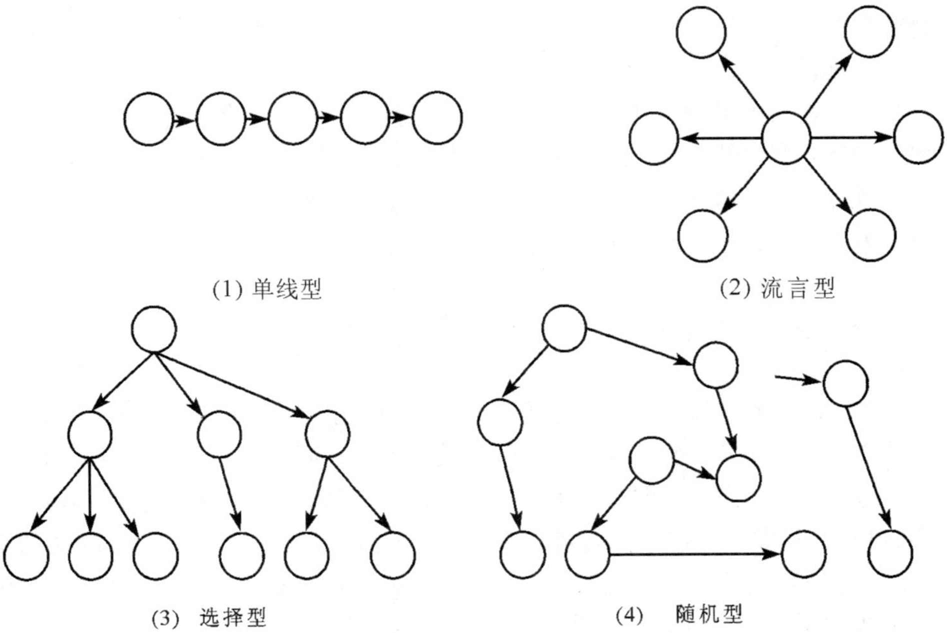

图 7－7　非正式沟通网络

1. **单线型沟通**

信息在非正式渠道中依次传递，即一个人转告给另一个人，每次传递都是在两个人之间进行，并且没有构成闭环。

2. **流言型沟通**

由沟通网络中的一个人向其他所有人传播信息，传播者即是沟通渠道的关键人物。

3. **选择性沟通**

在沟通中，一个人可能选择几个中心人物传递信息，再由他们把信息传递出去。在这种网络中，通过有目的地传播消息，提高了信息传递的效率。研究表明，选择性沟通是组织中最为常见的非正式沟通网络形式。

4. **随机型沟通**

信息传播者把消息随机传递给某些人，这些人再随机地将信息传递给其他人。信息发送者在发出信息前的目的性和目标性都不是很明确。

非正式的沟通网络信息传播速度很快，但所传递的信息往往被严重扭曲，而且会造成对正式沟通渠道的破坏。但在任何组织中几乎都存在小道消息的传播，这是无法避免的。实际上小道消息也能产生积极的作用，主要表现在：可使管理者了解组织成员所关心的事情；可以满足组织成员的社会需求；有助于组织内意见的交流，可以弥补正式沟通不灵活的缺陷；可以使组织经常注意环境的变化，更能适应突发事件等。

为了提高组织沟通系统的效率，管理者应当尽量消除小道消息的不利影响，如建立有效的正式沟通渠道，培养健康的氛围，尽可能快地将事实传递出去，教育组织成员摆脱小道消息的不利影响等。另外，管理者还应学会利用和引导小道消息，使之成为正式渠道的补充。

三、组织与沟通

组织层面的变量对沟通起着决定性的影响。组织变量指的是组织结构、职位设计、工作安排、奖惩制度以及信息处理等，它们都会对沟通网络、沟通角色、沟通渠道、沟通方向产生重要的影响；而沟通的结构特点又会对沟通过程（准确性、开发性、曲解、过滤、超载）产生直接作用，最终影响沟通的结果，如组织层面的绩效，组织成员的工作热情、忠诚度、群体关系等等，如图 7 - 8 表示了组织变量对于沟通的影响。

组织变量	沟通结构	沟通过程	沟通结果
组织结构 职位设计 工作安排 奖惩制度 信息处理	网络 角色 渠道 方向	准确性 开发性 曲解 过滤 超载	组织绩效 组织成员热情 忠诚度 群体关系

图 7－8　组织变量对于沟通的影响

组织结构包含三个方面的要素，直接决定了管理沟通的效率：

1．组织结构决定了正式传递信息的过程

组织结构中的管理跨度决定了一个管理者需要向多少下属直接传递信息的数量；管理层次决定了一个信息从高层传达到底层所需经过的流程。

2．组织设立的部门数量和各部门的职能直接决定了信息传递的效率

传统的组织部门设置过于繁杂，而且许多业务的处理必须经过多个部门的协调才能完成，这样就大大降低了办事的效率，同时也给组织沟通带来了极大的麻烦。这是因为传统的组织结构强调部门职能单一，以保证各部门之间的职责清晰、分工明确，但现代社会对于信息的处理和反应要求迅速，需要对变化的环境及时做出对策，因此需要打破原有的条块分割的部门结构，建立统一办公和快速处理的沟通渠道。如上海市政府为企业办理各类业务审批手续开绿灯，建立了多部门联合办公的新模式，许多例行公文的审批和盖章集中在一个办公大厅中完成，并且尽量做到充分利用信息化手段，将各类信息在网上公开。现在各地开展的政务公开大厅的办公模式得到了广泛的推广并且收到了一定的成效。

3．组织制度中需要明确办事的流程和改善信息传递的方式

组织信息沟通中一个典型的制约信息顺利传递的问题是不清楚信息传递的正式流程，或者说不清楚需要经过怎样的过程才能保证信息完全发挥作用。现代的组织管理中非常强调信息传递的实时性，因为往往过时信息的价值会大打折扣，甚至可能误导决策，因此明确信息沟通正式渠道的流程显得十分重要。

我们在医院的挂号处可以看到一个就医流程图，首先询问导医人员自己应挂哪科的号，然后到挂号处领取号牌及确定专家，接着找到候诊室，接受治疗，领取药品（或处置、住院）单据，到划价处进行划价付钱，再到取药处取药。这是一个标准的就医流程，我国现行的大部分医院都采用的是这种医疗服务模式，如果按照该流程去就医，可以很顺利地完成。但是我们发现其中存在较多的重复性工作，降低了工作效率，不但增加了患者往返各服务窗口的时间，而且也增大了医院工作人员的工作强度。

现在大部分现代化的医院都使用了 HIS（Hospital Information System，医院信息系统）系统，该系统可以将一些就医手续简化，如专家诊治以后，直接在电脑中录入患者使用的药物或治疗方式，药房立刻获取了该信息，就可以开始准备药品，同时根据电脑中存储的药品或者其他治疗服务价格计算出该患者应该支出的费用，患者在拿药或者出院的时候直接付款取药，简洁方便。同时患者的治疗信息都会记录在电脑中，下次再来就医时，不必再携带病历或者其他化验单、诊断书等，直接从电脑中调阅即可。同时，使用了 HIS 系统后，药房的药品储备情况、盘点工作等都可以自动完成，大幅度降低了医务人员的工作强度。

现代战场对于信息的依赖程度越来越大，指挥、控制、通信、计算机、情报、监视、侦察系统（C^4ISR：Command，Control，Conmunication，Computer，Intelligence，Surveillance and Reconnaissonce）的使用可以大大提高战场上各作战单元获取信息的效率，并且通过各作战单元节点对自身收集信息的反馈，做到对战场态势变化的及时掌控，有利于上层决策机构制定正确的应对方案。

第五节　人际关系

人际关系是人们相互联系的纽带，人生活在社会上，需要依靠彼此的交往达到相互帮助、相互学习、共同进步目的。从马斯洛的需要层次理论看，高层次的需要（社交、爱和归属、自我实现）都必须通过与他人的交往才能够得以实现。特别是在现代社会中，随着工作节奏的加快和压力的多源化，往往更需要在与人交往的过程中寻求某种释放和解脱。例如：工作中被领导或者同事误会、与某人发生一些摩擦，这时如果能够找到一个倾诉的对象，将自己的思想和感受表达出来，往往会使人的精神得到极大地放松。现代文明带给社会许多心理方面的疾病，如抑郁症、自闭症、失眠、精神分裂等，造成这些心理疾病的主要原因之一就是在处理社会关系中出现了问题。

从组织角度而言，从梅奥开始的霍桑试验就表明了在劳动中结成的人际关系，是直接影响劳动生产率的关键因素，如何创造一个良好的人际关系环境，在工作中形成一个积极的人际关系氛围，是现代组织理论研究的一个热点问题。在基层部队、军事院校等部队组织中，建立健康、向上的人际关系尤为重要，它是保证各项管理职能顺利实施的关键，在一个人人本位主义、个个处心积虑的人际环境中，将无法正常地开展各项工作。

一、人际关系的概念

（一）人际关系的定义

人际关系是指在组织中人与人之间相互交往、相互作用、相互满足需要的状态。

人际反应特质是指一个人对待人际关系的基本倾向。每个人都有自己的人际反应特质，良好的人际反应特质则说明这个人在与他人交往的过程中保持良好的态度和方法；反之，在人际交往中特立独行、目中无人、阳奉阴违，则无法建立良好的人际关系。西方有关人际反应特质的研究较为深入，主要的分类方法有两种：修兹（Sehutz）分类法、霍尼（Horney）分类法。

1. 修兹分类法

修兹分类法根据人际关系方面的需要分为三类：

（1）包容的需要

即主动乐于与他人交往，想要建立并维持和谐的人际关系。与此相应的待人行为特征表现为：主动交往，善意沟通，虚心接纳别人的意见，积极参与和出席各类活动。

（2）控制的需要

在与别人的交往过程中，追求权力、树立威信的欲望强烈。相应的，这类人在处理人际关系时表现为：喜好运用权力、权威支配和控制他人，与此相反的待人行为是抗拒权威，忽视影响，或者接受支配，追随他人。

（3）情感的需要

在个人爱情和情感上希望与他人建立并维持良好关系的欲望。亲密、关心、热情、友好、照顾是这类人待人的特征。反之则是待人接物的时候表现出厌恶、憎恨、冷淡等。

根据修兹的研究，每个人并不完全属于哪种类型，而是一个复合体。每种需要都分为主动表现者和被动接受者两种类型，因此可以组合成八种人际反应特质（见表 7 -5）。

表 7－5 修兹的人际反应特质类型

类型	Ⅰ	Ⅱ	Ⅲ	Ⅳ	Ⅴ	Ⅵ	Ⅶ	Ⅷ
包容的需要	主动	主动	主动	主动	被动	被动	被动	被动
控制的需要	主动	主动	被动	被动	主动	主动	被动	被动
情感的需要	主动	被动	主动	被动	主动	被动	主动	被动

2. 霍尼分类法

霍尼认为人之间的关系可以分为三类：

（1）合作型

这类人的行为特征是朝向他人，替他人着想，待人热情、谦和、宽容，与人共事时采取合作、支持与帮助的态度。

（2）竞争型

这类人的行为特征是对自己的关心超过对他人的关心。对他人往往持对抗竞争和傲慢的态度，怀有不正确的优越感，突出自己，压制别人，并以对自己有无用处来确定与他人的关系。

（3）分离型

这类人的行为特征是疏远他人，不愿与人交往和沟通，追求独善其身，对他人和组织不热心，害怕别人影响和干扰自己。

一个人具有哪种人际反应特质，与其个人的性格、所从事的职业、社会地位、个人经历、世界观都有很大关系。如果希望在组织中能够受到他人的欢迎，建立良好的人际关系，必须首先具备健康的人际反应特质，自私、利己、索取、控制、分离倾向等都不利于形成良好的人际关系。

（二）人际关系的影响因素

无论是在组织内部的活动中，还是在日常的人际交往过程中，不同的人之间，关系的亲密程度、相互的影响、相互交往的密切程度各不相同，什么是影响人际关系的主要因素呢？人们将其归纳为以下几点：

1. 人的个性

人的个性往往决定了与其交往的人群和主导的人际关系，有句话说性格决定命运，充分反映了人的个性对于人生的重要影响。一个人为人谦虚、待人诚恳、品德高尚、豁达大度，这样的人往往有广泛的社交圈子，同时也容易获得别人的认可。相反，心胸狭窄、尖酸刻薄、飞扬跋扈的人很难获得真正的朋友，人们避之唯恐不及。我国传统的道德对于个人性格的规范中，历来是推崇谦虚谨慎、礼让、尊老爱幼的作风，这些在人际关系的建立中同样也是非常关键的因素。

2. **地理位置和交往的频度**

地理位置靠近的人群之间容易产生共同的话题，并形成良好的人际关系。如在同班同学之间往往比不同班的同学之间能够建立更加密切的关系，也能积累深厚的友情，而同座位的两个人之间建立良好关系的可能性大大高于一般的同学。在部队中，从祖国各地走到一起的同志之间很容易结成健康的人际关系，并且这种关系能够维持很长时间，甚至是终身。经常交往的人之间由于工作或者其他原因能够较多地相互交换看法，容易相互理解，也能够形成密切的人际关系。

3. **兴趣爱好**

俗话说“物以类聚、人以群分”，“酒逢知己千杯少”，充分体现了人总是喜欢和自己的兴趣、态度相近的人交往，因为如果对同样的问题有共同的态度、认识和价值观，则自己的观点和行为较易获得对方的认可，进而能够给予自己充分的响应和支持，同时也能够在做某个决定前预测到对方的倾向，从而在交往中形成默契。特别的，如果双方对某个事务有共同的爱好，则可能超越一般的交往而形成“忘年交”，如集邮爱好者之间以邮品为话题，可以建立经常交往的渠道，从而促进彼此之间的感情。

4. **需求的互补性**

在人们交往过程中一个有趣的现象是，两个相互之间能够取长补短的人往往也容易形成良好的人际关系，这就是特性相反的人之间的相互吸引，如急性子和慢性子在一起往往能够做到和平共处，喜欢支配别人的人与没有太多主见的人之间也能建立和谐的关系。这种情况更多的出现在异性之间，有调查显示，互补型的夫妻双方比同类型夫妻更容易保持家庭的稳定。

二、沟通中的相互作用分析

沟通中的相互作用分析又被称为交流分析，它是由贝尔尼（E. Bernini）在其《大众的游戏》一书中首先提出的一种提高人际交往能力和促进信息沟通的方法。后来经过其他一些人的研究，更引起人们的注意。所谓相互作用分析，是一种对上级与其部属的双方行为进行分析的方法，其目的在于帮助上级管理人员及同下属之间加强沟通和了解。

相互作用分析的理论基础构建在心理学的“自我状态”之上。这种理论认为一个人的个性由“父母”、“成人”、“儿童”三种“自我状态”构成，或者说每个人都有三种“自我状态”，这些状态与年龄没有直接关系，主要指的是心理状态。

父母自我状态以权威和优越感为标志，通常表现为统治人的、训斥人的命令、责骂以及其他权威性的作风。在一个人的人格构成中，当“父母”成分占据优势时，其行为往往表现为：独断专行，滥用权威，常常采用命令的口气、权威的架势、盛气凌人的训话，口头禅经常是“你应该……”、“要求你必须……”、“不许你……”、“你不能……”等等。

成人自我状态表现为客观和理智。在一个人的人格结构中，当“成人”的成分占据优势时，其行为往往表现为：待人接物冷静、理智，尊重别人。这种类型的人讲话通常是“我个人的意见是……”，“我是这样认为的……”。

儿童自我状态表现为类似婴儿的冲动，行为表现为服从、任性和任人摆布。这样的行为像儿童一样：有时逗人喜爱，发脾气时让人厌恶，通常是某个时间出现感情冲动，某个时间表现为安静。在一个人的性格构成中，当此类成分占优势时，其行为往往表现为：无主见、易激动、任性、冲动、感情用事。说话的口气经常是“我不知道怎么回事!”、“我猜……”、“不可能的，我……”。

人的相互作用包括信息的相互作用和心理的相互作用，即信息的交流和心理的交流。一个人总是处在某种自我状态（心理状态）下进行信息的沟通，但是个体在与他人沟通、交流时，自我状态却是不固定的，往往会由一种自我状态转变为另一种自我状态。因此，作为一个上级管理者或者领导，当与下属沟通时，为了取得良好的沟通效果，必须确切了解对方在沟通时处于何种自我状态，并且根据下述类型有的放矢地进行沟通。

相互作用主要包括三种类型的交流样式：互感性交流、交叉性交流和隐含性交流。

1. 互感性交流

互感性交流是一种符合正常人际关系的自然状态下的反应，是为人所预期的反应。这种交流的相互作用是平行的。一个人在与他人沟通时并非一定处于成人自我状态之中，也可以其他心理状态进行交流，但交流只要是平行的，就属于互应性交流。

2. 交叉性交流

交叉性交流即交叉交流沟通。如果在交流中没有表现出适当的预期反应，就可能成为交叉性交流，这时，沟通过程就会出现挫折或中断，甚至发生争吵。

3. 隐含性交流

隐含性交流是一种最为复杂的交流方式。在隐含性交流中，发送者没有把真正的信息明白地表达出来，而是隐含在另一种社交客套之类的交流之中。

了解相互作用分析的原理，有助于沟通和人际关系的改善，交流分析技术不但强调管理人员应确立成人自我状态，同时也应该鼓励下属或者其他组织成员确立成人自我状态。以平等的态度、商量的口气，尊重组织成员的意见，使他们感到自己有一种参与感和自主感。尽量少使用“你应该如何如何”、“你们必须如何如何”、“你们不要如何如何”这一类“父母”式自我状态的口吻进行沟通。

三、人际关系的平衡

所谓人际关系达到平衡，是指交往双方的需要和这种需要的满足程度以及人际吸引的程度保持平衡。使用公式表达就是：

甲对乙的需要 + 乙对甲的吸引 = 乙对甲的需要 + 甲对乙的吸引

人际需要包括不同层次的需要，如物质、情感、归属、交往、尊重等。人际吸引包括审美的需要、学习的需求和模范的需要，在人际交往过程中这类需要通常表现为一方对另一方的吸引。人际吸引最典型的例子是“追星族”现象，人对歌星、球星、影星、科学家、名人的追逐，崇拜和效仿充分反映了人际吸引的作用。

人际关系只有在达到平衡的情况下，才能够建立起良好的人际关系，这里所指的良好的人际关系并不一定都是正确的人际关系，如行贿者和受贿者之间，由于金钱和权力的交互，行贿者需要受贿者提供权力上的帮助，可以看作甲对乙有权力上的需要；受贿者需要行贿者的金钱，乙对甲有金钱上的需要，这个时候他们之间也能建立起一种不正常的人际关系。一般的将人际关系的平衡分为三类：

1. 自觉平衡

自觉平衡是指当人际关系出现不平衡状态后，双方能够依靠彼此之间所建立起来的人际关系的基础进行内部的调节，使人际关系重新回到平衡状态。这种情况往往出现在人际吸引大于人际需求的情况下。

如两位关系很好的战友，在荣誉面前可能出现暂时的人际关系失衡，但是由于双方彼此相互理解、志同道合，产生了强烈的人际吸引，人际需要这个时候表现得就不那么重要了，他们之间可能不计得失相互帮助。这种情况常常出现在亲人之间。

2. **主动平衡**

主动平衡是指在人际交往中，双方从明确的共同目标出发，各自调整自己的需要来适应对方的一种平衡方式。

这种平衡方式主要出现在社会团体和组织中，关系双方以外界的目标进行自我约束来实现人际关系的平衡。这类平衡的特点不是以人际关系的内在状况自动调节，而是靠外界目标进行自我约束来实现。这种情况下人际吸引往往体现得不明显。

例如：可能平时没有很多联系的两个战士，在战场上由于共同的任务而结合在一起，这个时候为了争取战争的胜利这个组织目标的实现，双方可能不会过多地考虑彼此之间的不熟悉甚至是陌生，可以很快地达到默契，相互配合去完成任务。这种情况在战场上较为常见。

3. **消极平衡**

交往双方在自身利益所迫的情况下，通过不情愿地牺牲自己的一些个人利益和需要来实现人际关系的平衡。它是一种强调人际需要，不顾人际吸引的观点，人际关系的基础非常现实——相互的需要，在利益的驱动下形成彼此的利用。如前面提到的行贿者和受贿者之间的例子。

四、部队中的人际关系

人民军队从创建初期就把紧紧地和人民站在一起，把全心全意地为人民服务作为这支军队的唯一宗旨，强调党和人民的利益高于一切，无私奉献和自我牺牲精神。在这一宗旨下培植了军人的奉献型价值取向，为崇高的革命理想献身，不为金钱利禄所惑的高尚精神品质；形成了政治平等、官兵一致、尊干爱兵、团结互助的良好内部关系。但是，在改革开放和发展社会主义市场经济中，社会上一些不正之风和拜金主义、享乐主义、利己主义等不良现象，也深深地影响和困扰着军营。崇拜“金钱万能”的信条，追求名利，贪图享受，讲求实惠的思想在一些官兵中有所滋长，使长期坚持和信守的正确的人生追求和价值观念发生了动摇，良好的军队内部关系不同程度地受到了冲击，甚至发生了扭曲。如何建立起一个良好的部队内部人际关系环境，是部队当前和未来一段时间内的重要工作。

（一）部队人际关系中的不正常现象

1. 部队中人际关系出现“物化”现象

在一些官兵中，由于受商品意识和社会上消极颓废观念的影响，“利益至上”、“利益永恒”的思想开始滋长，团结互助的精神有所削弱。有的信奉“关系是财富，人情是资源”的庸俗关系学，把有地位、有权力的人作为交往的重点，把正常的工作关系变成了交换、利用关系，似乎在市场经济条件下，人与人之间的关系就是互相利用的等价交换关系，这也是一些干部、骨干不敢大胆管理、严格要求的重要根源。

2. 官兵关系中的反常现象

在一些基层干部中，由于受社会上一些不正之风和“官本位”思想的影响，滋长了当官做“老爷”的坏风气，爱兵观念淡化，官兵关系出现了一些极不正常的现象。有的干部对战士缺乏父母心、兄长情，对战士的政治进步、身心健康和实际问题不关心、不过问，而接受战士的“关心”却甚多；有的干部“离兵”现象严重，对战士的情况不了解，不知道战士在想什么、需要什么，有什么困难和要求，而战士对干部的情况却了解得一清二楚；有的干部不能公道正派地处理战士中的各种问题，诸如对战士正常的探亲休假，不是根据实际情况合理安排，而是搞亲疏厚薄，甚至变相收受战士的礼物。

3. 军地交往增多，人际关系复杂

军队作为一个特殊的社会群体，不可避免地需要进行社会交往和联系。随着改革开放的深入和人们交际意识的增强，军地交往的渠道也将越来越多，联系越来越广。发展军地之间的正常交往，开展军民共建活动，有助于官兵了解改革开放带来的巨大变化，增强官兵对改革开放的信心，促进思想解放和观念更新。但随着经济杠杆和利益原则在社会生活中的驱动作用明显加大，官兵与地方一些不必要的私人交往日益增多，方式也发生了新的变化，呈现出对外交往频繁化、生活方式社会化和个人行为多样化的现象。

（二）改善官兵之间人际关系的有效途径

影响官兵关系的原因是多方面的，从干部角度出发，有的因为事业心、责任心不强；有的缺乏带兵经验；有的态度不端正等。从士兵角度看，受到社会上一些不正当的人际关系观念的影响，将这些思想带入部队。这些都可能造成部队内部人际关系的破坏和失衡，建立和谐、向上的人际关系是建设一支有战斗力部队的重要保障。

1. 克服“长官”心理

官兵关系不够密切的单位，往往是由于一些干部的长官意识、缺乏感情沟通造成的。忽视官兵关系的改善，把官兵关系变成一种单纯的主从关系，淡化了干部与战士的感情。克服这类“请示”心理，必须深刻认识密切官兵关系的重要性，时刻牢记士兵是军队的主体和基础，是战斗力的源泉。坚持官兵一致，密切官兵关系是我军的优良传统，也是新时期对广大干部提出的客观要求。在密切同战士的联系中，基层干部要树立正确的官兵关系思想，从保证部队政治上永远合格和部队高度稳定的战略高度，搞好官兵关系，增强紧迫感，打牢官兵关系的基础。

2. 树立正确的舆论导向和良好军营文化氛围

良好的官兵关系，必须依靠官和兵的共同努力。基层部队需要树立正确的舆论导向，强调团队合作的重要性，督促官兵为建立起一个融合、和谐的人际关系而努力。同时，要强调基层连队的科学管理理念，干部应该更加人性化地对待士兵，多激励、少惩罚，多期待、少指责，多鼓励、少泼冷水。在某个基层部队的小范围内建立起融洽、和谐的人际关系氛围，形成健康、向上的军营文化氛围，抑制和拒绝社会上一些腐朽、变质的人际关系观念。

3. 严格遵守部队中有关法规、制度

在军营中处理人际关系，特别是上下级人际关系时，必须严格遵守有关条令条例和规章制度。干部要坚持“双四一”活动中的谈心制度、思想汇报制度、思想分析制度和经常性思想教育制度，坚持和战士实行“五同”，真正做到知兵爱兵。要坚持好尊干爱兵“双六条”①，消除影响官兵关系的“土政策”、“土规定”。坚持做到把官兵、兵兵之间的团结建立在严格管理、严格要求的基础上，纠正官兵、兵兵之间感情淡漠、关系庸俗、小团体等不良倾向。克服搞无原则的团结，以迁就迎合求团结的问题。

---

① 《内务条例》中的“双六条”：

在爱兵方面——军官要严格管理；关心士兵的成长和进步；妥善处理与士兵的矛盾；尊重士兵的权力；对士兵一视同仁；关心士兵的生活。

在尊干方面——士兵要做到尊重军官，服从管理；忠诚老实；勇于承认和坚决改正错误；不搞极端民主化；不搞绝对平均主义；关心连队建设。

思 考 题

1. 小说《水浒传》中梁山泊108条好汉组成的是否是一个团体？为什么？
2. 如何正确认识冲突产生的原因及处理方式。
3. 什么是沟通？沟通的基本过程如何？
4. 管理沟通与管理其他主要职能之间的关系是什么？
5. 正式沟通渠道有哪些？怎样更好地发挥正式沟通渠道的作用？
6. 简述非正式沟通渠道的主要样式及非正式沟通的作用和危害。
7. 管理者应怎样看待和管理沟通？
8. 什么是人际反应特质？简述霍尼的人际关系观点。
9. 简述人际关系平衡的种类，并举例说明。
10. 参考下表分析沟通的优化方法：

<table>
<tr><td rowspan="2">沟通的优化</td><td colspan="2">基本概念：正式沟通　非正式沟通　非语言沟通　上行沟通　下行沟通　平行沟通</td></tr>
<tr><td>分析：沟通的要素和内涵
沟通中存在的障碍及改善
沟通时的心理状态</td><td>沟通的分类和特点
沟通渠道和沟通网络
相互作用理论</td></tr>
</table>

11. 结合你所在的学员队的实际情况，利用所学的人际关系方面的知识，分析如何创建良好的学员队人际关系氛围。

第八章　控　　制

控制是管理的基本职能之一，有效的控制是各项活动顺利进行的有力保障。控制与管理是两个不同的概念，不能将其混同起来，管理具有更加广泛的内涵，控制仅仅是管理活动的一种形式。同其他管理职能相比，控制具有不同的性质、内容和方法，而且控制与其他管理职能之间有密切的关系。对于部队管理而言，控制表现得更加明显和重要，可以说处处都存在控制活动的身影。本章主要讲授控制职能的定义、手段、类型、方法以及如何有效实施控制。

本章重点

- 控制的例外原则与关键点
- 控制的基本过程
- 控制的类型
- 安全管理的重要性
- 部队安全管理
- 如何实施有效控制

第一节　控制的内涵

一、控制的一般概念

（一）控制的含义

控制是指接受内部与外部反馈信息，按既定的计划、目标与标准对各项工作进行监督、检查，发现偏差并予以纠正，使之按计划进行或做出调整，确保组织目标实现的管理活动。通过控制活动，将目标与计划转化为现实的一个过程。从定义中不难看出，控制包括几层含义：①检查、验证；②与标准进行比较；③行使职权予以干涉；④进行调整或调节。

控制与其他管理职能的关系十分密切：

1. 控制与计划的关系

计划是控制的前提，计划提供了进行控制的标准和评估绩效的准则，同时也明确了进行控制的关键点。只有对照计划中制定的各项标准，控制才能有的放矢。没有计划就没有控制，计划越周密，标准越清晰具体，控制就越容易实施；而控制工作越合理、高效，计划目标的实现就越有保障。孔茨在其《管理学》一书中形象地将计划和控制工作看成是一把剪刀的两刃，没有任何一刃，剪刀都无法发挥其基本的功能。控制的实质强调一个事实，即控制的设计越是能反映计划，并同计划的特性和组织的结构相适应，则越能够服务于管理的需要。

2. 控制与组织的关系

实施控制的部门和个人都是组织中的一员，完善的组织结构是成功开展控制工作的必要条件。组织结构越健全合理，适应完成计划目标的要求，在实现目标的组织活动过程中，控制就会变得顺利、高效；而控制工作尤其是人事方面的控制，直接关系到组织结构和体系健全和完善。所以在组织内进行组织结构设计，职能职权划分等工作时必须要考虑保证控制活动的有效实施。

3. 控制与领导的关系

重要的控制工作往往由组织中的领导者来实施。领导者领导水平的高低和指挥的正确与否，直接关系到控制的合理性与有效性，进而影响到组织目标的实现；而控制能力的强弱也是考核领导绩效、衡量领导水平的一个重要指标，甚至是关系到领导选拔的重要尺度。

（二）控制的前提

一般来说，一个组织中管理过程的第一步是制定计划，然后是组织和领导计划的实施。但计划实施的结果如何，计划目标是否得以顺利实现，甚至计划本身制定得是否科学？有效的控制工作可以揭示这些问题。作为一项管理职能，控制是指按照计划标准衡量计划的完成情况并纠正计划执行中的偏差，以确保计划目标的实现。

当计划付诸实施后，控制工作对于衡量计划的进度、发现计划执行中的偏差和确定要采取的措施等是十分必要的。同时，在必要的时候，控制能随时确立新的计划和目标，使之更符合组织自身的资源条件和环境的变化。

组织内任何形式的控制都要有一定的前提条件。控制的前提条件主要包括三个方面：

1. **控制要有计划**

控制的主要任务是保证计划和目标的实现，控制是以预先制定的计划和目标为依据的，计划制定得越是明确、全面和完整，控制的效果也就越好。计划和控制是相互依存的，计划是控制的前提和依据，控制是计划实现的保证。

2. **控制工作的完成要有明确的组织机构和明确的责任人**

在控制过程中一旦出现偏离计划的情况，管理人员就必须知道问题出在哪里，应当由谁负责并采取纠偏措施。因此组织在进行结构设计时需要考虑设置专司控制职能的组织机构，同时需要建立和健全规章制度来指导控制工作的具体实施。同时，控制工作关系到组织目标实现的具体操作，需要针对关键的控制点和控制工作指派专人负责。

3. **控制要有信息反馈**

如果没有将计划执行后的信息进行反馈，管理者就无法将预期目标与实际完成情况进行比较，也就无法采取下一步的控制措施。信息反馈的速度和准确性是决定实施控制的关键，它直接影响到控制的效果。因而组织中必须设计并维护通畅的信息反馈渠道，以保证控制的有效实施。

二、控制的重要性

控制活动对确保组织目标的顺利实现有着重要的意义。在实现目标的这个进程中，会受到各种各样因素的影响，会有许多意想不到的事情发生。所以，在现实管理活动中，在实现目标的过程中，几乎无法避免地偏离预定的轨道。这就意味着作为管理者，必须随时随地地来检测组织的运行情况。如果发生偏离，就要及时地把出现误差的环节和进程拉回到一个正常的轨道上来。

（一）重要性

1. **组织活动的复杂性**

现代各种组织的规模和内部结构日益庞大和复杂，每一个组织要实现预期的目标，都必须从事一系列复杂的活动。大型的、多元化的、跨地域的组织等都要求持续和适当地应用控制系统来衡量效果，以保证各项工作紧紧围绕目标进行。

2. **组织环境的快速变化**

组织的目标和计划是在特定的时间、特定的环境下制定的，但组织的环境是不确定的和快速变化的。环境的变化要求不断地对组织的计划进行评估和再评估，以使计划更适应变化了的环境，因此必须建立控制系统来帮助管理者监察对组织活动有重大影响的变化，及时了解变化的程度和原因，把握计划与实际发生偏差的程度和原因，从而采取有效的行动。

3. **管理失误的不可避免及防微杜渐**

任何管理者都不可避免地要出现一些失误，认识并纠正错误是管理水平提高的关键，也是组织发展的必要前提。控制是组织发现问题、纠正错误的有效手段，并且可以有效地阻止小错误累积成大问题，使管理者在酿成大错前及时地亡羊补牢。

（二）控制工作的目标

在现代管理活动中，控制工作的目标主要有两个：

1. **限制偏差的累积**

一般来说，工作中出现偏差是不可避免的。较小的误差有时不会影响到目标的实现，但小的偏差、失误在较长时间里会积累放大，并最终对计划的正常实施造成威胁。因此控制应当能够及时地获取偏差信息。

2. **适应环境的变化**

从计划的出台到目标实现总是需要相当一段时间。在这段时间内，组织内部的条件和外部环境都可能会发生一些变化，如果无法及时调整计划和目标，则很可能对组织造成极大的损害。控制工作可以根据变化了的外部环境情况，将计划中需要调整的部分及时反馈给相关的管理部门和人员，以确保能够及时调整计划和目标来适应这种变化。构建有效的控制系统将有助于管理人员预测和把握这些变化，并对由此带来的机会和威胁作出反应。

除了目的性这一突出的特点外，控制还具有以下特点：

（1）控制具有整体性——这包括两层含义：一是管理控制是组织全体成员的职责，二是控制的对象是组织的各方面工作。

（2）控制具有动态性——标准、方法不能固定不变，控制的关键环节也会随着科技的进步而发生变化，应动态提高控制活动的适应性及有效性。

（3）控制是对人的控制并由人来控制——首先是对人的控制，而又要靠人来完成执行。

三、控制关键点原则和例外原则

标准是衡量实际绩效与预期绩效的尺度。在传统的经营活动中，由于组织成员少、工作流程清晰、产品结构简单，管理人员往往自己通过亲身仔细地观察就能完成控制职能的工作。随着经验活动的越来越复杂，每个管理人员无法亲自完成所有的检查工作，这就要求必须选择一些特别重要的控制点，对这些控制点给予重点检查，以确保组织正常的运转。

（一）控制的关键点原则

很多管理人员都希望能够对所管理的人员和工作进行全面的控制，但是由于组织中的活动往往错综复杂，无论从经济的角度还是从效率的角度，全面的控制既无必要，也不可能。“次要的多数，重要的少数”是社会经济活动中普遍存在的现象。事实上，只要对几个关键因素进行重点控制，就能达到对组织的有效控制，起到事半功倍的效果。在控制工作中突出重点，也是提高控制效率，以最小的代价达到控制目的的需要。

意大利著名的经济学家、管理学家帕累托（W. Pareto）在研究经济问题时发现了著名的“帕累托收入分配定律”，也被称为“80/20”法则，这一现象在商业界、管理领域和日常生活中处处可见：

- 20% 的产品或者 20% 的客户，涵盖了企业约 80% 的营业额；
- 20% 的罪犯占所有犯罪行为的 80%；
- 20% 的不遵守交通规则的司机，引起了 80% 的交通事故；
- 世界上约 80% 的资源被世界上 15% 的人所消耗；
- 一个国家的医疗卫生体系中，20% 的患者或 20% 的疾病，占用了 80% 的医疗资源。

这方面的调查数据很多，也说明了一个问题，世界上许多事务的成败往往取决于少数关键环节；而许多失败则往往是由于一个环节的失误所带来的，因此，需要我们特别关注关键点的控制问题。

选择控制的关键点是决定控制效率和效果的关键，如果关键点设置过多，则可能造成管理人员疲于奔命，身陷于日常繁琐的工作中；关键点设置过少，许多重要的偏差都没能得到及时发现和解决，给组织带来巨大的危害；关键点设置的不合理，“关键”的环节没有被关注，反而是“非关键”的场合下足了功夫，结果可想而知。

所选的控制点应当是关键性的，包含了两个方面的含义：（1）它们是经营活动中的限制因素；（2）明显有利的因素（无论计划是否制定）。有了这些关键点及相应的控制标准，管理人员便可以管理更多的下属，从而扩大管理跨度，节约管理成本，改善信息沟通等。

选择关键控制点的能力是一门艺术，并不是所有的人都能胜此大任，健全的控制取决于关键点的选取，所以控制中的关键点选取和标准制定，一方面可以借鉴“国家标准”、“行业标准”、同类企业的实际做法和自己组织积累的经验。在选择关键控制点时，可以通过回答下面几个问题来逐步细化：

- 什么是直接影响组织目标实现的因素？
- 当没有完成组织目标时，哪些能够最清晰地反映情况？
- 能最佳地衡量关键点偏差的情况是些什么？
- 谁对失误负责？
- 哪些标准容易量化？哪些关键点的控制最经济？

（二）控制的例外原则

控制的例外原则是指在所确定的控制关键点、控制标准之外，仍有诸多事前无法判断的事故发生，这些例外的事件的处理往往无章可循，但是又会对组织目标的实现造成眼前或者长远的危害，需要特别的关注和对待。一般来说，控制人员越是只注意一些重要的例外偏差，也就是说越是把控制的主要注意力集中在那些超出一般情况的特别好或特别坏的情况，控制工作的效能和效率就越高，因为这从一个侧面说明常规的关键控制点上没有发生偏差。在实际工作中，强调例外要与突出重点结合运用，尤其应关注关键问题上的例外情况。

但是在日常控制活动中，不能只关注例外事件，凡对达到组织目标没有重要意义的项目与事务，不应该经常核查，而只是应以防止情况恶化为限。它应该严格地用“例外”来控制。即应该树立一种标准，定期地进行衡量，并且只是进行抽样衡量，只有当情况比较明显地与标准出现偏差时才予以控制。控制的重点应放在对组织目标有重要意义的项目与事务上。

在实际工作中，例外原则必须与控制关键点的原则并举，是控制同时满足效率和效果两个方面要求的最重要方法之一，确保设计的控制系统能够明确地分辨哪些是关键点控制问题，哪些属于例外处理问题，管理人员更多关注计划执行方面的例外情况。如果是时常出现同一例外情况，则说明该组织的控制设计出了问题，需要及时纠正。

第二节　控制的基本过程

控制过程一般可概括为三个步骤：为应实现的目标和应完成的任务制定标准；对照标准衡量实际工作；若存在偏差，找出产生偏差的原因，采取纠正措施。通过控制，才能使管理活动成为一个首尾相连的闭环过程，没有控制，就意味着管理工作有始无终。图 8－1 为控制的基本过程。

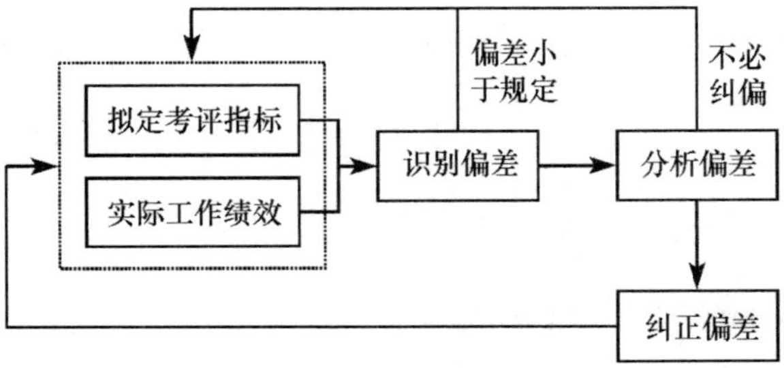

图 8－1　控制的基本过程

一、制定标准

如何知道事情是否正在按计划进行呢？好比锻炼身体，将保持身体的健康看作是一种计划，怎么知道身体是不是健康呢？到医院进行一下常规的体检就能知道。进行体检就需要有一定的指标和标准，例如体重、血压、血脂等等，正常的血压在 80～120 之间。管理也是如此，要有一个判断事情是否正在按计划进行的尺度，控制首先要从设定尺度和指标开始，这个环节叫做建立控制的标准。标准是衡量实际工作绩效的依据和准绳，它来源于组织目标，却不等同于组织目标。制定标准是控制工作的基础和起点。

控制标准的制定主要有以下三个过程：确定控制对象、选择关键控制点、制定控制标准。

1．确立控制对象

控制首先遇到的问题是“控制什么”。理想的情况是，管理者对影响组织实现其目标的因素进行全面的控制，但是这种做法往往是不现实的和不经济的。控制应选择那些对组织的目标实现有重大影响的因素作为重点控制的对象。影响组织目标实现的主要因素有环境特点及其发展趋势、资源投入、活动过程。

2. 选择关键控制点

对关键控制点的正确选择是良好控制的源泉。对关键点的选择，一般应统筹考虑如下三个方面：会影响整个工作运行过程的重要操作与事项；能在重大损失出现之前显示出差异的事项；若干能反映组织主要绩效水平的时间与空间分布均衡的控制点。

3. 制定控制标准

控制标准可分为定量标准和定性标准两类。定量标准又可细分为实物量标准、货币标准、时间标准、综合标准等。定性标准主要反映组织形象、服务质量等方面的状况，一般难以量化。任何一项具体工作的衡量标准都应该从有利于组织目标实现的总要求出发来加以制定，因此需要有针对性地对需要重点控制的对象和关键控制点制定合理的控制标准。常用的制定标准的方法有三种：统计方法、经验估计方法、工程方法。

在控制标准的制定过程中，应注意以下几个方面：（1）便于对各部门的工作进行衡量；（2）有利于组织目标的实现；（3）与未来的发展相结合；（4）尽可能体现出一致性；（5）经过努力可以达到；（6）具有一定的弹性。

二、衡量实际工作绩效

假如组织正常管理活动中的偏差都能在产生之前就被发现，管理者就可以预先采取必要的措施，防止这种偏差的出现并取得良好的效果。这是一种理想的控制与纠偏的方式，但并非所有的管理人员都有卓越的见识能预估出问题，在客观条件的限制下，最满意的控制方式就是：必要的纠偏行为能在偏差产生之后迅速采取。为此，要求管理者及时掌握能够反映偏差是否产生，并能判定其危害程度的信息。

标准是衡量业绩的工具，衡量实际工作的关键是及时获取有关工作成果的真实信息，一般是通过口头和书面汇报、直接观察和抽样检查三种方法取得信息。管理者在准备实施衡量工作时，应确定衡量的主体、衡量的对象、衡量的方法、衡量的频率等具体内容，并建立科学可靠的信息反馈系统，以确保衡量工作的开展。

衡量的结果一般来说有两种：工作正在按计划进行、工作的进程与计划存在着差距。假如工作正在按计划进行，保持继续进行就可以了。假如工作没有按计划进行，就意味着实际的进程与计划之间存在着偏差，就要进行纠偏工作。

通过衡量实际工作还能起到检验标准的客观性和有效性的作用。利用预定的标准为依据来衡量实际工作时发现偏差，偏差到底是执行中出现的问题还是标准本身存在问题呢？因此，可以根据对实际工作绩效的衡量情况不断地检验和修正控制的标准，以提高控制工作的实际效果。

三、识别和分析偏差

1. 找出产生偏差的主要原因

实际上并非所有的偏差都会影响企业的最终成果，有些偏差可能是由于计划本身和执行过程中的问题造成的，而另一些偏差则可能是由于某些偶然、暂时、局部性的因素引起的，因而不一定会对组织活动的最终目标产生重要影响。因此，在采取纠偏措施之前，必须首先对反映偏差的信息进行评估和分析，找到造成偏差的主要原因。

2. 进行偏差辨识和分析

在管理控制过程中，需要予以矫正的不仅是组织的具体活动，也包括指导这些活动的计划或事先确定的衡量这些活动的标准。调整计划目标或控制标准的原因是：原先的计划或标准制定得不科学，在执行中发现了问题；由于客观环境发生了预料不到的变化，原来被认为是正确的计划不再适应新形势的需要。

在识别和分析偏差中需要注意的是，有时产生了偏差并不意味着需要纠偏，如图 8－1 所示的控制过程中，如果产生的偏差仍属于允许的范围内，则不必直接采取纠偏措施；当产生的偏差有利于组织目标的实现时，也不必对其进行纠正。一般来说，采用纠正偏差的方案则会扰乱现有的工作，会影响组织目标的实现，所以何时采取纠偏措施以及实施的力度都需要慎重考虑。

四、纠正偏差

对实际工作成效加以衡量和分析产生偏差的原因之后，下一步就采取矫正措施；如果没有偏差，则宜首先分析控制标准是否有足够的先进性，在认定标准水平合适的情况下，将之作为成功经验进行分析总结，以用于今后的或其他方面的工作。

在对偏差原因作了深入透彻的分析并确定了纠偏的对象后，管理者就要确定适当的纠偏措施。具体的纠偏措施通常有两种：一是临时性的应急措施；另一种是永久性的根治措施。对那些可能迅速解决的、直接影响组织正常活动的急性问题，多数应立即采取行动，确保按期完成任务。危机克服后，可转向针对问题产生的原因的根治措施，以消除产生问题的深层次的原因。

在控制措施的选择与实施的过程中，管理者需要注意的问题主要如下：保持矫正方案的双重优化：第一重优化：纠偏的成本应小于纠偏可能带来的损失；第二重优化：在第一重优化的基础上，通过对各种纠偏方案的比较，找出其中追加投入最少、成本最小、解决偏差效果最好的方案来组织实施；充分考虑原有计划实施的影响；注意消除组织成员对矫正措施的疑惑。

第三节　控制的类型

控制的类型很多，最为常用的有如表 8－1 所示的几种分类。

表 8－1　控制的类型

分类原则	控制类型
按控制活动的性质划分	预防性控制、更正性控制
按控制点的位置划分	事前、事中、事后
按采用的手段划分	直接、间接
按控制来源划分	正式组织、群体、自我

一、预防性控制和更正性控制

1. 预防性控制

预防性控制是指为了避免在管理活动中产生错误，又可以降低由于更改或者纠正活动所带来的损失而采取的一系列预防性的措施。例如人类与天花病毒对抗的历史非常悠久，到了近代发现了人体内植入牛痘可以有效地避免感染天花病毒，才基本上在世界范围内消灭了天花。这就是一个典型的预防性控制的例证，现代医学对于许多疾病都没能找出有效的治疗办法，但是发现更多的疾病是可以通过进行人工免疫的方式予以抵抗的，这样不但降低了人们患病的风险，同时也大幅度降低患病后给个人和社会带来的负担，这也是进行控制所希望达到的最高标准，即避免在造成危害后才着手调整，尽量防患于未然。大到国家，小到公司、企业，都有成文的规章、制度、条例，这些条文一方面有利于在出现违规现象时提供权威的标准，更重要的是要让相关人员理解基本的条文内涵，尽量约束自己的行为不要触及这些条文中的“高压线”。一般的新成员进入组织的时候都要进行岗前培训，学习规章制度、工作程序、公司文化等等；新兵入伍以后要求学习三大条令，服役期间还要经常深入学习各种条令条例；国家通过媒体进行的普法宣传都是希望能够起到预防性控制的作用。

2. 更正性控制

相对于预防性控制而言，更正性控制在组织的一般管理中出现得更加普遍，其目的也非常明确，当检查出日常的活动中出现偏差后，予以调整使其返回到预先确定的或者所希望达到的水平上。例如在某高校的教学课堂上发现了一个严重的问题——上课时睡觉的学生非常多，影响了正常的教学秩序，直接导致教学质量下降，如何找到有效的应对措施，并及时制止类似事情的发生，保证教学目标的实现，需要及时采取纠偏措施。如上课时教师注意授课形式多样化，吸引学生的注意力；课堂上教师多提问，与学生互动或者喊醒瞌睡的同学；另一方面可以从学生的角度去分析：加强夜间就寝时的管理，严格禁止深夜在寝室玩游戏，保证学生睡眠等。更正性控制非常普遍，也是管理者最常使用的控制方法，与预防性控制相比，其实施难度相对较小，而且“具体问题具体分析”“就事论事”，可以较好地解决眼前的问题；但是更正性控制一般是在组织活动中出现偏差后所采取的行动，会给组织带来一定的损失，有时甚至可能导致组织目标无法实现。而预防性控制虽然难度较大，需要经过长期的培养和规范，前期投入较多，难以立即见效，但是从组织和社会长远发展来看，实施预防性控制会带来更大的收益。

二、事前、事中和事后控制

事前控制、事中控制与事后控制一般也称为前馈、现场和反馈控制。根据控制活动的位置，即侧重事务进程的某一阶段，可分为事前控制、事中控制与事后控制。

1. 事前控制

事前控制又被称为预先控制或前馈控制，是指在偏差发生前，预测并采取措施防止可能发生的偏差，将可能的偏差消除于产生之前。事前控制有一个假设：在控制之前已经详细掌握了控制的关键点以及响应的标准，如对一个生产

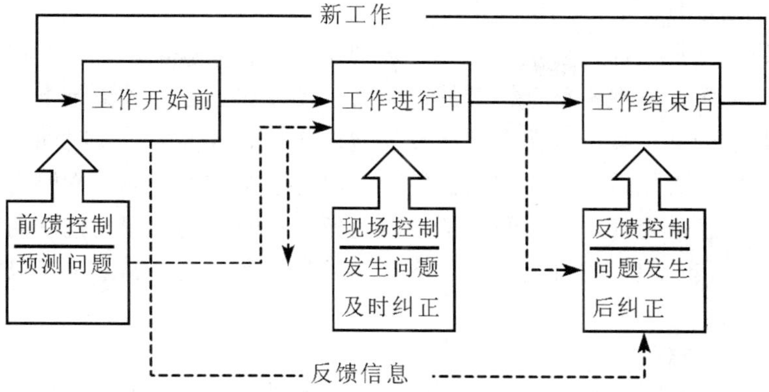

图 8－2　按控制点的位置划分控制类型

企业而言，对某个生产周期的原材料消耗定额、产品质量标准、生产活动中所需的人员数量和质量、资本数量、生产周期、交货时间节点等各方面均有一个全面系统的掌握，然后根据科学的计算分析哪些原材料缺乏，哪些有富余，缺少哪方面的专业人才，哪些机器设备需要更新或者维修等等，这些活动都在实际的生产活动之前进行，其目的就是保证正式生产活动开始后可以顺利运转。前馈控制一般需要掌握组织全面的信息，并且需要有系统全局的观点，能够准确把握组织运行过程中的关键环节，事前对需要重点监控的具体环节和标准进行重点分析，采取尽可能降低产生偏差的活动方法。

事前控制优点是：可防患于未然；适用于一切领域的所有工作；针对条件的控制，不针对具体的人，易于被接受并实施。其缺点是：需要大量准确信息；对过程要了解；及时了解新情况及活动中出现的问题。事前控制的工作量非常大，相应的投入较多，往往由于事前控制不能为组织带来直观的“效益”，而往往被高级管理者所忽视。从管理学的角度分析，事前控制是最佳的控制方式，因为可以避免由于偏差给组织所带来的损失，确保组织目标的顺利实现。

2. 事中控制

事中控制是监督现场，对正在进行的工作及时采取纠正措施，保证按预定的计划办事。它有监督和指导两项职能。监督是指按照预定的标准检查正在进行的工作，以保证目标的实现。指导是指管理者针对工作中出现的问题，根据自己的经验指导下属改进工作，或与下属共同商讨矫正偏差的措施以便使工作人员能够正确地完成所规定的任务。具体的内容包括：（1）向下属人员指示恰当的工作方法和工作过程；（2）检查监督下属人员的工作；（3）发现不符合标准的偏差时，立即采取纠正措施。

在部队日常训练过程中，常常采取到现场控制。连长、排长直接在训练第一线检查工作，发现不符合标准的行为后，及时纠正处理或记录下来，作为士兵考核的记录项。其优点在于有指导职能，并且时效性强，及时纠正偏差，避免偏差积累扩大化后造成更大的损失，可提高被监控人员的工作能力及自我控制能力。缺点是受管理者时间、精力、业务水平的制约，现场控制的应用范围较短，易形成心理上的对立。因此不可能成为日常性的控制办法，只能是其他方法的补充。

3．事后控制

事后控制有别于现场控制，是在工作结束或行为发生之后，将结果的信息反馈到有关部门，再与目标或标准对比，发现偏差，找出原因，采取措施或做出调整。传统的控制方法多属于事后控制。如某连队在大比武中名落孙山，事后进行总结，找出造成比武过程中出现失误和不足之处的原因，并分析和找出解决办法，在今后的日常训练过程中加以改进。

事后控制的优点是：总结规律，为组织开展下一步的工作创造条件，实现良性循环，提高效率。其最大弊端是：实施措施前偏差已产生，造成的损失往往无法挽回。

三、直接和间接控制

按所采用的手段，可以把控制划分为直接控制和间接控制两种类型。直接控制是指控制者对被控制对象直接进行控制的形式，间接控制是指控制者与被控制对象之间并不直接接触，而是通过中间媒介进行控制的形式。

1．直接控制

在现代经济活动中，直接控制可以理解为通过行政手段进行控制，它是一种直观的、也是最简单的控制方法。直接控制的优点在于：可以促使主管人员主动地采取纠正措施并使其更加有效，有利于建立主管人员的威信和信任，有利于组织目标的顺利实现。但是，直接控制的办法往往不能使整个系统的效果最优。因为，直接控制忽略了组织中人的因素，不利于下级积极性、创造性的发挥；信息太多以致无法全面科学地处理；信息反馈容易引起时滞现象。因此，直接控制的应用局限在某些特殊的领域和情况。

2．间接控制

在现代经济活动中，习惯上把利用经济手段进行控制称为间接控制。经济杠杆通常是指税收、信贷、价格等经济措施或经济政策。间接控制是相对于直接控制来说的。在组织内部，将奖金与绩效挂钩，运用思想工作手段，形成良好的风气和正确的价值观，都可以有效地控制组织成员的行为，这些都属于间接控制的范畴。间接控制的方法由于有效地减少了需要处理的信息量，调动了企业中人的积极性，有利于整个经济系统达到更优的效果。

四、正式组织控制、群体控制和自我控制

按照控制来源可以把控制分成正式组织控制、群体控制和自我控制。

1. **正式组织控制**

正式组织控制是由管理人员设计和建立起来的一些机构或人员来进行的控制。规划、预算和审计部门是正式组织控制的典型例子。组织可以通过规划来指导组织成员的活动，通过预算来控制支出，通过审计来检查各部门或个人是否按规定进行活动。一般来说，正式组织控制的主要内容有实施标准化，保护组织的财产不受侵犯；质量标准化，防止滥用权力，对职工的工作进行指导和衡量，以及确保组织的生存和发展等。

2. **群体控制**

群体控制基于群体成员的价值观念和行为准则，它是由非正式组织发展和维持的。非正式组织的行为规范虽然没有明文规定，但是对群体成员具有很大的约束力。正确认识和准确把握非正式组织对于其成员的约束和规范，可以利用其有益于正式组织目标实现的部分来进行良好的人员行为控制。群体控制是一把双刃剑，处理得好则有利于组织目标的实现，处理得不好可能会给组织带来很大的危害。

3. **自我控制**

即个人有意识的按照某一行为规范进行活动，这是由个人本身的素质决定的。当组织成员的素质普遍较高时，应充分利用组织成员的自我控制，给予组织成员个人充分的信任和授权，发挥组织成员的主观能动性。自我控制运用得当，不仅能大幅降低控制成本，而且能取得良好的控制效果。

以上三种控制方法，有时相互一致，有时又互相冲突。有效的控制系统应根据组织文化和特点，综合利用三种控制方法，使它们保持相互一致。

第四节　控制的方法

在组织活动中控制无处不在，与计划、组织、领导之间的关系密切，可以说每一项职能都需要通过控制才能够有效地实施和推动。本节就组织中常见的一些控制方法和手段进行简单的介绍，主要包括财务控制、人员控制、生产和库存控制、质量控制、成本控制、信息控制等。下一节还会就一个重要的控制方面的内容——安全管理进行重点分析。

一、财务控制

（一）预算控制

预算是政府部门和企业使用最广泛的控制方法。预算就是用数字，特别是用财务数字的形式来描述组织未来的活动计划，它预计了组织在未来时期的经营状况和现金流量，同时也为各部门或各项活动在资金、劳动、材料、能源等方面规定了预计支出的额度。通过预算，可使组织的计划具体化、数字化，从而易于控制。

预算的种类很多，主要有收入预算、费用预算、利润预算、现金预算、资本支出预算以及可变预算等。这些预算一般都用货币作为计量单位，如收入、支出和投资预算等。但有时也有用实物计量单位表现的，如产量等。

预算控制是以编制预算为基础，执行和控制企业经营的各项活动，并比较预算与实际运行的差异，分析差异产生的原因，然后对差异进行纠正。通过编制预算，可以明确组织中各个部门的目标，协调各部门的工作，评定各个部门的工作业绩，控制企业日常的经营活动。预算作为一种有效的控制工具，具有很明显的优点：第一是明确具体，各项工作成果均数字化了，使人一目了然；第二是控制方便，因为任何活动都最终会反映到财务上，都需要用钱；第三是既便于授权，又保证不会失去控制。凡预算内批准的项目，即可授权下级处理。

当然，预算也存在一些问题，通常是预算偏大、偏细、偏死，造成的后果是资金浪费，捡了芝麻丢了西瓜，只对预算负责而不对目标和绩效负责，容易产生官僚主义。预算的几项不足之处：

（1）它只能帮助组织控制那些可以计量的，特别是可以用货币单位计量的业务活动。

（2）编制预算时通常参照上期的预算项目和标准，而忽视本期活动的实际需要。

（3）缺乏弹性，特别是涉及长时期的预算可能会束缚决策者的行动。

应当把预算视作一种工具，预算必须为任务和目标服务。在传统预算方法的基础上，结合企业组织的特点，灵活应用弹性预算、滚动预算和零基预算等方法，以适应不断变化的企业环境，既保证组织目标的实现，又能保证资金的合理运用，使企业获得最大的经济效益。

（二）审　计

审计是对反映组织资金运动过程及其结果的会计记录及财务报表进行审核、鉴定，以判断其真实性和可能性，从而为控制和决策提供依据。财务审计是以财务活动为中心，以检查并核实账目、凭证、财务、债务以及结算关系等客观事物为手段，以判断财务报表中所列出的综合的会计事项是否正确、报表本身是否可以信赖为目的的控制方法。财务审计不仅能保证经济组织所提供的财务报告真实地反映组织机构的财务状况，也能保证符合国家所颁布的有关财经政策和法令。根据审计机构和人员的不同，审计可以分为外部审计、内部审计和管理审计。

外部审计是由组织外部的机构和人员对组织的活动进行审计，着重体现国家或上级主管部门对社会组织的监管性，如国家针对大型国有企业派遣稽查员，会计事务所对上市公司进行年检等。通过外部财务审计，可以起到鼓励诚信、惩罚欺骗行为、保障经济秩序健康和稳定的作用。

内部审计是组织自身的审计部门进行的审计活动，目的是分析组织的运营情况，并能提出改进的建议。内部财务审计是组织控制的重要手段。它是检验现有控制系统能否有效保证完成既定目标的重要手段；它能够提供有关改进组织决策、工作程序和方法的合理化建议，从而更有效地实现组织目标；它使企业的控制系统更为完善，有助于企业进一步推行分权化管理。

管理审计是利用公开记录的信息，从反映组织管理绩效及其影响因素的若干方面将组织与同行其他组织或其他行业的著名组织进行比较，以判断组织经营与管理的健康程度。审计中主要考查组织管理绩效及其影响因素，包括：经济功能；组织结构；收入合理性；研究与开发；财务政策；生产效率；销售能力；对管理当局的评价等。

为保证财务审计工作的有效性，要求：审计工作必须符合国家的方针政策；审计部门应独立行使职权，不受任何外界因素干扰；应实事求是，对审计对象做出客观公正的评价。

（三）比率分析

比率分析就是通过计算实际的财务和经营的比率，并将其与目标值相比较来发现问题，及时采取提高或降低比率的措施。在企业经营活动的评价和控制中，常用的比率通常分为两大类：财务比率和经营比率。

1. 财务比率

财务比率主要用于了解和分析企业的偿债能力和盈利能力等财务状况。财务比率的指标主要有流动比率、负债比率和盈利比率。

（1）流动比率——是企业的流动资产与流动负债之比，是衡量企业短期偿债能力的常用比率：

$$流动比率=\frac{流动资产}{流动负债}$$

2）负债比率——是企业的总负债与总资产之比，反映在企业总资产中债权人提供的比重：

$$负债比率=\frac{负债总额}{资产总额}$$

3）盈利比率——是企业利润与销售额或全部资金等相关因素的比例关系，反映了企业从事某种经营活动的盈利程度及其变化情况。常用的指标有销售利润率和投资利润率。

$$销售利润率=\frac{净利润}{销售收入}$$

$$投资利润率=\frac{税前利润}{投资总额}$$

2. 经营比率

经营比率是反映企业经营状况的指标，显示企业经营效率的高低和各种资源的利用情况。常用的指标有市场占有率、库存周转率和固定资产周转率。

（1）市场占有率——是指企业的主要产品的销售额在该产品中的整体市场销售额中的所占的比重，反映企业在整个行业市场中的地位和竞争能力：

$$市场占有率=\frac{企业主要产品的销售额}{市场该产品的销售额}$$

（2）库存周转率——是销售总额与库存平均值的比例关系：

$$库存周转率=\frac{销售总额}{库存平均值}$$

（3）固定资产周转率——是销售总额与固定资产的比例，反映单位固定资产能够提供的销售收入：

$$固定资产周转率=\frac{销售总额}{固定资产总额}$$

二、人员控制

控制工作从根本上来说，最重要也最难的是对人的控制。人是组织中最关键的资源，其他几方面的控制都要靠人去实现。可以说，人员控制是管理控制中最主要的内容，现在许多组织都有人力资源部门，统一管理组织中的涉及人员招聘、培训、任职、考评、工资、晋升等各方面的内容。

由于人的行为是多种因素综合作用的结果，而这些因素很难精确描述，特别是使用定量化的指标进行描述。因此，人员控制是管理控制中较为复杂和困难的工作。人员控制的主要内容有：人员的选择与配备工作；工作与任务分析，并在此基础上设立个人目标；按照具体标准对个人行为和绩效进行评价；人员培训工作；人员调配工作等。其中，对人的行为和绩效进行评价最为困难。之所以对人的行为和绩效进行评价如此困难，一是很难建立起既客观又简明的绩效判断标准，再者大多数的工作都有不止一个的标准来衡量。人们通过不断的摸索，逐渐总结出一些可行的评价方法。常用的有如下几种：鉴定式评价方法，实地审查方法等。这些方法还是存在着一定的缺陷，只能说是尽量客观、准确地对人员的行为和绩效进行评价，以满足组织工作对人的要求。

三、质量控制

质量控制是企业生产经营过程控制的一个重要环节。它是对确定和达到质量所必需的全部职能和活动的控制，包括质量方针的制定及所有产品、过程或服务方面的质量保证和控制的组织和实施。其目的在于保证本企业所生产的产品或所提供的服务达到一定的质量水平，以满足顾客需求，维持甚至提高产品的市场占有率。通常需要对产品的质量特性，按一定尺度、技术参数或技术经济指标规定必须达到的水平，形成质量标准，作为质量控制的技术依据。质量控制的方法有很多，目前普遍采用的一种现代质量控制方法是全面质量管理。

全面质量管理主要有以下三个特点：

1. **实行全过程管理**

全面质量管理的基本思想是：优质产品是设计和制造出来的，而不是检验出来的。问题存在的阶段越靠前，对产品质量的影响越大。因此，它强调将质量思想和质量意识贯穿于用户调查、产品设计与开发直至生产、销售及售后服务的全过程中，实行全过程管理。

2. **全部工作保证**

对产品质量的控制不能只着眼于产品本身，而应着眼于产品赖以形成的全部工作及工作过程，对工作的质量进行控制，建立一个包括全部的相关工作或阶段在内的高可靠性的质量保证体系。

3. **全员参与**

全员参与要求组织的全体成员都要参与到质量管理中来。质量控制不仅仅是质量部门的事，它跟全体组织成员都有关。人是质量控制的核心因素，只有全面提高人的质量意识，树立质量思想，积极参与质量管理，才能真正收到实效。

四、成本控制

成本控制是在企业的生产经营活动中，根据一定的控制标准，对产品成本形成的整个过程进行经常性的监督和控制，从而将各种费用支出和劳动消耗控制在规定的标准范围内，实现企业的预期成本目标。成本控制一般有事前成本控制和计划执行过程中的成本控制。事前成本控制是在成本形成前对影响成本的因素进行事前规划、审核和监督，以严格控制相关费用支出。通常通过成本预测、参与决策、成本计划等工作来实现。计划执行过程中的成本控制是在成本形成过程中，对各种耗费进行日常的控制，以最终实现成本控制目标。

以上介绍了一些专门的控制方法，除此之外，还有一些综合性的控制方法，如网络分析技术等，这里就不再详述。

第五节 安全管理

一、安全管理的内涵

（一）安全管理

安全管理是指组织在实现组织目标的过程中，为保证人、财、物等要素处于正常的工作状态，所采取的一系列保障措施及管理方法。严格意义上安全是控制职能中的一个特殊组成部分，之所以对其进行重点分析，主要是因为随着社会的进步和经济的发展，对于构建一个健康、和谐、发展的社会的要求越来越高，组织的目标也不仅仅放在单纯的追求利润上，如何推动整个社会文明和进步，保障劳动和生产过程中的人身、财产的安全是所有组织的责任和义务。因此安全管理越发显得重要。

安全管理按照内容划分为：人员安全、财物安全、物资安全、保密安全等；按照行业划分为：电力安全、化工安全、建筑安全、机械安全、矿山安全、特种设备、冶金安全、消防安全、交通安全等。安全管理在组织活动中的重要作用和特殊地位也越来越被人们所认识和接受，我国已经开展了专门的安全评价人员资格认定制度，由国家安全生产监督管理总局负责对安全评价人员的管理，安全评价人员需要通过国家组织的专门考试才有资格上岗开展相应的工作。

（二）安全管理的重要意义

对于任何一个组织而言，安全往往都是放在首位的，因为无论一个企业创造了多么大的经济效益或者社会效益，如果与之相伴的是层出不穷的事故，警报不断的危险，则不可能保证这个组织长期健康的发展。从许多口号和标语中可以反映出安全管理对于一个组织的重要性："安全第一"、"高高兴兴上班来，平平安安回家去"、"连续10年无任何重大安全事故"等等。对于每一个行业和部门而言，安全管理的含义各不相同，但其追求的根本目标则基本一致——建立一个保证组织目标实现的良好的工作实施环境，以及与之相配套的规章制度。

对于部队来讲，无论是在平时还是在战时，安全管理都是各级机关和部队的首要大事，而且一般都是由一把手亲自负责，俗话说“安全无小事”，凸现了安全管理在部队日常管理中的特殊重要意义。一个部队在平时的训练、学习和生活中是否能够做到安全无事故，可以从一个侧面反映这个单位作风纪律等方面的水平，也可以作为衡量该单位战斗力强弱的一个标志。对于部队这类特殊的组织，强调能够快速地应对和处置突发事件，在处置过程中保证安全、及时地完成任务非常关键，因为在平时部队处理的都是关系到国家和人民生命财产安全的重特大事件，容不得有丝毫闪失；在战时则更加关系到一场战役的胜利，甚至关系到国家主权和领土完整。所以，安全管理对于部队能否履行其历史使命，完成艰巨的任务至关重要。

（三）我国开展安全管理的一些具体措施

在我国职业安全管理部门和工业生产企业中的各级安全管理人员以及基层安全技术干部，经过不断的探索和实践，创造和发展了许许多多行之有效的安全管理方法和技术。为此，介绍这些符合我国企业情况，已经得到广泛应用的管理方法和技术，对从事安全管理工作的人员一定会有启发和指导作用。

1. 三负责制

企业各级生产领导和个人在安全生产方面“向上级负责，向职工负责，向自己负责”。

2. 安全检查制

查思想认识，查规章制度，查管理落实，查设备和环境隐患；定期与非定期检查相结合；普查与专查相结合；自查、互查、抽查相结合。

3. 四查工程

岗位每天查一次，项目部每周查一次，安全部门每月查一次，单位每季度查一次。

4. 安全检查表技术

定项目、定标准、定指标、科学评分，定性与定量相结合的科学检查方法。

5. “11440 管理法”

1——以行政一把手负责制为关键；1——以安全第一为核心的安全管理体系；4——以党、政、工、团为龙头的四线管理机制；4——以班组安全生产活动为基础的四项安全标准化作业（基础管理标准化、现场管理标准化、岗位操作标准化、岗位纪律标准化）；0——以死亡、职业病和重大责任事故为零的管理目标为目的。

6. **“0123 管理法”**

0——重大事故为零的管理目标；1——第一把手为第一责任人；2——岗位、班组标准化的双标建设；3——开展三不伤害活动（不伤害他人、不伤害自己、不被别人伤害）。

7. **“01467 安全管理法”**

0——重大人身、火灾、生产、设备、交通事故为零；1——一把手抓安全，是企业安全的第一责任者；4——全员、全过程、全方位、全天候的安全管理和监督；6——安全法规标准系列化、安全管理科学化、安全培训实效化、生产工艺设备安全化、安全卫生设施现代化、监督保证体系化；7——规章制度保证体系、事故抢救保证体系、设备维护和隐患整改保证体系、安全科研与防范保证体系、安全检查监督保证体系、安全生产负责制保证体系、安全教育保证体系。

8. **“四全”安全管理**

全员——从企业领导到每个干部、职工（包括合同工、临时工和实习人员）都要管安全；全面——从生产、经营、基建、科研到后勤服务的各单位、各部门都要抓安全；全过程——每项工作的各个环节都要自始至终地做安全工作；全天候——一年 365 天，一天 24 小时，不管什么天气，不论什么环境，每时每刻都要注意安全。总之，“四全”的基本精神就是人人、处处、事事、时时都要把安全放在首位。

9. **“5S”活动**

指“整理、整顿、清扫、清洁、态度”。因为这 5 项的日语发音均以“S”起头，所以称为“5S”活动。是指通过人们的努力改变工作环境，养成良好的工作习惯和生活习惯，达到提高工作效率、提高职工素质、确保安全生产的目标。

（四）无隐患管理

隐患的基本概念：可导致事故发生的危险状态、人的不安全行为及管理上的缺陷。危险源是指技术系统中存在的各种能量形态的客观危险性。

隐患按隐患危险程度分为：一般隐患——危险性较低，事故影响或损失较小的隐患；重大隐患——危险性较大，事故影响或损失较大的隐患；特别重大隐患——危险性大，事故影响或损失大的隐患，如发生事故可能造成死亡 10 人以上，或直接经济损失 500 万元以上。按危害类型分：火灾隐患（占

32.2%)；爆炸隐患（占30.2%)；危房隐患（占13.1%)；坍塌和倒塌隐患（占5.25%)；滑坡隐患（占22.8%)；交通隐患（占2.71%)；泄漏隐患（占2.01%)；中毒隐患（占1.88%）等（据1995年劳动部安管局组织调查结果)。按表现形式分：人的隐患（认识隐患，行为隐患)；机器的状态隐患；环境隐患；管理隐患。

造成隐患的成因主要包括：国家及政府相应职能部门监察不力；行业自身管理职责不明；企业制度不健全；企业专项资金不落实。针对相应的隐患的管理方法包括：

1. 分类管理

根据劳动部门的有关规定，对国家大中型企业的隐患，按如下规定进行分类管理。

（1）政府管理

一般隐患——县市级劳动部门管理；重大隐患——市级劳动部门管理；特别重大隐患——省市级劳动部门管理。

（2）行业管理

一般隐患——厂级管理；重大隐患——公司管理；特别重大隐患——行业总公司管理。

（3）企业管理

进行分类、建档（台账)、班组报表、统计分析、适时动态监控。

2. 隐患辨识与检验

隐患辨识与检验的方法主要是：结合企业生产特点识别隐患状态及类型；采用仪表检测技术；运用自动监测技术；运用行为抽样技术等。隐患评估：隐患的评估就是要对隐患进行分级，其参考的依据是隐患的严重性和易发性（可能性)。根据对隐患的识别，可按表8-2的结论进行分级。

3. 一些具体的隐患控制与治理技术

其他一些具体的隐患控制与治理技术包括：

（1）软科学手段——加强教育，强化全员对隐患严重性的认识；明确责任，理顺隐患治理机制，坚持标准，提高隐患治理科学管理；广开渠道，保障隐患治理资金；严格管理，坚持“三同时”原则；落实措施，发挥工会及职工的监督作用。

（2）技术手段——消除危险能量；降低危险能量；距离弱化技术；时间弱化技术；屏障防护技术；危险能量释放技术；系统强化技术；本质安全（闭锁）技术；无人化技术；警示信息技术。

（3）隐患应急技术——应急预案；防范系统；救援系统。

表 8－2 隐患分级表

严重性 / 可能性	Ⅰ 灾难的	Ⅱ 严重的	Ⅲ 轻度的	Ⅳ轻微的
A－频繁	●	●	○	■
B－很可能	●	●	○	■
C－有时	●	○	■	◆
D－极少	○	■	■	◆
E－不可能	■	■	■	◆

注：●—不可接受，需要立即停产；

○—不希望有，立即开展详细评估及整顿；

■—有控制的接受，在严格规划下运行；

◆—可接受，不列为危险。

（五）安全管理法规

安全法制管理是市场经济体制下搞好安全管理的需要。安全法制管理所依据的安全法律体系具有如下五个层次结构：

（1）国家一般法——如宪法、刑法、民法通则、治安管理条例等；

（2）国家安全专业法——如劳动法、劳动安全卫生法等；

（3）国家安全技术标准——已颁布了许多种与安全生产相关的专门性安全技术标准；

（4）行业（地区）劳动专门法——各省市和各生产行业制定的安全卫生条例或法规；

（5）企业规章及责任制度——企业自行制定的规章制度等。

具体见表 8－3 所示。

表 8－3　我国现行的安全管理法规

层次	定　义	主　要　法　规
1	国家一般法	宪法、刑法、民法通则、治安管理条例等
2	国家安全专业法	劳动法、劳动安全卫生法等
3	国家安全技术标准	各行业安全技术标准 400 余种
4	地方及行业安全法规	各省市劳动保护条例、消防条例、化学危险品安全管理条例、道路交通管理条例、仓库防火安全管理条例、部队各类安全管理规定等
5	企业规章制度	企业安全操作规程；企业安全责任制度等

二、部队安全管理

部队的安全管理往往分为：训练安全、装备安全、安全保密工作等几大类。具体到部队日常工作和活动中的安全事项更多：训练中人身安全、车辆安全、饮食安全、安全保密、防火、防盗、防淹亡等，基本上涉及了部队日常管理中的方方面面，特别是在信息化时代，信息安全成为目前一个非常敏感和突出的问题。

常言道："居安思危，思则有备，有备无患。"一些部队单位的盲目乐观、麻痹大意主要表现在，一是思想重视程度不够。不能用过去的问题时常警醒自己，对当前存在的问题解决不力。二是吸取教训不够。对外单位发生的问题，缺乏切肤之痛，不能举一反三地做工作，导致同类事故重复发生。三是居安思危不够。特别是在单位建设形势比较好时，盲目乐观，喜中忘忧。

（一）引发部队安全事故的原因

经过统计发现部队现行的安全事故大多是由于人为的原因造成的，归纳为以下几点：

1. 有法不依、有章不循

根据统计，近年来部队发生的事故，几乎都与违反条令条例和规章制度有直接关系。因此，应切实加大条令条例学习贯彻力度，真正使每名官兵熟悉条令法规内容，强化按章办事意识；切实维护条令条例和规章制度的权威性。克服该类问题需要严格制度，坚持不懈地抓好条令条例落实。

2. 违反科学、盲目蛮干

任何事物都有其自身的发展规律，违反科学规律，想当然地盲目蛮干就必然遭到客观规律的惩罚。某部机关驾驶员，因车辆点火系统发生故障，竟然用明火预热，导致发动机机体着火，火势难以控制，造成该车被烧毁。沉痛的教训告诉我们，科学是安全之母，蛮干是祸害之源，愚昧无知、违反科学必然付出血的代价。完成任何一项工作，不管时间长短、任务轻重、人员多少，都要科学谋划，严密组织。

在强调安全管理的同时，应加强官兵科学知识的普及教育和训练，使之熟悉基本常识，熟记安全规定。特别是现在部队新式武器装备的更新速度越来越快，对于官兵各方面综合素质的要求也越来越高，做到熟练使用手中武器和技术装备，既需要小心仔细安全的操作培训，又需要加大培训的力度和装备使用、训练的强度；对特殊工作岗位人员，必须进行专门的培训；组织危险性作业、组织新课目训练，必须先培训后上岗；执行急难险重任务，还要认真研究应急处置预案，制定防范措施，确保每名官兵、每个部位、每个环节都在科学安全的轨道上运转。只有尊重科学，严格按事物发展的客观规律办事，才能保证掌握安全管理的主动权。

3. 玩忽职守、失职渎职

分析部队发生的一些事故，都有当事人的原因，但更深层次的还是单位领导不负责任，有关职能部门失察失管，对所属人员思想教育不及时，日常管理不到位，规章制度不落实，形成了“灯下黑”和管理空当。教训告诉我们，干部责任心不强，“两个经常”工作不到位，发生问题则是必然。谋求部队安全工作主动权，必须从增强干部的责任心入手，健全安全工作责任制，营造群防群治、齐抓共管的氛围，扎实抓好“两个经常”工作落实。

4. 纪律松弛、管理松懈

从严治军是军队的铁律，治军不严，祸患无穷。那种认为：平时管理弱一点无所谓，只要大项任务完成好就行；平时管理差一点没关系，只要不发生大的事故案件就行；平时管理松一点无关大局，只要关键时刻拉得出去就行……这些都是极端错误和危险的。从近年来部队发生的一些事故看，事后检查都暴露出不少的问题。比如，有的直属分队的人员，八小时以外和节假日放任自流、私自外出，单位领导见而不管，埋下事故隐患。

“严是爱、松是害”，深刻反映了纪律与安全的辩证关系。严格管理、严明纪律，既是完成任务的保证，也是官兵生命安全的保障；相反，管理松懈、纪律松弛，就会发生问题。因此，谋求部队安全工作主动权，必须坚持从严治军、严格管理、严格纪律，坚决纠正偏松、偏宽、偏软的倾向。

5. 作风漂浮、工作不实

分析部队近年来发生的一些事故，从源头上讲，无不与少数领导和机关作风不扎实、工作不落实有关。主要表现在：

（1）工作指导不端正，重“硬件”轻“软件”，搞门面工程，图出名挂号，忽视抓经常、打基础。

（2）掌握情况不细致，对基层的情况不了解，缺少量化分析。

（3）检查督导不得力，有的下部队检查只满足于听听汇报，走走转转，导致有的问题出在眼皮底下也发现不了；有的发现问题不敢较真，怕得罪人，导致问题隐患得不到及时解决和排除；有的不能跟踪问效抓落实，缺乏实实在在解决问题的办法和勇气。

安全工作是一项非常实在、非常具体的工作，必须以务实为本，以具体求落实。切实拿出对策办法，不解决问题不撒手，不抓出成效不罢休。

（二）部队安全事故的隐患特点

通过调研分析发现，虽然部队天天讲安全，基层各类会议上时时强调安全，机关要求基层事事注意安全，但事故险情的预防工作任务仍十分艰巨。总结近年部队出现事故险情的情况，呈现出以下特点：一是从发生的范围看，面比较广，基层许多单位不同程度存在着事故险情和隐患；二是从发生的时机看，休息时间多于正课时间；工作任务繁重阶段多于平时阶段；三是从发生的单位类型看，驻地偏远的小、远、散单位多于集中管理的单位；四是从发生的季节上看，春季多发流行性疾病；夏季多发食物中毒、野浴淹亡事故；秋季多发因人员走留思想波动而导致的管理事故；冬季则多发生车辆、训练、执勤事故，经常发生的如失火、盗窃、泄密等恶性事故。探寻事故险情的发生规律，并不意味着可以靠单一的工作就能有效预防，如果管理工作不到位，任何时候都可能发生这样或那样的事故。因此，必须从探寻事故发生的原因入手，找准症结所在。

（三）安全管理工作的对策和措施

综合近几年的部队管理经验，抓安全防事故工作必须从领导机关抓起，采取多种途径，综合治理，在“教育、组织、制度、措施”四个方面见成效。

1. 在加强安全教育上见成效

要使全体部队官兵牢固树立安全防事故观念，必须加强安全防事故教育，营造人人防事故、处处讲安全的浓厚氛围。

一是抓好对管理教育人员有关政策规定、安全规程、安全责任方面的教育。管理教育人员既是组织者，又是领导者，只有加强对他们的教育，才能引起领导的重视，在管理过程中遵循事物规律抓好安全工作。

二是抓好新兵入伍时的教育。新兵是部队的新鲜血液，是部队的未来。新兵到达中队后，就要向他们介绍部队驻地情况、部队基本装备，进行安全常识教育，使他们了解装备的性能、安全工作的基本要求等，使新兵逐渐养成良好的习惯，增强安全意识。

三是抓好经常性的安全教育。安全教育要经常抓、反复抓，才能使官兵时时提高警惕，处处留心事故苗头。要使安全教育经常化，需要建立安全活动日制度，在日常训练前后以及季节转换等时机进行有针对性的安全教育。

四是利用事故教训抓好安全教育。对本单位发生的事故或事故苗头，对外单位或上级通报的事故，组织官兵认真分析原因，总结经验教训，引以为戒，并针对本单位的实际，发动官兵查找隐患，堵塞漏洞，使官兵从中受到教育，不断增强安全意识。

2. 在健全安全组织上见成效

要有效地预防事故，必须使安全工作从组织上得到保障。基层部队建立思想骨干队伍、安全员队伍和监管队伍，即以党员为主的思想工作小组，以连、排长为主的安全工作小组，以班长为主的监管工作小组。积极发挥他们的信息反馈、检查监督、教育调节作用。思想工作小组每月召开一次队伍思想状况分析会，并把分析情况记录在案，作为研究战士思想变化的资料，发现问题及时做好思想工作。安全活动小组每周召开一次安全形势分析会，及时检查各种事故隐患和漏洞，经常进行安全教育。监管工作小组每日检查内务卫生、军容风纪、人员在位、执勤装备、值班站岗等情况，及时处置违章行为。这三支骨干队伍与干部的日常管理交织在一起，形成“险情有人报，苗头有人抓，漏洞有人补，违纪有人纠”，为保障部队安全创造良好气氛。

3. 在完善安全责任制上见成效

完善安全责任制是抓好安全防事故工作的重要举措。因此，需要不断完善安全责任制，并伴之以必要的奖惩制度，才能有利于调动大家的积极性。通过建立一系列安全防事故管理制度、签定安全工作责任状等形式，明确部队主官对部队的安全工作负责，班长对全班安全工作负责，卫生员要对卫生防病工作负责，炊事班长要对饮食卫生、预防食物中毒负责，驾驶员对车辆安全负责等和各个岗位的安全检查标准。安全责任制是部队各类人员岗位责任制的一个组成部分，有了制度保障，安全工作才能做到事事有人管，层层有人负责，才能有效地预防和杜绝各类安全事故的发生。

4. 在狠抓措施落实上见成效

预防事故的措施不能只写在纸上，讲在嘴上，挂在墙上，而要通过开展一系列丰富多彩的活动和措施来实现。

（1）预案活动

在进行一项训练，接受一次战斗任务时，要根据任务性质、人员思想、气候环境等方面情况，对可能发生的事故进行预先分析，然后找出相应的防范措施，制定有针对性的预案。

（2）检查活动

对制定的安全措施、安全责任制的落实情况和安全设施完好状况，以及对装备器材和危险品进行检查。安全工作不是突击性工作，检查活动要经常进行，要形成制度，如日、月、季检查，针对上级通报和工作总结进行检查等。检查情况应该向全体人员公布，增加透明度，对存在的问题要及时采取办法解决。

（3）评比活动

要结合上级的组织和根据本中队的实际开展安全评比竞赛活动。如“百日安全无事故”、“三无”、“红旗驾驶员”等竞赛活动使安全工作经常而又有节奏地进行，评比活动要有始、有终、有信。有始——造成气氛，真正赛起来；有终——就是要总结评比，交流经验等；有信——就是要对宣布的奖惩条件兑现，不能说话不算数。

（4）参观活动

组织官兵参观部队、地方的法纪教育展览，参观重大事故现场以及参观公判大会。此类活动形象直观，发人深思，效果较好。

为了保证部队各项活动的顺利开展，切实抓好安全管理的问题，需要遵循“四个不放过”原则：

- 事故原因不查清不放过。
- 当事人认识未纠正、未受到处理不放过。
- 部队未受到教育不放过。
- 防范措施没有针对性不放过。

一定要从根源上找出造成事故的原因，并分析造成事故的深层次隐患，做到一次教训大家教育，避免看他人“笑话”的现象发生，做到防微杜渐，一个事故教训带来的收获能够带来整个单位甚至更大范围的避免事故隐患的发生。

（四）部队安全管理工作避免走极端

安全管理对于部队各方面工作的影响是非常巨大的，甚至可以说是根本性的，但是客观地看，安全隐患和风险是无法完全避免的，安全管理的实质是客观地发现隐患，尽量避免由于人为的或主观方面的原因带来的安全事故问题。但是绝不能因为对安全事故问题畏手畏脚，束缚了官兵的正常工作，由于抓安全管理而走极端。

一些基层部队的主官认为“无过即是功”。例如：为了保证自己的单位不出事故，擅自修改训练计划内容，降低训练难度，甚至在关键环节上作假，应付上级检查；有的领导怕“弄坏”新装备，长期固守老思路和老的训练方法，新装备只是为迎接检查“表演”一下，根本无法形成战斗力。这些都违背了部队科学管理的基本初衷，也不是安全管理希望达到的目的，安全管理是在保证实现组织目标的基础上，避免出现各类造成组织损害和人员损失的一系列管理活动。如果无法保证组织的根本目标的实现，即使再安全也是枉然。

正确的做法是，不能因为安全问题而影响正常活动，要胆大心细处理日常工作，按照规章制度和条令条例严格执行，不打折扣，要有魄力和创新精神，保证本单位根本目标的实现；在活动过程中，针对难点、重点和风险大的问题，要格外“细心”，避免人为事故和意外情况的发生，保证组织目标的顺利实现。

三、安全保密管理

部队的特殊性决定了安全保密工作的关键地位。安全保密管理实质上是安全管理中的一个重要组成部分，无论是军队、国家政府机关还是一般的企事业单位，都涉及到组织的信息安全保密问题。而部队的安全保密工作则格外重要，甚至可以说关系到整个国家的安危和存亡。

间谍冯朝喜窃取我军事秘密案

冯朝喜，男，40岁，原籍四川广元市。1980年入伍，1986年转业。1997年，冯开始在陕西省西安市做装修生意，并租赁解放军驻某部招待所作其公司办公用房。1997年9月，冯在福建沿海偷渡登上马祖岛，主动投靠参加了台湾间谍组织。台湾军情局马祖站为冯规定了化名，对其进行了训练，要求冯策反部队军官和收集军事情报。根据台军情局的指示，冯朝喜以承包工程给回扣等手段，向解放军驻某部下属某单位个别领导行贿，该单位个别领导在金钱的诱惑下，为冯的间谍活动大开方便之门，使冯得到随便出入他们办公室的条件。冯偷配了这些干部办公室的钥匙，多次到办公室窃取军事秘密文件。冯还通过订阅内部刊物获取部分情报信息，提供给台湾间谍机关。从 1997 年 9 月至 2001 年 10 月，冯先后 6 次从福建沿海偷渡登上马祖岛，向台湾军情局马祖站提供了他偷窃的数十份部队文件，其中机密级、秘密级十余份，收受台湾军情局间谍经费近 20 万元人民币。2002 年 1 月，我国家安全机关破获了这起台湾间谍案，抓获了台湾间谍冯朝喜。2002 年 9 月，冯朝喜被西安市中级人民法院依法判处无期徒刑。

某学院违规出售涉密文件资料案

2003 年 3 月 12 日，北京市昌平公安分局在××大学应用文理学院食堂外一书摊上查获两捆文件，共计 938 份。其中机密级 96 份，秘密级 339 份。据摊主交待，这批文件是从北京某废品收购站买来的，经核查，文件是北京某学院等单位作为废品卖给废品收购站的，摊主从废品收购站买下后准备转手倒卖。其中属于北京某学院的文件、资料 301 份（机密级 95 份、秘密级 13 份，已经解密或非密 193 份），其余 637 份无法查实归属。事后，某学院党委给予当事人李某以行政处分，北京市教育工委给予北京某学院党委、纪委通报批评。

上面两个案例都是涉及部队安全保密工作的典型案例。第一个属于部队驻地单位不严格执行管理规定，对于“熟人”“老乡”的活动大开方便之门，造成了巨大的泄密事件；第二个属于单位的管理人员头脑不清醒，随意处置文件所致。这样可能造成泄密的活动在我们身边会经常出现：把来部队探亲或办事的地方老乡，随便带入保存涉秘信息的办公室、仓库甚至是弹药库等机要位置；对于掌握的涉秘通知、材料不妥善管理，夹杂在废纸中变卖等。

其他造成部队安全保密事故的可能还有：

（1）军网、民网上网计算机混用，各类作战计划和军事秘密轻而易举被窃取；

（2）涉秘便携式计算机脱离控制，个别干部和办事人员携带涉秘计算机出差，回家处理文件等，不注意妥善保管，被窃事件频繁发生；

（3）办公室、实验室等机要部门安全防护不到位，发生重要财、物和文件失窃；

（4）通过手机或地方民用电话，泄漏我军事秘密、单位代号、人员、装备数质量情况、部队领导人姓名等；

（5）在地方招待所住宿、饭店就餐过程中，大声讨论军事秘密信息等。

对于上述可能造成泄密的各种情况，都有明确的条令条例制度约束，只要按照正常的管理即可保证许多事故的避免。一份统计表明，由于管理人员玩忽职守和违规操作造成的泄密案件占到了总案件的96%以上，只有不到4%的情况是由于客观原因造成的泄密，可见如何做好保密安全工作，人的主观思想重视是第一位的，严格按照各级管理制度和安全管理规定来开展日常工作和检查，是切实做好安全保密工作的重点。

第六节　如何有效地实施控制

虽然控制的基本原理具有普遍意义，但并非所有的控制工作都是有效的。管理人员所采取的控制方法必须根据重点对象和具体任务来加以设计。为了能够实现有效的控制，需要从以下几个方面进行分析。

一、有效控制的特征

1．**控制的目的性**

控制作为一种管理职能，是为组织目标服务的。良好的控制必须具有明确的目的，必须反映出业务的特性和需求，不能搞形式主义，为控制而控制，无论什么工作都有多个目标，但是目标的重要程度肯定不同，有的目标甚至相互矛盾。因此，管理者需要从众多的目标中选择出关键的目标加以控制，加强控制的目的性，防止控制流于形式，不仅浪费人力物力，而且会直接影响到目标的实现。

2．**控制的及时性**

控制的及时性包含各方面的要求：一是信息的收集和传递要及时。因为信息是控制的基础，如果不能及时得到必要的信息，就不能及时发现偏差。二是采取纠正措施要及时，发现偏差后，应及时分析偏差产生的原因，尽快制定纠正措施并及时纠偏。这两个方面中的任何一个不及时，都会扩大偏差对组织的不利影响。时滞现象是反馈控制的一个难以克服的问题。因此，为掌握控制的主动权，应尽可能采用前馈控制和预防性控制，预先估计可能发生的偏差，预先采取行动，使控制实施的初始阶段就能严格按照标准方向前进。一旦发现偏差，就要对以后的实施情况进行预测，使控制措施针对将来。这样即使出现时滞现象，也能有效地加以克服。反馈控制作为前馈控制和预防性控制手段的补充，用以确保控制的效果。

3．**控制的经济性和适度性**

控制的经济性和适度性是相同的含义。为进行控制而发生的费用以及由于控制而增加的收入，都和控制的程度有关。控制系统越复杂，控制工作的力度越大，控制的投入也越大；而由此带来的收益却不一定会增加。因此，组织应该根据活动的规模和复杂程度来确定控制的范围和频度，注意适度和适量，贯彻经济性的原则。在决定是否需要进行控制时，需要把控制所需的费用同控制所产生的效益（绩效）进行比较，只有当控制的收益增加时，才考虑实施控制。

具体考虑控制的经济性时，可以采用损益分析的方法定量地分析，如图 8－3 所示。只有在最佳范围［a_1，a_2］内时，实施控制才是适当的。当然，需要足够的信息资料才能比较准确地画出控制成本与绩效价值的曲线。

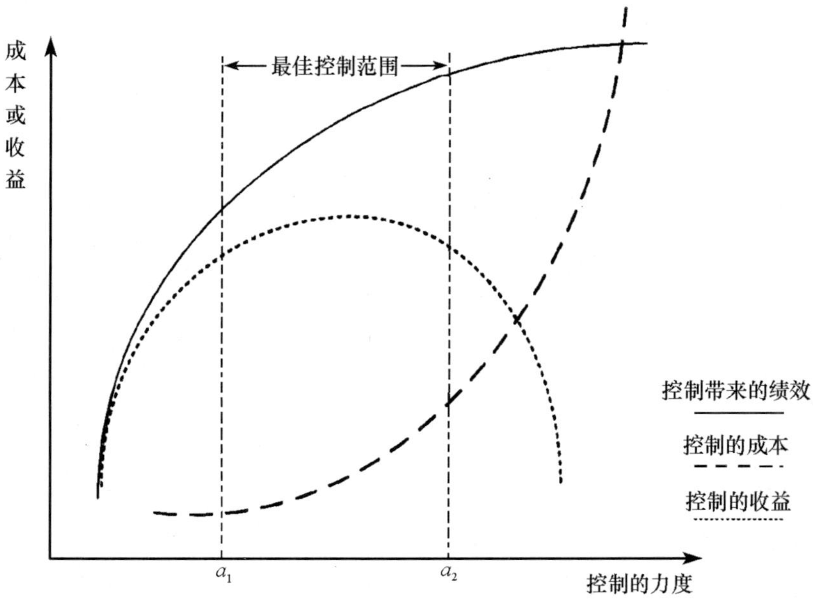

图 8－3　控制的经济性

4．**控制的客观性、精确性和具体性**

客观性指实事求是，精确性指信息无误，具体性指尽量具体说明。客观性、精确性和具体性贯穿于控制工作的全过程中，不论是控制标准的制定、实际工作的衡量还是偏差原因的分析和纠正，都应尽可能做到客观、精确、具体。在整个控制过程中，最容易引起主观因素介入的是实际工作的衡量阶段，尤其是在对人的绩效进行衡量的时候更是如此。在进行绩效衡量时，很容易产生以点代面或者是更看重第一印象的情况，造成评价工作的偏差。要保证控制的客观性，首先要建立起客观的计量方法，尽量把绩效用定量的方法记录并评价，把定性的内容定量化。第二是管理人员应从组织目标的角度看问题，避免个人偏见。

5. 控制的灵活性

控制的灵活性是指控制应保证在发生某些未能预测到的事件的情况下，如环境突变、计划疏漏、计划变更及计划失败等，控制系统能够将控制的标准、方法和手段进行相应的调整，以适应环境和其他变化，保持有效控制。控制系统要具备足够的灵活性，有赖于管理者的高瞻远瞩，在制定计划时就要能预见各种可能的变化，设计各种控制的替代方案，保持控制的灵活性和弹性。控制的标准要具备合理性与多重性。控制的标准应是具有挑战性，经过努力可以达到的合理标准，标准过高或过低，都不会起到激励作用。同时，控制应采用多重标准而不是单一标准，因为多重标准比单一标准更难把握，可以防止工作中出现做表面文章的现象；另外，实际工作是很难用单一标准衡量的，多重标准能够更准确地衡量实际工作。

6. 控制的可理解性

无论采取什么样的控制方式，对于应用它们的管理者或组织成员来说应当是容易理解的。控制尤其是高层的控制，往往涉及到复杂的数学公式、图表和统计分析等，不容易为人所理解。因此，在保证满足其需要的前提下，控制要尽可能地用简单明了的方法表达，使人易于了解和接受。

7. 控制必须与计划及组织相配合

管理的各项职能是相互联系、相互制约的。控制与计划和组织的关系尤为密切。控制的目的就是为了实现计划，控制的执行则要依靠组织中的部门和组织成员。因此，控制必须与计划和组织相适应。

所有的控制活动必须适合计划的要求。不同计划的特点不同，控制所需信息也各不相同。在确定控制标准、控制关键点、如何评定绩效、如何实施控制等方面，都需要按不同计划的特殊要求和具体情况进行设计。控制对于计划的针对性越强，就越能更好地发挥作用。

控制应当反映组织结构类型和状况。组织结构明确规定了组织中成员的职责和权限，因此也就明确了对职责权限范围内的计划执行和偏差纠正责任的承担者。控制工作只有适应组织结构并有健全的组织结构来保证，才能够顺利进行。健全的组织结构的含义包括：能在组织中将反映实际情况和工作状态的信息迅速地上传下达，保证联络渠道的畅通；责权分明，使组织结构中的每个部门、每个人都能切实担负起自己的责任，发生偏差时能够迅速采取纠正措施。

思　考　题

1. 简述控制的定义和控制的基本过程。
2. 简述控制与其他管理职能之间的关系。
3. 简要分析事前、事中和事后控制的特点。
4. 简述反馈控制的含义，结合某个具体例子分析反馈控制的优点和不足。
5. 简述安全管理在部队日常管理活动中的重要意义。
6. 找出你所在的组织（如学员队）中存在的安全管理方面的问题，并给出一些解决方法。
7. 谈谈实施有效控制的基本手段。
8. 简述控制的经济性和适度性原则。
9. 举例分析安全保密对于部队管理的重要意义。

第九章　组织文化

常常可以看到，不同的国家、民族、政府组织、经济组织其成员的行为方式存在很大的差别，组织的办事效率也有很大的差别。文化因素对组织的管理具有重要的意义，对组织的生存、发展具有举足轻重的作用。根据组织的不同性质，可以将组织文化分为企业文化、校园文化、政府文化、军营文化等。本章主要介绍组织文化的基本概念及军营文化建设的相关内容。

本章重点

- 组织文化的内涵
- 组织文化的构建
- 组织文化在管理中的地位
- 军队的组织文化

第一节　组织文化的内涵

一、文化的内涵

关于文化的内涵有各种各样的定义，概括起来不外乎广义和狭义的两种。

（一）广义的文化

广义的文化与自然相对，泛指人类所创造的一切物质和精神文明成果。因此，广义的文化涵盖面非常广泛，所以又称作“大文化”。关于“大文化”的构成，最简单的是划分成二层：即物质文化与精神文化。物质文化就是实体文化，是指人类用各种材料对自然加工造成的器物的、技术的、非人格化的、客观的东西，如城池、宫殿、祠庙、长城、桥梁、器皿、工具、服饰、饮食等。精神文化又称虚体文化，是指人类对自然进行加工或在塑造自我的过程中，形成的精神的、人格的、主观的东西，如文字、语言、宗教、哲学、音乐、绘画、书法、风俗、制度等，精神文化可以用语言或符号表现出来，也可以作为传统加以继承。

实体文化与虚体文化组成文化统一体。比如，建造宫殿，是先设计后建造的。设计建筑物时，表现为精神文化；当建成这一建筑时，表现为物质文化，同时这个建筑物体现了设计师的建筑思想。建筑是工程、又是艺术，所以说，建筑是物质文化与精神文化的统一体。从文化的形态角度来考虑，文化体系的构成可以分为物态文化、制度文化、行为文化、心态文化四层。

1. 物态文化层

物态文化层相当于物质文化，表现为物体形态，是人的物质生产活动及其产品的总和，属实体文化。如服饰文化、饮食文化、建筑艺术文化均属物态文化层。物态文化以满足人类最基本的衣食住行等方面的生存需要为目标，直接反映人与自然的关系，反映社会生产力的发展水平。

2. 制度文化层

制度文化层指各种社会规范，它规定人们必须遵循的制度，反映出一系列处理人与人相互关系的准则，如政治法律制度、经济制度、官吏制度、婚姻制度、家族制度、伦理道德等。军队的条例条令、军人行为举止规范、军队院校的考试制度等也属制度文化层。

3. 行为文化层

行为文化层多指人际关系中约定俗成的礼仪、民俗、风俗，即行为模式。行为文化以民俗民风形态出现，见之于日常起居动作之中，具有鲜明的民族和地域特色。行为文化有三个特征：一是集体约定俗成，并反复履行，如中国和某些东方国家的正月初一春节、五月初五端午节、八月十五中秋节，西方的复活节、圣诞节、情人节等；二是形式类型化、模式化，如春节要贴对联、放鞭炮、包饺子，端午节包粽子，八月十五吃月饼；三是在时间上一代传一代。好的风俗会随着时间的推移逐步扩展开来，如西方的情人节、圣诞节已经扩展到中国的年轻一代。当然，有些传统风俗是可以改变的，“移风易俗”是文明进步的表现，如开始于宋朝的妇女缠足的习惯，到了近代被彻底改变了。

4. 心态文化层

心态文化层指价值观念、审美情趣、思维方式、心理活动等，是文化的核心。心态文化大致相当于通常所说的社会意识，可以再细分为社会心理和社会意识形态。社会心理是暂时的，有流动性和变化性，如要求、愿望、情绪、风尚等。社会意识形态则是多指经过社会科学家系统加工过的社会意识，并且经过物化形态（如书籍、绘画、书法、雕塑等）固定下来，传播天下。比如冯梦龙、凌蒙初的“三言二拍”反映了宋末明初小市民的心态。

文化的四层说也有交叉的情况，如建筑既可归入物态文化层，可以居住，又可归入心态文化层，因为有可供观赏的艺术的一面。

（二）狭义的文化

狭义的文化指人类所创造的一切观念和意识形态成果，是人类精神文明的一个组成部分。狭义文化专注于精神创造活动及其成果，所以又称“小文化”。

关于狭义文化的涵盖面，最早的权威是1871年英国人类学家泰勒，他在《原始文化》一书中说：“文化”乃是包括知识、信仰、艺术、道德、法律、习俗和任何作为一名社会成员而获得的能力和习惯在内的复杂整体。因此，狭义的文化是指涉及精神领域的文化现象，也就是文化结构四层次中的心态文化层，包括历史、文学、哲学、教育、戏剧、音乐、美术、书法、考古、科技、宗教等等。狭义文化与广义文化有着不可分割的联系，二者是对立统一的，我们不能忽略物质文化的基础和决定作用，也不能忽略物质文化、制度文化、行为文化对于心态文化的影响、制约。

二、企业文化

对组织文化的研究起源于对企业文化的研究，最初是由美国一些管理学家在总结日本企业的管理经验之后以“企业文化”的概念提出来的。

20世纪80年代初，日本经济持续多年的高速增长引起了全世界的瞩目，而支撑经济增长的关键是企业的竞争力。在日本经济高速增长时期，日本企业的国际竞争力迅速提高，使日本企业大量进入美国市场，抢走了美国企业在本土的市场份额。为了迎接日本企业的挑战，美国企业界开始研究日本企业的管理方式，日本企业文化成为研究人员特别关注的内容，企业文化理论就是这种研究的一项重大成果。

最早提出企业文化概念的人是美国的管理学家欧茨（W. Ouchi）。他于1981年出版了自己对日本企业的研究成果，书名为《Z理论——美国企业如何迎接日本的挑战》。在这本书里，他提出：日本企业成功的关键因素是它们独特的企业文化。这一观点引起了管理学界的广泛重视，吸引了更多的人从事企业文化的研究。

在随后的两年时间里，美国又连续出版了三本企业文化的专著，连同欧茨的著作一并构成了所谓的“企业文化新潮四重奏”。帕斯卡尔（R. Pascale）和阿索斯（A. Athos）于1981年合著出版的《日本的管理艺术》，更深入地阐述了日本企业所特有的企业文化。同年，迪尔（T. Deal）与肯尼迪（A. Kennedy）也合著出版了《企业文化》一书，以日本的经验为基础构建起了企业文化的理论框架。而彼得斯（T. Peters）和沃特曼（R. Waterman）于1982年出版的《追求卓越》一书则开始运用企业文化的理论框架研究美国企业的成功经验。

日本企业和管理学界在美国企业文化理论研究的基础上，对日本企业管理的实践进行系统的研究，认为企业文化是“静悄悄的企业革命”，是“现代管理的成功之道”。东西方管理界的学者通过对20世纪70年代末、80年代初世界排名前500名的大企业进行研究发现，这些企业到现在有近三分之一破产或衰落了，著名大企业的平均寿命不足四十年，大大低于人的平均寿命。这些大企业早亡的原因很大程度上是没有培养和形成适合自身发展特点的企业文化。诚如美国管理学者彼得斯与奥斯汀（N. Austin）在《寻求优势》中所说：“一个伟大组织能够长久生存下来，最主要的条件并非结构形式或管理技能，而是我们称之为信念的那种精神力量，以及这种信念对于组织全体成员所具有的感召力。”

由此可见，企业文化作为一种主流的管理思想最早出现于日本，而企业文化理论则最早出现于美国。作为管理哲学的企业文化，它是管理实践的结晶，又是管理科学的发展，其基点是以人为本。它强调管理以人为中心，充分尊重员工的价值，重视人的需求的多样性，运用共同的价值观、信念、和谐的人际关系和积极进取的企业精神等文化观念，来营造整体的企业，使管理从技术上升为艺术。

国外许多学者阐述了对企业文化的认识。美国学者迪尔和肯尼迪认为，企业文化是指企业的“价值观、英雄人物、习俗仪式、文化网络、企业环境”。科特（J. Kotter）和赫斯克特（J. Heskitt）认为，企业文化“是指一个企业中各个部门，至少是企业高层管理者们所共同拥有的那些企业价值观念和经营实践”。IBM公司的董事华生（T. Watson）认为，企业文化是企业哲学，他的公司哲学的最重要概念是对每个人的尊重。海伦（E. Heinem）认为，企业文化是企业价值观念和行为准则的总和。

近年来，我国国内许多学者也提出了对企业文化的看法。中国企业文化研究会常务理事长张大中认为，企业文化是一种新的现代企业管理理论，企业要真正步入市场就必须普及和深化企业文化建设。

所有这些观点，综合起来有以下几种：

（1）企业文化是企业在社会主义市场经济的实践中，逐步形成并为全体员工所认同、遵循，带有本企业特点的价值观念、经营准则、经营作风、企业精神、道德规范、发展目标的总和。

（2）企业文化即群体文化，它既包括一定的利益群体成员在共同的生产、生活中所形成的价值观念、行为规范、精神信仰、心理态势、思想意识、风俗习惯、科学文化水平等文化特质，也包括形成和发展这种文化特质的文化环境及外在表现形态。

（3）企业文化是由企业的行为文化、心理文化和物质文化构成的。这三者的中心是心理文化，即企业在经营管理中形成的、浸入整个企业员工灵魂的价值观念和行为准则。

（4）企业文化是指企业在生产经营过程中形成的企业物质文化、制度文化和精神文化的总和。企业文化有三个层次，表层为企业的实体，包括厂区环境、生产资料、交通工具、企业产品、建筑场所、园林绿化以及各种文化、体育、卫生场所等；中层是企业人际交往方式、各种规章制度、典礼仪式及消费方式等；深层包括价值观念、企业精神、经营管理思想、职业道德、思维方式、价值准则、文化素质、需要观念等。

（5）企业文化是在一定的历史环境下，企业精神文化和物质文化两个方面内容的总和，是企业及其成员在生产经营活动中形成的企业价值观、企业精神、企业哲学、企业目标、企业制度、企业道德、企业素质、企业物流、企业形象、企业公关、企业环境、企业群体文化等的总和，其中价值观处于各要素的核心地位。

迄今为止还没有统一的企业文化的定义，但最后一种界定基本上涵盖了企业所表现的各种主要文化现象和实质内容，得到大多数学者的认同。

三、组织文化及其特点与作用机制

（一）组织文化的定义

组织文化的概念由企业文化的概念加以引申，与对企业文化的研究一样，目前学术界还没有对组织文化的统一定义。为了简单明了、便于操作，本书给组织文化作如下定义：组织文化是全体组织成员所共有的一套价值观、信念和行为准则，以及由此导致的行为模式。

组织文化是一个多层次的体系，可以大致分为核心层和外围层。

1. 核心层

核心层是指观念、信念、价值观和行业准则，其特点是看不见、不易改变。组织文化的核心层是组织成员理念的最深层，是组织长期运行发展过程中，在组织成员生活和工作中逐渐积淀而成的，具有牢固的基础，所以是很难改变的。同时，核心层决定着组织成员的行为，因而也就决定着组织成员的业绩。

2. 外围层

外围层指的是组织成员的行为模式，相对核心层而言，它是容易看见、容易改变的，是核心价值观的外在体现。组织成员的行为模式不像理念那样抽象，而是具体的、容易被人观察到的，其中体现着人的一些理念。比如一个人是经常迟到还是很守时，这是他的某些价值观的外在体现，是别人容易观察到的，也容易在短期内改变，但如果未触及核心的价值观，则这种改变是不会长久的。

核心层决定了外围层，但外围层对核心层也有反作用。比如：一个人工作不积极，经常招致领导批评，长期下去他就会认为领导不近情理、爱批评人。

（二）组织文化的特点

从一般的意义上说，组织文化具有以下的特点：

（1）广泛性——组织文化具有广泛的作用范围，融合在组织的各个方面，无处不在。

（2）连续性——组织文化在时间上具有前后一致的特点，对它不能追求跳跃的突变，而要采取逐渐演进的方式。

（3）整合性——组织文化在空间上是统一、相容的。组织的各个部门可能具有各自不同的亚文化，但这些亚文化不会背离组织共同的核心价值观。

（4）变迁性——组织文化虽然具有连续性，但不是凝固不变的，它处在变迁、积累和革新的过程中。不管是否有人特意去改变它，组织文化总是在逐渐地变化。

（5）超个体性——组织文化是由许多人的行为共同相互作用而形成的复合系统，它不完全是某一个人的观念和个性。尽管组织中每一个成员的行为都对组织文化有影响，但任何个人的意志不能代替组织文化。

(6) 独特性——每个组织的组织文化都有其区别于其他组织的独特之处。尽管有许多的组织处于同一个民族文化的环境中，它们的企业文化都具有民族文化的烙印，但每个企业由于其特殊的历史、人员结构及领导风格等原因，而形成了各自不同的企业文化，因此可以说没有两个企业的企业文化是完全相同的。

(三) 组织文化的作用机制

人们对组织最关心的是它的业绩，也就是组织目标的实现程度。组织文化之所以重要，主要原因是它对组织业绩有很大的影响。

组织的核心价值观首先影响了组织的制度和组织成员的行为习惯。人们在制定制度时，有意或无意地受其价值观的支配。比如崇尚权威的人会选择等级森严的组织结构，而崇尚民主决策的人会选择扁平的组织结构。组织成员的行为习惯的形成也受核心价值观的影响，若多数成员认为某种行为是正确的，则他们会多次实施这种行为，时间一长就改变了习惯，新的成员会受到同化而下意识地接受这些习惯。

组织的制度和组织成员的行为习惯进一步影响了组织成员的行为。组织的制度对成员的行为具有强制性的约束力，组织内部已有的习惯对成员行为具有非强制性的约束力和引导作用。

组织成员的行为最终决定了组织的形象和组织的业绩。组织的社会形象主要取决于组织成员的行为。同时，组织成员的行为对组织中每一项工作的成效都有影响，因而最终影响到组织的效率和效益，也即组织的业绩。另外，组织的社会形象会影响组织之外的人，或者影响其他组织对本组织的态度和行为，最终也会影响到组织的业绩。由此可见，成员的行为还可以通过影响组织的形象而间接地影响组织的业绩。组织文化就是通过上述的链状机制影响了组织的业绩。

从组织文化的作用机制可以看出组织文化的层次。核心价值观是组织文化的核心层，称之为精神文化；制度和习惯对应着组织的制度文化；组织成员的行为对应着组织的行为文化；最表层的物质层面对应着组织的物质文化。

(四) 组织文化在管理中的地位

最早的组织管理方式是随意性管理，通常按照组织最高层的意志行事。在这种管理方式下，管理者所采用的主要手段是命令，没有或者很少有规范的制度，多数决策依靠领导者的知识、经验、偏好和习惯，具有很大的随意性。这种管理方式的优点是具有较好的灵活性，管理成本也低；其缺点是组织太依赖于个人，风险较大。这样的管理方式适合于小规模组织。组织文化在随意性管理中有一定的地位，但那只是所有组织成员接受领导者一个人的“文化”，不能算作严格意义上的组织文化。

随着组织规模的扩大，随意性管理方式的弊端所造成的危害更大。依靠领导者个人的智慧来管理组织显得更为不足，决策的随意性导致的风险更大。于是组织开始建立各种规范的制度，逐渐地把管理工作与操作性的工作分离开，把管理工作变成有章可循的日常职能工作，这时，组织进入了制度化管理阶段。制度化管理的优点是具有较好的规范性，大大地降低了管理的风险，其缺点是缺乏对市场的快速适应能力。这样的管理方式适合于具有稳定环境的大型组织。在制度化管理中，组织文化不受重视，因为制度化管理强调严格的控制，而文化的控制力较弱。

组织文化最初是作为一种管理思想提出来的，它在现代柔性管理中的位置显得尤其重要。作为柔性管理的主要手段，组织文化在柔性管理中起到两方面的作用：

（1）组织文化可以起到粘合剂的作用

组织文化可以在不需要命令的情况下协调组织成员的行为。组织文化为组织成员树立了共同的信念和价值观，它能够代替权威机构来协调成员的行为，并可以保证为了激发员工的创造性而采取的放权措施不会导致混乱。

（2）组织文化可以起到方向指示灯的作用

组织文化可以为所有组织成员指明奋斗的目标和行为准则。在柔性管理中，要靠组织成员的自觉性来完成工作，利用成员的创造性来做相关的决策，因而必须放权。但放权容易导致方向不清，互相冲突，这就要依靠组织文化来为所有成员指明方向。

第二节　组织文化的构建与管理

随着改革开放的深入，现代组织越来越重视自身的文化建设，它是组织充满活力、克敌制胜的法宝。组织文化是关于人的管理的一门新科学，它在日本、美国运作后，获得了很大的成功。良好组织文化的构建不是轻易就能成功的，这一方面需要社会大环境中的良好价值观的正面影响，另一方面也需要组织内部良好的文化沉淀，同时，掌握组织文化构建规律和方法也特别重要。

一、心理学理论指导组织文化的构建

组织文化的核心是全体组织成员所共有的一套价值观，组织文化的建设以及组织价值观的塑造，非常需要心理学的理论指导，主要表现在：

（1）管理者是组织文化的倡导者，他在组织文化建设中处于主导地位，因此，管理者的性格、气质、能力、个性倾向等对组织文化建设的方向、内容都有很大影响。而个性心理学就是以人的性格、气质、能力等为研究对象，探讨其发展、构成及表现规律的科学，管理者了解一些个性心理学的理论知识，有利于完善自身个性，更有利于组织文化的建设。

（2）组织文化的主体是组织的全体成员，而在组织中起骨干作用的正是那些有朝气、有理想、有才干的青年。在对组织成员进行思想教育、构建组织特有文化的过程中，不可忽视对青年人的教育，心理学的理论指导对指导组织成员形成良好的人生观和价值观及人格发展具有重要意义。

（3）组织是社会的细胞，如果我们把各种组织当作一个小群体，那么社会就是一个大群体。小群体的从众、模仿、风气、态度和人际关系等都与大群体有很密切的关系。对小群体的这些心理现象处理不当，组织必将面临来自大群体的压力和威胁。社会心理学是研究社会心理现象产生、发展与变化规律的科学，其任务是解决各种社会问题，从而促进对社会过程管理的最优化。企业要发展，除了要研究职工心理外，更要研究社会心理，而社会心理学能在这方面起到理论指导作用。

（4）组织文化建设的目的，一方面是调动和增强组织成员的积极性、凝聚力和战斗力，另一方面是塑造良好的自身形象，以便能和谐地融入社会，被社会所接受，从而给组织得发展带来良好的机遇，为达到组织目标服务。因此，组织文化建设更需要管理心理学和认知心理学等心理学理论的指导。

二、组织文化在组织成员中的传播

组织文化可以通过多种途径传递给组织成员。其中最为重要的是故事、仪式、信条和语言。

1. 故事

组织的“故事”通常讲述重大的事件或重要的人物，如组织的创始人、打破惯例、对历史错误的反应等。有些经济组织利用机会解释公司的传统并讲述一些故事来表扬那些完成工作的人，这些故事为员工树立了一流的学习榜样。为了帮助成员学习组织文化，组织的故事以过去作为现在的支点，为组织当前的惯例提供合理合法的解释，并举例说明对于组织来说什么是重要的。军队利用新兵训练的机会组织他们聆听本部队英勇作战的光荣故事，可以起到发扬传统、建立良好价值观的作用。

2. **仪式**

仪式是一组重复性的活动，由这组活动表述和灌输组织的价值观：什么目标是最重要的，什么人重如泰山，而什么人轻如鸿毛。以色列位于死海之滨的马萨达山顶上有一个著名的古城堡，公元前 73 年，近千名犹太人拒绝向罗马征服者投降，在此坚守 3 年后集体自杀。以军把这里作为犹太民族“为自由而战”的象征，每年新入伍的士兵都要到这里举行宣誓仪式，军校排长训练班的学员们在学习结束时都要在夜间攀登通往马萨达城堡的峭壁，并在火炬前宣誓效忠以色列。

3. **有形信条**

很多组织都有自己的信条，或者能够从组织设施的布局、员工的穿着、提供给高层使用的轿车以及提供的机票类型等有形地展现给组织成员，这些都是有形信条。其他一些信条包括办公室的大小、装潢的精美度，甚至给高层管理人员提供的额外“糖果”、健康俱乐部的会员资格、度假胜地的使用权等等，工间休息室或办公地点餐饮设施的设立，以及为某些特殊成员预留的停车位也是有形信条的组成部分。这些有形信条给组织成员传递这样的信息：谁是重要人物、高层管理人员要求平等的程度，以及怎样的行为（如冒险、谨慎、服从、参与、个人主义等）是符合要求的、恰当的，这些都是为了在组织中强调和传播组织的核心价值观。

4. **语言**

许多组织和组织中的单位使用特定的语言来标识一种组织文化，通过学习这种语言，组织成员证明他们接受了这种文化，并愿意帮助维护它。例如，微软拥有自己独一无二的词汇：工作柔道（work judo，把工作任务转交给他人却不让他人发觉你在逃避工作的一门艺术）；享用你自己的狗食（eat your own dog food，在开发初期使用你自己的软件程序或产品以对其进行测试的战略，即使这个过程令人生厌）；扁平食品（flat food，自动售货机的美食，可以从门下溜到同事的手中，而该同事正热火朝天地赶工期）；当面邮件（face mail，实际上是面对面交谈，微软的雇员将其视为技术倒退的交流方式）；急行军（death march，交付新产品的倒计时阶段）等等。

随着时间的推移，组织常常会设计出独一无二的术语来描述其设备、关键人物、供应商、顾客或与公司业务有关的产品，这种描述反映了组织成员对组织活动的态度。新的组织成员通常会因缩略词和行话而不知所措，但是经过很短的一段时间，这些措辞就会自然而然地成为其语言的一部分。一旦学会，这些语言就会成为团结某个文化中的成员的纽带。

三、对组织文化的管理

经过了经验管理阶段和科学管理阶段之后，从 20 世纪 80 年代以后，发达国家已经认为管理应进入第三阶段，这就是文化管理阶段。

组织文化的重要意义和作用已经被各种组织认识到了，但是组织在进行组织文化建设过程中和一段时间之后可能发现效果不理想，通常是没有将组织的核心价值观推进到底。所以组织在进行组织文化建设的过程中必须注意以下方面：

1. **宣传推广**

不能仅仅使用抽象的语言或书面的文字，而是把这些组织文化核心通过大量的传播媒介和实际行动广泛地宣传出去，使之生动鲜活起来，易于为全体成员理解、认同和接受。

2. **领导重视**

一方面，领导者所处的地位决定了领导者对组织的各项活动起着重要的作用；同时，领导者的价值观影响和塑造着组织的价值观。因此，领导是否重视与价值观落实的关系十分密切。领导者是落实价值观的龙头，是倡导、宣传和实践组织价值观的先行者，领导者的表率作用和模范行为是一种无声的号召，对组织成员起着重要的示范作用。

3. **切忌空洞**

价值观不是短短的几行文字，也不是对几行文字连篇累牍的阐释、发挥，而是对价值观倡导的行为准则的实践与运用。价值观不是孤立的，而应该通过组织的诸多活动不断体现出来并得到强化，否则，组织的运作依然与价值观内容不会相吻合，这是对组织长期发展的根本损害。

4. **切忌速成**

良好的组织文化的形成不是一朝一夕之功，价值观的深刻影响及价值观对组织发展的巨大作用也不是短时间内就能够显现的，组织文化中成员的行为和价值观的融合统一需要很长的时间，价值观是通过长期的、合理的坚持与遵守后逐步形成的，因此，价值观工程的重中之重不在于提炼阶段如何引人注目、热血沸腾，而在于长期的贯彻与实践，逐渐强化，成为组织的坚实内核。

5. 上下一致性

上下一致性包括多重含义：从最高决策者到每一名基层员工共享组织文化，以正式形式宣示的组织文化应当与组织成员认同的组织文化及其核心价值观是一致的。组织文化是组织的行为骨架，当组织文化被成员理解和采用时，就为成员的行动提供了准则和依据。组织文化能够在没有规章的情况下提供一种秩序感，在没有详尽计划的情况下降低模棱两可。如果宣示的组织文化与组织成员认同的组织文化及其核心价值观之间存在较大的鸿沟，其后果就是：较低水平的信任、较大的混乱和挫折及较少的集体感，尤其领导者的言行不一会严重阻碍组织文化的传播与遵循，少数人的不一致将造成更大的鸿沟。因此，保持个人言行的一致性、成员之间的一致性乃至宣示的组织文化与实践文化的一致性是组织文化真正发挥作用过程中的重要环节。

6. 内外统一性

首先，组织文化体现了组织内部所有成员价值观的贯彻与统一，其次，组织文化体现了组织的价值观与社会价值观的统一。组织的价值观是以组织中各个个体价值观为基础，以组织管理者的价值观为主导的群体价值观念。组织作为具有明确目标的实体，是不能离开社会而独立存在的，必然受到不断发展的社会价值观的影响。同时，组织中的每一个成员也是社会中的一分子，社会价值观必然通过影响个人价值观间接作用于组织价值观，因而影响组织文化。因此，很多组织把社会责任、社会关注的焦点纳入组织文化之中。

7. 历史延续性

组织文化是来源于组织历史的、长期稳定的东西，因此，组织文化不能忽略了它的历史延续性和影响力。组织文化是经过组织长时间的深层次整合而沉淀和积累下来的，它的形成需要较长的一段时间，一旦形成又会不断地延续下去。随着时间的推移，组织不断向前发展，组织文化的有些内容会随之变化，被赋予新的内涵，但核心价值观是不会轻易改变的，具备很好的历史延续性。因此，组织文化的管理一定要注重其历史延续性，对核心价值观要继承、坚持、发扬，而其他非核心价值观的内容则应适时而变。

8. 系统性

价值观体系作为组织文化的核心要素而存在，自身也是由相互联系、相互作用的诸多要素组成的，是一个具有特定功能的整体。影响组织价值观的因素很多，组织目标、组织形式、规章制度、行为规范、成员与组织的关系，都是强有力的客观影响因素。例如，个人在组织中的地位越高，对组织文化的影响越大，领导者之所以能够改变企业原有价值体系，是因为他能对组织的一切活动施加影响，是组织运转过程的真正权威，他的战略性决策和操作性管理决定着组织的兴衰。大部分组织的成功就在于全体成员能够分辨接受组织文化及其核心价值观。因此，组织文化必须综合考虑各种影响因素，从核心价值观出发，进一步升华、系统化，并在组织的运行过程中得到明确的体现。

9. 多样性和包容性

组织应当考虑发展一些途径来引导那些代表了包容性的组织成员的行为，如保护和鼓励个人不同的观点，接受和促进兼收并蓄的适当的“英雄人物”，支持多样性的良好的惯例和仪式，以正式和非正式的方式宣传拥护多样性的组织成员。发展一个支持多样性和包容性的组织文化也许是富有挑战性的，但可以带来很高的潜在利益。允许多样性蓬勃发展的组织不会将文化或环境的变化视为约束，而是把它当作可以激发所有成员最佳潜质的机遇。

第三节　日本、美国、中国的组织文化

由于文化背景、地域差别和各国所面临的不同历史环境，造成中国、日本、美国在组织文化方面存在着较大的差异。在世界经济日益走向全球化的趋势下，各国各种类型的组织在吸收本国传统文化的同时，也加深对国外的组织文化的了解，吸收国外的组织文化，对传统文化进行了改造，使之具有新的生命力，从而成为具有现代文化特点的新生文化。因此，了解不同国家的组织文化对良好的组织文化的形成具有重要意义。

一、日本组织文化的特征

日本是一个由单一民族构成的国家，日本历史上属于农耕民族，农耕民族的特征首先表现为“集体内部的互助合作”，即“家族主义”。与个人才能比较，他们更重视协作和技术的作用；其次，表现为他们的乡土性，即稳定性。农耕民族以土地为中心，从事稳定而有规律的、以农业生产为主的活动。在一定的生产力条件下，只要没有严重的自然灾害，农业收成总是大体均衡的，这样就养成比较稳定的生活习惯和不喜欢外出冒险的风气。长此以往便形成了日本人对“团结”、“忠诚”等思想的崇尚，尤其是在经过幕府统治后，尽管明

治维新取消了封建藩主及其特权，但长期形成的“武士道”精神及“忠于藩主”的精神却一直沿袭至今；从人们的传统思想上，这种意识已作为道德标准而深入人心。日本的“家族主义”和“稳定性”等特征在企业生产经营活动中表现得淋漓尽致。可以说，日本各种不同的组织，其组织文化正是以这种民族文化特征为基础的。

在对儒家文化的现代化改造方面，日本企业界最为成功。日本接受儒家文化是从唐朝开始的，日本对儒家文化的改造集中在两个方面，即以“忠”为核心，提出忠、礼、勇、险、信五字，而取代中国的仁、义、礼、智、信和以“仁”为中心的社会文化意识。忠即忠诚，礼、勇、险、信是为“忠”服务的，从而使日本民族成为具有强大民族凝聚力的“大和”民族。

总体上看，日本式管理的精髓就是形成了以“和”、“同”、“忠”等传统价值观念为核心的组织文化。重视“和为贵”，可以上下同心协力，形成万众一心应付各种艰巨场面的力量。“和”的精神要求在组织中形成人际关系的亲密感、依赖感、信任感以及和谐气氛。凡事忍让、尊重他人存在的价值，彼此和睦相处。在这种组织文化指引下，就会注意消除劳资对立，缩小蓝领与白领工人之间的差距，缩小管理者与组织成员的对立。可见，保持组织内成员的和谐、合作和意见一致，是日本式管理追求的重要目标。综上所述，我们可以得出日本组织文化的主要内容：

（1）组织是一个生物体——各个成员像一个人的手、脚、心脏、大脑一样组成了一个共同的生命，共享利益和共担风险。组织不会因为自身的困难轻易辞退组织成员，倾向于实行终身雇佣制度。

（2）组织是一个和谐有效的家庭生产单位——为了提高效率，每一个成员虽然有分工，但随时愿意尽力帮助其他人更好地完成工作，也愿意随时接受新的分工。部门之间、岗位之间、个人之间不存在着推卸责任的现象。

（3）组织所有成员都属于组织内部的自己人——管理者最重要的任务有三个，即营造组织、传授技术、运用资金。要营造组织，首先就要招聘、培训好员工，使员工认识到他们必须在一起努力配合把工作做好。

日本模式的组织文化能够将全体组织成员协调得像一个最优秀的个人那样，当然这种模式也有它的缺陷，即组织文化的贯彻与执行需要社会劳动力的高度自觉性。

二、美国组织文化的特征

美国是一个由来自各国的移民组成的国家，又拥有丰富的自然资源。美国地域辽阔，人口众多，经济实力、科技水平、管理水平均居世界领先地位，美国是一个多种族、多元化、多种语言并存的社会。与日本民族特征相反，美国的组织成员总要求不断地变动，美国人好动、好胜的民族特点可以追溯到二百多年前，当时西部地区有大量肥沃的自由土地，富有冒险精神的移民纷纷背井离乡、单身出走或举家西迁，以寻求致富之道，这就是美国历史上有名的“西进运动”。

众所周知，美国原为殖民地经济，早期属游牧民族，发展至南方种植园经济及北方大工业时，自始至终贯彻着个人能力主导一切的准则，这一传统使美国人的生活带有明显的信奉“个人能力主义”和“流动及变动性”的色彩，与日本的“家族主义”相比，美国人则更推崇“个人主义”，更强调按能力分配。美国人的思维就像电脑，只需你回答“是”或“不是”，他们更注重效率的取得，乐于以结果来评定工作的好坏，而日本人则注重过程，不肯定对或错，这种相对的关系更体现了日本文化的内涵。在管理中美国人喜欢直来直去，重实际，重效率，乐于创新，敢于竞争，体现在价值观上，就是推崇“能力至上”；美国人历史传统少，奉行个人主义和实用主义的价值观念和文化观念，故美国的组织在运行中尤其强调效率、创造力和责任心。

组织的生命力来自有效的管理，美国人曾无不自豪地宣称：工业革命发生在英国，而管理革命却发生在美国。从美国的社会文化背景和管理思想发展演变过程看，美国的组织文化具有以下基本特征：强调个人主义与机械性的社会组织观念，通过契约关系来构造和管理组织，用契约来明确各自的权利与义务关系，同时满足个人与组织双方的需要。美国组织文化的主要内容是：

（1）组织被看作是一组资产，它的收益在短期内应最大化。换言之，组织通常被看作是为实现组织目标而运行的机器，它的管理者要尽可能地从这架机器里获取更多的利润。

（2）构成组织这架庞大机器的零部件是组织的各个部门、各个岗位和各位成员，它们之间的连接与运行完全按照契约条款和各种规章制度中的具体规定操作。

（3）组织的上层管理者认为，组织的管理者是仅属于组织的半内部人，而位于操作层的成员，不管是白领还是蓝领，统统被认为是外部人，他们就像一部机器里的零部件那样可以随时被调换。因为从技术上讲，任何具有相同岗位资格的人都可以填入这些岗位，完成所要求的工作。

美国的组织文化中，体现出以理性的契约、法规来整合个人利益，协调各种冲突，实现组织的目标。即能维护组织的独特个性，保证每个成员工作的基本质量和效率，因为达不到这一要求的成员将立即被调整。采用美国组织文化指导下的管理模式进行管理，能够立竿见影。其缺点是：组织的每一个成员仅按照契约和岗位责任制来履行自己的职责，不会去主动承担其他有必要承担但尚未规定的工作。究其根源，美国模式的组织文化并没有真正地把组织看作是一个由全体成员构成的共享利益、共担风险的共有一个生命的生物体。

三、中国组织文化的特征

中国的组织文化来源于中国的传统文化，中国的传统文化博大精深，有着源远流长的历史传统。儒家对中国传统文化的形成产生了重要影响，这主要表现在，孔子提倡刚健有为的进取精神，孔孟重视个人对家庭、国家和民族的责任义务，把个人价值置于社会价值之中，提倡“修身以道，修道以仁”，在修己的同时，讲求经世致用，以“立德、立功、立言”三不朽学说作为个人价值观的标准，从而以对组织、社会、国家贡献的大小来衡量一个人价值的高低。

中国自古以来就是一个人口密集的国家，为了整体的生存，强调采用具有一个共同生命的生物体的组织管理理念，其基本特点是采用以“和”为特征的儒家学说。如“仁义治天下”、“克己复礼”，注重感情投资，道德教化；“不患寡而患不均”，喜欢采用缩小差距、追求结果平等的分配政策；“修身、齐家、治国、平天下”，强调群体力量，强调领导者以身作则的榜样力量。产生于秦汉之际的儒家经典——《大学》中写到：“古之欲明德于天下者，先治其国；欲治其国者，先齐其家；欲齐其家者，先修其身；欲修其身者，先致其知；致知在格物”。儒家主张由近及远，由己及人，所以把“格物”、“致知”、“诚意”、“正心”作为“修身”、“齐家”、“治国”、“平天下”的基础。

组织文化作为一种客观的文化现象，在我国近代政府行政组织和民族工业企业就曾有意识地开展，并颇有建树。一些文化素质较高、具有远见卓识的政治领导人和企业家，在他们长期的领导和管理生涯中，为了对付帝国主义和官僚资本主义的双重压迫，重视在组织管理中运用精神力量来团结和凝聚组织成员，用优秀的价值观念和行为规范来引导和制约成员的行为，把组织文化作为一种手段引入到管理中来。以毛泽东同志为代表的中国共产党人，在长期的革命和建设实践中，强调在组织管理中“人”的因素以及“奋发图强”的组织精神，强调组织成员效法榜样的“无私奉献”精神。20 世纪 80 年代中期以来，随着经济体制改革的不断深入，国内的企业开始有意识地关注国外的组织文化，但是仅仅停留在宣传阶段。直到 90 年代初，中国的经济组织开始重视自身的对外和对内形象，重视并具体实施组织文化建设。中国政府部门也对组织文化给予了应有的关注，中共十四大报告明确提出“建设优秀的企业文化”。

中国组织文化的优点是强调和谐、稳定与团体意识，这对于避免团体间尖锐的矛盾冲突，更好地分配与利用有限的资源具有重大的作用。然而，其缺点也是显而易见的，首先，该模式注重“人治”，而非“法治”，执行时往往因人而异，由此造成组织没有理性的管理手段，组织活动的专业化和标准化程度比较低，对规章制度的执行产生负面影响；其次，该模式提倡“平均主义”和“好人主义”，忽视了组织成员中实际上存在着好、中、差三部分人这一事实，这样做的客观结果是使处于“中”、“差”状态的组织成员制约着组织的发展，使组织经常处在落后状态；再次，该模式片面信奉“仁者爱人”观念，在客观上助长了许多非正式组织，这些非正式组织干扰了正式组织的有效运转，甚至使正式组织的管理处于混乱状态。

第四节　组织文化的发展趋势

文化是一个历史的范畴，组织文化不仅与组织本身适应环境而采取的组织管理理念有关，还在相当程度上受本国或本民族传统文化的影响，组织文化无不带有本民族文化的色彩或痕迹。不同的国度和民族，不同的历史，产生了不同的文化，决定了该国度和民族企业文化的主体方向，组织寄身于特定的国度和特定的民族文化环境，也决定了组织的文化既有组织本身的特点同时又有环境的特点。

在新的历史条件和经济发展环境下，经济全球化和知识经济的发展带来了各种文化的交叉与融合，在组织特有的核心价值观基本稳定的条件下，组织内部、组织与组织之间、组织与环境之间是否能容纳文化的差异性？这将决定组织管理的效率和组织文化的发展趋势。

从国际政治经济发展趋势考察，组织文化的差异性将被趋同性所取代已成为不争的现实，时代已经明确无误地展示了组织文化向同一方向调整、转换甚至重构的要求。从经济全球化我们可以看到组织文化发展的基本趋势，即就是将美国的机械性组织管理理念与中国、日本的生命体组织管理理念融合在一起，一方面以美国的契约与规章作为组织文化的基础，它的含义是一切人都要订契约，一切工作都要按制度办，这样做可以明确基本的权利与义务关系，保证工作的基本质量，对于不符合要求的人和行为随时进行调整；另一方面以中国、日本所推崇的自觉为整体多做贡献的传统作为组织所倡导的精神和全体员工追求的目标。上述两种理念融合的结果，既适合于不同层次员工的自觉性程度，又可以充分发挥整体的巨大潜能。

第五节　军营文化

一、军营文化的内涵

军营文化是军队的组织文化，是军队组织在长期的运行过程中所创造和积累的精神财富，它是军人一系列共有的理想、价值观和行为准则。我军的军营文化以先进的思想理论为指导，体现军人特有的职能任务和精神追求的价值取向，它是我军在长期发展过程中形成的一种独特的文化形态和优秀的文化传统，是军人的共同信仰、理想、思想方式、价值观、审美观。军营文化首先是军人的人格、内在修养、精神信念、价值取向和思维方式等，这是内核和灵魂，其次才是提高知识技能。军队的战斗力可以从军人及其集体所表现出的精神、气质和士气等方面看出来，而这些都是军营文化内涵的一种外在表现。

军营文化涉及到军事、政治、后勤、装备等各个方面，军营文化现象是军营文化内涵的外在表现，主要体现在三个方面：

（1）军营行为文化——是指军人的行为举止要体现军人特有的气质和作风，表现在学习、训练的刻苦和严肃认真，仪态仪表的规范端正，办事情雷厉风行、令行禁止，危难关头处变不惊、勇往直前等行为方式。

（2）军营艺术文化——是军人的情感、思想、想像力、创造力最直接的体现，主要表现在军事理论思想深邃，军营文学具有战斗风格，军歌雄壮有力，军营舞蹈柔里透刚等。

（3）军营环境文化——是指军营环境显示军人和军队组织整齐大方、规范统一、简洁朴实、庄重严肃的特点，形成陶冶官兵情操、激励战斗精神、弘扬优良传统的氛围，具有浑厚的政治气氛。

现代高技术战争条件下，战斗力不仅是武器装备的对抗，更是军队组织文化和军人综合文化素质的较量。军营文化以作战需求为核心，培养官兵战斗精神和战斗作风，提高部队作战能力，因此，军营文化蕴含着战斗力，是战斗力的重要组成部分。在我军军营文化的形成过程中，一直坚守培养战斗精神和战斗作风的文化观念，用爱国主义、革命英雄主义、不畏强敌、敢打必胜的信心和勇气作为军人核心价值观，提升部队的战斗力。

二、军营文化的内容和特征

（一）军营文化的内容

我军军营文化内容十分丰富，主要体现在五个方面：

1. 性质本色

人民军队从成立之日起，一直坚持以马克思主义理论为指导，坚持共产主义理想和信念，这是军营文化的灵魂。坚持党对军队的绝对领导，听党的话，跟党走，这是军营文化的核心。坚持全心全意为人民服务，这是军营文化的本质。在这些原则基础上形成了爱国奉献、艰苦奋斗、吃苦耐劳等优良传统，创造出了长征精神、延安精神、抗洪精神等具有丰富文化内涵的革命精神，提出了“视人民为父母，把驻地当故乡”、“誓与阵地共存亡”、“人在阵地在”等深入人心的口号。

2. 形象气质

在长期的发展实践中，我军形成了一种独具特色且相对稳定的文化心理行为结构和精神气质，主要表现在团结紧张、严肃活泼、尊干爱兵、令行禁止等作风方面；表现在英勇顽强、勇往直前、临危不惧等心理方面；表现在讲究军容风纪、仪表端庄、不卑不亢等气质方面；表现在整齐划一、一日生活条令化、按规矩办事等行为方面。

3. 战斗精神

战斗精神是形成战斗力的重要因素，是由军人的信念、情感、意志、行为等融合并升华的一种精神力量，直接支配着军人的行为，它是铸成我军军威的灵魂与核心，是我军克敌制胜的法宝。具体包括：热爱祖国、听党指挥的坚定信念；守纪如铁、军纪如山的纪律观念；坚忍不拔、处变不惊的心理素质；忠贞不渝、威武不屈的革命气节；不畏强敌、敢打敢拼的英雄气概，以及坚强的意志和顽强的作风等。战斗精神表现在战时，培养在平时，关键在养成。

4. 军事学术

军事学术是最能体现军营文化思想性和创造力的部分，主要包括军事思想、军事理论、军事知识和技能、战略战术、科学文化教育等。

5. 军事艺术

军事艺术主要包括文学艺术、文化活动等，反映部队生活特点和军人的阳刚之气、豪放之美，体现兵味、兵心、兵情、兵趣。

（二）军营文化的特征

我军军营文化主要表现出五个方面的特征：

1. 政治性

军队本身就是执行政治任务的武装集团，军营文化也就打上深深的政治烙印。我军的军营文化体现了我军的性质和本色，具有鲜明的政治性。

2. 思想性

军营文化是军人内心世界的体验、思想和理解展现在军队心理、行为、学术等各层面，具有很强的思想性和艺术性，如《孙子兵法》虽然流传了二千多年，但是至今仍闪耀着深邃的思想光辉。

3. 战斗性

军营文化是围绕作战产生的文化，并适应作战需要而不断发展的文化，具有鼓舞士气、激励战斗的作用。同时，在军营文化的熏陶下，潜移默化地培养着军人的战斗精神和战斗作风，提高战斗力。

4. 融合性

不同民族、不同地区、不同文化基础，无论什么人到了军营，在军营文化的熏陶下，都能逐渐形成共同的理想、信念、情感、价值等，并融为一体，最终成为军营文化的载体和传播者。

5. 先进性

军营文化通过对军人进行影响和塑造形成军队文明，通过这种文明催生战斗力的生成，推动部队建设发展。同时，军队文明也代表着社会先进文化，是推动社会主义精神文明建设的排头兵。

三、军营文化的建设、继承和发展

外国军队非常重视军营文化对战斗力形成的作用。美军认为，战争是残酷的，它会吞噬生命，军人要时刻准备投入战争，就必须有不怕牺牲的献身精神。英军强调，战争的胜利需要有高昂士气的军人，能够动员官兵去冒生命危险的只能是由军营文化形成的精神力量，而不是其他东西。

外国军队非常重视军营文化对战争进程和结局产生的独特作用，认为军营文化对军人的士气和勇敢精神形成具有不可替代的作用，而士气和勇敢精神是赢得战争的决定性因素。外军继承和建设军营文化的方式比较丰富，主要有国家观念、军人价值观、军史和战争史教育等。国家观念教育是军营文化教育的一个重要方面，外军普遍认为，不爱军就不可能尽心尽职，不爱国就不能为国捐躯。军人价值观是军人的精神支柱，是军队完成肩负使命的根本保证，是构成军队战斗力的重要基础。

美陆、海、空三军和海军陆战队都有各自的价值观，美陆军价值观主要包括忠诚、职责、尊敬、奉献、荣誉、正直和勇气七个方面。在杰克逊堡的陆军训练中心，价值观被制作成标牌、宣传画和条幅，在训练场、餐厅、士兵宿舍和图书馆被广泛张贴、悬挂。美军官兵的身份牌上都镌刻有各自军种的价值观，每个士兵的钱夹里都有一张正面印有军种价值观、背面印有《士兵守则》的小卡片，让官兵在潜移默化中受到感染和熏陶。

外军很看重传统教育，尤其重视用军史、战史教育部队，认为通过军史、战史等传统教育，可以激发官兵的自豪感和团队精神。美、俄、英等国家的军校都有各自的荣誉博物馆和战争纪念馆，里面陈列着大量战争时期的兵器、照片、军服、勋章、手稿等实物或模型，各个校园都建有历史纪念碑和战争纪念雕塑，军史、战史课在军事教学中占有较大比重。

从各国军营文化的建设、继承和发展我们可看到军营文化的巨大作用。挖掘利用军营文化资源，是发展先进文化的具体举措，有利于提高带兵的水平，解决许多带兵过程中的不协调行为，有利于为军队建设拓展新的空间，解决军队建设面临的一些困惑和问题。比如解决军人价值认定问题，澄清一些片面地用经济指标衡量军人的地位和价值的模糊认识，有利于培养军人特殊的精神境界，有利于保持和发扬我军光荣传统、抵制社会不良风气、端正部队风气、培养战斗精神和战斗作风，有利于吸引全军官兵学习军事思想和理论、钻研军事学术、爱军习武。

新的形势下，加强我军军营文化建设、开发和利用对军队战斗力的形成必将起到重要的作用。加强军营文化建设，发展军营文化，要从以下四个层面着手：

1. 观察、总结、提炼军营文化的科学内容

军营文化内容博大精深，而且不同的军队具有自身的发展历史和光荣传统，必须进行整理、提炼、升华，拓宽军营文化建设的内涵，以此作为思考和谋划军营文化整体、长远、系统发展的基础。

2. 宣传和保护军营文化

文化是有强弱之分的，强势文化会逐步蚕食和取代弱势文化。我军成立以来，形成了独具特色的军营文化形态和优秀的军营文化传统，这是军队的宝贵精神财富。但是随着改革开放的深入，不同质的文化汇聚军营，军营文化面临着严峻冲击和考验。爱军队也要从爱军营文化开始，只有理解和热爱军营文化，并且具有一定的军营文化底蕴和修养，才会产生军人的自信心和自豪感，才会保持和发扬我军光荣传统。社会只有认同军营文化，才会热爱军营文化，崇尚军队，尊重军人。因此，必须增强大力宣传和保护我军优秀的军营文化，增强军人对军营文化的认同感和自豪感。

3. 学习军营文化

通过训练、教育、管理、养成来增强官兵军营文化底蕴，提高军营文化素养，确立军营文化的价值观和审美观，培养官兵战斗精神和战斗作风。

4. 与时俱进，不断丰富和发展军营文化

必须要有开放的眼光、恢弘的气度，积极吸收社会上其他先进文化，充实军营文化，坚决摒弃军营文化中那些落后的、不健康的东西，使军营文化始终体现时代性，保持先进性。

思　考　题

1. 美国管理学者彼得斯和奥斯汀在《寻求优势》中所说：“一个伟大组织能够长久生存下来，最主要的条件并非结构形式或管理技能，而是我们称之为信念的那种精神力量，以及这种信念对于组织全体成员所具有的感召力。”你认为军队组织中存在哪些精神力量，这种信念对于军人所具有的感召力是怎样的。

2. 组织文化是如何影响管理者行为的?

3. 如果你是军队基层管理者，在保持和完善我军优良的军营文化方面可以开展哪些活动?

第十章　管理的未来与发展

纵观人类文明史，社会组织尤其是经济、军事组织的演变与管理思想和理论的发展存在着相互促进的关系。社会组织的演变为管理提出新的研究课题，而管理研究的进展又为新型组织的巩固提供了理论支持和方法辅助。这种如影随形的互动关系是管理思想和理论演进的根本动力。也就是说，随着社会经济的发展，管理在实践中不断创新，管理理论也在不断发展。管理理论与社会进步的相辅相成是管理学繁荣与升腾的金科玉律。不断创新管理理论，深入开发和提高各层次管理人员的经营管理水平和能力，是获得较高生产效率和较强竞争能力的最理想、最经济、最重要的途径之一。据美国 GE 的统计，通过提高发电机能力的技术方法，企业每增加发电能力 5%，需要花费相当多的时间和金钱；但通过经营管理方法的改进和创新，无需要花费很多金钱就可以达到提高发电能力 5% 的目的。美军更是在其《作战纲要》中指出：现代高科技战场战斗力是人、武器装备和组织指挥三要素的集合，并把军队战斗力用公式定义为：(武器装备水平 + 军事人员素质) × 军队管理能力。

本章重点

- 管理面临的机遇与挑战
- 现代管理理念的变化
- 现代管理的新内容、新任务
- 现代军队管理的发展趋势

第一节　管理学的机遇与挑战

哥德曾说过，理论是灰色的，生活之树常青。人类社会各种组成要素不断发生新的变化，必然要对管理理论创造新的机遇，提出新的挑战。

一、全球化的影响

全球化不管对社会经济组织的生存和发展是好是坏，世界经济的融合尽管道路坎坷，但是大势所趋，不可逆转。21 世纪以来，随着 WTO 的扩展，世界经济一体化正崭露头角。在经济全球化的影响下，各个国家、民族之间经济、政治、科技、文化、军事的交流更加频繁和广泛，人类的社会活动已经在越来越开放、多元的社会环境中进行。如中国的企业不仅要在国内市场参与竞争，同时还必须走出国门参与国际竞争；中国政府不仅要治理好自己的国家，还要广泛地参与国际事务管理；中国的军队不仅有在国境内保卫领土、领海和领空安全的神圣职能，还要肩负迈出国门参与国际维和、地区稳定和反恐斗争的光荣义务。

全球化的趋势要求管理科学更加重视国际化研究，深入了解不同文化背景下国家和民族的心理与行为特征、道德规范、政治制度、跨文化的组织行为等问题，尊重不同的价值观，研究不同文化传统中的组织和个人行为的特点和规律，并且要实现管理的国际化与本土化的有机结合。

二、信息化的影响

信息革命方兴未艾，各类公共和私人组织都无一例外地要进行信息化革命。伴随信息时代的到来，未来的管理理论的发展或多或少会受到信息化的影响。

管理离不开信息，但现代管理需要的不再是那些一般媒体上的新闻资料、统计数据，也不仅是高端的技术手段或是更加快捷的应用方式。在信息化的潮流中，各种信息纷至沓来、浩如烟瀚。现代管理者更需要的是对信息的界定、梳理，获取和掌握更多真实的原始信息，这些信息能够为管理者提供完成任务和进行决策的有力依据。也就是说，在信息化时代，一般公共信息的获取、利用已经难以体现有效管理者的优势，与不同的社会、经济、政治、技术、文化背景的组织和人员的沟通才凸现管理能力的高低。美国管理学家巴纳德曾在《经理人员的职能》一书中强调过信息的作用和在不同工作场所思想信息沟通的效率，沟通的重点不在于沟通的人本身，而在于共同的任务和共同的挑战，沟通要落脚于需要共同完成的工作。如组织在招聘员工时极为强调团队协作能力和良好沟通能力。只有将获取的信息重新思考、重新表述并按照自己的工作方式重新整理后，这些信息才能在管理工作中发挥有效的作用。正如美国管理学家明茨伯格所言："管理工作和记者的工作有一些相似之处，那就是你必须要有相关知识的储备，而且在工作过程中根据你掌握的信息进行调整，这样你才能成为一个优秀的分析者"。

信息化社会的平台是网络技术，其典型代表是国际互联网（INTERNET）。它最初是在美国社会为促进科学技术研究和教育发展而建立的。1992 年以后，由于互联网具有开放性、共享性和互联性等特征，从而很快渗透到政治、经济、科技、文化、军事、娱乐几乎所有领域，融入人们社会生活的方方面面，并迅速进入千家万户，吸引了几乎遍及全球每一个角落的广大用户，以致成为近 20 年来一个全球性的新型产业，孕育了一个方兴未艾的网络时代。

现代网络技术的发展为管理工作提供了快速便捷的方式，同时也会为管理人员带来无法逃避的影响。在明茨伯格看来，这很可能导致管理者终日坐在电脑前处理各种报告、数据的现象，管理者完全运用电脑来管理公司会给公司带来极大的困境，是肯定管理不好的。现代的管理不再是向组织空降圣旨，而应该获取来自于基层的信息。管理需要在基层发挥作用，基层实践正是高层政策与策略形成的知识渊源。这种管理能够与公司日常工作融为一体，使基层工作的员工激发出潜能，为组织的发展贡献出自己的力量。组织的大厦要靠每一粒沙子支撑才能稳固，管理者若不能激发出第一线员工的潜能，管理也就无从谈起，组织的生存和发展必将成为海市蜃楼。管理更多的是获取信息，而不是传统的下达指令。

三、文化多样性的影响

在经济一体化的同时，人类文化的多样性又与日俱增。在看得见的将来，文化越来越成为引领组织发展的灵魂。明茨伯格认为，作为管理者应该积极激励员工，创造开放的、能释放员工能量的氛围，正如在蜂巢中蜂后无需做出决策，只需散发某些化学物质来维系整个蜂窝组织一样。在人类社会的"蜂巢"

中，这种物质则被称为“文化”。在信息化的时代，管理成为组织中加强人们之间联系的文化纽带，员工不是作为可拆分的“人力资源”，而是紧密关联的社会体系中的成员。他曾十分反感“人力资源”这个词，认为这是把人“物化”的一种表现。他强调：“人就是人，不要把人单纯看作服务于企业需要的资源、要素、工具”。文化也是一种诱惑力，当员工得到这种诱惑时，他们会认为得到了信任，自己的人生价值得到了实现，就会努力去做好自己的本职工作，无需监督和控制。良好的组织文化是一个有活力的现代社会系统生存发展的凝聚力量。单位职员能够被一种组织文化中的理念所吸引，能够对该组织文化认同，就不再是一盘散沙，就会心甘情愿地为组织的目标奉献自己的能力。

文化对社会的影响是全方位的，管理就要面对不同文化背景的组织和人作出相应的决策。文化的多样性决定管理理论不仅会打上各种文化的烙印，而且会有更多能够为不同文化所接受的管理理念和模式。

四、高技术经济的影响

20 世纪末以来，伴随着信息社会的到来，人类社会的新经济已崭露头角。高技术经济又称作知识经济或新经济，它可以理解为主要由电子信息技术为主导的新技术革命推动的经济增长与发展的经济模式或形态。在历史上铁路、电力、汽车、石油化工、航海、航空技术革命都曾极大地推动经济增长和发展，都曾形成了诸如铁路运输经济、电力经济、交通经济、石油经济等的新产业经济。也相应产生了生产计划、调度、批量生产、规模经营等管理方法、技术和思想。现代高技术经济对管理的影响来自于：

1. 高速经济

如今的世界形势，市场格局几乎是瞬息万变。与历史上的新经济不尽相同，今天的“新经济”，首先是一种高速经济。现在是以电子计算机和互联网发展为主导并带动相关产业的高速增长，如计算机制造业、软件开发业、互联网业、电信服务业的增长速度，在世界各国、各地都是独领风骚的。英特尔公司董事长葛洛夫曾用一句经典的话来概括：“现代社会，唯一不变的就是变化。”为此他还提出了“十倍速变化理论”。外部环境的快速变化要求组织快速应变，具备极强的环境适应性。但传统的科层管理组织所缺乏的恰恰是这样一种对变化的快速反应能力和适应性。

2. 市场经济

现代新技术成果商品化、产业化周期缩短，市场化空前迅速。现代高新技术产业经济一开始就几乎无国界限制地进入国际市场展开激烈竞争，电子信息技术产品和服务迅速进入寻常百姓家，高新技术产业已形成大众化市场氛围。

3. 创新经济

高新技术经济不仅在技术上日新月异，在信息产业服务领域甚至有三日不见，面目全非的变化态势。在产业经济制度、投融资机制、市场营运模式等方面都在不断创新。

4. 风险经济

在技术进步和市场化加速的同时，新经济投资的风险性也在增大，诸如技术开发决策失误、股票缩水、通货膨胀、市场波动、资源短缺、组织兼并等使世界经济、政治体系稳定性的期望值降低。

5. 知识经济

与传统的建立在物质资源基础上的工业经济和依赖自然条件的农业经济不同，现代新经济的基础是知识、是人才。知识经济对知识和人才的依赖程度超越任何一个时代，对知识和人才的追求、开发、利用已成为各种社会组织发展的必由之路。

高新技术经济的崛起，使过去所形成的许多传统甚至是经典的管理观念、思想、原则、方法都面临着新的挑战，都将发生或多或少、或快或慢的变革。怎样识别新的环境。怎样制定新的发展战略，怎样建立新的制度规范、创建新的组织结构，以适应新经济环境的要求，提高组织的竞争力，从而探索和研究新的管理理论和实践问题已成为现代管理学界责无旁贷的神圣使命。

五、专业化的影响

今天的管理，已有走向专业化的趋势。经济发达国家已经有了比较成熟的高级管理人才市场。但在现实经济、社会生活中，卓有成效的高级专业管理人才仍然是凤毛麟角，真正的专业化应用人才不可多得，而半路出家，打破学科门户的经典之作则比比皆是。

管理专业与其他的专业不同，尤其与数学、物理学、化学、医学等自然科学专业不同，管理专业往往不能硬性地应用于各种环境。但管理之所以趋于专业化，也正是因为它具备了像法律、医学等专业所具备的如下几项主要条件：

（1）管理已具备了一定的坚实的知识基础。近几十年来，管理知识迅速增进，正如美国管理学家安德鲁斯（K. R. Andrews）指出的：“谁也不敢否认今天的管理实务确是以各项研究所得的大量知识为基础的。”

（2）尽管一些主管人员没有获得像法律、医学专业人员那样的合格证书，但由于管理有一套组织方法，足以监督和管理各级主管人员进行各自的管理工作，也就不一定需要仿照法律、医学等专业那样，发给合格证书来核定他们可否从事管理工作。

（3）任何一个组织机构的目标是为人们提供良好的产品或服务，而且管理活动的进行，已有许多规范化的标准和检查机构来监督其明确任务、目标，以此来控制自己的工作，也就是所谓的自我控制。

管理是一门专业，使不懂管理的人难以胜任，管理又不同于一般专业，使许多求读管理专业的莘莘学子难以梦想成真。管理专业化使管理的“知”与“行”常常陷于困境。目前管理越来越得到社会的认可和重视，管理专业化的趋势日益明显，这对管理学的发展提供了更为有利的条件。但管理要真正发展成为一个完整意义上的学科专业，尤其在中国还有一段漫长的道路，更有待于管理专业领域的深入探索。

第二节　现代管理理念

面临现代社会政治、经济、科技、文化、军事发展给管理带来的多方面机遇和挑战，管理领域也相应产生或完善了一系列对管理理论和实践有一定影响力和指导作用的管理理念。

一、知识资源

信息社会是智能化、知识化的社会，知识将成为工商企业获取效益的重要资源，成为公共部门进行科学治理的依据。在《巨变时代的管理》一书中，德鲁克指出：未来的社会是一个知识社会，而它的和平与繁荣必须建立在有效的政府、有效的企业以及有效的公民社会这个三位一体的基础之上。可见，在信息社会中，知识虽不是唯一的资源，但肯定是一种最主要的资源。按美国未来学家托夫勒（A. Toffler）的说法，知识是现代社会真正权力的杠杆。

知识成为资源，首先要求任何组织机构都必须高度重视知识资源的开发和有效运用，都应善于运用信息网络，把握世界范围内的新知识、新信息、新动向，充分利用全人类所创造的知识宝库和精神财富，加快自身的发展。其次，开发知识资源，还必须高度重视组织员工科学知识水平的提高和潜在能力的发掘。每一个现代组织，必须着力培育员工，提高员工的科学知识水平，使之成为适应时代要求的智能型劳动者，并充分发挥他们的潜在才能。再次，开发知识资源，还应高度重视对“外脑”的利用。由于当代管理影响因素复杂多变，组织领导人仅凭个人的知识和能力难以有效地解决重大战略与管理问题，因而迫切需要借助于众多专家的知识和智慧促进组织的有效运行和发展。有效的管理者借助知识能使传统的产品和服务增值，能开发新的风险市场。无形的知识在现代管理中能够被转化为有形的生产力、科技力、战斗力。

知识生产力将日益成为一个国家、一个地区、一个产业、一家公司的竞争实力的决定性因素。德鲁克认为，就知识而言，没有哪个国家、哪个地区、哪个产业、哪家公司有任何“天然”优势和劣势。它能获取的唯一优势，就看它能从普遍适用的知识中获取多少生产能力。在国内和国际经济学中日益强调的重要的唯一事情就是，管理要在促使知识具有生产力方面取得业绩。

二、人文关怀

管理中的人文关怀亦可称为“软”管理。企业管理也好，军队管理也好，所谓管理都是人的管理。这是因为：首先，管理主体是人；其次，管理客体虽然兼有人和物，但是对物的管理取决于对人的管理，所以管理客体主要也是人的问题。

中国古代的管理思想，无论是儒家思想还是法家思想，都很重视主观能动性，注重发挥人在管理中的关键作用。近代外国管理思想则与工业文明密切相关。20 世纪之初有基于“经济人”假设的泰罗的所谓科学管理，20 世纪 30 年代有基于“社会人”假设的梅奥等人的行为管理，至 50 年代又有基于“自我实现的人”假设的马斯洛等人的人本管理，80 年代以来出现了现代的民主管理，强调超越企业组织文化的个性化管理。在我国共和国建国初期，第一代党和国家领导人就强调人的因素第一。毛泽东还刻意提出了人定胜天的著名哲学论断。

社会发展表明，管理领域已呈现由理性的科学管理即物本主义的“硬”管理向非理性的人文管理即人文主义的“软”管理的转变。“软”管理的发展是以“硬”管理的存在为基础的，而“硬”管理靠“软”管理来提升，需以“软”管理的指导为前提。“硬”管理主要是高扬理性、崇尚科学的西方管理思想，应该洋为中用。“软”管理中含有“天人合一”、“和为贵”、人际关系融洽和谐的我国传统的管理思想、理念，应该古为今用。在中西管理结合的基础上进一步完善“软”、“硬”的兼有和融合。而以“软”为主的中国式管理，乃是传统的东方管理理念在新时代的辉光再现。

21 世纪的中国社会经济、政治、科技、军事管理将更要以人为本，更体现人文关怀。如我国最高管理层提出的科学发展观就强调“以人为本”，公共预算中加大转移支付，增加对弱势群体、边缘群体的财政补助更凸现“民为贵，社稷次之”的宏观管理意识。

三、全球意识

全球化的历史潮流，使闭关自守、画地为牢的管理体制岌岌可危，大而全、小而全的经营模式难以为继。各种公共和私人组织或早或迟、或主动或被动地要进入国际社会，接受全球化的挑战。

国际市场竞争日益激烈的最突出表现：一是无形资产竞争，在当今时代，不仅是物质硬件的空间流动，更有软竞争力的无形渗透，只有创造出高品位、高质量、独具特色的国际名牌产品和服务，才能牢牢占领国际市场。二是高技术的竞争，拥有高新技术，才能不断创造出技术含量高、档次高、附加价值高的新产品。三是规模实力的竞争，正以排山倒海之势向前发展的跨国公司，以其经济、技术的强大实力成为国际市场的主力军，将对世界经济产生巨大而深远的影响。面对如此激烈的全球化竞争，各种经济和公共组织都应以强烈的竞争意识和危机感认真思考自己的全球竞争战略。一方面，从世界水平的高度，努力创造达到国际标准的一流产品、一流服务和一流管理；另一方面，则应努力发掘自身的优势和特点，集中力量创造相对优势，寻求自己应有的位置和发展空间。

现代管理科学须具有全球意识。如何使传统、局部的经验型、规范型管理思想尤其是理念与全球不同的文明体系融合，而又不失民族的风范、特色，是现代管理者面临全球化挑战的义不容辞、责无旁贷的追求。

四、文化建设

“21 世纪国有企业创新与发展论坛暨《华侨城集团宪章》研讨会”曾宣示：没有文化的企业也可以成长，但没有文化的企业不可能实现可持续成长。因为，没有文化就等于没有灵魂、没有主线，也就无法牵引企业向前发展。文化不解决企业赚钱不赚钱的问题，文化解决企业成长持续不持续的问题。从这个意义上说，中国企业能否长大，与企业文化建设的成败有着密切关系。其他组织建设也是如此，一个国家、一个民族如果没有现代科学和先进技术，一打就垮，但是如果一个国家、一个民族没有优秀的历史传统和人文精神，则更是不打自垮。世界上大民族的衰落几乎都是文化先衰退，中华民族在世界的历史影响，与其说是经济、政治、军事方面，不如说是东方传统文化的魅力。

现代组织机构的文化建设，不仅要使传统的组织文化的升华，更要在管理活动中与不同的文化相结合，形成不同的管理哲学和管理风格。例如：美国式管理强调个人价值，强调严格的制度、理性决策技术和追求最大限度的利润等等，而日本式管理则强调和谐的人际关系，上下协商的决策制度，员工对组织的忠诚与企业的社会责任等。显然，这种不同管理模式的特色，源于不同的文化。值得注意的是，美国通过对日本管理模式的研究和反思，企业经营观念正在不断变化之中，如重视企业的社会效益、人力资源的开发和员工队伍的稳定等。日本也在检讨原有管理模式的不足，正在强化人事竞争机制，摒弃论资排辈，让员工相信，只要有能力，就能够出头，强调异质化、活力化、个性化、效率化经营等。同在一个“地球村”，在管理文化上取长补短、相互融合是必然的趋势。但是，跨文化的管理，绝不是文化的同一化，而是在保持本土文化基础上兼收并蓄，不断创新，建立既有自己特色又充分吸纳人类先进文化成果的管理模式。

培育组织文化，体现文化的特色和要求，必将成为新世纪各类私人和公共组织面向未来的管理目标。如军队打造正义之师、文明之师、和谐之师的军营文化；又如现代企业，不仅要能创造出一流的产品、一流的服务、一流的营销，同时还要塑造企业良好的形象、很高的信誉和优秀的企业文化；不仅要创造出经济效益，同时也要创造社会效益——为人们生活质量、环境质量的提高和社会科学、教育、文化等事业的发展作出应有的奉献。

五、目标导向

目标导向即目标管理，又谓“无形管理”或“没有管理的管理”，它是针对传统的过程管理而言，更突出按组织的目标要求而实现管理的目的。目标管理是战略管理的一种模式，战略管理理念并非取消微观、具体的事务管理，而是淡化管理过程，事有巨细，放松上级对下级的监控，使管理进入更高的层次和更高的境界。因此，目标导向的意义在于：一是将全员管理提到新的高度，人人都是管理者，都是重大决策的参与者，也都是决策的执行者。二是以人为本，顺应人性，尊重人格，将会大大激发员工的主动精神，员工不再被动地在管制束缚下工作，而是主动自觉地完成自己应当做的事情。三是通过管理文化，创造一种高度和谐、友善、亲切、融洽的氛围，使企业各组成部分融为一体。四是顺应形势、顺应社会经济运行的自然法则，塑造更为科学有效的管理机制，只有将管理达到如此境界，才能使领导者摆脱日常管理事务，才能面对未来，纵观世界审时度势，筹谋企业发展的根本大计。

按德鲁克的解释，目标管理并不是将决定付诸实施的程序，而是有体系地使问题明确，并做出深思和抉择。它是确认问题、防止问题的方法手段，并不是在一定表格上填上答案，所谓目标管理就是成果本身。

目标管理被誉为管理的最高境界，其实质是中国传统文化中的“无为而治”的管理思想和理念。按老子《道德经》所说的就是：太上，下知有之，其次亲而誉之，其次畏之，其次侮之，信不足焉，有不信焉！悠兮，其贵言，功成事遂，百姓皆谓“吾自然”。

六、可持续发展

可持续发展是20世纪80年代初兴起的一种新的科学发展观和管理理念。它强调由于资源稀缺，环境有限，为求发展而对资源、环境进行消耗和利用时，必须保障代内公平和代际公平，以避免全球不可持续的增长极限。在未来的管理中，政府、企业和公众都应遵守可持续发展原则，制定和实施可持续发展战略，并将之贯彻于整个管理活动。社会要求企业从趋利性经营管理转向“绿色”经营管理，以节约资源和保护美化环境、报效社会为己任。增长不一定是最好的管理绩效，降低消耗、减少污染、社会和谐、人民幸福更是备受社会推崇的管理绩效考核指标。在管理过程中，人与社会、人与自然、人与人之间的和谐、协调发展，从而研究各种组织内外和活动过程亲睦、协同、配合关系的理论及其应用，将得到更多的重视和青睐。

第三节　管理任务变革

早在20世纪70年代初管理学大师德鲁克就在《管理：任务、责任和实践》中指出了明天的管理者必需的素质：①通过目标来管理；②冒更多的风险，而且考虑得长远；③能够制定战略决策；④能够建立一个整合团队，其中每一位成员都能够根据共同目标管理和度量自己的表现和成绩；⑤能够快速、清楚地交流信息；⑥能够将企业视为一个整体，而且可以将自己的职能与其进行整合；⑦知识渊博——传统上，一个管理者只被要求知道一些产品或一个行业，这是不够的。

德鲁克预言半个多世纪后，社会经济活动对管理的要求与日俱增，几乎所有的管理者在践行自己的职责时都是硕果辉煌。21 世纪将成为完全意义上的新技术经济时代，与此相关的，必将导致一场极其深刻的管理革命。对这场管理革命的丰富内涵及其深远意义，目前还难以全面准确地把握，但从现在已经掌握的信息推断，在传统的以人、财、物为主要管理对象的基础上，至少，管理的内容和任务已呈现如下变革。

一、创新管理

急剧变化的年代，变是唯一不变的真理，那种固定不变的常规型管理已经不能适应，必将为创新型管理所取代。一个组织没有创新，就没有发展，没有生命力。创新是一个民族的灵魂，是一个国家兴旺发达的象征。创新已成为未来管理的主旋律。所谓创新型管理，一是指为适应现代科学技术、经营环境的急剧变化，不断进行战略创新、制度创新、组织创新、观念创新和市场创新，把创新渗透于整个管理过程之中，作为经常性的主要管理职责。二是每个经理人都将成为创新者。自动化管理信息系统的建立，将把经理人从手工劳动中解放出来，从而使经理人将大部分时间用于创造性劳动，研究新问题、新动向、新思路，成为创新型的工作者。三是每个组织都要为全体员工创造性才能自由发挥建立新的机制。面对未来，需要的是能够激励人们不避风险、不怕犯错误、勇于创新探索的管理机制。四是在激烈的竞争中一味模仿别人的组织是难以生存的。实践证明，成功的组织必将是具有个性化、活力化特征的创新型组织，是能够创造出与众不同的产品、服务和独具特色的管理方式的组织模式。

因而，创新管理应该包括三种互有联系的不同含义，一是对创新活动的管理，二是管理要创新，三是创新型管理。创新型管理的前提和结果必然是管理创新，其内容也理应包括对创新的管理。创新型管理不同于守旧型管理，它把创新贯穿于整个管理过程，使管理随着技术、市场等环境的变化而变化，但它也要求整个组织及其组成人员是创新型的，把创新作为其活动的主旋律。创新是一个国家兴旺发达的不竭动力，也是一个企业保持竞争优势的可靠保证。可以预言，创新管理是未来组织（无论是社会公共组织还是私人经济组织）生存和发展的希望所在。创新管理有助于组织全面创新，使创新活动由单项创新转向综合创新、个人创新转向群体创新、局部创新到整体创新。

二、风险管理

在一般社会生活中风险管理又称作安全管理。高科技及其产业的崛起，市场、金融、经济的全球化扩张，导致不确定、不安全的因素增加，由于信息不完备与非对称分布又促进风险加大。人们在管理活动中不能不考虑风险因素，提高风险防范和安全意识，加强风险管理，在捕捉机遇的同时努力防范风险。国家要防范国际经济风险、金融风险，企业要防范市场风险、经营风险、技术风险等。在风险管理中，不能满足于“亡羊补牢”，而应加强监测和预测，以预防为主，把风险减少到最低限度，缩小风险可能造成的损失和带来的影响。分析风险形成的因素，预测风险到来的时机，积极采取预防风险的对策，以回避风险、转移风险、分散风险、减轻风险和做好承受风险的准备。风险管理是未来管理必不可少的重要组成部分。

在社会的人、财、物的流动活动中，为了搞好风险管理，就需要重视信用管理。信用是风险管理的前提。发展市场经济，应讲究信用和信誉。政府不能失信于民，企业不能失于用户。信誉乃是否有信用和信用度高低的保证。因此，它是一种无形资产。企业管理者要了解和掌握供应商、客户、合作伙伴的信用，甚至对他们的信用和自己的信用进行评估、分级；公共管理者要明察社会公众对公共政策、公共产品和服务的信任程度。像美国这样的经济发达国家，就有专门提供企业资信的信息服务企业，以及调查研究政府公信力的专门人才和咨询机构。

三、危机管理

超越传统的经济风险管理的是现代社会的危机管理。如果说风险是一种预期管理的话，危机则是一种现实管理。美国《危机管理》一书的作者菲特普曾对《财富》500 强的高层人士进行了一次调查，高达 80% 的被访者认为，现代企业不可避免地要面临危机，就如人不可避免地要面对死亡。学会预防和处理危机对现代管理者来说也是一堂“必修课”。医院除了有一般的门诊室，但还要专门设一个急诊室，及时医治白天或晚上来的危急病人。一般经济组织当然很难像医院那样常设一个危机管理机构，但危机管理意识是应具备的。在充满变数的市场经济环境中，危机管理势必成为现代社会经济与公共组织管理的重要一环。

危机管理是对突发的事件或可能出现的突发的事件的事前预防及事后处理的管理工具，这些事件主要分两类，一是对突发事件对组织造成重大打击的事件，如天灾、人祸等；二是易发生的大事件，如安全、生产、质量、市场等等环节的事件。美国“911”事件的冲击，使很多组织和个人开始意识到危机管理的重要性。现实中，个人、国家及企业都可能遇到不同的危机挑战，如城市停电、大地震、海啸、煤矿瓦斯爆炸和透水、天然气泄漏、风灾、水灾、旱灾等等，如何面对这些危机，是领导人和管理者必备的知识。

危机无所不在，关键在于预防，容易发生危机的地方主要是一些高危部门，诸如交通运输领域；地下、水下、空中作业；鞭炮、火药、化学药品等危险产品生产和服务领域；财务危机，如资金债务链、汇率和股价变化；安全事故、盗窃、泄密等；市场竞争上的危机，如国际市场上突发的事件、贸易争端等；法律上的危机，如侵权、合同等；还有知识产权、人力资源危机等等。

多数危机并不是由于单一事件而引起的，而是许多个微小的、容易被高层领导所忽视的一系列事件综合引发的结果。有时这被称为危机潜伏，或者用美国危机管理学院（ICM）的话来说：冒烟的危机——管理层在危机爆发之前就应该知道了。

管理上如何来建立危机预警机制？通常有以下六个步骤：第一步，组建危机管理小组或危机管理委员会，小组领导由高层领导者来担任，如我国的安全生产委员会主任一般都是副总理以上的人直接兼任，也可以一个系统的各职能部门负责人为主，兼收一部分基层员工。第二步，单位领导首先要对自己企业或公共部门现在的防灾体系处于什么阶段要详细掌握，然后定期进行组织运营危机与风险分析。第三步，当发生重大天灾时，本系统哪些部门会受到什么损害，必须要先作好“被害预测”，然后进行风险分级管理，制订每一项风险的解决方案，明确责任人与责任完成时间与指标。第四步，根据这些被害的“预测”，制作对应措施预案，建立危机管理数据库，并不定期地举行不同范围的危机爆发模拟训练。第五步，当对策都已经制定完毕，要付诸实施时，硬体与软体配合就牵涉到系统内部经费的编列。第六步，确保组织内部对话渠道畅通，并与外部世界建立良好的互动、协作关系，改善组织外部的生存环境；如果缺乏内部的沟通和协调，危机可能产生放大、连锁反应。

目前中国的传统管理体系中危机管理机制一般都比较匮乏或不健全，觉得危机管理发生的概率小，在危机发生之前感觉不到它的重要性，或者投入的成本很大。以后将有更多的政府部门和工商企业会在这一方面下大力气。如加入WTO后，中国企业的风险更大了。现代工商企业应对危机，不一定必须成立一个内部专门机构，但要有这个职能，也可以借助社会公共部门的力量，如公安、消防、医疗机构的人力和技术救助以及保险机构的经济救助。这应该与具体部门的具体业务项目结合，以便更有可操作性。危机管理的总负责人一定是拥有资源配置权力的单位高层领导，如2003年我国发生“非典”事件时，卫生部和国务院高层没有设置这方面的职能部门和应对机制，致使一度出现了混乱局面。这是典型的公共危机管理问题。最高管理层除了有专业职能部门，还必须有相关的信息发言人，这样才会有机构和人负责，使公众知情，防患于未然。在系统财力不充分的情况下，应把危机管理的职责放在各个业务块的职能领导身上，这样才能更好地应对危机。当然，危机发生之后，请外部的专家来协助处理，包括公关专家，可以更好地能妥善处理各方面的关系。

危机管理的处理一般都遵循一些程序或步骤，当然这些程序、步骤是必要的，但并不能带来大的效果，只能保证不出大的纰漏。它不能保证你抓住关键环节。危机管理的要求是：更多地使用外部的资源，更多地做好预防。对于中国的管理者来说，未来最要警惕的危机是自然灾害和政策环境变化的危机，如我国当年的“非典”事件、台风“桑美”以及康泰克、康力元的经营危机等诸如此类。

四、信息管理

信息是现代社会的发展资源。无论是企业经济组织，还是公共非盈利性机构，信息是否全面、准确，将极大地影响管理决策。信息管理已成为现代管理的重要内容。信息管理主要包括管理信息化和对信息的经营管理。

随着信息技术的推广应用与信息资源的开发利用，管理信息化正在往广度和深度发展，并进入管理活动与业务活动综合信息化的新阶段。如建立管理信息系统（MIS），局域网的开发应用，办公自动化（OA）等等。管理信息化的新发展进一步促进信息管理的普及和提高，导致信息管理在整个管理中地位的提升。信息管理渗透于和体现在各种管理中，无论是政府管理还是企业管理的一切方面和全部过程。可以说，无信息管理，也就谈不上任何管理。同时，在管理的具体实践中，已经出现了信息管理向知识管理演进的发展趋势。

所谓信息的经营管理就是通过对各种信息资源收集、识别、分析、处理，实现对信息资源的开发、利用，形成信息的知识化、资源化、产业化和市场化，使知识升值，转化为人类需要的物质和精神财富。诸如各级政府建立信息库，成立信息研究中心，军队建立信息对抗部队，工商企业运用计算机集成制造技术（CIMS），进行信息资源的开发利用，以至设立信息主管（CIO）或知识主管（CKO）。可见，信息的经营管理主要是对知识的开发和利用。

因此，对信息的经营管理最集中体现在对知识资本管理、知识过程管理和知识管理技术研究之中。由于知识是一种生产要素、一种资本投入、一种无形资产，所以知识资本管理属于一种无形资产管理；知识过程管理就是为“无声的”知识提供者（知识管理系统）和知识寻求者（决策者）提供中介支持，使知识寻求者与最佳知识源相匹配；知识管理技术就是基于计算机信息技术与人工智能的管理技术，目的是建立知识管理系统。知识管理系统是一个对知识进行创造、采集、整理、传递、共享，继而创造新知识的完整的管理系统，是管理信息系统的延伸和拓展。知识管理应用很广泛，哪里有“中介”，哪里就有知识管理。如何充分发挥已有知识的作用，实现知识创新、存储、共享、重用，如何从外界广泛获取需要的知识，对它的管理远比有形物资管理要复杂。

五、精细管理

精细管理或“精细化管理”是源于发达国家的一项管理内容和一种管理概念，首先出现在大规模工业制造业，如汽车、家用电器等产业中。文明史上林林总总的管理思想、管理模式，诸如全面质量管理、ISO 9000、看板管理、零缺陷管理、零库存管理、现代物流与供应链管理、客户关系管理等等，都已经成为精细化管理的代名词，并已被许多知名企业广泛应用，最著名的莫过于日本企业如索尼、丰田及美国的戴尔等。企业通过精细化管理优化其生产流程、管理流程。精细化管理是超越竞争者、超越自我的需要，是构筑流程卓越型企业的需要。没有哪一种管理理论是完善的、全面的、放之四海而皆准的。一个否定的论断总是比肯定的观点要来得准确，但是精细化管理一定会成为我们不能放弃的一部分。任何一种被创造出来的管理理论或者是管理自身的理性总结，都将是有生命力的。然而，我们同样遭受了诸多的失败。那是因为我们忽略了这些理论与总结背后更为基石性的东西——精细化。精细化管理不仅是我们适应激烈竞争环境的必然选择，也是一个组织成为基业常青的、盛名不衰的必然选择。

精细化管理的内涵是各项工作要精确定位、精益求精，细化目标、细化考核。“精确定位”是指对每个单位、部门和岗位的职能职责都要定位准确，对每个系统的各道工序和各个环节都要规范清晰、有机衔接；“精益求精”是要求对待工作标准高、要求严，做到尽善尽美；“细化目标”是指对任务进行层层分解，指标落实到人；“细化考核”是指考核时做到定量准确、考核及时、奖惩兑现。精细化管理的宗旨是彻底杜绝浪费，永远追求效率。精细化管理的核心和灵魂是持续改进，不断创新，追求永无止境。其总体目标是：培养员工精细化管理的理念和意识，养成精细的工作作风，使精细化成为每个员工的习惯；最大限度地减少等待、缺陷和库存，消除一切浪费；优化业务流程，每个工序、每个环节有机衔接，每个子系统都符合大系统的内在要求，实现系统高效运转；合理设置组织机构，以适应高效、便捷流程的需要；明晰各部门职能、各岗位职责，规范各工种操作标准，科学制订评价体系和考核机制，形成一套相对完善的精细化管理制度和统一、科学、系统的精细化管理模式，最终建立起高效的内部运营机制。

精细化管理隐含的可能不是理论，而是一种意识。大多数组织机构好像不缺乏忧患意识，但至少缺乏使忧患意识不浮于表面的意识。没有忧患意识的企业可能是难以在激烈的市场竞争中胜出的企业，没有忧患意识的政府很可能不能长治久安，而仅仅只有忧患意识，社会组织和团体肯定难以为继。也就是说，仅仅有忧患是不够的，最终还是要去解决实际的问题。实际的问题在于我们的人力资源、我们的流程管理和我们的系统管理，是否每天将持续吸纳的信息精细化。多一些精细化的意识，就会少一些不必要的忧患意识。

有人说“精细化是未来管理的必经之路”，是现代组织乃至整个社会长久发展的必由之路。粗放的经营管理招致的代价比比皆是，精细化抑或不是什么新概念，但是新鲜的事物，因为精益求精的追求、精心打造的管理，必然会带来新的收获。从粗放到精细，对人类面临资源枯竭、环境恶化的可持续发展是不可或缺的。

六、组织再造管理

组织再造的理论渊源是企业再造，又译为“公司再造”、“再造工程”（Reengineering）。它是1993年开始在美国出现的关于企业经营管理方式的一种新的理论和方法。所谓“再造工程”，简单地说就是以工作流程为中心，重新设计企业的经营、管理及运作方式。按照该理论的创始人原美国麻省理工学院教授哈默（M. Hammer）与钱皮（J. Champy）的定义，是指“为了飞越性地改善成本、质量、服务、速度等重大的现代企业的运营基准，对工作流程进行根本性重新思考并彻底改革”，也就是说，“从头改变，重新设计”。为了能够适应新的世界竞争环境，企业必须摒弃已成惯例的运营模式和工作方法，以工作流程为中心，重新设计企业的经营、管理及运营方式。

企业再造理论的产生有其深刻的时代背景。20 世纪 60—70 年代以来，信息技术革命使企业的经营环境和运作方式发生了很大的变化，而西方国家经济的长期低增长又使得市场竞争日益激烈，企业面临着严峻挑战。有些管理专家用 3C 理论阐述了这种全新的挑战：

（1）顾客——买卖双方关系中的主导权转到了顾客一方。竞争使顾客对商品有了更大的选择余地；随着生活水平的不断提高，顾客对各种产品和服务也有了更高的要求。

（2）竞争——技术进步使竞争的方式和手段不断发展，发生了根本性的变化。越来越多的跨国公司越出国界，在逐渐走向一体化的全球市场上展开各种形式的竞争，如美国企业面临日本、欧洲企业的竞争威胁。

（3）变化——市场需求日趋多变，产品寿命周期的单位已由“年”趋于“月”，技术进步使企业的生产、服务系统经常变化，这种变化已经成为持续不断的事情。因此在大量生产、大量消费的环境下发展起来的企业经营管理模式已无法适应快速变化的市场。

面对这些挑战，企业只有在更高水平上进行一场根本性的改革与创新，才能在低速增长时代增强自身的竞争力。在这种背景下，结合美国企业为挑战来自日本、欧洲的威胁而展开的实际探索，1993 年哈默和钱皮出版了《再造企业》一书，书中认为：“20 年来，没有一个管理思潮能将美国的竞争力倒转过来，如目标管理、多样化、Z 理论、零基础预算、价值分析、分权、质量圈、追求卓越、结构重整、文件管理、走动管理、矩阵管理、内部创新及一分钟决策等。”1995 年，钱皮又出版了《再造管理》。哈默与钱皮提出应在新的企业运行空间条件下，改造原来的工作流程，以使企业更适应未来的生存发展空间。这一全新的思想震动了管理学界，一时间“企业再造”、“流程再造”成为大家谈论的热门话题，哈默和钱皮的著作以极快的速度被大量翻译、传播。与此有关的各种刊物、演讲会也盛行一时，在短短的时间里该理论便成为全世界企业以及学术界研究的热点。IBM 信用公司通过流程改造，使一个通才代替过去多位专才并减少了九成作业时间的故事更是广为流传。

对于企业来说，组织“再造”就是重新设计和安排企业的整个生产、服务和经营过程，使之合理化。通过对企业原来生产经营过程的各个方面、每个环节进行全面的调查研究和细致分析，对其中不合理、不必要的环节进行彻底的变革。在具体实施过程中，应该包括以下程序：(1)对原有流程进行全面的功能和效率分析，发现其中存在问题；（2）设计新的流程改进方案，并进行评估；(3）制定与流程改进方案相配套的组织结构、人力资源配置和业务规范等方面的改进规划，形成系统的企业再造方案；(4）组织实施与持续改善。

组织再造方案的实施并不意味着组织体系设计的终结。在社会发展日益加快的时代，任何组织总是不断面临新的挑战，这就需要对再造方案不断地进行改进，以适应新形势的需要。

“再造工程”在欧美的企业中受到了高度的重视，因而得到迅速推广，并带来了显著的经济效益，涌现出大批成功的范例。1994 年，由 CSC Index公司（战略管理咨询公司）对北美和欧洲 6000 家大公司中的 621 家进行了抽样问卷调查。调查的结果是：北美 497 家的 69%、欧洲 124 家的 75% 已经进行了一个或多个再造项目，余下的公司的一半也在考虑这样的项目。American Express（美国信用卡公司）通过再造，每年减少费用超过 10 亿美元。德州仪器公司的半导体部门通过再造，将集成电路的订货处理程序的周期时间减少了一半多，改变了顾客的满意度，由最坏变为最好，并使企业得到了前所未有的收入。

总体来说，企业再造理论顺应了通过变革创造企业新活力的需要，这使越来越多的学者加入到流程再造的研究中来。有些管理学者通过大量研究流程重建的实例，针对再造工程的理论缺陷，发展出一种被称为“MTP”(Manage Through Process）即流程管理的新方法。其内容是以流程为基本的控制单元，按照企业经营战略的要求，对流程的规划、设计、构造、运转及调控等所有环节实行系统管理，全面考虑各种作业流程之间的相互配置关系，以及与管理流程的适应问题。可以说，“MTP”是再造工程的扩展和深化，它使企业经营活动的所有流程实行统一指挥，综合协调。

在“企业再造”成效卓越的影响下，组织再造影响到社会组织体系的各个系统，如打造企业型公共管理，其典型例子就是建立“企业型的政府”。企业型政府是指政府部门由一群富有企业家精神的公共管理者组成，他们能够运用各种创新的策略，使原本僵化的官僚体系恢复活力，并有效运用资源提高自己的效率。企业家政府是由一群公共企业家组成的政府，政府领导人具有企业家精神。诚然，所谓企业型政府不是要将政府变为企业，像企业那样运作，而是政府必须在市场导向的观念下，引进竞争机制，运用创新策略。如今所说的企业家并非专指私营部门的管理者，而是指能够转移低产值的经济资源至较高生产力的领域，并获得较大的收获者。

企业家精神就是用创新方法使用资源，使经济资源的效用最大化。企业家精神的实质就是效益和创新。因此，企业型政府的基本特征如下：

（1）重视公共经济效益——企业型政府强调政策、规划、项目的成本效益关系，以最小的投入获得最大的效益。

（2）强调公民导向——政府施政目标应该首先考虑公民的利益。强调对纳税人负责，以对公众的满意度作为衡量公共产品与服务质量的标准。

（3）强调市场机制，重视选择和竞争——主张通过发挥市场机制来提供公共产品和服务；使民间机构与政府共同生产公共品，为公众提供多种选择机会。

（4）授予权能——企业型政府主张给予公共管理者以行政自由裁量权来完成计划。

（5）创新与改革——企业型政府要解除传统经济的规则枷锁，打破传统结构惯性，给市场以最大的自由，尽可能少地干预和管制经济。

第四节　现代管理学发展的特点与趋势

人是社会动物。人们从事的生产活动和社会活动都是集体进行的，要组织和协调集体活动就需要管理。但是社会生产力水平直接影响到管理水平、管理范围和管理的复杂程度，因而对管理学的发展也会产生影响。随着人类社会活动外延的拓展，方式的多样，以及社会组织日趋复杂、高级化，管理的创新已悄然进行，作为研究管理活动规律的管理科学也呈现出一系列新特点和发展趋势。这正如恩格斯所指出："社会一旦有技术上的需要，这种需要就会比十所大学更能把科学推向前进。"

一、管理学发展的学科特点

21世纪的管理学究竟有什么特点？不同的学者有不同的回答和论述。甚至关于管理学是不是科学的争论，也众说纷纭，莫衷一是。在这一争论中，明茨伯格率先指出，管理中有科学的成分，但不全是科学。管理中科学的成分是关于人在组织中的行为和互动规律的总结与提升。对于管理的本质，明茨伯格归纳为三个关键词：管理是科学、是艺术、是手艺，并指出管理学科的特点是：

（1）管理学是一门综合性学科——管理过程的动态性、复杂性和管理对象的多样性决定了管理所要借助的知识、方法和手段要多样化。

(2) 管理学是一门软科学——影响管理的因素很多，有的还是不可控和不确定因素。在管理学中没有千古不变或“永恒”的定理，必须对具体问题作具体分析。

(3) 管理学是一门实践性很强的学科——管理对象的复杂性和管理环境的多变性决定了运用管理知识的技巧性、灵活性和创造性。仅靠学校的理论教学是培养不出“合格”管理者的，因此必须在实践中学会管理。

(4) 管理学是一门不断发展中的学科——它与社会经济发展紧密相关，其理论正处于新旧更迭的关键时期，必将随着经济的发展和科技的进步而不断发展。

因此，管理学是一门学科，更是一门艺术。说它是科学的，是因为其遵循并反映了客观规律，形成了一套完整的学科体系。我们不仅要通过理论教学来学习管理理论、管理方式和管理方法，更要运用案例、调查、模拟、演练等实践形式来认真地领会和品悟管理的艺术、管理的真谛。因为懂得管理知识并不意味着就能在实践中正确与灵活地运用。

对于相似的管理对象、相似的管理环境和相似的管理运作，由于管理者的个体差异，往往产生截然不同的管理效果，有的事与愿违，有的平平淡淡，有的精妙绝伦。这种因人而异、精彩纷呈、意料之外的管理“亮点”，可谓管理的艺术。管理艺术性的发挥既取决于管理者理论水平的高低和管理知识的多寡，更在于管理者个人的智慧、激情和灵感发挥。所以，管理学科学性表现出来的严谨和管理学艺术性表现出来的“只可意会不可言传”，决定了管理学的教与学过程应具有不拘一格的独特性。

明茨伯格认为，没有哪一个学者是纯粹的某一种管理风格的代表。若是非要将管理风格加以区分的话，明茨伯格将管理风格分为三类：最能代表管理中的艺术性的是本尼斯（W. G. Bennis）和彼得斯，他们是行动主义者，强调领导力；最能代表管理中的科学性的则是波特（M. E. Poter），他强调管理需要运用大量的数据分析来制定策略；而最能代表管理中的手艺性的则是明茨伯格本人，强调战略的制定是在实践中逐渐形成的。这三种管理风格在实际工作中发挥着各自的作用，但实践中，管理并不仅限于这三个方面的风格。

德鲁克和彼得斯这两位美国管理学家，在许多方面也与明茨伯格的观点遥相呼应。德鲁克认为，管理是一种实践，其本质不在于“知”，而在于“行”；其验证不在于逻辑，而在于结果；其唯一权威就是成就。德鲁克还说：“管理不是，也永远不会是今天美国人所理解的那种科学。”同时他认为人们“工作”只是一项单纯的人类活动，而管理学则是一种艺术。彼得斯在1988年3月访问中国期间也曾宣称：管理不是一门科学，过去不是，现在不是，将来也永远不是。

明茨伯格还认为，管理是一种做法，它利用并使用了科学的知识，但是使用科学的时候，它则是像一门手艺一样，而且很大程度上要依赖于艺术。以往的管理学家大多是从管理实践中总结经验，将经验总结提升为抽象的理论知识，而明茨伯格反其道而行之，将抽象的理论转化为通俗易懂的实践操作方法，某些方面与管理第一线的实践者们的行为不谋而合。未来管理学的发展，更多是在理论与实践中寻求一种和谐平衡的发展。单纯的管理理论知识，不再是指导实际管理工作的“圣经”，而管理工作的实践经验也不再是管理学理论发展的唯一源泉。管理学的长足发展，需要第一手的实践经验，也需要通过经验的反思、彼此的交流来推进。明茨伯格曾比喻说：“管理更像是乐高（Lego）玩具，而不是宜家（Ikea）模式，宜家要求客户把切割整齐、合乎尺寸的部件组装起来，就可以得到成品家具了。但是真正的管理更接近于玩乐高积木，部件的组装可以有无数种方式，而建立有趣漂亮的结构是需要时间和经验的。管理是一种奇特的现象，首先它是一种充满常识的实践。”

泰罗在20世纪初曾拒绝教授科学管理这门课，坚持认为管理只有在车间里才能学到，或许这种行为显得有些过于偏执。但是从中我们能够看出，真正可以运用到管理实践中的理论，恐怕只有管理者自己才能创造出来。因此，21世纪的今天，管理学的发展更多依赖于实践，管理者只有亲身投入到实践中去才能寻求理论突破，管理才会真正发挥出效能，才能推动管理学的发展。理论丛林见仁见智，运用之妙，存乎一心。管理源于实践，用于实践，而非纸上谈兵。未来的管理学科的成就更多地是借助整个科学研究和社会实践的繁荣，而非自身的基本原理创新。

二、管理学发展的趋势

管理学的发展趋势是人类社会发展的必然结果。管理学的实质是探求外部环境、内部条件与管理目标三者之间的动态平衡，而人类社会总是由低级阶段向高级阶段发展，即管理主体的外部环境总是变化的。为了寻求三者之间的平衡，管理学也必须动态地发展。进入20世纪90年代，特别是进入21世纪的后工业社会，科学技术飞速发展，已经推动了管理学的进一步发展。国内管理学理论研究学者一般认为，从它的发展趋势看，主要表现在以下三方面：

1. 管理学对人性的假设由经济人、社会人、决策人假设向复杂人假设转变

在工业社会以前的管理思想中，把人当作会说话的工具，认为人总是好吃懒做，好逸恶劳，毫无责任心，美国管理学家曾把这种传统的人性假设称作 X 理论。

20 世纪初，以泰罗为代表的科学管理理论强调人追求经济利益的本性，使管理学与经济学的人性假设趋于一致。之后，梅奥从“霍桑实验”中认识到除了对经济利益的需求外，人们对社会和心理方面的需求也很重要，因而否定了经济人假设，提出了社会人假设。其他行为科学理论的代表人也从不同侧面强化了社会人假设，尤其是马斯洛的需求层次理论把社会人假设发展为一个经典而又精致的需求模型。

当代管理学派中对人性的假设也犹如丛林，其中较有代表性的是西蒙在他的决策理论中阐述的决策人假设。他提出了“管理就是决策”的著名论断，并认为在组织中，不同层次的员工都在做决策，所以都是决策人。

从马斯洛的需求层次理论中可以看出，由于个人目的、个人偏好、个人利益的存在，人就会有多种需求。这些需求，会产生各种各样的动机，因此引发出各种各样的行为来满足个人的自我发展、自我实现和自我完善的需要。在当今社会，人们受经济、政治、文化道德等方面的陶冶和洗礼，人性变得非常复杂，如果管理者不及时审时度势，引入激励机制与员工真诚合作，以满足员工的需要，充分调动他们的潜能，组织效率就不可能真正提高。因此，随着知识经济时代的到来，管理学对人性的假设必将超越经济人、社会人、决策人假设，升华为复杂人假设。

2. 管理职能由计划、组织、人事、领导、控制向信息职能延伸

传统的和现代的管理职能构成了一个管理循环体系，使管理工作周而复始地进行，每循环一次，管理水平就提高一级。但随着全球经济由工业经济向信息经济转变的进程加快，缺乏信息渗透的管理工作将显得苍白无力，要么管理节奏跟不上，要么管理质量得不到保证。因此，在管理工作中，强化信息职能，将是管理学发展的趋势之一。其表现主要有三方面：

首先，信息职能能革新企业内部的生产力要素结构，使资源转换系统的生产率大幅度提高，并同时以不断增加的柔性适应市场需求结构和消费结构的快速变化。

其次，信息职能能促成管理系统的优化，促进组织的创新，使组织的绩效不断上升。信息职能能提高计划与决策的科学性和及时性，成为信息时代组织生存、发展、竞争制胜的有力武器。

第三，信息职能与传统管理职能将构成一种相互依存、相互促进的管理职能系统。信息职能为传统管理职能的发挥提供了全方位、全过程的信息；反过来，传统管理职能又促使信息职能去开发、收集、处理、传播、分配信息资源。

3. 管理学新的理论前提——“合工理论”向传统的分工理论提出了挑战

二百年以前，亚当·斯密以制造针为例论述了劳动分工的作用。他的这一分工理论成了近代产业革命的起点，也成了后来的管理学家创建管理学体系的理论前提。劳动分工较大幅度地提高了劳动生产率，也有利于专业化和职能化管理。但是，这种理论发展到今天，负面效应日益显露出来。现代社会，一方面追求产品个性化、生产复杂化、企业经营多元化，如果片面强调分工细化和专业化，则使得企业的整体协调作业过程和对过程的监控越来越高，结果致使企业整体效率低下；同时，把人分成上下级关系的官僚体制，使人的积极性、主动性、创造性得不到充分发挥，相反腐蚀着人的精神，摧残着人的身心健康，以至于走到了分工与协作原则初始动机的反面。另一方面，高科技的发展，特别是计算机的普及运用，使简化管理环节成为可能。同时，与市场变化和高科技发展相对应的是劳动力素质大大提高，员工不再满足于从事单调、简单的复杂性工作，对分享决策权的要求日益强烈。

与分工理论相比，合工理论显示出其强大的优势，即借助信息技术，以重整企业业务流程为突破口，将原先被分割得支离破碎的业务流程再合理地组装回去，将几道工序合并，归一人完成，也可将分别负责不同工序的人员组合成工作小组或团队，以利于共享信息、简化交接手续、缩短时间。另外，减少管理层次，提高管理幅度，建立扁平化的组织结构，打破了官僚体制，减少了审核与监督程序，降低了管理成本，减少了内部冲突，增加了组织的凝聚力，大大调动了基层的积极性，促进了劳动者个人的全面发展。如在公共管理领域压缩管理层级，扩大管理幅度，推行管理结构综合化，实行“一站式”（One-Stop）办公、“零距离”管理，我军的联勤体制建设等诸如此类。

第五节　军事管理的未来与发展

人类任何集体行动都离不开管理，军事活动的集体化程度可以说高于其他一切领域。因此，军队建设、军事活动更需要有管理。邓小平同志生前早在1978年五届人大一次会议解放军小组会上就告诫全军将士：“军队干部指挥部队，也是管理。”“管理两个字很重要，管理好不好大不一样。”随着由高技术装备导致的新军事变革的深入和突破，军事管理的变革与创新已大势所趋，不可逆转。

一、现代军事管理理论的发展重点

（一）知识管理和建立知识型军队

现代战争是与其说是武器装备的较量，不如说是知识的较量，是一种知识战争。知识战争必然要求建设知识型军队或学习型军队。知识型军队按照“知识战争”的要求，高度重视增强军队的知识创新能力，实现军队装备信息化、编成小型化、多样化、军人职业化、军事训练模拟化、管理数字化。

“911”事件后，美国陆、海、空三军于2002年制定了转型计划指南和转型路线图，目的是要将美军事力量转型为一支灵活的、以网络为中心的、基于知识的军队。现代战争是在“物理域”、“信息域”、“认知域”三个域中全方位展开的高技术战争。这里所说的物理域就是传统的战争域；信息域就是产生、利用和共享信息的领域；认知域包括领导能力、士气、理解、训练水平、经验、态势感知能力、评估和决策等无形的东西，是指挥员的意图、条令、战术、技术和程序赖以存在的领域。态势感知和战术创新产生于信息域和认知域的交汇处，这是一个“中介”区域。在这个中介区域，信息域和认知域过程不断转换，同时存在着信息流和知识流的流动，“基于效果作战”的知识和经验积累则存在于知识流中。在这个中介区域，往往是指挥人员懂指挥而不懂技术，技术人员懂技术而不懂指挥，随着高技术战争越来越复杂，懂指挥、懂技术集于一身的人会越来越少。前面提到过，哪里有“中介”哪里就有知识管理，在这个信息域和认知域的交汇区域就需要军事知识管理。

知识管理简言之就是基于知识的管理。军事知识管理是对军事技术、经济、文化知识及其创造、收集、组织、传播、利用与宣传等相关过程的系统管理，是一个将个人知识转变为军事组织可以广泛共享与利用的团体知识的过程。军队知识管理的目标是力图能够将最恰当的知识信息在最恰当的时间传递给最恰当的军事人员，以便使指战员能够及时做出最好的军事决策。

（二）项目管理与装备采办管理

项目管理的直观概念就是“对项目进行的管理”，包括项目范围管理、项目时间管理、项目成本管理、项目质量管理、项目人力资源管理、项目信息与沟通管理、项目风险管理、项目采购与合同管理等。它通常采用矩阵式管理的方法，通过一个临时性的、各种专业知识的人组成的专门组织，对项目进行高效率的计划、组织、指导和控制，以实现项目全系统、全寿命管理。目前，在IT行业、建筑行业、航空航天、科研机构、武器装备研制等部门广泛采用项目管理方式，取得了很好的效率和效益。从某种程度上说，在市场经济条件下，现代管理就是基于项目管理的管理。

武器装备全系统全寿命管理、国防科研的矩阵式管理都属于项目管理的范畴。国防科技项目技术含量高、规模大、系统复杂、协作配套要求严格，对项目质量、工期、投资等方面的要求也越来越高。因此，西方国家已经推行并形成了比较完善的国防高科技项目管理模式，我军也开始推行这种管理模式，总装备部制定了《关于深化装备采购制度改革若干问题的意见》等文件，大力推行竞争性装备采购，实行武器装备全系统全寿命管理等。

以美军推行的装备采办管理为例，装备采办管理被定义是为了达到所有装备系统要素的优化平衡，控制整个装备系统研制工作的管理功能，把作战需求转变为一组装备系统参数的描述，并综合权衡这些参数以优化整个系统的费用、进度、保障性和技术性能指标的过程；是指采办过程中进行的需求分析、规划计划、组织协调、评审决策、监督控制等一系列管理活动的总称。因此，从这个定义可以看出，装备采办管理既是一个复杂的管理过程，又是一个复杂的技术过程。

装备采办的质量以及使用、管理、技术保障的好坏直接影响部队的战斗力。在工业时代，战斗力主要来自于人和装备数量；在信息时代，战斗力主要来自于掌握高技术的人、信息以及信息的存储和速度。因此，装备的生产批量减少了，装备的科技含量提高了，装备的体系结构复杂了，寿命周期费用与风险加大了，装备采办越来越需要实行项目管理。实行项目管理后，承制单位采取了项目负责制或项目经理制，采用了先进的管理理论、方法和技术，如矩阵式管理技术、并行工程技术等，加大了装备费用、技术、进度和安全风险控制和管理的力度，达到了降低采办费用、缩短采办周期、提高采办质量的目的。同时，也更加重视装备采办项目技术和管理人才的培养。

（三）网络化管理与军事组织体制改革

军事指挥管理的组织特征是，它的作战人员的关系是一种网络关系的随机组合，而不是一系列事先安排好角色位置关系的排列。指挥网络提供了分布式的信息、知识共享和协同创新的基础环境，极大地提高了信息可获得性，同时也引发了从信息中加工、获取有用知识的需求。因此，这种新型的网络化关系的管理就是军事组织的网络化管理。网络化管理带来的问题就是扁平化管理。减少管理层次的趋势源于降低管理成本的需要，也反映了信息和通信技术对管理的冲击。中层管理主要是起着“上传下达”的作用，如监督别人，采集、分析、传播管理组织上下各层次的信息，它的功能正随网络技术、数据资源共享技术的不断发展而减弱。减少中间指挥层的潜在效应在于更大跨度的控制和管理，减少决策与行动之间的延迟，从而使组织更加灵活、柔性化。

美军2002年转型计划指南中，把“网络中心战”看成是信息时代军事战争的一种主要表现形式，它是指网络化部队为创造战争优势而采取的新战术、战法和技术的一种综合体。在作战训练中，也是把指挥官用网络链接起来，进行联合实验。这种网络化指挥管理体制就要求它的组织编制是扁平化管理体制。为此，20世纪90年代以来，美军更加注重建设高度网络化、小型化、技能型而且训练有素的武装部队。

另外，在组织编制结构上，美前战术空军司令部（TAC）司令克里奇将军在20世纪80年代初就对美空军进行了组织管理创新并实行扁平化管理，使美空军在海湾战争、阿富汗战争、伊拉克战争中得益于克里奇所实施的管理创新及战术变革。克里奇的组织变革实践已成为经典的管理案例，也使他成为对美国空军发展最具影响力的人之一。

克里奇打破了传统军事管理中的“职能仓”，即飞行员隶属于一个单位，机械师隶属于另一个单位，而维护人员又隶属其他单位的组织结构，建立了能够达成TAC特定目标的跨职能团队。将所有的航线维护人员编成一个个小团队，进行交叉训练，并把每个小团队编入一个空军中队。这样，每个中队拥有24架飞机，人员由飞行员和机械师组成。把飞机零部件和供给人员直接配给各航线，供给人员专门负责提供技师所需要的任何零部件。这样一来，减少了65%的日常文书，还将零部件定购与发送的平均时间从过去的3.5小时缩短为8分钟，从而实现科里奇所要求的及时、快速、准确地维修。

TAC的人事制度不允许发放绩效奖金，所以克里奇更多地采取精神激励。利用团队自然的集体荣誉感，鼓励中队与基地之间相互竞争，对最佳中队颁发奖品和休假奖励。到 1983 年，TAC 的生产率提高了 80%，飞机坠毁率只有 1978 年的三分之一，能出动飞机进攻的架次相当于 1978 年的 2 倍以上。TAC 能做到这一点并没有投入更多的人力和财力，贡献主要归功于管理变革。

美国国防部 2001 年确立了“精简顶层结构，推进组织机构扁平化”的国防部组织管理改革的目标，合并了国防部长办公厅、各军种和联合参谋部间的重叠职能，精简武器装备采办委员会的人员及工作程序，将与采办有关的 72 个咨询委员会精简 31 个。此外，各军种也在进行较大规模的调整和合并。2002 年，国防部长拉姆斯弗尔德在向总统和国会递交的《国防报告》中，对国防部的组织管理改革作了进一步部署，并承诺至 2003 财年末将司令部的参谋人员在 1999 财年的基础上精简 15%。由国防部长领导、各军种部长和负责采办、技术和后勤的国防部副部长组成的负责国防部采办改革的“高级执行委员会”，在 2002 年底提出了“消肿”具体建议，继续深化军事组织管理的精简。

我军近年来也在应对新军事变革中进行了编制体制的调整，如撤销海军基地建制，在步兵和第二炮兵部队减少师级建制，在装备订购系统中减少驻厂军代室，建立地区军代室，建设综合性军事院校，创建军事人才的跨军兵种、指技合一的联合培养模式等等。

（四）人本管理和军队文化建设

军队训练管理、信息管理、安全管理、武器装备操作使用及管理都离不开军事人员的具体工作。为适应军事变革的内在要求，部队管理必须注重培养官兵的能力和素质，注重发挥、挖掘人的潜能和个体优势。

从物本管理走向人本管理，随着社会经济和文化的发展，古典的泰罗式的标准作业管理已经不再适应知识化军队管理的要求，而应该针对不同学科专业、知识背景甚至个性特征建立新的军事人力资源动态系统管理模式。这种系统模型主要是强调以工作的适应为中心的管理，例如，在招录人员的时候，强调人对军事工作的适应性，对军人工作绩效的评价标准取决于工作的要求，工资分配的标准根据工作特征来定。以微电子技术为标志的信息时代对管理提出了进一步的要求，人在工作中的能动性、工作效率和质量具有更重要的意义。人力资源管理的思想就是基于这种要求应运而生的。“以人为中心”是人力资源管理思想的主导思想，这种管理理念着重探求“人”与“工作”的相互适应，把军人的发展和军队建设有机地联系在一起。再就是对军事人员加强分类管理。军事转型时期，部队建设基础参差不齐，个性差异较大，领导机关既要对面上、共性的工作与问题实施综合指导，更要区分情况实施分类指导。尤其要针对部队不同类别、不同组建方式、不同基础和驻地环境，着眼于各兵种不同性质、不同特点、不同任务、不同要求，区分对象，科学指导，不搞“一刀切”、“一锅煮”，增强工作指导的针对性和有效性。

“天地之间，莫贵于人”，以人为本，人情意识，人文关怀，同心同德是中华民族的优秀美德，更是我军的优良传统，在奉行人本主义管理的时代，更应该发扬光大。因此，人本管理首先讲的是“依靠人，激励人，培育人，关心人”激发人的主动精神和创造精神。其次是把个人的价值与组织的事业融为一体，为每一个人成就事业，实现自身价值创造良好的人文环境。

文化是人类社会活动的精华，任何一次军事变革，必然带来军队文化方面的创新。列宁曾郑重指出：没有文化的军队是愚蠢的军队，而愚蠢的军队是不能战胜敌人的。新的军队文化必须能够促进领导能力、教育理念、组织体制、价值观念的发展，激励军事创新。教育是文化创新和发展创新性文化的基础，必须强调把人才与智力资源当作战略资源，提高军队人力资源管理的科学性和文化品性。

美军在军事人才培养方面也曾存在缺陷。高技术人才几度流失严重，人才培养机制先天不足，依托地方院校培养人才的模式带来了人才短缺问题，地方院校毕业的高才生向往高薪的高新技术产业部门，加上海湾战争、阿富汗战争、科索沃战争、伊拉克战争等连年打仗所带来的职业安全问题，军队没有足够的吸引力，人才补充弥补不了人才缺口。特别是战略打击能力过度依赖民间力量，尖端武器装备操作靠军火公司的工作人员。因此，近年来，美军增加了军人待遇、心理咨询、职业教育等方面的投入，加强了美军与外军的军事文化交流，撤销了一些海外封闭性驻军基地，等等。

我军也存在类似的人才流失现象和高层次人才引进难的问题。造成这种状况的原因是多方面的，除待遇问题和职业安全问题外，军队文化战略、军营文化、人本精神也是重要的因素。因此，加强军队文化战略管理，必须按照贯彻“科学发展观”的要求，管理要以人为中心，提倡主人翁精神，鼓励大胆创新。要依靠、激励、培育和关心人，把人当作实现自我价值的人。控制要以自我控制为主，要把管理的主要精力放在人的思想、信念和价值观上。领导者要克服官僚作风，不仅要当好指挥，更要像朋友和导师。要构建学习型军营，提高官兵科技素质。

高技术条件下出现的这些新的军事管理发展方向，某种意义上存在着内在的联系，建立知识型军队需要知识管理和军事创新，知识管理和军事创新的有效方式就是网络化管理，这种网络化管理要求军队组织是扁平化的，而人本管理是知识创新、网络化管理的基础，文化管理是一种战略管理，起着精神和文化的导航作用。

二、军事管理的未来

现代军事管理始于第二次世界大战。“二战”期间，由于战争的需要，产生和发展了运筹学。运筹学在军事上的广泛应用是现代军事管理产生和发展的重要因素。1940 年，英国研制出了一种对付德国飞机空袭的新型警戒雷达。为此，成立了一个如何有效地使用防空雷达的研究小组，并找到了雷达和高射武器合理运用和配合的方法，使击毁敌机的效率大大提高。1942 年，美国海军反潜部队成立了一个由莫尔斯领导的研究小组，研究提出了反潜深水炸弹的合理爆炸深度为 30 英尺，结果使德国潜艇被击沉的数量增加了 3 倍。莫尔斯等人还出版了《军事运筹方法》一书。1946 年，美国空军也成立了作战分析部，在情报的收集处理、计划的组织制定、战术的运用研究、系统的预测分析等方面都做了大量工作，著名的兰德公司就是在空军的支持下发展起来的。

1945 年，美国在研制原子弹的“曼哈顿”计划中，运用系统工程方法取得了显著成效，对推动系统工程的发展起到了很大的作用。1958 年，美国海军特种计划局在研制“北极星导弹潜艇计划”的实践中，提出并采用了“计划评审技术”（PERT），使研制工作提前两年完成，从而把现代军事管理引进到装备管理领域。20 世纪 60 年代，美国国防航空航天局（NASA）在“阿波罗登月计划”中开发了“矩阵式管理技术”。美国前国防部长麦克纳马拉的管理革命，把管理理论、系统分析、量化分析、行为科学等管理方法应用于国防部统一的“规划、计划和预算系统”（PPBS），提出了“集中指导与分散实施相结合”的管理原则，通盘考虑军事战略、部队需求、国防预算和武器装备的发展，为美国国防预算节约了数百亿美元的经费，为军事管理的创新开辟了新的道路。

我军经历过三次管理革命，第一次是军队创建初期实行的民主管理革命，如党支部建在连队、建立士兵委员会等模式；第二次管理革命发生在新中国成立初期，国家政权的建立和经济的发展，要求军队建设和管理正规化。毛泽东提出了“五统四性”，即统一指挥、统一制度、统一编制、统一纪律、统一训练以及组织性、计划性、准确性和纪律性的管理思想；第三次管理革命发生在 20 世纪 80 年代以后，改革开放使我军建设进入了新时期，邓小平、江泽民提出了依法从严治军的战略方针，使军队各项建设逐步纳入法制化轨道。

总之，建军初期我军实行的是以人为本的人治管理；新中国成立以后，实行的是以“五统四性”为主要内容的正规化管理；改革开放以来我们实行的是依法从严治军的法制化管理。当前，在新军事变革条件下，我们又进入了今非昔比的信息化管理时代。信息化时代的军队建设，必然要求并导致军队管理的转型，这种转型的大趋势如下：

1. 经验管理转向科学管理

经验管理是完全凭借个人在实践中积累的或前人遗留的思想、做法治理军队。信息化军队的管理必须是科学管理，它虽然不否认经验的重要作用，但绝不沉溺、局限、禁锢在经验模式之中，而是要求在管理中大量运用现代科学管理的原理、方法、手段，依靠专家的智慧，用最先进的科学技术成就武装、组织、指挥军队。

2. 定性管理转向定量管理

传统管理模式习惯对事务的定性分析，如思想的好与坏、立场的对与错，对上级指示贯彻、执行的态度等，而现代军事活动涉及技术、经济、社会因素多，人、财、物有科学的比例关系，人与装备系统有严密的定量指标。定性判断只能隔靴搔痒，难以操作。如干部人事管理，除了过去的立场、观点、思想、意识判断外，更需要有文化、业务水平的定量考核指标体系。就是定性问题也要辅之以定量参数，如素质评估的心理、生理测量标准，更不用说那些大型武器装备的使用、维护效果的分析、评估。就像钱学森先生当年推广系统工程思想时所说，组织管理一个复杂系统现在不是思考、设想、估计一下就行了，而是要靠定量的科学分析。定量管理自然离不开计算机系统，需要建立数据库和数学模型，开发各种系统管理软件。

3. 专才管理转向通才管理

仅能指挥单兵种作战，或在职能部门做政工、档案、文秘、军需、装备或军务等某专项工作为专才管理，这在传统装备的军事活动中是有其合理性。现在科学技术横向交叉、军兵种技术高度合成、司政后装的管理数字化一体，专才管理常常不合时宜。现代大军事、大国防需要的是通才管理。所谓通才管理就是要求军队干部尤其是指挥军官既政治可靠，又军事过硬、作风优良、业务精湛。他们既能带领单军兵种，又能指挥合成军兵种；能管人也能管物，还有经济头脑；能带兵出征打仗，也能参与社会发展谋划和军民共建。当然，通才不是“万事通”，而是“T”型知识结构的人才，即知识的深度和广度相济。

4. 守成管理转向创新管理

恪守传统一直是军事管理的一般特征。历史也记载了大量治军有方、统帅有力的传统思想、方式、方法。现代突飞猛进的军事技术装备和瞬息多变的战争样式要求军队管理不断创新。就像生产力的发展要求生产关系相应变革一样，现代军事管理应该是一种创新型管理。没有创新就没有组织的生命活力，旧规章常常导致僵化。优良传统需要继承，但更要发扬光大，墨守成规与信息化是格格不入的。事实上，一支生气勃勃的军队总是处在不断变革之中，创新管理抑或管理创新是现代军队秣马厉兵的必由之路。历史上每当科学技术有重大飞跃，军队管理的思想、方法、体制都是率先革故鼎新。

5. 封闭管理转向开放管理

封闭式管理可谓是一般军队管理的经典。所谓封闭型管理就是以系统的纵向信息传输为主，尽量减少甚至防范横向和与外部环境的人、财、物、信息的交流，一般是一种大而全或小而全的管理模式。而现代科学技术进步证明系统优化离不开与外部环境的物质、能量、信息交换。军队本来就不可能建设在真空之中，信息化使军人不出营区能知天下事，也能参与社会活动。现代军队建设也需要有军队内部的横向交流、合成和与外部环境的交流、合作。尤其是军民共建、军民一体、寓军于民乃至多国联合演习、国际军事合作、多国部队的管理等与传统封闭性管理就大相径庭。

6. 现实管理转向未来管理

托夫勒在《第三次浪潮》一书中曾指出，农业社会依恋过去，工业社会注重现实，而信息社会则着眼未来。从工业社会进入信息社会，军队相应地要从机械化进入信息化建设。信息化战争要求信息化军队管理应展望未来。国际上，一些军事大国早已把军事教育训练的坐标定位在未来的战场上。如美军早已制定了21世纪重点军事行动方案，海外战争、阿富汗战争、伊拉克战争从某种意义上讲，展现的是美军20世纪70年代初为未来20年开发的军事技术和取得的管理成就。现代科学技术日新月异，局限于现实的管理模式难免会在未来变幻的军事风云中穷于应服，甚至陷于迷惘。以未来为目标的管理，当然不能无视现实，而是放眼未来、面向未来，不拘泥本本和日常行政事务，不因急功近利而避舍对未来的投入。未来型管理就是着眼于未来的战争模式，将来打什么仗，现在研制什么装备，组建什么军队，开展什么样的军事教育训练。美国政治家基辛格曾说过，忽视未来的民族，势必丧失未来。无视未来的军队管理，势必有在未来战场上败北的巨大风险。未来型管理就是要探索未来，把握未来，在相对和平的岁月里，将军队建设的视野投向未来的世界军事变革。

三、我军管理创新的任务

创新是一个民族进步的灵魂，是一个国家兴旺发达的不竭动力，是一个政党永葆生机的源泉，也是一支军队不断提高战斗力的重要途径。现代管理变革的大趋势也体现了现代军事管理变革的发展趋势。但我国的军事管理还存在管理观念陈旧、管理体制不顺、管理方法落后等不适应军事变革要求的问题。因此，新军事变革要求我们更新管理观念、创新管理机制、转变管理模式。只有引入新的管理理论、思想，引进新的管理方法和技术，建立新的管理制度和机制，才能适应军事变革的发展要求。

（一）更新管理理念

社会创新，观念先行。美国社会学家恩格尔斯曾指出，一个民族的现代化首先是观念的现代化。要使军队管理水平不断提高，首先要在管理理论上进行新的探索。正如党的十六大报告指出的那样："实践基础上的理论创新是社会发展和变革的先导。通过理论创新推动制度创新、科技创新、文化创新以及其他各方面创新，不断在实践中探索前进，永不懈怠，这是我们要长期坚持的治党治国之道。"当然也是治军之道。如在中东战场上，美军与伊斯兰国家军队之间最大的差异也在于治军理念。推进军事管理创新，要以新型军事管理理论为先导。有人说西方文明的发源地西欧各国之所以落后于美国，主要原因不在于工艺和技术，而在于国家、企业管理理念的差异。美军在20世纪50—60年代之所以问题成堆，主要原因也在于管理，特别是管理理论滞后。因此，麦克纳马拉把管理理论创新作为管理革命的一个重要环节，创新了项目管理理论、装备采办管理理论、费用效益分析理论、规划计划预算管理理论等，为指导管理实践提供了理论依据。我们要紧跟时代步伐，总结和梳理管理方面的经验和研究成果，充分吸收和借鉴外军和现代企业管理的先进理论，紧密结合新情况、新问题，积极探索新形势下军事管理的特点规律，不断总结和升华管理实践，增强管理的科学性和有效性，丰富和发展我军的管理理论，逐步建立适应军事变革的具有我军特色的管理理论体系。

军事管理革命首先是思想革命。一些人把管理限于行政管理，甚至行政事务管理，"出门看队伍，进门看内务"，以为做好管理工作就是为了不出事，消极保安全，把管理局限在低层次上。按照科学管理的要求，目前我军建设务必更新五个传统的管理观念：一是更新"管理就是管行政事务"的旧观念，树立“系统管理”、“大管理”的新观念；二是更新“管理就是管连队、管士兵”的旧观念，树立“全员管理”、“全方位”、“全周期”管理的新观念；三是更新“管理是副职领导的事”的旧观念，树立首长对所属部队管理工作“负完全责任”的新观念；四是更新“管理工作是个别业务部门的事，是军务部门的事”的旧观念，树立机关各个部门齐抓共管、“全面质量管理”的新观念；五是更新手工业式随意管理的旧观念，树立科学决策、依法管理的新观念。同时，还要以人为本，科学管理要注入人文情怀，管理者要做“亲兵之官”，热爱、亲近和尊重被管理者，不能居高临下，盛气凌人，不能总强调我讲你听，我说你干，我管你服，要善于运用激励机制，调动人的积极性、主动性、创造性，关心现代军人的全面发展。

其次要建立科学的军事管理理念，这包括：

1. 要树立科学发展观

以信息化为核心的军队现代化建设越发展，对科学技术的依赖性就越强。树立科学发展观，就是要确立科技主导观念，就是把现代科学理论和现代科技手段运用到部队管理实践中，实现由“经验型”管理向“科技型”、“知识型”、“可持续发展型”管理的转变，增强部队管理的科学性、技术性和可持续发展性。

2. 要确立精确管理的观念

随着信息技术的飞速发展，军事领域的各项工作都在由粗放式管理向精细化管理转变。特别是编制体制的扁平化、武器装备的信息化，要求在掌握部队情况、计划部署、指挥控制等方面要努力追求精确化，避免大而化之，笼而统之以及模糊的长官个人意志。精细化管理是20世纪末西方管理革命的一大趋势。随着信息技术的飞速发展，军事领域的各项工作也都在由粗放式向精确化转变。特别是编制体制的“扁平化”、武器装备的信息化，客观要求部队管理必须在掌握情况、部署安排、展开实施等方面也努力追求精确、准确，力避大而化之，笼而统之。精细化管理就是要在军队建设中精益求精，一丝不苟。毛泽东曾告诫我们说，世界上怕就怕认真二字，共产党就最讲认真。

随着军队高科技含量的增多，我军的精细化管理也开始崭露头角，如军队特有专业职业技能鉴定试点工作日前在北京军区所属部队展开。以前未被纳入国家职业技能鉴定发证范围的军队特有专业职业技能鉴定，今年起将在军队展开。解放军总参谋部有关部门与国家劳动和社会保障部形成共识：军队特有专业职业技能鉴定面向部队的专业士官，涵盖了陆、海、空、第二炮兵四大军种和通信兵、炮兵、装甲兵、工程兵、防化兵等兵种的上千个工种。专业士官在服役期间通过国家和军队共同组织的技能考试和鉴定，就可获得国家颁发的《职业资格证书》。目前，我军专业技术兵种的士官已占士兵总数的50%以上。开展军队特有专业职业技能鉴定，主要依据《中国人民解放军技术兵职业技能鉴定实施办法（试行）》和《国家职业分类大典》，按照“鉴定申请、资格认证、鉴定考核、成绩评定、颁发证书”的程序进行。自1999年军队实行士官制度改革以来，军队军地通用专业职业技能鉴定已经与国家职业技能鉴定接轨，先后开展了油料、影视、烹饪、汽车修理等8个军地通用专业、60多个工种的职业技能鉴定工作。

3．**确立人才为本的观念**

部队管理必须注重官兵的训练管理、信息管理、安全管理、武器装备操作使用及管理的能力和素质的培养。重视人，尊重人，发扬尊干爱兵的优良传统，在军队现代化建设中，让技术代替人力，用经济价值保护人的价值。

4．**确立成本效益的观念**

创新部队管理工作，必须紧紧围绕效益目标，努力革除过去那种“只讲耕耘、不问收获，只讲投入、不讲产出”，“为达目的，不择手段，不惜代价”的观念，加强对军事活动管理过程中的计划、决策、组织、协调、评估等主要环节的成本控制，努力使管理工作投入与产出的比值符合科学的军事效费比。为此要建立军事效益评估机制。就是坚持把形式与内容、过程与结果、当前与长远统一起来，进行全面客观的评估。不仅要看工作中出了多少力、使了多少劲，而且要看转化为实践收到了多少成效；不仅要看近期效益，而且要看远期、全局和实际“打赢”能力。如20世纪90年代以来，对我军后勤服务保障实行社会化、市场化改革取向，已经取得了比较显著的军事经济效益。

（二）优化管理体制

江泽民同志曾指出：“体制编制的调整改革是会出军事经济效益、出战斗力的。”新军事变革条件下，信息技术的发展对军队传统的集中式和逐级式管理体制改革提出了新课题。军事管理体制正朝着便于信息快速流动的方向发展。为了逐步建成便于信息快速流动的军事管理体制，世界各国已经或准备采取的措施主要有：大力精简领导管理机构，减少管理层次；实现编制体制的扁平化，军队编成小型化、一体化，建立健全灵活和高效的评价管理体制。信息化时代的管理体制的变化趋势是网络化、扁平化、虚拟化和实时化的，科学的军队管理体制要在军事技术变革中与时俱进。

有关专家认为，我军体制编制调整的关键，还是要从制度安排入手，妥善解决我军指挥体制和军队结构或组织编制的诸多不适应问题，诸如：传统的指挥体制与建设信息化军队和打赢信息化战争的需要还不相适应，还存在重复领导、责限模糊、公文履行、办事拖宕、以会议贯彻会议、以文件传达文件的现象；机关臃肿、职能冗余，机关工作人员数量与作战部队人员数量比例失调；军官与士兵数量比例失调；军种结构比例失调；同一军种内部兵种比例失调；作战人员与非作战人员比例失调等；装备、军需供给、人才培养、条块分割等矛盾并没有很好地得到解决。这些问题都与网络化、扁平化指挥管理体制建设的要求相距甚远。

海湾战争以来，美军编制的扁平化模式已在实战中得到运用，如美军参谋长联席会议直接指挥空降师、摩步旅的军事行动。我军减少陆军的师团编制，二炮实行军、旅、营三级管理，海军撤并基地建制等都是扁平化创新的体现。

虚拟管理亦称 X 管理。X 在数学中代表未知数，在汉语拼音中是虚字的韵母，以 X 作为一种管理模式的代名。所以 X 管理就是整合已知、探索未知的方法。二次大战后，美国等西方发达国家在国际上形成的军事战略同盟，就是典型的虚拟军事组织。我国在国防和军队建设中采用的预备役制、三军联勤建设、在地方大学招收国防生等军民结合、寓军于民的模式都是虚拟管理的积极、有效尝试。

我军管理体制必须紧贴现代战争的要求，实现军队规模小型化，结构扁平化，编成一体化、模块化，编制体制虚拟化，管理体系网络化、实时化。

优化军队管理体制原则要求：一是加强我军编制体制的调整。二是加强和完善我军指挥管理网络体系建设，将过去的纵向层层管理体系转变为网络型管理结构，以适应管理的实时性、灵敏性要求。三是坚持集中型管理和分散型管理于一体，建立逐级直线式与网络化相结合的管理体制。

（三）完善管理机制

与军事管理相关的机制主要包括用人机制、教育机制、激励机制、规范机制、监督机制、保障机制、评价机制等。当前这些机制还存在许多不完善的地方，军事人才激励不足，军事教育训练评价机制不尽合理等等。机制是一种导向，构建合理的管理机制也是未来军事管理创新的重要任务。

推进军事管理革命的另一个重要措施，就是要转变“人治”管理模式，实行法制化管理机制。市场经济是法制经济，信息化军队是法制化军队，信息化战争是舆论战、心理战、法律战、信息战紧密结合的一体战争，新军事变革与管理革命，迫切要求我们加快法制化建设的步伐，完善包括立法、执法、法制教育、法律监督在内的管理机制。由于我国历史上的封建统治时间较长，“人治”影响很深，法制观念淡薄，人们习惯于按照个人经验和主观意志实施管理，有的把法规制度放在一边，自定“土政策”、“土章法”，存在权大于法、官大于法和以言代法、以权代法以及“一个司令一个令”的现象。这种经验性的“人治”管理模式，助长了形式主义和官僚作风。

法规制度是治军经验的升华，军事规律的揭示具有严密的科学性、严格的规范性、很大的权威性，是军事活动的基本依据、全军官兵的行为准则。新形势下，军队管理出现了诸多新情况、新问题、新矛盾。许多问题单靠行政命令或思想教育难以解决，必须实行综合治理，依据法律、法规实施管理。自古军事管理专家都认同“小智者治事，大智者治人，睿智者治法”。从治事到治人是军队管理的进步，从治人到治法则使军队管理更上一层楼。

美军在近年来为推进军事变革与转型的做法也很有启发意义的，其主要措施是：

1. 成立军事转型专门机构

军事转型是美军的大事，国防部、参联会、各军种部和各级部队都参与其中。为了使军事转型得以顺利实施，美军成立了三类专门机构：一是军队序列中的专职机构，如国防部办公厅基本评估办公室、联合部队司令部等；二是临时性机构，如国防部直属的军队转型办公室和各军种部的部队转型机构；三是临时研究机构或课题组。

2. 建立明确的领导责任制

《转型计划指南》是美军实施转型、进行信息化建设的纲领性文件，它明确规定了美军高层领导人的基本职责。国防部长对整个军事转型工作负总责；参联会主席主要负责联合作战理论开发，审查批准联合作战能力建设需求。军队转型办公室主任在国防部长直接领导下，负责协调全军的转型活动，监督、评估转型战略的总体实施情况。联合部队司令部及各战区司令部的司令，负责联合作战理论的开发与试验，制定并执行“联合转型路线圈”，确保联合作战能力的提升。各军种部长和参谋长主要负责制订本军种转型路线图，保证本军种转型按计划实施。另外，《转型计划指南》还对各级领导的职责、权限以及任务、执行方式、完成时间做出了明确的界定。

3. 建立资源配置和创新激励的机制

为了追求军事变革与转型效益的最大化，美军还建立了科学合理的资源配置机制和富有活力的创新激励机制。美军为快速推进军事转型而建立的创新激励机制，主要有以下四个基本点。

一是构建“创新文化”，营造鼓励理论创新、技术创新、体制创新、管理创新的文化氛围。

二是改革院校教育体制，培养具备洞察能力、预测能力、冒险能力和创造能力的高素质军事人才。

三是提拔和重用创新型军事领导人才——如国防部长拉姆斯非尔德为推动陆军转型，采取“不换脑筋就换人”的做法，破例任命“思想敏锐、具有创新精神”的空军部长罗奇转任陆军部长，提拔已届退役年龄的特种部队司令斯库梅克任陆军参谋长。

四是保留创新型人才——国防部办公厅基本评估办公室主任马歇尔极具战略头脑和创新意识，虽已84岁高龄仍未退休；海军中将塞布罗夫斯基对创新“网络中心战”评论有功，退役后被任命为军队转型办公室主任。

对于正处于军事变革高峰期的中国军队来说，美军的转型管理措施很有参考价值。最主要的是转型领导机构；战略转型需要与业务管理完全不同的领导力和技能，在传统的业务分工中很少有哪一个部门具有明确的推动军事变革的职责，这些职责可能分散在司、政、后、装部门的内部机构中，更多还可能只是在军队院校和科研机构中。处于变革转型各类部队中，完全有必要考虑组建各大单位的“管理变革研究中心”，或类似于当年国家体制改革委员会那样的机构，统筹战略转型的策略和计划、新型领导力培养，并研究应对创新的种种风险和阻力。其次是任命优秀人才推动战略转型；虽然军事变革、转型不如地方经济体制改革和技术研发等业务那样能够取得立竿见影的效果，但是将优秀人才置于变革中心，一方面有助于军队管理创新的推进，同时还可以给优秀人才更多锻炼的机会、广阔的视野，为造就未来的军事变革管理培育高素质创造性人才。建议各军兵种、大单位选择一些师、旅、团级单位开展管理创新试验。

（四）改革管理方法

古人云：方法得当，功倍事半。要实行科学管理，逐步实现以人力密集型和数量规模型向科技密集型、质量效能型的管理模式的根本转变。不能只讲投入，不讲产出；只讲规模，不计效益；只讲数量，不讲质量；只讲局部，不顾全局；要坚持克服不讲成本、不惜代价的盲目性，就要重视运用科学的军队管理方法。现代军事管理方法主要包括四类：

一是系统工程和运筹学的方法，运用系统工程和运筹学方法对各类军事系统进行最佳设计、科学决策、最优控制和整体优化，达到最好的效益。

二是矩阵式管理方法，依靠分布式信息网络的支持，在加强纵向管理的同时，注重横向联系，发挥各职能部门、各军兵种的协作配合作用。

三是战略管理方法，目标管理的方法，绩效管理方法，全面质量管理、全寿命周期管理方法，从国防发展战略的高度，建立人员少、装备精、靠得住、打得赢的军队管理体制。

四是综合集成的方法，突出抓好系统集成建设，整合各种要素，防止和克服条块分割、重复建设。重点解决制约部队建设和发展的突出矛盾和问题，关键要抓住对全局具有重要影响的军事模块，进行重点突破，通过局部跃升带动整体发展。

（五）更新管理知识和手段

运用系统原理，指导和规划管理工作；运用信息与反馈控制原理，加强目标管理；运用数字化网络系统，优化信息传递方式；运用计算机技术，改进军事系统分析方法；运用 C^4I 技术体系实现军事指挥自动化；运用心理学、行为科学知识，提高领导干部的带兵能力；全面开发、运用军队经常性事务管理信息系统软件，提高军队程序化决策的精确性、实效性和公正性。在不断创新中提高军队管理现代化水平，把军事管理革命推向更高的阶段。

军事管理者的运筹帷幄之中，决胜负于千里、万里之外的组织、指挥才能只能植根在科学的军事管理中。江泽民在主持军委工作时曾指出：科学管理是兴国之道，也是兴军之道。迎接世界新军事变革的挑战，我们一方面要把武器装备等“硬件”搞上去，另一方面要高度重视完善体制编制等“软件”的作用。体制编制科学合理，可以更好地吸纳高科技发展的成果，充分发挥人才的积极性、创造性，提高领导、指挥和管理效率，优化整个军队的系统功能，实现人和武器的最佳结合。胡锦涛同志担任军委主席以来，更是强调军队要加强科学管理，强化质量与效益，切实转变传统的人力密集型、数量规模型的管理模式，向科学管理要效益，向科学管理要战斗力，不断提高国防和军队现代化建设的质量和效益，走出一条投入较少效益较高的国防和军队现代化建设的新路子。

新军事变革方兴未艾，中国军事管理创新任重道远。

思　考　题

1. 影响现代管理发展的主要因素是什么?
2. 新时期管理理念创新的内涵与意义是什么?
3. 我军管理创新有哪些特点和趋势?
4. 军队管理创新的时代背景是什么?
5. 为什么说“体制编制的调整改革会出军事经济效益、出战斗力”?
6. 影响我军管理创新有哪些有利因素和不利因素?

参 考 文 献

[1] 哈罗德·孔茨. 管理学精要：6版［M］. 韦福祥，等译. 北京：机械工业出版社，2005

[2] 小詹姆斯·H·唐纳利，詹姆斯·L·吉布森，约翰·M·伊凡赛维奇. 管理学基础——职能·行为·模型［M］. 李柱留，等译. 北京：中国人民大学出版社，1982

[3] 周健临. 管理学教程. 上海：上海财经大学出版社，2001

[4] 周三多. 管理学. 北京：高等教育出版社，2000

[5] 理查德·L·达夫特，多萝西·马克西. 管理学原理［M］. 高增安，马永红，译. 北京：机械工业出版社，2005

[6] 加里·戴斯勒. 管理学精要：3版［M］. 吕廷杰，赵欣艳，译. 北京：中国人民大学出版社，2004

[7] 彼德·德鲁克. 管理：使命、责任、实务［M］. 王永贵，译. 北京：机械工业出版社，2006

[8] 周三多，陈传明，鲁明泓. 管理学——原理与方法：3版［M］. 上海：复旦大学出版社，1999

[9] 娄成武，魏淑艳. 现代管理学原理［M］. 北京：中国人民大学出版社，2004

[10] 谭跃进，陈英武，孙多勇，等. 定量分析方法：2版［M］. 北京：中国人民大学出版社，2006

[11] 谭跃进，陈英武，易进先，等. 系统工程原理［M］. 长沙：国防科技大学出版社，1999

[12] 张最良，李长生，赵文志，等. 军事运筹学［M］. 北京：军事科学出版社，1993

[13] 芮明杰. 管理学教程［M］. 北京：首教经济贸易大学出版社，2004

[14] 郭咸纲. 西方管理思想：3版［M］. 北京：经济管理出版社，2004

[15] 泰罗·F·W. 科学管理原理 [M]. 韩放，译. 北京：团结出版社，1999

[16] 丹尼尔·雷恩. 管理思想的演变 [M]. 北京：中国社会科学出版社，2000

[17] 陈莞，倪德玲. 最经典的管理思想 [M]. 北京：经济科学出版社，2003

[18] 方正. 管理学基础 [M]. 重庆：重庆大学出版社，2002

[19] 苏东水. 管理心理学 [M]. 上海：复旦大学出版社，1997

[20] 聂正安. 管理学 [M]. 长沙：湖南人民出版社，2001

[21] 徐国华，张德，赵平. 管理学 [M]. 北京：清华大学出版社，1998.

[22] 巴纳德·C·I. 经理人员的职能 [M]. 北京：中国人民大学出版社，1998.

[23] 全国干部培训教材编委会. 工商管理概论 [M]. 北京：人民出版社，2002.

[24] 苏伟伦. 杜拉克管理思想全书 [M]. 北京：九州出版社，2001.

[25] 甘翠锋. 知识管理和文化管理：企业竞争力的塑造分析 [J]. 北京工商大学学报：社会科学版，2003 (11).

[26] 江泽民. 论科学技术 [M]. 北京：中央文献出版社，2001.

[27] 总政治部. 树立和落实科学发展观理论学习读本 [M]. 北京：解放军出版社，2006

[28] 王素莲. 管理学的发展趋势 [OL]. http://www.china001.com/show_hdr.php.

[29] 蒲晓晔. 明茨伯格眼里的未来管理学 [J] //管理学家 [OL]. www.hexun.com2006.12.1317：26

[30] 尼格拉斯·撒母耳. 管理学课程精华集：2 版 [M]. 黎平海，译. 广州：暨南大学出版社，2003

[31] 龙竹，等. 管理学原理 [M]. 武汉：华中科技大学出版社，2002

[32] 张智光. 管理学原理 [M]. 南京：东南大学出版社，2002

[33] 林建煌. 管理学 [M]. 上海：复旦大学出版社，2003

[34] Stephen P. 管理学基础：3 版 [M]. 北京：北京大学出版社，2002

[35] 孙健敏，徐世勇. 管理沟通 [M]. 北京：清华大学出版社，2006